**新时代诉讼法学创新文库（15）**
**总主编　卞建林**
2012 年度教育部人文社会科学重点研究基地重大项目
（课题编号：12JJD820011）

# 民事执行参与分配制度研究

王　娣　王德新　周孟炎　著

**中国人民公安大学出版社**
**群　众　出　版　社**
·北　京·

**图书在版编目（CIP）数据**

民事执行参与分配制度研究／王娣，王德新，周孟炎著．—北京：中国人民公安大学出版社，2019.5
（新时代诉讼法学创新文库）
ISBN 978-7-5653-3612-6

Ⅰ.①民…　Ⅱ.①王…②王…③周…　Ⅲ.①民事诉讼—分配制度—研究—中国　Ⅳ.①D915.2

中国版本图书馆 CIP 数据核字（2019）第 097797 号

新时代诉讼法学创新文库
**民事执行参与分配制度研究**
王　娣　王德新　周孟炎　著

出版发行：中国人民公安大学出版社
地　　址：北京市西城区木樨地南里
邮政编码：100038
经　　销：新华书店
印　　刷：北京泰锐印刷有限责任公司

版　　次：2019 年 6 月第 1 版
印　　次：2019 年 6 月第 1 次
印　　张：12.5
开　　本：880 毫米×1230 毫米　1/32
字　　数：336 千字

书　　号：ISBN 978-7-5653-3612-6
定　　价：48.00 元

网　　址：www.cppsup.com.cn　www.porclub.com.cn
电子邮箱：zbs@cppsup.com　zbs@cppsu.edu.cn

营销中心电话：010-83903254
读者服务部电话（门市）：010-83903257
警官读者俱乐部电话（网购、邮购）：010-83903253
法律图书分社电话：010-83905745

# 总 序

党的十九大作出了中国特色社会主义进入新时代、我国社会主要矛盾转化为人民日益增长的美好生活需要和不平衡不充分的发展之间的矛盾等重大政治论断，深刻阐述了新时代中国共产党的历史使命，确定了全面建成小康社会、全面建设社会主义现代化国家的奋斗目标，对新时代推进中国特色社会主义伟大事业和党的建设新的伟大工程作出了全面部署。

全面依法治国是新时代中国特色社会主义的本质要求和重要保障，而法学研究是社会主义法治建设的重要组成部分，肩负着为法治建设提供理性解读与智识支撑的重要任务。诉讼法学作为与法治实践密切相关的应用性学科，面对新时代法治建设的新任务，更需要深入自觉地回应实践发展需求。只有建立能够适应我国国情、符合社会发展趋势的诉讼法学理论学说与制度体系，才能满足司法实践的需要。新时代推进中国特色社会主义法治建设面临的新问题，为诉讼法学研究提供了新的机遇，也使诉讼法学研究面临前所未有的挑战与压力。面对这种挑战与压力，我们有必要重点强调"创新"二字。创新是学术研究与理论发展之魂，是推动诉讼法学研究不断发展的最大动力。创新诉讼法学研究，可以从以下几个方面理解：

首先是学术研究领域的创新。研究领域的创新并不意味着否定、抛弃过去的研究成果，而是在此基础上往更广、更深、更符合实践需要的方向拓展。这不仅需要我们在今后的研究中进一步加强基础性研究，争取在原有研究范畴上获得更高层次、更有深度的学术成果，并不断挖掘、开发新的理论研究范畴，同时也需要我们进一步加强应用性研究，特别是法律实施问题的研究，从而使得诉讼法学理论研究的成果能够顺利转化到实践中去，能够真正引导国家司法制度的变革与发展。此外，社会的发展是一个系统工程，各个部分、环节与层面的发展都是相互影响与相互制约的，这种影响与制约的关系越来越紧密，因此，诉讼法学的发展要想跟上社会发展的步伐并充分发挥其作用，也必须加强对社会科学及自然科学中相关研究成果的吸收、借鉴，进一步开展跨学科、交叉学科、边缘学科的探索研究。

其次是学术研究思路的创新。过去，诉讼法学研究存在较明显的功利化倾向，同时也难以摆脱条文的限制，从而缺乏研究的深度和新意。从规范诉讼法学走向理论诉讼法学，是诉讼法学发展的必然趋势。加强对诉讼原理、诉讼规律的研究，有助于诉讼立法的科学化，也对正确开展司法活动具有重要的指导作用。在这个过程中，不仅需要我们积极借鉴法制发达国家丰富的研究成果和宝贵的实践经验，也需要我们深刻解读、准确把握中国法治实践与法治道路的客观规律，重点解决国际司法准则的本土化问题，努力打造具有中国特色的诉讼法治话语体系。

再次是学术研究方法的创新。长期以来，我国学者在诉讼法学研究方法的运用上偏重于采用概念推理、理论辨析等传统方法，缺乏实践调查与数据分析，以致产生理论设想与实践操作之间的偏离与脱节。面对新时代司法实践中出现的诸多问题，我们有必要进一步加强探索实证研究方法，积极开展各种形式的实践调查和试点实验，加强数据采集与定量分析，不断总结、推广试点经验与实证成果，回答和检验理论研究中的特定问题。实证研究方法的运用有利于实现理论法学与应用法学的衔接、法学理论与司法实践的衔接，也有助于将法学研究成果及时地投入到司法实践中加以检验和修正。

最后是学术研究队伍的创新。以往，诉讼法学研究大都局限于自身学科领域，在研究队伍的组建上存在成员单一、结构固定等普遍问题。在中国特色社会主义新时代，面对不同性质、不同诉求的社会矛盾相互交织、共同作用的现实情况，突破学科壁垒与部门围墙，实现多学科、多部门之间的协同创新势在必行。协同创新理念的实施，要求诉讼法学科在自身优势与特色的基础上紧密联系其他学科，在学术研究队伍的搭建与研究项目的设计上努力实现高校、科研院所、司法实务部门以及企事业单位等不同学科、不同主体之间的资源集成与共享，以此消除诉讼法学科与其他学科、理论研究与司法实践之间的脱节现象。

中国政法大学诉讼法学研究院是从事诉讼法学研究的新型综合性研究机构。2000 年 10 月，诉讼法学研究院入选教育部普通高等学校人文社会科学百所重点研究基地，成为全国法学专业九个重点研究基地之一。诉讼法学研究院以中国政法大学雄厚的法学专业为基础，以国家级重点学科诉讼法学科为依托，集中开展诉讼法学、证据法学与司法制度研究，下设刑事诉讼法学研究所、民事诉讼法学研究所、行政诉讼法学研究所和证据法学研究所。自成立以来，诉讼法学研究院坚持以科研为立院之本，积极承担多个国家级、省部级重大攻关项目，注重人才培养与团队建设，广泛开展多层次学术交流与合作，为国家立法完善作出重要贡献，很好地发挥了重点研究基地的引领与示范作用。

面对新时代涌现的诸多研究课题，在学术研究方面不断创新，积极进取，充分展现重点研究基地的学术影响力，是诉讼法学研究院长期建设、发展的主要目标。为了达此目标，诉讼法学研究院专门创办了“新时代诉讼法学创新文库”这一系列著作项目，用以汇集、总结和展示研究院各位研究人员围绕新时代中国特色社会主义诉讼法治理论与实践中的热点、重点、难点问题而形成的各项学术研究成果。这一文库的出版领域涵盖刑事诉讼法学、民事诉讼法学、行政诉讼法学、证据法学、司法制度等多个方面，以有新意、有深度、有分量的专著、译著为主要形式。我们希望能通过这个文库鼓励学术创新，积累学术成果，并为繁荣、深化和开拓诉讼法领域的学术研究积极贡献力量。

中国政法大学诉讼法学研究院院长

卞建林

2018年3月于北京

# 目 录

# 前 言

在民事执行领域，参与分配制度是一项在执行竞合、案款分配、破产清算等一系列制度的“夹缝”中生长起来的制度。考察这一制度，需要重视我国现有法律规定及其形成的背景，但又不能仅仅局限于此，而是需要回到参与分配制度所要解决的核心问题这个出发点，深入探讨制度设计的理念基础，从发展的视角进行前瞻性研究。为此，2012 年我们承担了教育部人文社会科学重点研究基地重大项目“民事执行参与分配制度研究”，经过课题组几年的研究现已结项，在对结项报告修改完善的基础上形成本书，以求教学界同人。

我国的执行参与分配不是基于立法机关的立法，而是基于最高人民法院的司法解释而创设的一项制度。最高人民法院1992 年《关于适用〈中华人民共和国民事诉讼法〉若干问题的意见》第 297—299 条，首次对参与分配问题作了规定。鉴于其存在的问题，1998 年《关于人民法院执行工作若干问题的规定（试行）》第 90—95 条、2008 年《关于适用〈中华人民共和国民事诉讼法〉执行程序若干问题的解释》第 25—26 条、2015 年《关于适用〈中华人民共和国民事诉讼法〉的解释》第508—512 条等相继对其进行了修正和补充。我们认为，讨论参与分配制度存在的必要性及其修改完善的思路，应从执行参与分配制度自身的发展历史、功能定位、价值目标中探求。基于这一思路，本书分七章展开研究：

第一章为引论。关于执行参与分配制度的初衷，我国的现有制度更加侧重于在债务人财产不能清偿时，为全体债权人的债权提供平等受偿保障的功能；但关于这一问题还有另一个思路，即以债权人“参与执行”为重心、以“财产分配”为附带效果，来解决多数债权人的债权受偿问题。执行竞合与参与分配制度之间，具有不完全对应的关系。结合我国实际，对学术界关于参与分配制度的争鸣，我国立法界、司法界对待参与分配问题的态度进行了梳理。

第二章为我国参与分配制度立法和司法实践中的问题。分别从我国参与分配制度立法存在的问题，参与分配制度的适用情况及存在问题，“执转破”工作的进展、存在的困难和问题三个方面进行讨论，指出在立法缺位的情况下，司法解释承担了参与分配制度的创设任务，分析了参与分配制度的发展历程，对其在司法实践中存在的问题进行了分析。

第三章为参与分配制度的功能定位与价值选择。通过比较法和相关学说观点的对比分析，指出参与分配制度的基本功能是解决数个债权人就同一债务人的财产强制执行所得公平受偿的问题；但在参与分配是否以债务人的财产不足清偿所有债权为前提条件，是否限于已取得执行依据的金钱债权两个方面存在分歧。通过执行立法原则与参与分配制度关系的比较考察，指出二者之间存在多重组合关系。通过分析我国民事执行参与分配的创设初衷，指出贯彻执行中债权平等受偿的立法原则，以弥补立法中有限破产主义的缺陷，存在功能定位上的偏差。通过分析民事执行参与分配制度设计的理论基础，指出参与分配中的折中主义（团体优先主义）正在成为执行立法的流行趋势。

第四章为参与分配与相关制度的关系协调。在破产法与民事执行法的关系上，应明确参与分配本来不具有与破产法类似的“清算”功能，不具有弥补破产法功能缺陷的功能，应让破产制度和参与分配制度的原初功能各自归位。参与分配的重心是“参与执行”，“财产分配”只不过是“参与执行”的后果而已；破产法与执行参与分配制度的真正关联之处，在于“执转破”的程序机制设计问题。执行竞合与参与分配是“现象”与“对策”的关系，部分执行竞合需要通过参与分配来解决，部分不需要通过参与分配来解决，不属于执行竞合的现象也有可能需要通过参与分配来解决。“案款分配”和“参与分配”相区分仍是立足于现有司法解释的立场，将来可以考虑将二者合二为一，在重塑后的执行参与分配制度中合并吸纳。

第五章为我国民事执行参与分配的适用条件。对于参与分配制度的改革，我们主张“大改”，即回归执行参与分配制度的应有功能定位，重置债权人申请参与分配的前提条件。执行参与分配制度的首要功能，是便利多数金钱债权人能够利用同一执行程序获得清偿；使各债权人公平分担债务人不能清偿的风险和损失，只是执行参与分配制度的次要或者附带功能。债权人申请参与分配的条件涉及三个方面：一是须依据一个金钱债权终局执行依据，已经开始了一个民事执行程序；二是须有数个金钱债权人，且已取得执行依据或对执行标的物有优先权；三是须数个金钱债权指向同一债务人的财产。

第六章为我国执行参与分配的程序完善。在对执行参与分配制度的功能定位和适用条件重置的情况下，对参与分配的程序应从三个方面完善。首先，应以金钱债权终局执行中首先采取执行措施的法院为主持参与分配的法院，同时确立“合并执行”原则，巩固终局执行首封法院的主持参与分配地位。其次，申请参与分配的起止时间，应以在执行程序中开始对被执行人的财产采取强制执行措施为起点，应本着“团体优先主义”分别确立参与分配的截止时间。最后，参与分配的申请，宜以“直接申请”为原则，以“职权列入”为例外，以“拟制申请”为补充；法院审查的要点，包括参与分配的债权是否符合条件，参与分配的债权人是否适格，是否有合法的参与分配债权的证明材料，是否在法定期间提出申请等。

第七章为执行参与分配的救济机制。我国现有的执行参与分配救济机制还存在一定的缺陷，在执行参与分配制度“大改”的背景下应进行以下完善：一是分配方案异议，异议主体包括债权人和被执行人，异议理由应当区分程序理由和实体理由，异议形式应符合特定要求，有异议事由而未依法提出异议者可能产生失权的效果。二是分配方案异议之诉，在性质上宜采用“救济之诉说”，在此前提下重置异议之诉的起诉条件。

在此基础上，我们拟定了附录1中的《民事执行参与分配的若干规定（专家建议稿）》，把我们关于执行参与分配制度进一步完善的设想形成立法对策建议，供有关机关和实务部门决策参考。同时，将我国部分地方法院出台的有关参与分配的政策文件作为附录2，即作为本书分析的参照依据，也供有关机关和实务部门决策参考。

# 第一章　引　论

"疑是思之始，学之端。"——孔子

"问题是接生婆，它能帮助新思想诞生。"——苏格拉底

法学理论研究提倡和重视问题意识，对当今社会问题观察与省思的目的是探求法律制度变革的合理方案，以便建设更加美好的明天。在探讨民事执行参与分配问题时，我们不主张首先根据我国现有法律条文给参与分配下一个确切的定义，而是首先试图从本源上弄清楚几个前提性的问题：为什么在民事执行中会产生"参与分配"的问题？解决这一问题的途径只有"参与分配制度"一种吗？我国学术界在看待这一问题上存在哪些分歧？我国法律实务界对于这一问题的处理持什么样的态度？前述这些问题，构成了本书研究的逻辑起点。

## 第一节　执行参与分配制度的由来

### 一、问题的产生

在法院裁判文书、仲裁裁决书、公证债权文书等民事法律文书发生法律效力后，如果法律文书上载有一定的给付内容，债务人主动完成了所载给付义务的，称为"履行"（performance）；债务人未能完成生效法律文书所载的义务，而由国家专门机关采取强制性

的措施迫使其完成义务的，则称为“执行”（enforcement）。[①] 由于国家专门机关的执行活动具有强制性特征，因此，“民事执行”又称为“强制执行”或者“民事强制执行”。

在民事执行中，如果仅有一个债权人（A）向一个债务人（D）主张权利，执行标的为财产，且债务人（D）有财产可供执行，则执行程序相对简单。但是，如果存在多个债权人（A、B、C），或者存在多个不同的债权（a、b、c），申请对同一债务人的财产执行受偿，则问题就会变得复杂起来。可细分为以下几种情形：

情形Ⅰ：债务人的财产能否满足多数债权的清偿需要

如果债务人的财产能够满足多数债权的清偿需要，则不论债权为多数还是债权人为多数，无论如何执行都能确保各自的债权得到完全清偿，则各债权主体均无后顾之忧，法律亦无必要设置专门的制度予以关注。

反之，如果债务人的全部财产不能满足多数债权的清偿需要，部分债权难以实现或难以完全实现，则必然导致债权主体之间在执行清偿过程中产生冲突，而有必要在法律上设置专门的制度予以应对。这时，就会产生一般执行（破产清算）和个别执行（执行的顺序）的制度设计问题，包括一般执行（破产清算）是适用于全部民事主体还是部分民事主体（商人或法人）的问题，也包括不适用破产的债务人（如自然人、其他组织）在个别执行中的执行顺序问题，当然也涉及一般执行与个别执行制度之间的协调

① 需要说明的是，我国对“执行”一词有广义、狭义两种理解：在狭义上，仅指民事诉讼法规定的“执行程序”，又称“民事执行”“强制执行”或者“民事强制执行”；在广义上，包括国家机关采取的各种强制实现生效法律文书的途径，亦即破产法规定的“破产清算程序”也被包括在内。除论及“一般执行主义与有限执行主义”的关系时使用广义执行概念外，本书使用狭义上的“执行”一词。

问题。①

需要特别说明的是，看待债务人的全部财产能否满足多数债权的清偿需要，有两种观察视角：一种是在依据一个债权执行依据已经开始的执行程序中，根据其他债权人申请加入的情况，对债务人财产进行清点后判断是否能够全部清偿。这是我国现有执行参与分配制度的思路，其更加重视参与分配对债权平等受偿的保障功能，但这种制度设计有“因果倒置”的逻辑问题，存在因债权人和债务人的流动性难以判断，导致执行参与分配难以把握的问题。另一种是在依据一个债权执行依据已经开始的执行程序中，基于便利多数金钱债权人能够利用同一执行程序获得清偿，以债权人“参与执行”为重心、以“财产分配”为附带效果，来解决多数债权人的债权受偿问题。这时，实际上是将执行参与分配的前提定位为了“债务人的财产不能清偿全部债权或者有不能全部清偿之虞时”，参与分配的理念更加侧重于提高执行程序的效率，关于这一问题我们在以后的章节中还将详细讨论。

情形Ⅱ：多个债权基于数个执行根据发生执行竞合

就债权的个别执行（民事执行或强制执行）而言，如果多个债权人（A、B、C）同时或先后依不同的债权执行根据，对同一债务人的特定财产申请法院执行，则不可避免地会在各债权请求之间产生执行竞合的现象。根据不同的标准，可将执行竞合划分为如下类型：

（1）终局执行之间、保全执行之间以及它们相互之间的竞合；

（2）金钱债权的强制执行之间、非金钱债权的强制执行之间及其相互之间的竞合；

（3）法院文书之间、其他机构文书之间及其相互之间的竞合；

（4）控制性执行之间、处分性执行之间以及它们相互之间的

① 关于个别执行（参与分配）与一般执行之间的制度协调，参见本书第三章的有关内容。

竞合。

"执行竞合"属于现象描述层面的概念，用以描述在个别执行程序中两个以上执行根据同时指向一项特定财产的法律现象。在债务人的财产能够同时满足多数债权的清偿需要之际，执行竞合并无特别值得研究的价值；但如果执行竞合的"现象"遭遇了债务人财产不能满足多数债权清偿需要的"问题"，就需要进行应用对策研究，在法律上设置一定的执行制度来解决这些问题，其中就涉及参与分配的制度设计问题。①

情形Ⅲ：金钱债权的强制执行之间的执行竞合

金钱债权的执行，是指以给付金钱为内容的强制执行。非金钱债权的执行，是指以金钱给付以外的内容为执行标的的强制执行，比如涉及物的交付等。当非金钱债权的执行之间发生竞合，或者非金钱债权与金钱债权的执行发生竞合时，往往借助民法物权优先原理予以解决，此处不必赘言。

但是，当金钱债权之间发生竞合时，亦即多个债权人（A、B、C）同时或先后向同一债务人（D）的财产申请执行，且债务人的财产不能完全满足全部债权需要时，就会产生债务人的财产如何在多数债权人（A、B、C）之间分配的问题。因此，从广义上来讲，参与分配解决的就是"债务人的财产不能清偿全部债权时，多数债权人如何参与到执行程序中合理分配财产"的问题。究竟哪些人可以参与进来？参与进来的债权人是平等受偿，还是"先到先得"（先申请者、优先受偿）？这一点就成了参与分配制度的核心问题，解决起来非常棘手，却是法院在执行工作中经常遭遇的问题。

## 二、解决问题的基本思路

债务人的财产不能清偿全部债权或者有不能全部清偿之虞时，

① 关于执行竞合与参与分配的关系问题，参见本书第三章的有关内容。

多数债权人的债权在执行中如何得到有效保障，是一个古已有之的法律难题，解决问题的思路也几经转换。

（一）从“对人执行”到“对物执行”

在古代社会，通过对债务人施以自由、健康、生命上的惩罚来消解债权人的怨愤是常见的法律策略。官府对不能偿债的债务人往往处以笞刑、徒刑、仗刑，强迫债务人提供劳务，甚至授权债权人将债务人卖为奴隶、杀死分尸，执行方法野蛮而残酷。

中国古代历朝之法，均是“诸法合体、以刑为主”，仅掺杂了少量的户婚、钱债、田土的民事规范，[①] 在债务执行中“对人执行”的方法普遍存在。《唐律疏议·杂律》对欠债不还的法律责任作了规定，“欠一匹以上过期二十日不还，笞二十；每再过二十日，加一等，但罪止杖六十；三十匹加二等；一百匹又加三等，一百日不偿，合徒一年”。[②] 唐宋法律还规定了“役身折酬”（以劳役劳务偿债）的方法，“诸公私以财物出举者……（债务人）家资尽者，役身折酬，役通取户内男口”。[③] 《大明律·户律》规定，“负欠私债违约不还者，五两以上，违三月笞十，每一月加一等，罪止笞四十。五十两以上，违三月笞二十，每一月加一等，罪止笞五十。并追本利给主”。[④] 在商品经济发达的古罗马，其法律对债权债务作了无比明确的规定。恩格斯曾说：“罗马法是对简单商品所有者的一切本质的法律关系（如买主和卖主，债权人和债务人，契约，债务等）所作的无比明确的规定。”[⑤] 据《十二铜表法》第三表记载：“债务人不履行到期债务时，债权人可以将其拘捕并押

① 梁若然：《中国古代法律“重刑轻民”现象之探讨》，载《中共宁波市委党校学报》2008 年第 4 期。

② 《唐律疏议·杂律》之“负债违契不偿”条。

③ 参见《唐令拾遗》，第 789 页；《宋刑统》卷二十六《杂律》“负债强牵财物”条。

④ 张晋藩：《中华法制文明的演进》，中国政法大学出版社 1999 年版，第 499 页。

⑤ 《马克思恩格斯选集》（第 4 卷），人民出版社 1995 年版，第 252 页。

至法官面前，申请执行；如果债务人仍不清偿债务，又无人为其提供担保时，债权人可以将其押至家中拘留，其期限为60天；在此期间，债务人仍可与债权人谋求和解，如和解不成，债权人应连续在3个集市日将债务人牵至广场觅保，如果无人代为清偿或提供担保，则债权人可将债务人出卖为奴隶或者将其杀死；在债权人为数人时，可分割债务人的肢体进行分配。"①

不过，随着社会的发展和文明的进步，用"刑罚手段"解决债务问题的立法逐渐被废弃，对物执行成为主要的执行方法，换言之，执行标的限于债务人的财产。公元前326年，古罗马的帕特利亚法（Poetelia）已禁止出卖和屠杀债奴，仅允许债务人以劳务抵债。② 公元前17年《尤利法》颁布之后，对物执行开始逐渐占据主导地位。在我国，清末变法时期颁行的"高等以下审判庭试办章程"虽借鉴了欧美执行立法经验，但仍充满着对人执行的规定。对物执行的广泛适用，始于民国政府成立之后。1956年10月最高人民法院下发了《关于各级人民法院民事案件审判程序总结》，严厉禁止人民法院采用羁押债务人的方法来强制执行。在现代民事执行法上，法院执行原则限于债务人所有的财产，仅在例外情况下允许以人的身体和自由作为执行标的。③ 最高人民法院执行办也曾作如下阐明："世界各国不断通过修改强制执行法，扩大对债务人利益的保护范围，限制或禁止不文明、不人道的执行，执行方法和执行手段日益文明，明显体现出了保护债务人基本人权，尊重人的主体地位的发展趋势。"④

---

① 周枏：《罗马法原论》（下册），商务印书馆1996年版，第933页。

② 林晟格：《强制执行法理论与实务》，五南图书出版公司1983年版，第43页。

③ 在特定案件中，如在子女抚养案件中，允许直接强制将子女交给抚养人；为迫使债务人履行债务，可以采取拘传、拘留、限制出境等间接执行措施。参见江伟、肖建国：《民事诉讼法》，中国人民大学出版社2013年版，第421页。

④ 高执办：《民事执行措施的发展趋势》，载《人民司法》2001年第12期。

### (二) 从“父债子还”到“自己责任”

在中国古代社会，当债务人的财产不能清偿全部债权时，“父债子还”的做法也一度盛行。从债权人债权保障的视角来看，这未尝不是一种解决债务人偿债能力不足的替代方法。

不过，“父债子还”主要是作为一种民间习惯而存在的。唐律中并无“父债子还”的规定，只要求债务人“家资尽者，役折酬”；“负债者逃，保人代偿”。但在出土的唐代借贷契约文书中，确有“若身东西没落者，一仰妻儿及收后保人替偿”之类的文词，意思是说若借款人身故，债务将由他的妻儿、继承人或担保人负责偿还。有证据显示，至迟在明清时期，“父债子还”的民间习惯已获得国家法律的承认。明代判词集《廉明公案》收录的一则判决书中说：“父债子还，律有定例。”清代的樊山判词也提道：“俗语云：‘欠债还钱’，又云：‘父债子还’，乃是一定之理。”可知当时的法官在裁决债务纠纷时，一般都会认可“父债子还”的习惯法。①

不过，随着社会的发展和文明的进步，现代法律逐渐确立了责任自负原则，“株连”“父债子还”等做法已被法律所禁止。现代社会的法律仅在例外情况下，要求子女等继承人承担继续偿债的责任，且以继承债务人的遗产为限。1949 年中华人民共和国成立以后，1985 年制定的第一部《继承法》第 33 条明文规定：“继承遗产应当清偿被继承人依法应当缴纳的税款和债务，缴纳税款和清偿债务以他的遗产实际价值为限。超过遗产实际价值部分，继承人自愿偿还的不在此限。继承人放弃继承的，对被继承人依法应当缴纳的税款和债务可以不负偿还责任。”从而以立法的形式，明确废弃了“父债子还”的民间习俗。

### (三) 债权人分配债务人财产的立法主义分野

在债务人以有限的自有财产对债权人负责的逻辑前提下，如何

① 参见吴钩：《“父债”未必要“子还”》，载《南方周末》2017 年 8 月 31 日。

在债权人之间合理分配债务人的财产呢？现代法律上基于不同的思路，出现了立法指导思想的分野。

1. 第一种思路：实行债权人先到先得的“优先清偿主义”

在民事执行中，就执行机关强制执行所得财产的清偿顺序，历来存在“优先清偿主义”与“平等清偿主义”之争。所谓优先清偿主义，又称优先主义或者优先原则，通俗地说就是“先到先得”，是指当存在数个无法定优先权的债权人对债务人的同一标的物请求强制执行时，先申请查封（包括终局执行与保全执行）的债权人，享有优先受偿的权利。这一原则源于古代日耳曼法，目前德国、奥地利仍采用这种清偿原则。①

优先清偿主义的合理性，植根于民事执行对“效率”价值目标的强烈追求。通常认为，从目的、任务、功能、价值等方面看，民事执行与民事审判存在重大差别：在民事审判阶段，当事人之间的权利义务处于争执和不明状态，民事审判的任务在于查明真相、依法确认权利义务的归属，因此，公正是民事审判的生命。而在执行阶段，权利义务关系已经被生效法律文书所确定，执行的首要任务就是实现债权人的债权并最终实现法律关系和社会秩序的稳定，因此，“效率是强制执行程序的首要价值”。② 有学者提出，“优先原则较平等原则具有更多的优越性，更符合法理及情理，也是各国民事强制执行法发展的方向……优先原则应当成为民事执行制度中

---

① 例如，《德意志联邦共和国民事诉讼法》第 804 条规定：“扣押后，债权人在扣押物上取得质权。在与其他债权人的关系上，扣押质权使债权人得到与因契约取得动产质权同样的权利；破产时，扣押质权优先于不视为动产质权的质权与优先权。扣押在先所生的质权优先于扣押在后所生的质权。”根据该条规定，民事执行中的扣押措施产生“质权”效力，即优先受偿的效力；而且，先扣押者优先于后扣押者优先受偿——有学者据此也将“优先清偿主义”称为“质权主义”。参见《德意志联邦共和国民事诉讼法》，谢怀栻译，中国法制出版社 2000 年版，第 211 页。

② 王娣：《强制执行竞合研究》，中国人民公安大学出版社 2009 年版，第三章第二节。

债务人财产分配的一般原则”。[①]

优先清偿主义的优势有两个：一是鼓励债权人对自己的债权尽勤勉义务；二是使复杂问题变得简单易行，多数债权人如何分配财产的问题一目了然。但问题是，民事执行在追求效率价值目标的同时，是否可以置公平于不顾？尤其是在债务人的财产不足以清偿全部债权的情况下，是否仍然坚持将“优先清偿主义”贯彻到底？如果回答“是”，则无须考虑对其他债权人的公平保护问题。在优先主义之下，其他债权人参与执行程序并不存在问题，存在问题的只是先申请执行的债权人享有优先受偿权，后参与进来的债权人可能分不到财产。

2. 第二种思路：实行对多数债权人平等保护的“平等清偿主义”

所谓平等清偿主义，又称平等主义、分配主义，通俗地说就是“比例平等”，是指除享有法定优先权外，债权人不因先申请执行或者先查封扣押（包括进行保全程序）而获得对债务人财产的优先受偿权，全体债权人应按照债权额比例公平受偿。这一原则源于罗马法，目前被法国、意大利等国采之。

平等清偿主义的理论基础在于民事实体法上的债权平等观念，即民法学者所谓的“债务人的财产是其所有债权人债权的总担保”。[②] 这种观念可以追溯至古罗马法。罗马法学家保罗《论告示》第五十八编指出：“当债权人中的一人要求控制债务人的财产时，人们问：是否只有提出了要求的人才能占有此财产？当只有一个人提出要求并且得到裁判官允许时，这是否使所有债权人均有了占有财产的可能性了。确切地说，在裁判官允许占有之后，这不被看作

---

① 谭秋桂：《民事执行立法：程序构建与规则设定》，载《湖南社会科学》2003年第3期。

② 张登科：《强制执行法》，文太有限公司1992年版，第226页。

对提出要求者的允许，而被视为允许所有债权人占有财物。”[1] 法国是在第二次罗马法复兴中表现最为积极的国家之一，也是实行平等主义原则的最具代表性的国家。在执行财产分配制度上，1804年的《法国民法典》和1806年的《法国民事诉讼法典》完全继承了罗马法的精神。[2]

在债务人的财产能够全部清偿时，平等清偿主义的优劣问题，不是本书讨论的重点。本书关注的重点是：当债务人的财产无法全部清偿时，是否需要借助于“平等清偿主义”，来对全体债权人提供平等的保护？如果回答“是”，则进一步会产生的问题是，如何进行具体的制度设计呢？通常是借助破产制度。当债务人的财产无法清偿全部债务时，“为维持多数相互竞合的债权人间公平清偿起见，不能不特别考虑债权之实现方法，为此一需要而产生的制度，则为破产制度”。[3] 但因破产制度适用的债务人范围不同，具体又有两种模式：

第一种：实行“一般破产主义”。有的国家规定，不论债务人是商人，还是非商人主体，一旦资不抵债，均适用破产清算程序，即奉行“一般破产主义”，如英国、美国、德国、奥地利等国。这样就出现了民事执行程序中彻底贯彻“优先清偿原则”和破产程序中彻底贯彻“平等清偿主义”两相补益的立法格局。

第二种：实行“有限破产主义+参与分配”。有的国家规定，只有“商人”资不抵债，才能适用破产法清算财产，即奉行“有限破产主义”（或称“商人破产主义”），如法国、意大利等国。

---

① ［意］桑德罗·斯奇巴尼：《民法大全选译·司法管辖审判诉讼》，黄风译，中国政法大学出版社1992年版，第80页。

② 例如，《法国民法典》第2093条规定：“债务人的财产是为其全体债权人之共同抵押物；此种财产的价金，应依各债权人之债权数额平等分派之；但如在债权人之间存在优先受偿的合法原因，不在此限。”参见《拿破仑法典》，李浩培等译，商务印书馆1983年版，第263页。

③ 陈荣宗：《破产法》，三民书局1982年版，第1页。

在实行有限破产主义的国家，会产生一个法律漏洞，即当债务人为非商人的自然人或其他组织时，在民事执行程序中如何体现“平等清偿主义”呢？循着这种逻辑推演，就产生了狭义上的“民事执行参与分配”的制度设计。

需要说明的是，对于设置参与分配制度的国家来说，在制度设计的过程中还会涉及以下细节问题：（1）什么性质的债权可以参与分配？（2）什么样的债权人有权参与分配？换言之，债权人欲参与分配，是否以起诉或获得执行根据为前提条件？（3）债权人在什么时机可以参与分配？（4）应该由哪一个法院主持参与分配、制作财产分配表？（5）如何保障法院制作的分配表是公正的？如果存在不当或违法的情形，应该如何救济？（6）在执行中对普通债权和特殊债权（如享有担保的和法定优先权的债权）是否应该区别对待，具体如何区别对待？（7）对于那些没能参与分配的债权人和没能获得清偿的债权部分，应该建立什么样的后续法律保障机制？对这些细节问题的思考和法律规定，遂演绎成了一套复杂的参与分配理论与制度。

## 第二节　我国学术界有关参与分配制度的争鸣

### 一、有关参与分配问题的学术研究的特点

近几十年来，我国大陆法学界的理论研究总体上呈现如下特点：当20世纪80年代实体法学理论研究勃兴之时，程序法学的研究还一片沉寂；当90年代中期刑事诉讼法学理论研究勃兴之时，民事诉讼法学理论的研究还比较匮乏；[①] 当21世纪初民事审判程序理论研究勃兴之时，民事执行理论的研究还比较滞后。作为民事

① 陈光中、郑旭：《刑事诉讼法学二十年》，载《中国法学》1998年第4期；王亚新：《民事诉讼法二十年》，载《当代法学》2001年第1期。

执行法律领域的一个具体制度，有关参与分配制度的研究更显薄弱。总体上看，我国大陆法学界对于参与分配制度的研究呈现如下三个特点：

（一）相关学术研究起步晚，数量少，学术影响因子不高

在学术研究中，一个时期发表的学术论文的数量、质量基本上代表了该时期学术研究的状态。根据“中国知网”（CNKI. NET）进行文献检索发现，我国法学界关于参与分配的学术研究起步晚，研究成果数量少，质量也不是很高。

1. 相关研究成果的数量偏少

从公开发表的论文数量来看，根据“中国知网”进行文献检索，以“参与分配”为主题，在“哲学与人文科学”“社会科学Ⅰ辑”和“社会科学Ⅱ辑”三个数据库中，共检索到相关的文献资料 232 篇。其中，期刊论文 105 篇（含辑刊、论文集析出文献 7 篇），学位论文 99 篇（含博士学位论文 9 篇），报纸文献 28 篇（详见本章附录）。[①] 从时间分布来看，最早一篇期刊论文，为杨立新 1994 年发表于《法律科学》第 1 期的《民事执行程序中的参与分配制度》；最早一篇博士论文为中国政法大学谭秋桂 2000 年完成的《民事执行原理研究》；最早一篇硕士学位论文为 2001 年河南大学朱良好的《论我国民事执行参与分配制度的改革》；相关报纸文献主要集中在 2011—2015 年。

---

① 说明：最后一次检索是 2018 年 3 月 1 日。该检索只能在大体上反映我国学术界的研究动态，因为可能存在某些已发表论文未被中国知网数据库收录的情况。另外，与执行参与分配关联度高的著作主要有：常怡：《强制执行的理论与实务》，重庆出版社 1990 年版；谭秋桂：《民事执行原理研究》，中国法制出版社 2001 年版；杨荣馨：《强制执行立法的探索与构建》，中国人民公安大学出版社 2005 年版；翁晓斌：《民事执行救济制度》，浙江大学出版社 2005 年版；王娣：《强制执行竞合研究》，中国人民公安大学出版社 2009 年版；江必新：《民事执行重大疑难问题研究》，人民法院出版社 2010 年版；朱新林：《论民事执行救济》，中国政法大学出版社 2015 年版；等等。

表 1.1 “参与分配”高关联文献年度数量分布

| 年度 | 1994—1995 | 1996—2000 | 2001—2005 | 2006—2010 | 2011—2015 | 2016—2017 |
|---|---|---|---|---|---|---|
| 期刊论文（篇） | 3 | 13 | 21 | 13 | 36 | 19 |
| 学位论文（篇） | — | — | 14(含4博) | 28(含5博) | 41 | 16 |
| 报纸文献（篇） | — | — | — | — | 24 | 4 |

2. 相关研究的学术影响偏弱

评价学术论文的质量是一个比较困难的事情，我们选择论文的学术影响（引用率）作为评价指标。因为，如果一篇论文没有引用率或引用率低，就说明其对推动同一时期的学术研究的贡献小或者没有贡献。从公开发表的论文产生的学术影响因子来看，相关研究参差不齐。根据在“中国知网”进行的检索，论文被引次数在100次以上的仅有1篇；被引50次以上的共有2篇；被引30次以上的共有5篇；被引20次以上的共有19篇；被引10次以上的共有43篇，占总发表文献数的18.5%。与此同时，被引0次的共有87篇，占总发表文献数的37.5%，大量的论文几乎没有产生学术影响，这在一定程度上反映出总体研究质量不高的现实。

表 1.2 “参与分配”高引用率文献（被引次数≥20）

| 序号 | 论文题名 | （第一）作者 | 来源 | 发表时间 | 被引 |
|---|---|---|---|---|---|
| 1 | 民事执行制度若干问题的探讨 | 江伟，肖建国 | 中国法学 | 1995/2/9 | 142 |
| 2 | 关于执行财产分配的立法思考 | 葛行军，刘文涛 | 法学研究 | 2001/3/23 | 36 |

续表

| 序号 | 论文题名 | （第一）作者 | 来源 | 发表时间 | 被引 |
|---|---|---|---|---|---|
| 3 | 参与分配制度与破产立法 | 韩长印，朱春和 | 当代法学 | 2000/1/30 | 32 |
| 4 | 现行参与分配制度根本缺陷与改进建议 | 吴晓静 | 法律适用 | 2008/2/8 | 32 |
| 5 | 破产程序法律制度研究 | 张作顺 | 中国政法大学 | 2002/5/1 | 28 |
| 6 | 民事执行程序中的参与分配制度 | 尹伟民 | 当代法学 | 2003/12/30 | 26 |
| 7 | 新《民事诉讼法》实施与执行救济制度之完善——以浙江法院执行救济实践为考察对象 | 浙江省高级人民法院联合课题组，倪代化 | 法治研究 | 2010/3/5 | 26 |
| 8 | 个别强制执行与破产的双重立法选择——自然人和非法人组织的破产能力分析 | 韩长印 | 河南省政法管理干部学院学报 | 2000/12/20 | 25 |
| 9 | 参与分配若干问题研究 | 夏蔚 | 政法学刊 | 2001/6/25 | 22 |

续表

| 序号 | 论文题名 | （第一）作者 | 来源 | 发表时间 | 被引 |
|---|---|---|---|---|---|
| 10 | 民事执行程序与破产制度的统一与协调——论参与分配制度中的优先原则与平等原则 | 马登科 | 特区经济 | 2005/7/25 | 22 |
| 11 | 民事诉讼法执行程序修改应关注的十大问题 | 江必新 | 人民司法 | 2011/9/5 | 22 |
| 12 | 论我国个人破产制度的构建 | 赵万一，高达 | 法商研究 | 2014/5/15 | 22 |
| 13 | 民事执行原理研究 | 谭秋桂 | 中国政法大学 | 2000/3/30 | 21 |
| 14 | 强制执行竞合的解决——兼论我国相关强制执行制度的完善 | 崔婕 | 法商研究（中南政法学院学报） | 2001/7/25 | 21 |
| 15 | 论民事执行程序中的参与分配原则 | 颜运秋，吕翔玲 | 河北法学 | 2000/9/5 | 20 |
| 16 | 论我国强制执行制度的完善 | 邹川宁 | 中国政法大学 | 2002/5/1 | 20 |
| 17 | 对我国民事执行参与分配制度的反思 | 朱良好 | 社会科学 | 2003/2/5 | 20 |
| 18 | 民事执行机制研究 | 金殿军 | 复旦大学 | 2010/4/10 | 20 |

造成这种状况的原因主要有：一是从立法上看，民事执行法在我国尚未独立立法，民事执行法学相对不甚发达，是学术界公认的

“小众学科”，对学者的吸引力不大；二是民事执行法学人才培养不够，虽然以中国政法大学为代表的一些诉讼法学优势学科高校1979年就设置了诉讼法学硕士点、1986年设置了诉讼法学博士点，但设置执行法学方向的高校较为少见，对高端执行法学人才的培养不足，导致研究力量相对薄弱。以“参与分配”为主题的相关博士论文仅有9篇，其中仅中国政法大学一家就贡献了6篇；其他高校总共贡献了3篇，主要是西南政法大学、武汉大学和复旦大学。

**表1.3 “参与分配”相关博士学位论文分布情况**

| 序号 | 博士论文题名 | 作者 | 来源高校 | 发表时间 | 被引 |
|---|---|---|---|---|---|
| 1 | 民事执行原理研究 | 谭秋桂 | 中国政法大学 | 2000/3/30 | 21 |
| 2 | 论我国强制执行制度的完善 | 邹川宁 | 中国政法大学 | 2002/5/1 | 20 |
| 3 | 破产程序法律制度研究 | 张作顺 | 中国政法大学 | 2002/5/1 | 28 |
| 4 | 强制执行竞合研究 | 王娣 | 中国政法大学 | 2004/5/1 | 15 |
| 5 | 民事强制执行中的人权保障 | 马登科 | 西南政法大学 | 2006/4/1 | 17 |
| 6 | 不动产执行制度研究 | 范向阳 | 中国政法大学 | 2007/3/1 | 5 |
| 7 | 两岸强制执行制度之比较研究 | 杨思勤 | 中国政法大学 | 2009/4/1 | 13 |
| 8 | 民事执行机制研究 | 金殿军 | 复旦大学 | 2010/4/10 | 20 |
| 9 | 我国民事执行异议之诉研究 | 陈娴灵 | 武汉大学 | 2010/5/1 | 5 |

## （二）实践问题催生理论自觉，理论思想主要来自我国台湾地区

### 1. 实践问题催生理论自觉

“实践问题催生理论自觉”，是近年来我国民事诉讼法学学术研究的普遍性规律。在20世纪90年代以前，我国几乎没有真正的民事诉讼法学理论，也谈不上理论界与实务界的互动影响。王亚新教授曾指出，“且不说民事诉讼立法尚未存在的前三十余年，就是从1982年有了民事诉讼法（试行）后一直到1991年，立法、实务、法学研究三者间的互动仍显得低调微弱”。[①] 始于20世纪90年代初的民事审判方式改革，各地法院出于减负的目的自发呼吁强化当事人“举证责任”，诉讼法学界才开始呼应，并产生了一大批有关举证责任和民事审判方式改革的研究成果，学术研究逐渐呈现繁荣景象，由此开始了“实践问题催生理论自觉”的传统。

在对民事执行参与分配问题的研究方面也不例外。这从中国知网进行的文献检索结果可窥一斑：如果以“参与分配”为主题，能检索到的第一篇论文为杨立新1994年发表于《法律科学》第1期的《民事执行程序中的参与分配制度》。但如果从参与分配涉及的相关议题即“执行原则”来看，第一篇论文可以往前推进2年，即1992年浙江联合律师事务所苏全生撰写的《论我国强制执行之原则》，发表于《中国法学》1992年第3期。该文值得关注的几个特点是：作者是法律实务界人士；该文发表时我国尚不存在参与分配制度；[②] 论文的行文思路就是“通过观察实务问题，试图寻找理论解决方案”；论文首次提出了“强制执行我国究竟采取优先主义、还是平等主义抑或折中主义乃至另辟他径”的问题，这一问题至今仍困扰着我国学术界。为了体味该论文的行文思路，兹将论文的前两段摘录如下：

---

① 王亚新：《民事诉讼法二十年》，载《当代法学》2001年第1期。

② 1992年7月14日最高人民法院印发了《关于适用〈中华人民共和国民事诉讼法〉若干问题的意见》（以下简称《民诉意见》），其中用了三个条文（第297—299条），第一次对民事执行中的参与分配作了规定。

实践问题：甲公司欠乙公司、丙公司到期债务分别为人民币30万元、20万元，甲公司同时还有10万元未到期的企业债券待偿付。乙公司因求偿不能，状告甲公司后胜诉，依法取得对甲公司的强制执行偿付权。在强制执行过程中，丙公司闻悉即向法院提出异议，要求参与分配。经查，甲公司为集体所有制企业，全部资产仅值30万元。人民法院是否应当裁定中止执行？丙公司的要求是否有理？未到期的企业债券清偿问题是否不予考虑？（假设债券没有担保）判决的效力与其他债权人求偿权的关系如何？

理论问题：财产所有权转移于何时？是以判决书下达为准还是以执行完毕（交付）为准？对强制执行我国究竟采取优先主义、还是平等主义抑或折中主义乃至另辟他径？①

2. 理论思想主要来自我国台湾地区

我国大陆早期的几篇有关民事执行参与分配的论文，在思想渊源上基本上都直接源于我国台湾地区学者的相关著述，而我国台湾地区学者的相关理论又来源于日本、德国等大陆法系国家。

例如，第一篇论文即苏全生先生的《论我国强制执行之原则》一文中，率先谈到了“债务人不能清偿多个债权人的到期债权时该如何处理的问题”，并初步介绍和评析了强制执行的“优先主义、还是平等主义抑或折中主义”等原则，而全文唯一的一个参考文献就是我国台湾地区陈荣宗先生所著的《我国强制执行之平等主义》一文。

第二篇论文是杨立新先生撰写的《民事执行程序中的参与分配制度》（载《法律科学》1994年第1期），该文也是我国最高法院通过司法解释确立“参与分配”制度之后发表的第一篇研讨论文。论文研讨了参与分配制度的起源、参与分配所体现的执行原则、参与分配与破产法之间的关系、我国参与分配司法解释规定的不足等问题。值得注意的是，该文也只有一个参考文献，即我国台

① 苏全生：《论我国强制执行之原则》，载《中国法学》1992年第3期。

湾地区学者杨与龄先生的教材《强制执行法论》。[1]

第三篇论文是江伟、肖建国合作撰写的《民事执行制度若干问题的探讨》（载《中国法学》1995年第1期），该文对执行根据、重复查封、参与分配、执行竞合、被执行人债权的执行、执行异议六个问题进行了研讨，其中“参与分配”部分使用了三个注释分别是：我国台湾地区学者杨与龄的教材《强制执行法论》、苏全生的《论我国强制执行之原则》、杨立新的《民事执行程序中的参与分配制度》。

之后，翁晓斌的《民事执行程序中的参与分配制度》（载《南京大学法律评论》1995年秋季号）、方圳斌的《略论民诉执行程序中的参与分配——兼与台湾地区相关规定比较》（载《商学论坛·广东商学院学报》1997年第1期），甚至时至今日的大部分著述，也基本上引用了我国台湾地区学者的第一手或第二手论文或教科书。

（三）偏重于用理论来宣讲、注释法条，立足中国问题进行理论创新的偏少

在既有的研究成果中，虽然数量上已有二百多篇，但大多数论文都偏重于宣讲或注释法条，部分论文虽有反思也大多是零零碎碎的技术细节，缺少理论创新和系统重构我国参与分配制度的力作。

例如，前述第一篇论文写作于我国参与分配制度创立之前，苏全生律师在文中花了大量篇幅介绍和分析“优先主义、平等主义、折中主义”各自的利弊，最后一段仅以600余字的篇幅结合实例分析后指出，“笔者主张实行适当优先主义以克服优先主义及平等主义之弊端。就本案而言，假设债权按份总共可分成30万份，原申请执行之乙公司占15万份，在分配时应考虑适当提高原申请人之份额……这样先申请人得到适当优先，其他债权人利益也受到兼

① 杨立新：《民事执行程序中的参与分配制度》，载《法律科学》1994年第1期。

顾，诚此，才真正体现了立法上的平等、公正原则”。[①] 这篇论文，实际上是一篇在法律存在漏洞情况下的“案例评析”，尚无系统的理论总结和制度构建的意图。杨立新先生的《民事执行程序中的参与分配制度》一文共包括四个部分：第一部分介绍了参与分配的概念及作为其理论基础的各种立法主义，第二部分介绍了最高人民法院司法解释中的参与分配的适用条件，第三部分介绍了司法解释中规定的参与分配的具体程序，第四部分是对现行司法解释的反思并提出四条完善的建议。该论文的重心显然是在宣讲、注释法条，有关反思和完善建议的部分仅有500余字，仅仅表明观点而缺乏必要的论证和具体的方案。也可以说，其后包括几十篇硕士学位论文在内的大多数论文，都在延续这种早期的风格。

究其原因，应该是多方面的：一是司法实务界把自身的案例、数据材料当作“国家秘密”，不愿意公开发布唯恐外界知悉，即使近些年有改观，实务部门也仅仅是“小范围”邀请“信得过”的学者参与内部研讨，客观上制约了理论界与实务界的互动。二是我国法学理论研究起步晚，即对西方理论和立法发展动态缺乏广泛和深入的了解，也对中国自身的实践问题缺乏一套科学的研究方法，导致理论研究出现了自说自话、与实践脱节的问题。

## 二、围绕参与分配问题展开的学术争鸣

对于学术争鸣进行梳理，有利于后文进一步进行思辨和制度构建。从既有的研究成果看，学者们对参与分配制度的一些基本问题展开过讨论，可以概括为以下几个方面。

### （一）围绕“参与分配制度的必要性”展开的争鸣

在市场经济条件下，市场主体会经历各种各样的经营风险，一个债务人无力偿还对多数债权人负有的到期债务的情形难以避免。为此，当一个债权人先行申请强制执行的情况下，是否有必要通过

① 苏全生：《论我国强制执行之原则》，载《中国法学》1992年第3期。

"参与分配"制度来保障其他债权人的合法权益呢？这是早期阶段学者们争论的一个热点问题。

有的学者反对"参与分配"制度，理由主要有两点：(1) 强制执行奉行优先主义，如果要保障债权人公平受偿，完全可以利用破产清算程序。(2) 尽管被执行人的财产不足以满足多数债权人的债权，但在申请执行人优先受偿以后，其他债权人并不因此而丧失要求清偿的权利，在今后债务人具有了清偿能力后，仍可获得清偿。因此，让申请执行人优先受偿，并不违背债权平等原则，无须建立参与分配制度。(3) 参与分配制度不能激励债权人及时行使自己的权利，易造成程序拖拉，并相应地出现另一种形式的不平等，即申请执行人虽然比其他债权人多付出了费用和精力，却没有得到比其他债权人更多的实际利益。①

但大部分学者认为，有必要建立"参与分配"制度，理由主要包括：(1) 从法的理念看，本来是属于全体债权人共同所有的财产，因部分债权人先申请执行而得以单方全面受偿，显然"有悖公平合理原则及我国国情"。② (2) 从民事实体的角度看，如果一个被执行人有数个债权人，则被执行人的所有财产就是全体债权人的共同担保。参与分配的制度设计，就是从民事程序法的角度，"实现债权人享受法律上平等保护的理想"。③ (3) 我国的参与分配制度除平等保护所有债权人外，还有更深一层的立法考虑，即利用个别执行程序来解决非企业法人的资不抵债问题。④ 也就是说，参与分配制度的作用在于弥补"有限破产主义"的缺陷，在公民

---

① 翁晓斌：《民事执行程序中的参与分配制度》，载《南京大学法律评论》1995年秋季号。

② 苏全生：《论我国强制执行之原则》，载《中国法学》1992年第3期。

③ 杨立新：《民事执行程序中的参与分配制度》，载《法律科学》1994年第1期。

④ 江伟、肖建国：《民事执行制度若干问题的探讨》，载《中国法学》1995年第1期。

或其他组织“不能清偿”时，为各债权人提供一条公平受偿的途径。[①]（4）执行中的参与分配制度，“虽不能保证多数债权人的债权获得充分的满足，却较好地解决了执行中‘粥少僧多’的矛盾，对于我国民事执行制度的完善，有着十分重要的意义”。[②] 总的来看，前述观点逐渐被多数人和我国最高人民法院司法解释所认可，后来学者的论文在谈及这一问题时，也大多是在引用或重复前述观点。

（二）围绕“参与分配与破产程序之间的关系”展开的争鸣

民事执行程序中的“参与分配”制度与破产制度，都是为多数债权人的权益提供平等保障的程序制度。相同的理念，使得二者之间具有一定的竞争和冲突关系，主要体现的就是适用的债务人范围。

有些学者认为，我国应当采用“一般破产主义”，取消针对公民、其他组织的参与分配制度。代表性观点有：（1）我国目前参与分配制度存在前述诸多弊端，而短期内又无法制定一部单独的强制执行法的情况下，“通过进一步完善破产立法，扩大破产法调整的主体范围，实行一般破产主义立法模式，将公民、其他组织濒临破产危机之时的偿债行为纳入破产法调整的一体范围之内，不失为一种既简单又便捷的立法选择”。[③]（2）我国现有的参与分配制度既不能彻底贯彻公平原则，也不能很好体现效率、效益的法律价值，该制度在运行中存在着诸多不足之处，不堪弥补有限破产主义之漏洞的重任。参与分配制度运行中存在的不足，恰恰是破产制度

① 朱良好：《对我国民事执行参与分配制度的反思》，载《社会科学》2003 年第 2 期。

② 翁晓斌：《民事执行程序中的参与分配制度》，载《南京大学法律评论》1995 年秋季号。

③ 韩长印：《参与分配制度与破产立法》，载《当代法学》2000 年第 1 期。另参见齐树洁、马昌明：《完善我国强制执行法若干问题的探讨》，载《法学评论》1997 年第3 期。

所能克服的，因此，应当适时打破原有破产立法格局，把非法人民事主体纳入破产法调整的主体范围。[①]（3）从国际上看，实行商人破产主义的国家也逐渐放弃传统立法例，向一般破产主义靠拢。我国破产法的适用范围较为狭窄，目前已经难以适应实践的需要，应予扩大，允许个人破产，目前制定《个人破产法》的时机已经成熟。[②]

有的学者认为，我国应当维持参与分配与破产制度并存的法律架构，并分别细化二者的适用对象。代表性观点有：（1）有的认为，“我国目前在执行程序中实行参与分配制度，尽管这只是由司法解释加以规定，但已在司法实践中实施多年，我们在没有重大理由的情况下，不应轻易否定它，而应在此基础上加以完善，以保持立法、司法的连续性和相对稳定性”。[③] 将来对二者的关系，该学者认为可作如下调整，就破产程序的适用来说，只有“商人”资不抵债时的执行，可以适用破产法；只有当非商人（目前指公民、其他组织）资不抵债时，才适用平等原则，没有出现资不抵债的情形，应适用优先原则。（2）有的认为，现有参与分配制度的根本性缺陷在于，允许对企业法人适用参与分配；[④] 对于企业法人财产的参与分配执行方式，实践中已经“喧宾夺主”地成了参与分配制度的主要适用领域，对企业法人财产的参与分配应当叫停。[⑤]

① 朱良好：《我国的参与分配制度与破产立法》，载《山东法学》1999 年第 4 期。

② 汤维建：《个人破产法的立法研究》，载《山东警察学院学报》2010 年第 5 期。另参见孙颖：《论我国个人破产法律制度的构建》，载《现代法学》2006 年第 3 期。

③ 马登科：《民事执行程序与破产制度的统一与协调——论参与分配制度中的优先原则与平等原则》，载《特区经济》2005 年第 7 期。

④ 这是因为，《关于人民法院执行工作若干问题的规定（试行）》（以下简称《执行规定》）第 96 条规定：“被执行人为企业法人，未经清理或清算而撤销、注销或歇业，其财产不足清偿全部债务的，应当参照本规定 90 条至 95 条的规定，对各债权人的债权按比例清偿。”

⑤ 吴晓静：《现行参与分配制度根本缺陷与改进建议》，载《法律适用》2008 年第 1 期、第 2 期。

（三）围绕“参与分配的适用条件、程序和救济机制”展开的争鸣

对于参与分配的适用条件、程序和救济机制，最高人民法院先后在1992年《民诉意见》中第297—299条和1998年《执行规定》中的第90—95条作了规定。但是，学术界对于其中的某些规定持批评态度，且长期意见不一。

1. 关于申请参与分配的前提条件的争议

当债务人的财产处于何种状态时，才可引发其他债权人参与分配？对此，《民诉意见》第297条规定：其他债权人发现“被执行人的财产不能清偿所有债权的”；《执行规定》第90条规定：被执行人“全部或主要财产已被一个人民法院因执行确定金钱给付的生效法律文书而查封、扣押或冻结，无其他财产可供执行或其他财产不足清偿全部债务的”。据此，其他债权人申请参与分配必须具备两个前提：(1) 知悉针对该债务人已经开始了执行程序；(2) 知悉债务人的财产不能清偿“所有债权”。

围绕前述第一个前提，有的学者主张法院必须在一定的范围内履行告知义务，有的学者则主张无须告知；围绕第二个前提，有人主张采用“客观标准”，即被执行人的财产总额少于债务总额为“不足清偿”，有的则坚持“主观标准”，即申请参与分配的债权人主观上认为被执行人的财产不能清偿全部债务即可。①

2. 关于有权申请参与分配的债权人范围的争议

最高人民法院《民诉意见》第297条规定，“已经取得执行根据的或者已经起诉的”的债权人均有权申请参与分配。《执行规定》第90条规定，“对该被执行人已经取得金钱债权执行依据的其他债权人”有权申请参与分配。比较而言，《执行规定》规定的参与分配债权人范围有所收缩。

① 奚玮、叶良芳：《参与分配若干疑难问题探讨》，载《人民法院报》2003年4月14日第13版。

有的学者认为，参与分配意在“保护积极行使权利者的利益”和“债权平等”这两种价值取向之间实现平衡，而平衡结果就是“在积极行使权利者之间实现债权的平等清偿”，于此而言，“《民诉意见》第297条之规定显然比《执行规定》第90条规定更具有合理性”。[①] 有的学者认为，《民诉意见》第297条“对可申请参与分配的主体限制过严”，还应当允许下列债权人申请参与分配：已经申请仲裁的债权人；债权已到期但尚未起诉的债权人；债权未至清偿期的债权人；[②] 否则，很难说落实了全体债权“平等”。也有学者对《执行规定》的精神持赞同态度，认为“参与分配制度毕竟不同于破产制度，没有执行依据的债权人，其申请对债务人强制执行的条件还不具备，不应当有权直接参与到执行程序中。”[③] 关于申请参与分配的债权的性质，有的学者认为只能是“金钱债权”，[④] 由此，还进一步衍生了担保物权、优先权的保障问题，对此学界也认识不一。

3. 关于债权人申请参与分配的时间的争议

最高人民法院《民诉意见》第298条第2款规定，参与分配申请应当在执行程序开始后，被执行人的财产被清偿前提出。《执行规定》第90条规定，应当在被执行人的财产被执行完毕前。

对这里的截止时间存在不同的看法：有的人认为，财产被清偿

① 齐树洁、陈洪杰：《破产程序与执行程序的冲突及其协调》，载《厦门大学学报（哲学社会科学版）》2007年第3期。

② 江伟、肖建国：《民事执行制度若干问题的探讨》，载《中国法学》1995年第1期；朱良好：《我国的参与分配制度与破产立法》，载《山东法学》1999年第4期；韩长印：《个别强制执行与破产的双重立法选择》，载《河南省政法管理干部学院学报》2000年第6期；谭秋桂：《民事执行原理研究》，中国法制出版社2001年版，第325页；等等。

③ 杨红朝：《论执行程序中的参与分配制度》，载《黑龙江省政法管理干部学院学报》2005年第2期。

④ 江伟、肖建国：《民事执行制度若干问题的探讨》，载《中国法学》1995年第1期。

即财产所有权之转移，应以交付时间为准。[①] 有的人认为，应理解为被执行人财产被拍卖或变卖终结前（各个标的物拍定或卖定之时），不经过拍卖或变卖的，为当次分配表做成前，而不宜理解为“交付前”。[②] 关于逾期申请的问题，有些学者认为应一律驳回申请，未参与分配的债权人可以另行向法院申请执行。[③] 有些则认为，他债权人虽不能按第一顺序参与分配，但可作为第二顺序的参与分配人。[④]

4. 关于参与分配的客体的争议

最高人民法院《执行规定》第 90 条规定，“被执行人为公民或其他组织，其全部或主要财产已被一个人民法院因执行确定金钱给付的生效法律文书而查封、扣押或冻结，无其他财产可供执行或其他财产不足清偿全部债务的，在被执行人的财产被执行完毕前，对该被执行人已经取得金钱债权执行依据的其他债权人可以申请对该被执行人的财产参与分配”。其他债权人到底可以对哪些财产参与分配呢？

有的学者认为，可以对债务人的全部财产参与分配。有的学者认为，“参与分配既然是参加到他人已开始的执行程序中去，自然只能针对已采取查封、扣押、冻结等强制措施的财产要求参与分配，无法分配债务人的其他财产”。[⑤] 还有的学者表示担忧：允许参与分配的结果可能使参与分配债权人获得权利的全部实现，而申请强制执行债权人却只能得到债权的部分实现，出现“后来者居

① 戴建志主编：《法院执行运作实务》，法律出版社 1999 年版，第 85 页。

② 孙加瑞：《中国强制执行制度概论》，中国民主法制出版社 1999 年版，第 367 页。

③ 夏蔚：《参与分配若干问题研究》，载《政法学刊》2001 年第 3 期。

④ 孙加瑞：《中国强制执行制度概论》，中国民主法制出版社 1999 年版，第 367 页。

⑤ 韩长印：《个别强制执行与破产的双重立法选择》，载《河南省政法管理干部学院学报》2000 年第 6 期。

上”的不公平局面。[①]

5. 关于参与分配的救济机制的争议

最高人民法院《民诉意见》和《执行规定》的缺陷，还集中体现在救济机制的不完善。对此，很早就有学者开始提出批评和建议。

例如，早在1994年杨立新就撰文提出，司法解释缺少对参与分配之分配表的异议程序。[②] 江伟、肖建国教授指出，参与分配应制作分配表，债权人（包括参与分配债权人）对分配表有异议权，异议包括参与分配异议、参与分配异议之诉等。[③] 后来的学者，又在执行救济这种更加广阔的背景下对参与分配救济进行了更加细致的讨论，甚至出现了学术专著。[④] 在40余篇硕士学位论文中，也大都专门开辟章节对参与分配的救济问题展开过讨论。

## 第三节 我国立法界、司法界对待参与分配问题的态度

### 一、最高立法机关对民事执行参与分配问题的忽略

民事执行制度属于国家“基本法律”，其立法权属于最高立法机关即全国人民代表大会及其常务委员会。在1982年和1991年的《民事诉讼法》中，均无有关“参与分配”的规定；在2008年、2012年两度对《民事诉讼法》进行修订的过程中，最高立法机关

① 朱良好：《我国的参与分配制度与破产立法》，载《山东法学》1999年第4期。

② 杨立新：《民事执行程序中的参与分配制度》，载《法律科学》1994年第1期。

③ 江伟、肖建国：《民事执行制度若干问题的探讨》，载《中国法学》1995年第1期。

④ 翁晓斌：《民事执行救济制度》，浙江大学出版社2005年版；朱新林：《论民事执行救济》，中国政法大学出版社2015年版；等等。

似乎也无意触及民事执行参与分配制度。从严格意义上说，我国司法实践中的民事执行“参与分配制度”缺乏明确、直接的立法依据。最高立法机关对参与分配问题表态的途径，除了修订《民事诉讼法》以外，还有起草“强制执行法”和修订“破产法”两种途径可资利用。

（一）关于制定《强制执行法》的机会

自我国1991年《民事诉讼法》颁布实施以来，人民法院在司法实践中面临的最大问题莫过于“执行难”。“执行难”问题在20世纪末期达到了前所未有的程度。1999年5月18日中共最高人民法院党组向中共中央打了一份报告即《中共最高人民法院党组关于解决人民法院“执行难”问题的报告》（以下简称《报告》），《报告》指出：“人民法院的执行工作是在相当困难的条件下进行的。被执行人难找、执行财产难寻、协助执行人难求、应执行财产难动等问题不断加剧，以致造成未执行案件大量积压。据统计，截至1998年年底，全国法院共积存未执行案件53万余件，标的金额总计人民币1000多亿元。人民法院在个案执行中遇到的抗拒、阻碍、干预执行的问题令人触目惊心……‘执行难’问题目前已成为困扰人民法院工作的突出问题，在社会上引起了强烈反响，已到了非解决不可的时候。”① 无论是理论界，还是司法实务界，普遍认为强制执行法律制度的疏漏是造成“执行难”的重要原因。随着中发〔1999〕11号文件和党的十六大报告将解决“执行难”正式提到议事日程，理论界和司法实务界开始紧锣密鼓地为强制执行法的制定做准备，不少人大代表强烈呼吁加快强制执行法的立法步伐。

从理论界和司法实务界为强制执行单独立法所做的准备来看，目前我国制定“强制执行法典”的时机已经成熟。在学术界，自

① 参见《中共中央关于转发〈中共最高人民法院党组关于解决人民法院“执行难”问题的报告〉的通知》（中发〔1999〕11号）。

20世纪90年代开始，已经有数以千计的论文谈到了制定单独的强制执行法的问题，几乎到了“谈执行、必谈立法”的地步。2000年以后，我国还出现了“一官一民”两个“强制执行法起草小组”：（1）最高人民法院于2000年年初成立了强制执行法草案起草小组。起草小组于2001年12月形成了强制执行法草案第一稿，此后几易其稿，于2002年以后相继出版了《强制执行法起草与论证》的三册论证资料。[①]（2）中国政法大学杨荣馨教授领衔的研究团队，自2000年起也开始了《强制执行法（专家建议稿）》的起草工作。到2007年，已完成专家意见稿第12稿。[②]

同时，全国人大代表也不断地提出我国适时制定“强制执行法”的议案。例如，2003年3月第十届全国人大一次会议召开之际，制定强制执行法的呼声最高，同时有姜德明等39位代表提出的《关于建议制定民事强制执行法的议案》（第30号）、王维忠等31位代表提出的《关于制定强制执行法要强调执法者的法律责任的议案》（第106号）、徐衍东等32位代表提出的《关于尽快制定民事强制执行法的议案》（第132号）、陈慧珠等35位代表提出的《关于制定强制执行法的议案》（第214号）、蒋福弟等31位代表提出的《关于尽快制定民事强制执行法的议案》（第420号）、张

---

① 参见沈德咏主编：《强制执行法起草与论证》（第一册），中国法制出版社2002年版，主要刊载了《强制执行法（草案）》第一稿、第二稿及部分强制执行法理论文章；《强制执行法起草与论证》（第二册），中国人民公安大学出版社2004年出版，主要刊载了《强制执行法（草案）》第三稿、第四稿及2003年“中德强制执行法研讨会”的部分参会论文；江必新主编：《强制执行法的起草与论证（三）》，中国法制出版社2014年版，主要刊载了《强制执行法（草案）》第五稿、第六稿及最高人民法院强制执行单独立法研究课题的研究成果。

② 参见杨荣馨：《应尽快制定民事强制执行法》，载《法制日报》2002年11月21日；杨荣馨、谭秋桂：《标本兼治 解决“执行难”——民事强制执行法专家建议稿起草问题研究》，载《政法论坛》2004年第4期；该起草小组的研究成果已经出版，参见杨荣馨主编：《强制执行立法的探索与构建：中国强制执行法条文与释义》，中国人民公安大学出版社2005年版。

启楣等30位代表提出的《关于尽快制定中华人民共和国强制执行法的议案》(第424号)、邵峰晶等32位代表提出的《关于司法执行法立法的议案》(第1027号) 7个议案。2006年3月，全国人大会议期间，全国人大代表、北京市高级人民法院院长秦正安提出了制定一部独立的民事强制执行法的议案；2013年3月的“两会”期间，云南省高级人民法院院长、全国人大代表张学群，向全国人大提交了《关于将强制执行法列入立法规划完善执行工作法律体系的建议》。

对比理论界、司法实务界和社会上高涨的情绪，最高立法机关并没有把工作重心放在《强制执行法》的制定上。比如，对于2003年多个强制执行立法的议案，全国人大内务司法委员会审查后认为，“近年来人民法院的民事判决执行工作存在许多困难和问题，通过立法解决执行中的问题是必要的。最高人民法院已于2000年年初成立了民事强制执行法起草小组”，但是，不能急于求成，“建议在国家司法体制改革进程中统筹研究这个问题”。[①] 据知情人士介绍，2003年全国人大常委会立法计划列入的是“有关民事强制执法方面的立法”，而没有列入“民事强制执行法”，其原因是修改完善民事诉讼法的有关规定，还是另行制定民事强制执行法，各方面意见尚需协调。最高立法机关的拖延态度，也引起了中共中央的关注和不满，为此，中共中央政法委员会于2006年还专门致函全国人大常委会，建议尽快制定强制执行法。但随着2007年、2012年《民事诉讼法》局部修改的完成(仅对部分强制执行法律条款进行了修改)，强制执行单独立法的问题暂被搁置，颇令人遗憾。

但由于强制执行单独立法已是大势所趋，参与分配制度的立法化也是早晚的事。我们的研究，除了从法理上对参与分配制度作一

① 摘自全国人大内务司法委员会关于第十届全国人民代表大会第一次会议主席团交付审议的代表提出的议案审议结果的报告。

探讨之外，也会就其立法问题提出建议方案。

（二）关于修订《企业破产法》的机会

主张取消参与分配制度、实行一般破产主义的学者，倾向于通过破产法统一解决债权人债权的平等保护问题。

根据破产法的适用主体范围不同，有“一般破产主义”和“商人破产主义”（有限破产主义）之分。一般破产主义，是指不论是否为商主体，自然人和法人主体均可适用破产法。商人破产主义，则仅指商主体可以破产。商主体，在传统商法中又称为“商人”，是指依据商事法的有关规定，参加商事活动，享有商事权利并承担相应义务的自然人和法人组织。① 我国破产法的发展大致经历了两个阶段：第一个阶段（1986—2007年），形成了《企业破产法（试行）》（1986年12月颁布）和《民事诉讼法》（1991年4月颁布）中“企业法人破产还债程序”并立的立法格局。当时，《企业破产法（试行）》主要适用于“全民所有制企业”，《民事诉讼法》中“企业法人破产还债程序”主要适用于“具有法人资格的集体企业、联营企业、私人企业以及设在中国领域内的中外合资经营企业、中外合作经营企业和外资企业”等。第二个阶段（2007年至今），随着2007年6月1日《企业破产法》的颁布实施和2008年4月1日《民事诉讼法》的修订完成（将民诉法典中的“企业法人破产还债程序”予以删除），企业法人不再区分所有制性质，一律适用新的《企业破产法》。但无论新旧破产法，从其适用的范围看，连“商人破产主义”也谈不上，因为我国民法上的“个体工商户”等显然属于以营利为目的的“商人”，无法适用法律规定的破产清算程序。

在学界讨论民事“参与分配制度”的改革问题时，有两种观点与破产法的修订有关：一种观点认为，在我国目前的参与分配制度存在诸多弊端，而短期内又无法制定一部单独的强制执行法的情

① 王保树：《商事法论集》，法律出版社1999年版，第7页。

况下，“通过进一步完善破产立法，扩大破产法调整的主体范围，实行一般破产主义立法模式，将公民、其他组织濒临破产危机之时的偿债行为纳入破产法调整的一体范围之内，不失为一种既简单又便捷的立法选择”。[①] 但当时最高立法机关显然还未做好接纳“个人破产”的心理准备，随着2007年新破产法的出台，这一提议被束之高阁了。另一种观点认为，从国际上看，实行商人破产主义的国家也逐渐放弃传统立法例，向一般破产主义靠拢。我国破产法的适用范围较为狭窄，目前已经难以适应实践的需要，应予扩大，允许个人破产，目前制定《个人破产法》的时机已经成熟。[②] 隶属于全国人大的研究人员，也赞同前述看法，[③] 但要付之于立法实践，恐怕还需要时间。

相比较而言，“通过地方立法先行试点”的做法更值得关注。在“第六届中国破产法论坛”上，深圳市律师协会起草的“在深圳地区率先制定《深圳经济特区个人破产条例》的立法建议”在会上进行了交流，王新欣教授认为，“深圳有一个特区立法权，如果深圳能够通过特区立法权制定个人破产制度，先试先行，将会起到一个很好的示范作用”。[④] 而这会对民事执行参与分配制度产生什么影响，值得关注。

---

① 韩长印：《参与分配制度与破产立法》，载《当代法学》2000年第1期；另参见齐树洁、马昌明：《完善我国强制执行法若干问题的探讨》，载《法学评论》1997年第3期。

② 汤维建：《个人破产法的立法研究》，载《山东警察学院学报》2010年第5期；另参见孙颖：《论我国个人破产法律制度的构建》，载《现代法学》2006年第3期。

③ 全国人大财经委法案室的朱少平曾撰文指出，包括个体工商户等“商自然人”和办理了大中型商品消费信贷和房贷的个人，都会出现资不抵债的情况，需要个人破产法的保护。因此，“在加快出台企业破产法的同时，启动对个人破产制度及其立法的研究，尽早出台这一法律对于我国市场经济体制与法律制度建设是十分必要的”。参见朱少平：《个人破产立法：正当其时》，载《法人杂志》2006年第3期。

④ 李晶川等：《个人破产立法深圳有多远》，载《深圳晚报》2014年11月7日B2版。

## 二、司法界对民事执行参与分配问题的态度

### (一) 参与分配制度的构建与最高法院的三个司法解释

由于最高立法机关未在《民事诉讼法》中对参与分配制度作出规定，为了解决民事执行实践中债权平等保护的问题，最高人民法院不得不通过司法解释的方式对民事执行参与分配的有关问题进行规定。自 1992 年以来，有关参与分配的司法解释文件主要有四个：

第一个司法解释：1992 年《民诉意见》(法发〔1992〕22 号，自 1992 年 7 月 14 日起施行)，其中共有三个条文，即第 297—299 条首次对参与分配作了规定。最重要的一条是第 297 条，即"被执行人为公民或者其他组织，在执行程序开始后，被执行人的其他已经取得执行依据的或者已经起诉的债权人发现被执行人的财产不能清偿所有债权的，可以向人民法院申请参与分配。"由于条文过少，缺乏可操作性，才引发了后续进一步的司法解释。

第二个司法解释：1998 年《执行规定》(法释〔1998〕15 号，自 1998 年 7 月 8 日起施行)，共有六个条文涉及参与分配，即第 90—95 条。其中，有两条特别值得关注：一是第 90 条，其对《民诉意见》第 297 条进行了修正，修正后规定："被执行人为公民或其他组织，其全部或主要财产已被一个人民法院因执行确定金钱给付的生效法律文书而查封、扣押或冻结，无其他财产可供执行或其他财产不足清偿全部债务的，在被执行人的财产被执行完毕前，对该被执行人已经取得金钱债权执行依据的其他债权人可以申请对该被执行人的财产参与分配。"二是第 96 条，增加规定："被执行人为企业法人，未经清理或清算而撤销、注销或歇业，其财产不足清偿全部债务的，应当参照本规定 90 条至 95 条的规定，对各债权人的债权按比例清偿。"这等于是说"企业法人"除破产程序可资利用外，也可"参照"适用参与分配的程序，实际上是扩张了参与

分配的适用范围。①

第三个司法解释：2008 年《最高人民法院关于适用〈中华人民共和国民事诉讼法〉执行程序若干问题的解释》（法释〔2008〕13 号，自 2009 年 1 月 1 日起施行）（以下简称《执行程序解释》），共有两个条文涉及参与分配，即第 25—26 条。这两条主要对参与分配的程序救济问题作了规定，包括异议的提出、异议的审查、分配方案的修正和实施等。

第四个司法解释：2015 年《最高人民法院关于适用〈中华人民共和国民事诉讼法〉的解释》（法释〔2015〕5 号，自 2015 年 2 月 4 日起施行）（以下简称《民诉法解释》），共有五个条文涉及参与分配，即第 508—512 条。这五个条文分别对参与分配的债权人和参与分配的条件、参与分配的申请、清偿顺序、分配方案的制作、分配方案异议等问题作了规定。

虽然最高人民法院司法解释中的某些规定还存在不足，但总体来说，不能不在三个方面给予积极的评价：一是最高人民法院的前述司法解释，使得我国民事执行参与分配制度实现了“从无到有”的突破，弥补了立法的缺漏；二是最高人民法院显然认识到了民事执行中单纯地贯彻“优先主义”的不足，试图通过参与分配制度寻找一种“平衡”；三是最高人民法院通过司法解释确立参与分配制度，是建立在我国“企业破产法”不适用于非法人主体的客观现实基础之上的，在“个人破产法”的研究如火如荼的今日，民事执行参与分配制度何去何从值得重新思考。

（二）参与分配制度的改革与司法界的态度

最高人民法院司法解释中确立的参与分配制度，是在理论准备不足的情况下确立的，其构建之初主要是参考了我国台湾地区的理

① 需要说明的是，1998 年《执行规定》实施六年之后，在理论界和实务界产生了一些争议。2004 年，最高人民法院拟订了一个《关于执行程序中多个债权人参与分配问题的若干规定（征求意见稿）》，共 18 条。但由于各种原因，最高人民法院最终未能公布实施这个文件。

论和制度设计。至于这些规定有哪些不足？其在实施中能否解决实践中的问题？司法实务界也一直在反思和讨论，现举要说明如下：

1. 关于“案款分配”与“参与分配”的关系问题

在司法界，出于对执行中被冻结、划拨的执行款，以及被查封、扣押后变卖、拍卖所得的执行款有效管理，防止执行法官或者其他有关人员侵占、挪用等考虑，最高人民法院和地方人民法院都相继出台了一些“案款管理”的细则。在这些文件中，出现了“执行案款专项管理、专款专付”等规定和提法。[①] 另外，在“参与分配”概念之外，执行实务中还出现了“案款分配”的提法，而且司法界的人士还特别强调，二者是不同的概念。例如，2013年8月21日《北京市高、中级法院执行局（庭）长座谈会（第五次会议）纪要——关于案款分配及参与分配若干问题的意见》第1条就规定：“本纪要中的案款分配，是指根据《最高人民法院关于人民法院执行工作若干问题的规定（试行）》（以下简称《执行规定》）第88条的规定分配案款。本纪要中的参与分配，是指根据《执行规定》第90条至第95条的规定分配案款。”[②] 由此，就出现了“案款分配”与“参与分配”的关系问题。

在学术界，有的学者也开始接受“案款分配”和“参与分配”

---

① 例如，《最高人民法院关于执行款物管理工作的规定（试行）》（法发〔2006〕11号）、《北京市高级人民法院关于执行案款管理的若干规定（试行）》（京高法发〔2004〕262号）、《广东省高级人民法院关于执行款管理工作的若干规定（试行）》（粤高法发〔2004〕17号）、《江苏省高级人民法院关于执行款物交接管理工作的若干规定》（2005年10月18日）等。

② 《执行规定》第88条有3款，即“多份生效法律文书确定金钱给付内容的多个债权人分别对同一被执行人申请执行，各债权人对执行标的物均无担保物权的，按照执行法院采取执行措施的先后顺序受偿。”“多个债权人的债权种类不同的，基于所有权和担保物权而享有的债权，优先于金钱债权受偿。有多个担保物权的，按照各担保物权成立的先后顺序清偿。”“一份生效法律文书确定金钱给付内容的多个债权人对同一被执行人申请执行，执行的财产不足清偿全部债务的，各债权人对执行标的物均无担保物权的，按照各债权比例受偿。”

的提法，因为二者既有不同（如适用前提条件不同、分配顺序不同），也有相同之处（如都涉及多个债权人、都涉及法院的执行款的分配、都涉及主持法院和对申请的审查、都涉及物权等优先权的优先分配等）。有的学者还主张，可以对我国参与分配进行理论创新，扩张“参与分配”一词的内涵，兼指前述的“案款分配”和“参与分配”两种现象。① 我们认为，这种观点颇具想象力，是否应当作为一种可行的观点予以采纳，应当综合考虑国际通行的经验、参与分配与破产制度的功能区分、我国的司法制度环境等多种因素，才能做出合理的判断。

2. 关于“个人破产”与“参与分配”的关系问题

有迹象显示，最高人民法院早就着手对“个人破产问题”的研究。为了解决“执行难”和对付执行中所谓的“老赖”，2010年最高人民法院出台了《关于限制被执行人高消费的若干规定》(法释〔2010〕8号)，这是最高人民法院对个人破产问题密切关注的一个信号。2014年11月在北京召开的“第六届中国破产法论坛”上，最高人民法院刘敏法官表示，最高人民法院已经向全国人大常委会提出了“个人破产”立法建议。② 在这种背景下，我们的研究，将在第三章中深入讨论“破产（个人破产）”与“参与分配”的关系问题。

3. 关于“企业法人”适用“参与分配”的问题

在我国，与“个人是否可以适用破产清算程序”相对应的，还存在“企业法人能否利用参与分配制度进行清偿”的问题。由于最高人民法院《执行规定》第96条的存在，“实践中，参与分配主要适用于对企业法人财产的执行，其次适用于对公民个人财产的执行，而在对‘其他组织’的执行方面适用得更少。即在《规

① 中国政法大学谭秋桂教授在参与本课题讨论过程中，曾提出过这种设想。

② 李晶川等：《个人破产立法深圳有多远》，载《深圳晚报》2014年11月7日B2版。

定》中以‘参照适用’表述方式而允许采用的对于企业法人财产的参与分配执行方式，实际上‘喧宾夺主’地成为参与分配制度的主要适用领域，尤其是一些社会影响大的执行案件，多以对企业法人财产采取参与分配方式执行的面目出现”。①

对此，重庆市南岸区人民法院的法官尖锐地指出，我国现行参与分配制度的“根本性缺陷在于允许对企业法人适用参与分配”，“对我国现有参与分配制度的关键性改进措施，就是要取消1998年《执行规定》第96条关于对企业法人适用参与分配的规定，使参与分配成为仅适用于那些不能适用破产制度的主体的‘清盘’执行制度，一种‘效率优先’且兼顾‘有限范围内的公平’，虽不完美但可以接受的执行制度”。② 另外，上海市高级人民法院的金殿军法官根据实践需要，提出了另一种创新思路，即建议对强制执行中遭遇的“资不抵债”案件实行强制破产。③ 这些长期工作在民事执行第一线的法官们的观点，值得关注和进一步研究。

**表1.4　1994—2017年民事执行“参与分配”高关联研究成果④**

| 序号 | 题名 | 作者 | 来源 | 发表时间 | 被引 | 下载 |
|---|---|---|---|---|---|---|
| 1 | 民事执行程序中的参与分配制度 | 杨立新 | 法律科学 | 1994/1/10 | 19 | 581 |
| 2 | 民事执行制度若干问题的探讨 | 江伟，肖建国 | 中国法学 | 1995/2/9 | 142 | 1843 |

① 吴晓静：《现行参与分配制度根本缺陷与改进建议》，载《法律适用》2008年第1期、第2期。

② 吴晓静：《现行参与分配制度根本缺陷与改进建议》，载《法律适用》2008年第1期、第2期。

③ 金殿军：《论强制破产制度的创设》，载《强制执行指导与参考》2005年第1辑。

④ 据“中国知网”检索整理，最后一次检索日期：2018年3月1日。

续表

| 序号 | 题名 | 作者 | 来源 | 发表时间 | 被引 | 下载 |
|---|---|---|---|---|---|---|
| 3 | 民事执行程序中的参与分配制度 | 翁晓斌 | 南京大学法律评论 | 1995/8/15 | 7 | 202 |
| 4 | 我国强制执行平等与优先原则论纲 | 肖建国 | 法律科学 | 1996/3/10 | 19 | 310 |
| 5 | 略论民诉执行程序中的参与分配——兼与台湾地区相关规定比较 | 方圳斌，何缨 | 商学论坛．广东商学院学报 | 1997/1/30 | 4 | 229 |
| 6 | 我国强制执行优先原则的制度运行分析 | 肖建国 | 甘肃政法学院学报 | 1997/3/30 | 15 | 295 |
| 7 | 建议在司法执行中建立强制性破产制度 | 林祖彭，李浩 | 政治与法律 | 1998/10/5 | 16 | 153 |
| 8 | 金融债权实现难的原因及其执行对策 | 胡英 | 人民司法 | 1999/5/8 | 3 | 129 |
| 9 | 论海事法院拍卖船舶中的受偿债权 | 李志文 | 中国海商法年刊 | 1999/6/15 | 10 | 176 |
| 10 | 解决民事强制执行竞合法律制度的完善 | 王洪伟 | 山东审判 | 1999/6/15 | 0 | 101 |
| 11 | 我国的参与分配制度与破产立法 | 朱良好 | 山东法学 | 1999/8/15 | 15 | 157 |
| 12 | 参与分配制度与破产立法 | 韩长印，朱春和 | 当代法学 | 2000/1/30 | 32 | 503 |
| 13 | “参与分配制度”析 | 孙加锋 | 河北法学 | 2000/5/5 | 6 | 136 |
| 14 | 论民事执行程序中的参与分配原则 | 颜运秋，吕翔玲 | 河北法学 | 2000/9/5 | 20 | 399 |

续表

| 序号 | 题名 | 作者 | 来源 | 发表时间 | 被引 | 下载 |
|---|---|---|---|---|---|---|
| 15 | 执行程序中的参与分配制度 | 熊征 | 中国中小企业 | 2000/11/10 | 1 | 68 |
| 16 | 个别强制执行与破产的双重立法选择——自然人和非法人组织的破产能力分析 | 韩长印 | 河南省政法管理干部学院学报 | 2000/12/20 | 25 | 458 |
| 17 | 破产制度与执行程序的分工与配合——论执行程序的优先与平等原则 | 马登科 | 社科与经济信息 | 2001/3/20 | 2 | 81 |
| 18 | 关于执行财产分配的立法思考 | 葛行军，刘文涛 | 法学研究 | 2001/3/23 | 36 | 559 |
| 19 | 论执行程序中的参与分配制度 | 游礼国，陈国华 | 福建政法管理干部学院学报 | 2001/4/20 | 7 | 167 |
| 20 | 参与分配若干问题研究 | 夏蔚 | 政法学刊 | 2001/6/25 | 22 | 265 |
| 21 | 强制执行竞合的解决——兼论我国相关强制执行制度的完善 | 崔婕 | 法商研究 | 2001/7/25 | 21 | 589 |
| 22 | 优先主义原则下执行制度的评估与建构 | 李卫国 | 第二届贵州法学论坛文集 | 2001/8/1 | 0 | 31 |
| 23 | 我国参与分配制度的缺陷及其完善 | 胡宜奎 | 南京经济学院学报 | 2001/8/30 | 3 | 147 |
| 24 | 论民事执行程序中的分配原则 | 颜运秋 | 诉讼法论丛 | 2001/12/15 | 0 | 90 |
| 25 | 论民事执行程序中参与分配制度的缺陷及其完善 | 陈颖洲，王昌来 | 安徽纺织职业技术学院学报 | 2002/6/30 | 13 | 319 |

续表

| 序号 | 题名 | 作者 | 来源 | 发表时间 | 被引 | 下载 |
|---|---|---|---|---|---|---|
| 26 | 对我国民事执行参与分配制度的反思 | 朱良好 | 社会科学 | 2003/2/5 | 20 | 602 |
| 27 | 强制执行制度与破产立法 | 郭婕 | 信阳农业高等专科学校学报 | 2003/6/25 | 1 | 86 |
| 28 | 执行财产分配问题研究 | 王锐 | 郧阳师范高等专科学校学报 | 2003/8/30 | 1 | 118 |
| 29 | 民事执行程序中的参与分配制度 | 尹伟民 | 当代法学 | 2003/12/30 | 26 | 724 |
| 30 | 试论民事执行参与分配制度 | 唐双玲 | 新疆广播电视大学学报 | 2004/8/15 | 10 | 223 |
| 31 | 破产能力与参与分配制度的改革 | 常廷彬 | 广东外语外贸大学学报 | 2004/11/30 | 10 | 231 |
| 32 | 论执行程序中的参与分配制度 | 杨红朝 | 黑龙江省政法管理干部学院学报 | 2005/3/15 | 12 | 334 |
| 33 | 关于我国民事执行中若干问题的思考 | 雷裕春 | 广西商业高等专科学校学报 | 2005/6/30 | 2 | 145 |
| 34 | 破产与执行：功能定位与制度调谐 | 童兆洪，章青山 | 诉讼法论丛 | 2005/7/15 | 7 | 265 |
| 35 | 民事执行程序与破产制度的统一与协调——论参与分配制度中的优先原则与平等原则 | 马登科 | 特区经济 | 2005/7/25 | 22 | 635 |
| 36 | 船舶优先权实行论 | 李亮 | 广西社会科学 | 2005/7/30 | 7 | 264 |
| 37 | 执行参与分配制度之探析 | 宗会霞 | 太原城市职业技术学院学报 | 2005/8/10 | 4 | 206 |

续表

| 序号 | 题名 | 作者 | 来源 | 发表时间 | 被引 | 下载 |
| --- | --- | --- | --- | --- | --- | --- |
| 38 | 破产程序与执行程序的冲突及其协调 | 齐树洁，陈洪杰 | 厦门大学学报（哲学社会科学版） | 2007/5/28 | 17 | 790 |
| 39 | 债权人申请参与分配的条件 | 宁诗敏 | 人民司法 | 2007/8/5 | 9 | 156 |
| 40 | 论金钱债权执行竞合解决的原则 | 刘敏 | 学习与探索 | 2007/9/15 | 4 | 203 |
| 41 | 试谈民事执行程序中的参与分配 | 肖博妍 | 理论观察 | 2007/10/20 | 11 | 292 |
| 42 | 现行参与分配制度根本缺陷与改进建议 | 吴晓静 | 法律适用 | 2008/2/8 | 32 | 667 |
| 43 | 对我国民事执行参与分配制度争议的思考 | 王凌云 | 韶关学院学报 | 2008/7/15 | 5 | 340 |
| 44 | 论船舶拍卖价款中可分配债权的审查——兼评我国海诉法第111条的规定 | 王爱玲 | 山东审判 | 2009/4/20 | 7 | 142 |
| 45 | 执行程序中船舶价款的分配 | 郑秉物 | 中国海商法年刊 | 2009/12/15 | 5 | 159 |
| 46 | 论我国执行程序中的参与分配制度 | 刘鹏举，李凤华 | 山东审判 | 2009/12/20 | 13 | 352 |
| 47 | 新《民事诉讼法》实施与执行救济制度之完善——以浙江法院执行救济实践为考察对象 | 浙江省高级人民法院联合课题组，倪代化 | 法治研究 | 2010/3/5 | 26 | 846 |

续表

| 序号 | 题名 | 作者 | 来源 | 发表时间 | 被引 | 下载 |
|---|---|---|---|---|---|---|
| 48 | 浅析执行程序中的参与分配制度 | 张国军 | 法制与经济（中旬刊） | 2010/9/15 | 6 | 181 |
| 49 | 浅论执行程序中的参与分配制度 | 郝卫民 | 决策探索（下半月） | 2010/11/20 | 1 | 142 |
| 50 | 民事执行中暂缓发款制度刍议 | 张亮，舒锐 | 山西省政法管理干部学院学报 | 2011/3/15 | 0 | 61 |
| 51 | 自然人支付不能下之债务履行探析 | 程艳如，侯晶晶 | 商品与质量 | 2011/5/15 | 0 | 51 |
| 52 | 比较与借鉴：中德执行分配方案异议之诉的制度架构分析 | 杨柳 | 法律适用 | 2011/8/8 | 15 | 419 |
| 53 | 民事诉讼法执行程序修改应关注的十大问题 | 江必新 | 人民司法 | 2011/9/5 | 22 | 581 |
| 54 | 论强制执行单行立法的若干问题——以《民事诉讼法》修订为背景 | 江必新 | 法律适用 | 2011/9/8 | 8 | 782 |
| 55 | 论执行分配方案异议之诉的程序构造 | 李世成 | 法律适用 | 2011/9/8 | 11 | 411 |
| 56 | 恢复执行案件参与分配的处理 | 刘建舟，张伟 | 人民司法 | 2011/9/20 | 4 | 210 |
| 57 | 对民事诉讼执行难的理论和实务分析 | 田径 | 长春工业大学学报（社会科学版） | 2011/9/20 | 0 | 208 |

续表

| 序号 | 题名 | 作者 | 来源 | 发表时间 | 被引 | 下载 |
|---|---|---|---|---|---|---|
| 58 | 我国参与分配制度之完善 | 齐永远 | 今日财富（金融发展与监管） | 2011/11/1 | 1 | 101 |
| 59 | 民诉执行程序中分配方案异议之诉的运作 | 楼常青，楼晋 | 上海政法学院学报（法治论丛） | 2012/1/15 | 18 | 426 |
| 60 | 司法查封与行政查封间的关系和处理 | 赵德林 | 人民司法 | 2012/1/20 | 0 | 242 |
| 61 | 被执行人欠缴的税款能否参与分配？ | 吴顺和 | 人民司法 | 2012/2/5 | 0 | 117 |
| 62 | 执行程序中参与分配制度问题研究 | 单华西 | 法制博览（中旬刊） | 2012/4/15 | 4 | 191 |
| 63 | 参与分配制度完善之思考及其可行模式之构想 | 朱希翔 | 河北青年管理干部学院学报 | 2012/5/25 | 2 | 200 |
| 64 | 试论我国民事执行中参与分配制度的完善 | 武玄 | 公民与法（法学版） | 2012/6/25 | 9 | 313 |
| 65 | 分配表异议的救济及其完善——以法释〔2008〕13号第二十六条为中心 | 姜涛 | 法制与社会 | 2012/9/5 | 2 | 33 |
| 66 | 执行分配方案异议诉讼之解释论研究——以法律方法为视角 | 廖浩 | 研究生法学 | 2013/2/15 | 4 | 176 |
| 67 | 参与分配法律问题研析 | 赵震 | 山东审判 | 2013/10/20 | 4 | 105 |
| 68 | 关于多个申请人参与分配规定的理解 | 程德刚 | 法制与社会 | 2014/1/5 | 0 | 82 |

续表

| 序号 | 题名 | 作者 | 来源 | 发表时间 | 被引 | 下载 |
| --- | --- | --- | --- | --- | --- | --- |
| 69 | 论我国个人破产制度的构建 | 赵万一，高达 | 法商研究 | 2014/5/15 | 22 | 2984 |
| 70 | 分配方案异议的诉讼救济及其限度 | 曹凤国 | 法律适用 | 2014/7/1 | 4 | 320 |
| 71 | 执行分配与破产还债的功能分离：参与分配制度的现实重构 | 许尚豪，欧元捷 | 人民司法 | 2014/9/5 | 11 | 505 |
| 72 | 民事执行参与分配制度的困境与进路 | 陈志鑫 | 上海政法学院学报（法治论丛） | 2014/11/15 | 11 | 320 |
| 73 | 执行程序中参与分配制度下可采取实体性救济措施 | 汤莉婷 | 人民司法 | 2014/12/20 | 1 | 265 |
| 74 | 在限制与扩张之间——执行权与诉权平衡下的分配方案异议救济之分析 | 曹凤国，李红娟 | 全国法院第二十六届学术讨论会论文集：司法体制改革与民商事法律适用问题研究 | 2015/4/8 | 0 | 167 |
| 75 | 执行分配方案异议之诉中的虚假债权参与分配问题研究——以新《民事诉讼法》第三人撤销之诉为视角展开 | 李杨，刘建发，罗彬 | 全国法院第二十六届学术讨论会论文集：司法体制改革与民商事法律适用问题研究 | 2015/4/8 | 1 | 349 |
| 76 | 执行不能转破产中诸问题研究 | 陈克 | 公司法律评论 | 2015/5/31 | 0 | 101 |

续表

| 序号 | 题名 | 作者 | 来源 | 发表时间 | 被引 | 下载 |
|---|---|---|---|---|---|---|
| 77 | 参与分配与破产在企业法人债务清偿中的选择适用——以基层法院的司法实践为基础 | 张勇 | 人民司法 | 2015/6/5 | 0 | 229 |
| 78 | 非限制性债权人参与海事赔偿责任限制基金分配之研究 | 方琳，程勇跃 | 常州工学院学报（社科版） | 2015/6/28 | 0 | 48 |
| 79 | 论我国动产抵押权的对抗力——以“第三人”的范围为中心 | 尚连杰 | 清华法律评论 | 2015/6/30 | 2 | 227 |
| 80 | 执行异议之诉：比较法视野下的谱系解读 | 丁宝同 | 比较法研究 | 2015/7/15 | 11 | 1034 |
| 81 | 首封债权人不必然比轮候查封债权人优先受偿 | 李剑 | 人民司法 | 2015/9/20 | 0 | 353 |
| 82 | 参与分配：解析与检讨 | 丁亮华 | 法学家 | 2015/10/15 | 5 | 527 |
| 83 | 论执行案件中法院职权主义破产启动程序的构建 | 李帅 | 法律适用 | 2015/11/1 | 10 | 589 |
| 84 | 执行程序与破产程序的衔接与协调 | 曹守晔，杨悦 | 人民司法 | 2015/11/5 | 6 | 521 |
| 85 | 民事执行参与分配申请条件的制度缺陷与规则优化 | 陈志鑫 | 上海政法学院学报（法治论丛） | 2015/11/15 | 1 | 211 |
| 86 | 执行与破产程序的衔接规范 | 詹应国 | 人民司法（应用） | 2016/2/5 | 4 | 364 |

续表

| 序号 | 题名 | 作者 | 来源 | 发表时间 | 被引 | 下载 |
|---|---|---|---|---|---|---|
| 87 | 论我国个人破产制度的立法进路——以对个人破产“条件不成熟论”的批判而展开 | 李帅 | 商业研究 | 2016/3/10 | 1 | 492 |
| 88 | 代位债权能否平等受偿分配? | 周芳洁 | 时代主人 | 2016/4/5 | 0 | 22 |
| 89 | 民事诉讼法执行程序司法解释若干问题的理解与适用 | 赵晋山,葛洪涛,乔宇 | 人民司法(应用) | 2016/6/5 | 1 | 385 |
| 90 | “执破衔接”之问题与对策研究 | 韩蓉,徐阳光 | 法制与经济 | 2016/7/14 | 2 | 458 |
| 91 | 论民事执行参与分配制度 | 李禄禄 | 黑龙江省政法管理干部学院学报 | 2016/7/15 | 1 | 90 |
| 92 | 执行分配方案异议之诉实务探讨 | 方怀宇,马浩杰 | 湖北经济学院学报(人文社会科学版) | 2016/7/15 | 0 | 130 |
| 93 | 清偿执行阶段如何维护银行权益 | 王良豪 | 中国农村金融 | 2016/11/25 | 0 | 33 |
| 94 | 民事执行参与分配的救济机制之完善 | 王娣,王德新 | “强制执行的理论与制度创新”——“中国执行论坛”优秀论文集 | 2017/2/1 | | 12 |

续表

| 序号 | 题名 | 作者 | 来源 | 发表时间 | 被引 | 下载 |
|---|---|---|---|---|---|---|
| 95 | 参与分配程序相对独立机制研究——以参与分配的实体公正性和执行效率性的冲突为视角 | 王安妮 | “强制执行的理论与制度创新”——“中国执行论坛”优秀论文集 | 2017/2/1 | | 5 |
| 96 | 执行程序中的查封优先权 | 严银 | 人民司法（应用） | 2017/4/5 | | 5 |
| 97 | 制度、文化、经济视角下执破衔接障碍与破产法本位重塑 | 梁伟 | 内蒙古社会科学（汉文版） | 2017/5/10 | | 40 |
| 98 | “执转破”操作模式及相关实务问题研究 | 丁海湖，田飞 | 法律适用 | 2017/6/1 | 1 | 316 |
| 99 | 民事强制执行中参与分配制度若干问题探讨 | 凌诗卉 | 法制与社会 | 2017/7/25 | | 49 |
| 100 | 我国财产刑案件民事债权优先受偿制度的缺陷及根治——从《最高人民法院关于刑事裁判涉财产部分执行的若干规定》第13条谈起 | 郜名扬 | 哈尔滨工业大学学报（社会科学版） | 2017/9/19 | | 85 |
| 101 | 民事执行中参与分配程序的适用条件 | 曹兴权，尚彦卿 | 政法论丛 | 2017/10/10 | | 108 |
| 102 | 执行与破产衔接中存在的问题及对策 | 谢源成 | 法制与社会 | 2017/10/25 | | 41 |
| 103 | 对“执转破”程序衔接机制的探讨 | 林育群 | 法制与社会 | 2017/10/25 | | 44 |

续表

| 序号 | 题名 | 作者 | 来源 | 发表时间 | 被引 | 下载 |
|---|---|---|---|---|---|---|
| 104 | 民事执行程序中“参与分配”的理论与制度构建 | 张永泉 | 苏州大学学报（法学版） | 2017/11/20 | | 43 |
| 105 | 民事执行原理研究 | 谭秋桂 | 中国政法大学（博士） | 2000/3/30 | 21 | 3205 |
| 106 | 论我国强制执行制度的完善 | 邹川宁 | 中国政法大学（博士） | 2002/5/1 | 20 | 2261 |
| 107 | 破产程序法律制度研究 | 张作顺 | 中国政法大学（博士） | 2002/5/1 | 28 | 2221 |
| 108 | 强制执行竞合研究 | 王娣 | 中国政法大学（博士） | 2004/5/1 | 15 | 1157 |
| 109 | 民事强制执行中的人权保障 | 马登科 | 西南政法大学（博士） | 2006/4/1 | 17 | 1753 |
| 110 | 不动产执行制度研究 | 范向阳 | 中国政法大学（博士） | 2007/3/1 | 5 | 1182 |
| 111 | 两岸强制执行制度之比较研究 | 杨思勤 | 中国政法大学（博士） | 2009/4/1 | 13 | 1051 |
| 112 | 民事执行机制研究 | 金殿军 | 复旦大学（博士） | 2010/4/10 | 20 | 3384 |
| 113 | 我国民事执行异议之诉研究 | 陈娴灵 | 武汉大学（博士） | 2010/5/1 | 5 | 1460 |
| 114 | 论我国民事执行参与分配制度的改革 | 朱良好 | 河南大学 | 2001/5/1 | 8 | 293 |
| 115 | 论民事执行制度的改革与民事执行立法的完善 | 赵天红 | 中国政法大学 | 2001/5/1 | 2 | 442 |

续表

| 序号 | 题名 | 作者 | 来源 | 发表时间 | 被引 | 下载 |
|---|---|---|---|---|---|---|
| 116 | 民事执行救济论 | 李智慧 | 湘潭大学 | 2003/4/1 | 4 | 472 |
| 117 | 强制执行竞合问题研究 | 肖建光 | 中国政法大学 | 2003/5/1 | 3 | 256 |
| 118 | 论民事强制执行救济制度 | 邢海丽 | 对外经济贸易大学 | 2004/9/1 | 2 | 242 |
| 119 | 执行竞合问题研究 | 董益峰 | 黑龙江大学 | 2004/12/10 | 2 | 300 |
| 120 | 论执行财产分配制度 | 魏治敏 | 中国政法大学 | 2005/4/1 | 0 | 247 |
| 121 | 论民事执行中的参与分配制度 | 李昕 | 西南政法大学 | 2005/4/6 | 5 | 403 |
| 122 | 论民事执行程序中的参与分配 | 陈新 | 华东政法学院 | 2005/4/20 | 1 | 351 |
| 123 | 试论执行救济及我国执行救济制度之完善 | 王大鹏 | 对外经济贸易大学 | 2005/9/1 | 2 | 202 |
| 124 | 论我国参与分配制度的改革和完善 | 宋彬龄 | 中国政法大学 | 2006/3/1 | 4 | 544 |
| 125 | 试论民事执行中的参与分配制度 | 杨妮娜 | 中国政法大学 | 2006/4/1 | 5 | 520 |
| 126 | 民事执行救济制度研究 | 董巍 | 中国政法大学 | 2006/4/1 | 2 | 226 |
| 127 | 执行竞和论 | 龙奎 | 西南政法大学 | 2006/4/1 | 0 | 126 |
| 128 | 论民事执行中的参与分配制度 | 王宝华 | 辽宁大学 | 2006/5/1 | 2 | 271 |
| 129 | 论我国执行救济制度的改革与完善 | 李跃 | 苏州大学 | 2006/9/1 | 0 | 167 |
| 130 | 民事强制执行竞合问题研究 | 陈剑浩 | 苏州大学 | 2006/9/1 | 3 | 214 |

续表

| 序号 | 题名 | 作者 | 来源 | 发表时间 | 被引 | 下载 |
|---|---|---|---|---|---|---|
| 131 | 论我国民事执行异议之诉制度的构建 | 何仕谦 | 中国政法大学 | 2007/3/1 | 12 | 889 |
| 132 | 论民事执行程序中的参与分配制度 | 胡珍玉 | 山东大学 | 2007/3/20 | 4 | 351 |
| 133 | 论我国民事执行程序中的财产分配制度 | 王园 | 山东大学 | 2007/9/10 | 1 | 183 |
| 134 | 民事执行救济制度研究 | 李卫 | 吉林大学 | 2007/10/10 | 2 | 301 |
| 135 | 论我国个人破产法律制度的构建 | 李丽 | 贵州大学 | 2008/3/1 | 3 | 273 |
| 136 | 论我国个人破产制度之构建 | 陈军波 | 首都经济贸易大学 | 2008/3/1 | 0 | 133 |
| 137 | 论民事执行中的实体救济制度 | 杨君聪 | 厦门大学 | 2008/4/1 | 8 | 174 |
| 138 | 试论我国民事执行参与分配制度的完善 | 马丽萍 | 苏州大学 | 2008/9/1 | 1 | 435 |
| 139 | 论民事执行中的参与分配 | 张欢 | 上海交通大学 | 2008/11/28 | 2 | 196 |
| 140 | 论民事执行中的参与分配制度 | 罗旭婧 | 西南政法大学 | 2009/4/10 | 3 | 469 |
| 141 | 论民事执行程序中的参与分配制度 | 陈华荣 | 复旦大学 | 2009/8/31 | 1 | 288 |
| 142 | 论民事执行程序中的参与分配制度 | 徐二虎 | 兰州大学 | 2009/10/1 | 2 | 188 |

续表

| 序号 | 题名 | 作者 | 来源 | 发表时间 | 被引 | 下载 |
|---|---|---|---|---|---|---|
| 143 | 从破解执行难的角度论述我国个人破产制度的构建 | 顾斌 | 复旦大学 | 2009/10/17 | 0 | 304 |
| 144 | 民事执行救济法律问题研究 | 史锐 | 中国政法大学 | 2010/3/1 | 1 | 472 |
| 145 | 论我国民事执行中的参与分配 | 张莎莎 | 广东商学院 | 2010/5/16 | 4 | 192 |
| 146 | 论我国民事执行参与分配制度 | 郑海鸥 | 安徽大学 | 2010/10/1 | 2 | 221 |
| 147 | 民事执行救济制度研究 | 于天 | 中国政法大学 | 2011/3/1 | 0 | 388 |
| 148 | 论民事执行程序中的参与分配制度 | 曹伟 | 中国海洋大学 | 2011/3/20 | 2 | 198 |
| 149 | 论民事执行中的分配方案异议制度 | 魏小辉 | 西南政法大学 | 2011/3/30 | 3 | 197 |
| 150 | 民事执行救济制度的改革与完善 | 张辉 | 天津师范大学 | 2011/4/28 | 0 | 103 |
| 151 | 民事执行中参与分配制度研究 | 高阿丽 | 山西大学 | 2011/6/1 | 3 | 237 |
| 152 | 论民事执行中的参与分配制度 | 徐军 | 浙江工业大学 | 2011/6/10 | 4 | 191 |
| 153 | 破产程序启动问题研究 | 张丽利 | 复旦大学 | 2011/10/14 | 3 | 471 |
| 154 | 日本民事执行中不动产拍卖程序论 | 陈岩 | 西南政法大学 | 2012/3/18 | 2 | 203 |
| 155 | 论我国的参与分配制度 | 周玺联 | 吉林大学 | 2012/4/1 | 2 | 308 |

续表

| 序号 | 题名 | 作者 | 来源 | 发表时间 | 被引 | 下载 |
|---|---|---|---|---|---|---|
| 156 | 论我国个人破产制度的法律构建 | 刘森 | 河南大学 | 2012/5/1 | 2 | 296 |
| 157 | 论民事执行异议之诉 | 冯培明 | 山东大学 | 2012/9/10 | 2 | 566 |
| 158 | 论民事执行中的参与分配制度 | 王建 | 安徽大学 | 2012/10/1 | 4 | 410 |
| 159 | 关于民事强制执行竞合的构想 | 朱凯 | 南昌大学 | 2012/12/1 | 1 | 133 |
| 160 | 民事执行实体争议救济制度研究 | 景雪 | 沈阳师范大学 | 2013/1/1 | 0 | 167 |
| 161 | 民事强制执行竞合及其解决办法 | 赵栩 | 西南政法大学 | 2013/3/20 | 0 | 113 |
| 162 | 论我国民事执行中的参与分配制度 | 陈虹燕 | 广西民族大学 | 2013/4/1 | 0 | 118 |
| 163 | 个人破产论 | 张龙 | 华东政法大学 | 2013/4/15 | 0 | 437 |
| 164 | 论民事强制执行竞合的解决 | 刘孝岚 | 华东政法大学 | 2013/4/25 | 1 | 419 |
| 165 | 论我国民事执行中参与分配制度的完善 | 高晓飞 | 辽宁大学 | 2013/5/1 | 1 | 281 |
| 166 | 民事执行救济制度研究 | 张楠坤 | 山西大学 | 2013/6/1 | 0 | 740 |
| 167 | 参与分配的分配主体与分配顺序研究 | 廖孝洲 | 广西大学 | 2013/6/1 | 2 | 200 |
| 168 | 论我国民事执行分配方案异议制度的完善 | 通拉嘎 | 内蒙古大学 | 2014/3/1 | 4 | 241 |
| 169 | 民事执行中的轮候查封制度研究 | 邵嘉欣 | 西南政法大学 | 2014/3/16 | 0 | 300 |

续表

| 序号 | 题名 | 作者 | 来源 | 发表时间 | 被引 | 下载 |
|---|---|---|---|---|---|---|
| 170 | 参与分配制度在民事执行中的运用 | 李想 | 黑龙江大学 | 2014/4/10 | 2 | 110 |
| 171 | 论我国民事执行中的参与分配制度 | 余朋铭 | 华东政法大学 | 2014/4/15 | 2 | 192 |
| 172 | 论我国执行参与分配制度的完善 | 陈鹏 | 南京工业大学 | 2014/5/1 | 1 | 190 |
| 173 | 建立我国个人破产制度的法律初探 | 王晓帆 | 沈阳师范大学 | 2014/5/1 | 1 | 586 |
| 174 | 民事执行程序参与分配制度法律问题研究 | 王天楚 | 中国海洋大学 | 2014/9/10 | 0 | 65 |
| 175 | 我国民事强制执行竞合制度研究 | 徐立霖 | 西南政法大学 | 2014/9/16 | 0 | 60 |
| 176 | 民事执行若干法律问题研究 | 熊俊峰 | 天津师范大学 | 2014/10/25 | 0 | 68 |
| 177 | 民事执行中的参与分配研究 | 梁庆盛 | 吉林大学 | 2014/11/1 | 1 | 333 |
| 178 | 论民事执行参与分配制度的完善 | 汪德锋 | 宁波大学 | 2015/1/6 | 0 | 141 |
| 179 | 民事执行案件中职权主义强制破产程序的构建 | 刘现珍 | 山东大学 | 2015/3/15 | 3 | 433 |
| 180 | 论重复查封 | 李娜 | 西南政法大学 | 2015/3/18 | 0 | 87 |
| 181 | 民事执行参与分配制度研究 | 杨晋广 | 兰州大学 | 2015/4/1 | 1 | 266 |
| 182 | 论民事执行中的参与分配制度 | 陈璐莎 | 北京林业大学 | 2015/4/1 | 0 | 172 |

续表

| 序号 | 题名 | 作者 | 来源 | 发表时间 | 被引 | 下载 |
|---|---|---|---|---|---|---|
| 183 | 论我国民事执行异议之诉 | 白招龙 | 兰州大学 | 2015/4/1 | 0 | 699 |
| 184 | 执行视角下的个人破产制度研究 | 陶伯彧 | 上海交通大学 | 2015/4/26 | 0 | 72 |
| 185 | 执行参与分配程序中的优先权问题研究 | 赵娟 | 暨南大学 | 2015/6/30 | 0 | 231 |
| 186 | 民事执行分配方案异议之诉研究 | 曾慧 | 吉林大学 | 2015/11/1 | 0 | 148 |
| 187 | 论我国参与分配制度的完善 | 许林长 | 华南理工大学 | 2015/12/6 | 1 | 173 |
| 188 | 论我国民事执行中参与分配制度的完善 | 谢辉 | 江西财经大学 | 2016/1/1 | 0 | 104 |
| 189 | 执行程序与破产程序的衔接机制研究 | 冯小娟 | 西南政法大学 | 2016/3/18 |  | 142 |
| 190 | 执行分配方案异议之诉研究 | 秦学 | 西南政法大学 | 2016/3/19 |  | 27 |
| 191 | 民事执行涉税冲突研究 | 张颖 | 西南政法大学 | 2016/3/20 |  | 29 |
| 192 | 民事执行参与分配制度研究 | 潘小丹 | 华东政法大学 | 2016/4/27 | 0 | 265 |
| 193 | 民事执行参与分配制度研究 | 刘思洋 | 内蒙古大学 | 2016/5/13 | 0 | 99 |
| 194 | 民事执行竞合理论及实践问题之探讨 | 刘光宇 | 中国青年政治学院 | 2016/6/3 | 0 | 30 |
| 195 | 论民事执行中的参与分配制度 | 王召波 | 青岛大学 | 2016/6/30 |  | 4 |

续表

| 序号 | 题名 | 作者 | 来源 | 发表时间 | 被引 | 下载 |
|---|---|---|---|---|---|---|
| 196 | 论民事执行参与分配制度的完善 | 王金 | 西北大学 | 2016/6/30 | 0 | 58 |
| 197 | 论执行程序中船舶拍卖价款的分配 | 王文文 | 大连海事大学 | 2016/9/1 | 0 | 46 |
| 198 | 民事执行中的参与分配制度研究 | 易仁旺 | 江西财经大学 | 2016/10/1 | 0 | 0 |
| 199 | 民事执行参与分配制度研究 | 任瑞娟 | 河北大学 | 2016/12/1 | | 12 |
| 200 | 民事执行程序中参与分配制度研究 | 田晓鹏 | 河北经贸大学 | 2017/2/1 | | 31 |
| 201 | 论破产启动中法院执行案件移送破产审查的规制 | 白洁 | 山东大学 | 2017/3/10 | | 126 |
| 202 | 罗尔斯分配正义理论及其对我国分配领域改革的启示 | 梁保菊 | 山东大学 | 2017/4/11 | | 70 |
| 203 | 执行转破产程序衔接机制研究 | 党文娟 | 海南大学 | 2017/5/1 | | 140 |
| 204 | 民事执行中参与分配存在问题探析 | 厉长明 | 江苏经济报 | 2011/6/1 | 0 | 35 |
| 205 | 民事执行参与分配的适用条件 | 蔡抗美 | 江苏经济报 | 2011/8/24 | 1 | 28 |
| 206 | 完善参与分配制度探讨 | 王加庚 | 江苏经济报 | 2012/2/8 | 1 | 18 |
| 207 | 债权人参与分配的受偿顺位 | 赵旭 | 江苏法制报 | 2012/8/9 | 0 | 21 |

续表

| 序号 | 题名 | 作者 | 来源 | 发表时间 | 被引 | 下载 |
|---|---|---|---|---|---|---|
| 208 | 浅议执行程序中的参与分配制度 | 王云鹏 | 江苏法制报 | 2012/9/11 | 0 | 25 |
| 209 | 案外人对执行标的主张优先受偿权的处理 | 高继英 | 建筑时报 | 2012/11/19 | 0 | 12 |
| 210 | 民事执行参与分配的适用条件 | 蔡抗美 | 江苏经济报 | 2013/2/27 | 0 | 46 |
| 211 | 用好参与分配制度　妥善化解群体纠纷 | 课题组成员孙绍军，尹洪茂，白志成，高举岳 | 人民法院报 | 2013/4/4 | 0 | 73 |
| 212 | 执行程序中参与分配问题探讨 | 陶大中 | 江苏法制报 | 2013/5/16 | 0 | 43 |
| 213 | 完善参与分配制度的几点建议 | 重庆市江津区人民法院张娇东 | 人民法院报 | 2013/6/5 | 3 | 70 |
| 214 | 参与分配中的两个问题 | 浙江省安吉县人民法院马琴芳，季敏毅 | 人民法院报 | 2013/7/17 | 0 | 40 |
| 215 | 执行程序中参与分配制度浅议 | 王云鹏 | 江苏经济报 | 2013/9/4 | 0 | 28 |
| 216 | 享有担保的债权人能否申请参与分配 | 朱飞 | 江苏经济报 | 2013/11/6 | 0 | 3 |
| 217 | 案外人对执行标的主张优先受偿权的处理 | 河南省洛阳市老城区人民法院高继英，刘静 | 人民法院报 | 2013/11/27 | 0 | 19 |

续表

| 序号 | 题名 | 作者 | 来源 | 发表时间 | 被引 | 下载 |
|---|---|---|---|---|---|---|
| 218 | 民事执行中的参与分配制度 | 孙桂泉 | 江苏法制报 | 2013/12/10 | 0 | 43 |
| 219 | 以实际赔付还是以所代表债权参与基金分配 | 厦门海事法院邓金刚 | 人民法院报 | 2014/1/15 | 0 | 5 |
| 220 | 参与分配案件的执行申请费不宜优先收取 | 王加庚 | 江苏经济报 | 2014/1/29 | 0 | 18 |
| 221 | 人多不够分 蛋糕怎么切 | | 人民法院报 | 2014/4/30 | 2 | 50 |
| 222 | 民事执行参与分配债权清偿的顺序 | 周超 | 江苏经济报 | 2014/6/4 | 2 | 70 |
| 223 | 执行行为异议与执行分配方案异议之甄别 | 案例编写人江苏省阜宁县人民法院刘干，朱丽雯 | 人民法院报 | 2014/12/25 | 2 | 85 |
| 224 | 有担保人案件能否申请参与分配 | 姜波 | 江苏法制报 | 2015/5/8 | 0 | 15 |
| 225 | 民事执行参与分配时间如何界定 | 谭华平 | 江苏法制报 | 2015/9/24 | 1 | 30 |
| 226 | 浅析多债权人参与分配原则 | 丁庆远 | 江苏法制报 | 2015/10/16 | 0 | 22 |
| 227 | 参与执行分配条件的制度缺陷与规则优化 | 陈志鑫 | 上海法治报 | 2015/10/28 | 0 | 17 |
| 228 | “我找到的债权，凭什么分你一半?” | 江西省石城县人民法院周芳洁，赖见兴 | 农民日报 | 2016/5/27 | 0 | 1 |
| 229 | 如何完善参与分配制度 | 谢孝卫 | 江苏法制报 | 2016/7/29 | 0 | 18 |

续表

| 序号 | 题名 | 作者 | 来源 | 发表时间 | 被引 | 下载 |
| --- | --- | --- | --- | --- | --- | --- |
| 230 | 执行分配方案异议之诉中关于申请涤除抵押权问题之探讨 | 耿宗程，李虹 | 江苏经济报 | 2016/8/17 | 0 | 41 |
| 231 | 公司歇业未破产债权人能否参与分配 | 本社记者赵春艳，刘婷 | 民主与法制时报 | 2017/3/9 | 0 | 26 |

# 第二章　我国参与分配制度立法和司法实践中的问题

## 第一节　参与分配制度立法存在的问题

### 一、参与分配制度的构建

我国民事诉讼法没有规定参与分配制度，1992年《民诉意见》中规定被执行人为公民或者其他组织，在执行程序开始后，被执行人的其他已经取得执行依据的或者已经起诉的债权人发现被执行人的财产不能清偿所有债权的，可以向人民法院申请参与分配，被执行人的财产在参与分配的执行中，参照《民事诉讼法》第204条规定的顺序清偿，不足清偿同一顺序的，按照比例分配。由此，通过司法解释确立了民事执行的参与分配制度。在此基础上，1998年《执行规定》对参与分配制度作了进一步完善。

参与分配制度主要规定在这两个司法解释里，具体条款为，《民诉意见》第297条至第299条，《执行规定》第88条至第96条。1998年《执行规定》中关于参与分配的规定，较《民诉意见》的相关规定有了较大的修改和补充，使我国参与分配制度更加明确，也更加符合当时的执行状况，区别主要有以下四个方面：

（1）关于申请参与分配的主体。根据《民诉意见》第297条的规定，被执行人的其他已取得执行根据的或者已经起诉的债权人可以向人民法院申请参与分配。而按照《执行规定》第90条的规定，只有对被执行人已经取得金钱债权执行依据的其他债权人才可以申请对该被执行人的财产参与分配。显然，《执行规定》缩小了有权申请参与分配的债权人的范围，将已经起诉的债权人排除在外。

（2）关于申请参与分配的时间。《执行规定》将提起参与分配的时间进一步明细化，由《民诉意见》规定参与分配只能在被执行人的财产“被清偿前”提出变更为“被执行完毕之前”提出。

（3）关于参与分配的法院。《执行规定》明确了对财产的具体分配由首先采取查封、扣押、冻结措施的法院主持进行。

（4）关于参与分配的参照适用。《执行规定》增加了被执行人为企业法人的，未经清理或清算而撤销、注销或歇业，其财产不足清偿全部债务的，参照参与分配的规定进行清偿。

比较两个规范对参与分配制度的规定，《执行规定》较《民诉意见》在申请参与分配的主体范围等方面规定不一致，由此形成了适用两个规范的冲突。这两个冲突规范的适用较为简单，因为这两个规范均系最高人民法院的司法解释，具有同等的效力等级，它们的冲突应依新法优于旧法的原则来处理，即在两个司法解释就同一问题作出不同规定时，应根据新的司法解释即《执行规定》来处理。上述两个司法解释关于参与分配制度的规定，对在执行中如何处理被执行人所有财产不足清偿两个以上债权人的债务，保护各债权人的合法权益，为解决执行难、执行乱问题提供了有力的法律依据。但是上述参与分配制度规定比较原则，个别条款含糊不清，缺乏可操作性，在执行实践中难以准确理解和适用。《执行规定》的主要起草者在解析《执行规定》第 88 条至第 96 条的规定时坦承其条文逻辑上不是很完善。最高人民法院曾于 2004 年公布了《关于执行程序中多个债权人参与分配问题的若干规定（征求意见稿）》，但至今未正式出台。

我国参与分配程序法律规定原则性太强，《执行规定》的起草者指出，现行参与分配制度存在具体程序不够明确、可操作性不强、缺乏对相关当事人的程序保障等缺陷。[①] 其在制度和技术设计层面的不完善，导致不同法院甚至不同法官在理解和适用上存在分歧，具体表现在以下几个方面：

1. 适用及参照适用参与分配程序的条件不明确

按照《执行规定》第 90 条的规定，适用参与分配程序应当符合三个条件：第一，被执行人为公民或其他组织；第二，被执行人的全部或主要财产已被一个法院因执行确定金钱给付的生效法律文书而查封、扣押或冻结，无其他财产可供执行或其他财产不足清偿全部债务；第三，债权人已经取得对被执行人的金钱债权执行依据。实务中，不同法院对这三个条件的理解和把握存在分歧。关于第一个条件，有的法院认为“公民”仅限于取得中华人民共和国国籍的自然人，有的法院则认为还包括外国人和无国籍人；有的法院认为“其他组织”是指所有法人或非法人组织，有的法院则认为仅指不具备法人资格的组织。关于第二个条件，有的法院认为“被执行人的全部财产不足清偿全部债务”是指被执行人实际拥有的全部财产不足以清偿其所负的全部债务，有的法院则认为是指法院已经控制的被执行人的财产不足以清偿申请参与分配的全部债权。两种见解代表不同的制度价值和意旨，前者解决所有债权人的公平受偿问题，后者解决部分债权人之间就债务人已知（被控）财产合理受偿的问题。[②] 关于第三个条件，有的法院认为只有已经取得执行依据的债权人方可申请参与分配，有的法院则认为，按照《民诉意见》第 297 条的规定，已经起诉但未取得执行依据的债权人也可以申请参与分配，否则对其太不公平。另外，按照《执行规定》第 96 条的规定，被执行人为未经清理或清算而撤销、注销或歇业的企业法人，其财产不足清偿全部债务的，应当参照适用参

① 黄金龙：《民事执行中参与分配制度若干争议问题》，载《执行工作指导》2007 年第 3 辑，人民法院出版社 2008 年版，第 91 页。

② 吴晓静：《现行参与分配制度根本缺陷与改进建议》，载《法律适用》2008 年第 1 期、第 2 期。

与分配程序。对于该条中“未经清理或清算”和“歇业”的解读，同样存在见仁见智的问题。有的法院认为“未经清理或清算”应当以是否实际履行清理或清算义务为准，有的法院则认为应当以工商登记档案载明的情况为准。有的法院认为“歇业”是指参与分配时被执行人已停止经营，有的法院则认为应当严格按照相关行政法规的规定予以把握，防止参与分配程序的适用范围被随意扩大。上述分歧的存在，直接关系参与分配程序适用范围的大小，对债权人的利益影响重大。

2. 申请参与分配截止日的认定标准不明确

申请参与分配的截止日对债权人而言至关重要，其只有在此之前提出参与分配申请，才能进入参与分配程序以获得平等受偿的机会。《执行规定》将提起参与分配的时间节点进一步明细化，由《民诉意见》将参与分配在被执行人的财产“被清偿前”提出变更为“被执行完毕之前”提出。但“被执行完毕之前”的规定依然不够明确，实践中法官自由裁量空间较大。执行实践中存在不同的理解和做法：第一种做法是将之界定为案款实际分配完毕之日；第二种做法是将之界定为财产处置完毕之日；第三种做法是将之界定为案款分配方案确定之日。从文义上理解，第一种做法可能更接近立法原意，但实际操作困难，因为在案款分配完毕前可能会不断有新的债权人申请参与分配，法院需要一次次修改分配方案，分配日期将被无限期拖延，严重影响执行效率。第二种做法容易引发新的争议，即如何界定“财产处置完毕之日”？如被执行的财产为银行存款，是以案款到达执行法院账户之日为准，还是以案款发还给债权人之日为准？如被执行的财产为动产或不动产，是以拍卖、变卖成交之日为准，或是以拍卖、变卖成交裁定送达当事人之日为准，或是以价款到达法院账户之日为准，还是以交付占有或办理过户之日为准？第三种做法的问题在于，现行立法未就制作案款分配方案的时限、程序等具体内容作出明确规定，案款分配方案确定之日难有统一标准，有的法院将合议庭达成决议之日作为案款分配方案确定之日，有的法院将领导审批之日作为案款分配方案确定之日，有的法院将公布或送达之日作为案款分配方案确定之日。由于这些日期可以被人为提前或推迟，因此容易引发争议。

3. 申请参与分配的程序不明确

《执行规定》第92条规定，“债权人申请参与分配的，应当向其原申请执行法院提交参与分配申请书，写明参与分配的理由，并附有执行依据。该执行法院应将参与分配申请书转交给主持分配的法院，并说明执行情况”。这一条文规定了债权人申请参与分配的程序，但因语焉不详在实际操作中往往会引发诸多争论：一是债权人申请参与分配的日期应当如何确定？有人认为应当以债权人向执行法院提交参与分配申请书之日为准，有人认为应当以执行法院将参与分配申请书送达主持分配的法院之日为准，有人认为应当以主持分配的法院实际签收并确认参与分配申请符合条件之日为准。这一日期与认定债权人是否在截止日前申请参与分配直接相关，必须有一个合理的确定规则。二是执行法院需要说明的“执行情况”应当包括哪些具体内容？有人认为执行法院说明申请参与分配的债权已执行标的额和未受偿标的额即可，有人认为执行法院还应当说明对被执行人财产的调查情况，有人认为执行法院还应当说明其已控制但未处置完毕的被执行人财产及其价值。三是主持分配的法院对执行法院转交的参与分配申请及相关材料是否应当审查以及如何审查？有人认为执行法院接到债权人的参与分配申请后已经进行了审查，基于对执行法院的信任，主持分配的法院无须再行审查。有人认为主持分配的法院负有再次审查的职责，但限于从当事人的基本情况和申请参与分配的债权金额是否准确无误等方面进行形式审查。有人认为主持分配的法院应当就是否符合参与分配的要件进行实质审查，以防止不符合条件的债权进入参与分配程序并获得清偿。

4. 参与分配中的债权受偿顺位不明确

参与分配中，若多个债权皆为无优先受偿权的普通金钱债权，其受偿顺位容易确定，但多个债权中既有普通金钱债权又有其他种类的债权时，各债权的受偿顺位应如何确定？按照《执行规定》第94条的规定，享有优先权、担保权的债权人依照法律规定的顺序优先受偿。上述规定看似明确，实则容易引发争议：其一，“优先权”的范围应当如何界定？有的法院认为优先权就是指担保物权，有的法院认为优先权包括担保物权和建设工程价款、船舶优先权、航空器优先权等法律规定的其他优先受偿权，有的法院认为优先权还应当包括法律未明确规定但实践中常予优先清偿的工人工资、“三险两金”等劳动债权。其二，多个优先权尤其是多个担保物权之间应当如何确定清偿顺序？有的法院认为应当按照法律规定的权利位阶进行清偿，有的法院认为应当按照优先权成立的先后顺序进行清偿，有的法院认为应当将所有优先权视为同一顺位的债权按比例清偿。这些争议的存在，导致参与分配实务中，债权受偿顺位五花八门，其结果是有些本应全部获得清偿的债权仅获得部分清偿，有些本应获得部分清偿的债权分文未得，有些本应得不到清偿的债权获得了全部或部分清偿。

## 二、参与分配救济制度的构建

参与分配救济制度，由2008年《执行程序解释》第25条、第26条作出规定。第25条规定：“多个债权人对同一被执行人申请执行或者对执行财产申请参与分配的，执行法院应当制作财产分配方案，并送达各债权人和被执行人。债权人或者被执行人对分配方案有异议的，应当自收到分配方案之日起十五日内向执行法院提出书面异议。”第26条规定：“债权人或者被执行人对分配方案提出书面异议的，执行法院应当通知未提出异议的债权人或被执行人。未提出异议的债权人、被执行人收到通知之日起十五日内未提出反对意见的，执行法院依异议人的意见对分配方案审查修正后进行分配；提出反对意见的，应当通知异议人。异议人可以自收到通知之日起十五日内，以提出反对意见的债权人、被执行人为被告，向执行法院提起诉讼；异议人逾期未提起诉讼的，执行法院依原分配方案进行分配。诉讼期间进行分配的，执行法院应当将与争议债权数额相应的款项予以提存。”可见，《执行程序解释》第 25 条、第 26 条分别确立了参与分配方案异议和参与分配异议之诉制度。2015 年《民诉法解释》第 511 条、第 512 条规定移植了上述规定。其中，第 511 条做了修改，删除了原条文中的“多个债权人对同一被执行人申请执行”这一条件项，表明仅仅是多个债权人对同一被执行人申请执行的情况下，执行法院不一定要制作分配方案，只有在多个债权人申请参与分配的情况下，才需要制作分配方案。

从上述条文内容看，上述条文适用于当事人提出的实体性异议，因为债权人或被执行人对分配方案提出异议，目的在于阻止分配方案的确定，并请求予以更正，调整分配份额，故应仅指实体上异议。但是，在参与分配程序中，也存在程序性异议与实体性异议的区别，条文没有对参与分配方案异议之诉的具体范围作出规定。对于执行法院制作分配方案的方法或程序存在违法的情形，如未在法定期日内送达当事人，未按规定程序编制分配方案等，系执行行为违反有关程序性规定，不涉及实体问题的争议，应适用《民事诉讼法》第 225 条的规定提出执行异议，而非按分配方案异议处理。另外，根据《执行程序解释》第 26 条的规定，就执行程序中对于分配方案异议的处理，执行法院贯彻的是“当事人主义”，并不需要行使对异议进行审查的职权，只是将当事人的异议告知相关权利主体，如果有人提出了反对意见，执行法院则通知异议人，由其提起异议之诉。上述规定彻底贯彻了“审执分离”原则，但是，这种无任何职权干预的运作模式，可能会使并无多少实质影响的异议也进入异议之诉程序。

实践中，就参与分配中异议的处理，也存在理解和适用不统一的问题。参与分配中，经常会有债权人或被执行人就适用参与分配程序是否适当、申请参与分配的债权人是否适格、债权人申请参与分配是否逾期、债权受偿顺序及受偿数额是否准确等问题提出异议。对于这些异议，哪些应当按照《执行程序解释》第25条、第26条的规定作为分配方案异议及异议之诉处理？哪些应当按照《民事诉讼法》第225条的规定作为执行行为异议处理？有的法院认为，分配方案只是一个载体，其实质体现了主持分配的法院对参与分配所涉及各种问题的认定，因此，只要是在参与分配程序中提出的异议，都视为对分配方案的异议，按照《执行程序解释》第25条、第26条的规定处理。有的法院认为，分配方案中的内容不能涵盖参与分配中的全部事项，对分配方案涉及事项提出的异议，按照《执行程序解释》第25条、第26条的规定处理；对分配方案未涉及事项提出的异议，按照《民事诉讼法》第225条的规定处理。有的法院认为，应当根据异议对象的性质区别对待，对分配方案是否公布或送达等程序性事项的提出的异议，按照《民事诉讼法》第225条的规定处理；对适用案款分配程序或参与分配程序是否适当、债权受偿顺序及受偿数额等实体性事项提出的异议，按照《执行程序解释》第25条、第26条的规定处理。不同的处理程序，意味着不同的救济途径，对当事人的程序和实体权利具有重大影响，需要进一步厘清认识并加以规范。

### 三、参与分配适用主体的立法调整

1998年《执行规定》中规定，被执行人为企业法人的，未经清理或清算而撤销、注销或歇业，其财产不足清偿全部债务的，参照参与分配的规定进行清偿。2015年《民诉法解释》第508条至第512条，对于参与分配制度作出了规定，对参与分配的适用条件、参与分配的申请、债权的清偿顺序和原则、参与分配方案的制作及异议以及分配方案异议之诉作出规定。从条文比较的角度而言，2015年《民诉法解释》的条文，基本沿用《执行规定》和《执行程序解释》的有关规定，总体上没有对参与分配制度作出大的调整。需要特别关注的立法调整体现在第508条，该条规定“被执行人为公民或者其他组织”作为可申请参与分配的主体，结合《民诉法解释》第 513 条至第 516 条的规定看，可以分析得出，该司法解释对 1998 年《执行规定》的参与分配适用主体作出重大调整。

《民诉法解释》第 513 条至第 516 条对“破产程序和执行程序的衔接”作出规定，其中，第 513 条规定，“在执行中，作为被执行人的企业法人符合企业破产法第二条第一款规定情形的，执行法院经申请执行人之一或者被执行人同意，应当裁定中止对该被执行人的执行，将执行案件相关材料移送被执行人住所地人民法院”，规定执行法院在征得当事人同意基础上的移送破产制度，以符合企业破产法关于破产程序启动方式的规定，体现了在企业破产法的框架内进行制度设计的精神。第 516 条规定，“当事人不同意移送破产或者被执行人住所地人民法院不受理破产案件的，执行法院就执行变价所得财产，在扣除执行费用及清偿优先受偿的债权后，对于普通债权，按照财产保全和执行中查封、扣押、冻结财产的先后顺序清偿”。通过上述规定，建立人民法院将执行程序转入破产程序的制度，根据《民诉法解释》第 516 条的规定，在对企业法人执行时，不能清偿全部债务的企业法人，如果不能进入破产程序，则按照财产保全和执行中查封、扣押、冻结财产的先后顺序进行清偿，排除参与分配制度对企业法人的适用，以实现“倒逼”不能受偿的债权人申请破产的目的。

## 第二节　参与分配制度的适用情况及存在问题

随着我国经济的快速发展和法治建设的不断推进，市场主体多头、交叉交易的现象越来越多，进入执行程序涉及案款分配或参与分配的案件增多，参与分配制度在民事执行中的重要性越来越凸显。基于立法对参与分配制度的适用主体作出调整，有必要分阶段进行分析。这里主要对立法调整前参与分配制度的适用情况作具体分析。总体上而言，基于前文提到的理解和适用不统一的问题，参与分配制度在实践中适用比例不高，情况比较混乱，问题比较多，主要存在以下几个方面：

## 一、参与分配与案款分配适用范围模糊不清，存在选择性适用法律的现象

参与分配和一般的案款分配采取的财产分配原则截然不同，其适用范围直接关系债权的受偿顺位和受偿比例，对债权人的实体利益影响重大。

参与分配主要由《执行规定》第90条至第95条作出规定，其要义为：多个享有金钱债权的债权人申请执行同一被执行人，被执行人为公民或其他组织且其财产不足清偿全部债务，各债权人对执行标的物均无担保物权等优先受偿权的，对该执行标的物或其变价款，按照各债权的比例进行分配，即实行平等主义。而根据《执行规定》第88条第1款“多份生效法律文书确定金钱给付内容的多个债权人分别对同一被执行人申请执行，各债权人对执行标的物均无担保物权的，按照执行法院采取执行措施的先后顺序受偿”的规定，先采取执行措施案件的申请人具有优先受偿权利，后申请执行案件的申请人或后采取执行措施的申请人必须在先采取执行措施的案件执行完毕后，才可对剩余部分的财产受偿。这是针对多个金钱债权人申请执行同一被执行人案件的处理原则，是按采取执行措施顺序受偿，即优先原则。这一原则的确立，与《执行规定》第90条、第94条所确立参与分配制度的平等原则产生严重冲突。从上述规定看，参与分配对被执行人的主体资格和财产状况限定了条件，而案款分配则未作明确要求。执行实践中，存在二者的适用范围模糊不清，不同法院或人员掌握的标准不尽一致。有的执行人员认为，无论被执行人为何种主体，被执行人的财产足够清偿全部债务，均应当适用案款分配；被执行人的财产不够清偿全部债务，均应当适用参与分配。有的执行人员认为，无论被执行人为何种主体，也无论被执行人的财产是否足够清偿债务，按照债权平

等的原则，均应当适用参与分配。有的执行人员认为，如果被执行人的财产足够清偿全部债务，无论被执行人为何种主体，都应当适用案款分配。如被执行人的财产不够清偿全部债务，被执行人为企业法人的，应当适用案款分配；被执行人为公民或其他组织的，应当适用参与分配。实务中，执行平等分配制度在实践中没有得到很好的贯彻①。有的法院将本应当适用案款分配程序的执行案件适用了参与分配程序；有的法院则将本应当适用参与分配程序的执行案件作为普通案件对待，进行案款分配。以某省（市）2009 年至 2013 年的数据为例，执行中应当适用参与分配程序的执行案件为 21466 件，其中实际适用案款分配程序的为 12854 件，实际适用率不到 60%。这一现象的存在，损害了法治的统一和权威，不利于保护债权人的合法权益。出现这种现象，除了立法不明确这一原因以外，主要是对参与分配的功能定位把握不准。或者片面强调效率优先适用案款分配，或者片面强调债权平等适用参与分配，导致这两种制度的适用范围、适用条件及相关程序出现错位和混乱，违背了立法本意。实务中，有以下诱因导致选择性适用法律的现象：由于适用参与分配程序，将审核债权信息、制作并发送分配方案等比个案执行更多的工作，主持分配的法院不但要为此投入大量的人力和物力，而且从某种功利角度看，这些工作很多是为他人作嫁衣，还可能招致当事人不满引发异议和信访。出于“费力不讨好”“多一事不如少一事”的顾虑，有的法院限制参与分配程序的适用。有的法院受地方、部门保护主义的影响，本着有利于本院受理案件的结案或本地区债权人利益的实现，故意混淆案款分配或参与分配的适用范围和条件，以达到排斥非本院案件或非本地债权人获得清偿的目的。有的法院为尽可能执结更多的案件，将本应适用案款分配的案件适用参与分配，不分采取执行措施的先后顺序，一律按债

---

① 刘贵祥、黄金龙：《执行中平等分配制度的存废及其与破产制度的分工》，载《执行工作指导》（总第 49 辑），人民法院出版社 2014 年版，第 114 页。

权比例平等分配案款，未受偿的债权部分则被终结执行而结案。有的法院出于维稳的考虑，将本应适用参与分配的案件适用案款分配，使个别闹访的债权人优先获得清偿以息事宁人。

## 二、参与分配以“类破产”模式替代破产制度的作用发挥

《执行规定》第96条规定了参与分配制度对于企业法人的例外适用情形，按照上述规定，被执行人为未经清理或清算而撤销、注销或歇业的企业法人，其财产不足清偿全部债务的，应当参照适用参与分配程序。基于上述规定，参与分配制度和破产制度在调整对象上发生竞合，因为启动参与分配的前提就是债务人不能清偿所有债务，于是发生了破产原因。由于参与分配制度打乱了立法逻辑和权利保护体系，对破产程序起到了一个旁支循环的替代效应。毕竟，条文中有关“歇业”的表述并非法律概念，没有明确标准，存在任意解释和自由裁量的空间，在实践中出现了扩大适用的倾向。执行实践中，参与分配被用于所有的执行对象，甚至主要适用对象为企业法人。[①] 有文章指出，实践中，参与分配主要适用于对企业法人财产的执行，然后适用于对公民个人财产的执行，而在对“其他组织”的执行方面适用得更少。在《执行规定》中以“参照适用”表述方式而允许的对于企业法人财产的参与分配执行方式，实际上“喧宾夺主”地成为参与分配制度的主要适用领域，尤其是一些社会影响大的执行案件，多以对企业法人财产采取参与分配方式执行的面目出现。[②] 上述对参与分配制度的扩大适用，一定程度上加剧了执行积案和移送破产的困境。由于参与分配制度的存在，本来应该去申请破产的债权人都力图通过参与分配得到比破产更多的清偿，不去申请破产，抵触甚至阻止破产程序启动，以保证

① 刘宝玉：《参与分配制度研究》，载江必新、贺荣主编：《强制执行法的起草与论证（三）》，中国法制出版社2014年版，第374页。

② 吴晓静：《现代参与分配制度根本缺陷与改进建议》，载《法律适用》2008年第1期、第2期。

参与分配。由于在《企业破产法》调整范围内的被执行人也适用参与分配，这对破产案件的启动产生了消极的阻碍作用，即破产案件启动难的问题，自2007年《企业破产法》实施以来一直没有得到有效解决，直接影响了破产制度在优化社会资源配置、完善优胜劣汰市场竞争机制方面的作用。而参与分配制度和破产制度在角色和功能上错位，导致执行程序向破产程序转化的机制失灵，大量执行不能案件在执行程序中无法实现退出。

司法实践中，参与分配程序操作上存在“类破产”程序的倾向性，呈现出“类破产”的特点：其一，根据法律规定，可以参与分配的债权人范围有限，仅限于对被执行人已经取得金钱债权执行依据的债权人，但是，实务中，参与分配的债权人不限于已经取得执行依据的债权人，执行程序往往等待已经进入诉讼的当事人取得生效法律文书，也使得这类案件时间非常长。其二，面对企业为被执行人的案件，执行中对所有财产强制处分后，引入破产规则进行分配，员工工资等可以优先受偿。例如，北京市高级人民法院规定劳动债权比照建设工程价款优先权处理①。但是，与破产程序对全体债权人的公平、有序清偿相比，参与分配体现为对部分人的不完全公平、不透明程序的清偿。执行实务中，分配方案往往不向当事人发送，当事人难以提起法律层面的参与分配异议之诉。企业财产处置完毕后，大量执行案件进入“终本”状态，企业自身游离在生死之间，可见，“类破产”模式并未从根本上解决倒闭企业及案件本身。

## 三、参与分配救济程序未能有效运行，引发的异议、信访较多

适用参与分配或者案款分配的执行案件涉及标的大、人数多。以北京市人民法院为例，2009年至2013年5年间，应当适用案款

---

①　北京市高级人民法院执行局调研组：《关于案款分配及参与分配问题的调研报告》，载《执行工作指导》（总第52辑），人民法院出版社2015年版，第194页。

分配或参与分配的执行案件涉及标的约 238.7 亿元，占全部执行案件标的总额的 21.7%，这一比例远远超过应当适用案款分配或参与分配的执行案件在全部执行案件中的占比。从涉及人数看，平均每个应当适用案款分配或参与分配的执行案件涉及债权人少则 20 余人，多则成百上千人。其中，劳动争议纠纷约占 34%，建筑施工合同纠纷约占 19%，人身损害赔偿纠纷约占 26%，这三类纠纷合计约占 79%，其中申请执行人以企业职工、农民工、交通事故中的受害人居多，执行的内容主要为追索工资款、建设工程价款、医疗费、抚恤金等。可见，应当适用案款分配或参与分配的执行案件涉及标的额大、人数多，关乎众多当事人及利害关系人的切身利益，是重大和涉众型执行案件的重要来源，处理不好极易引发群体性纠纷。近年来，债权人或被执行人就案款分配或参与分配提出异议、信访呈快速增长趋势，已逐渐成为执行异议、执行信访的一项重要事由。债权人或被执行人提出异议或信访的事由主要有：认为本应适用案款分配程序而法院却适用了参与分配程序，反之亦然；认为债权人申请参与分配超过了截止期限；认为申请参与分配的债权人不适格；认为分配方案确定的债权受偿顺序及受偿数额有误；等等。虽然法律对执行案款不足以清偿全部债务时的案款分配顺序进行了规定，但债权人之间对于优先权是否成立、参与分配的主体范围、申请参与的截止时间等问题易出现争议，引发执行异议、信访或新的诉讼，致使案件久拖不决。

异议、信访比较多，反映出执行救济制度更为完善，并逐渐为更多的人所知晓和适用，因不服法院在案款分配或参与分配中作出的执行行为或分配方案而提出的异议、信访自当有所增多。但进一步分析，异议、信访比较多，是由参与分配本身的特点决定的。参与分配解决的是债权受偿顺序及受偿比例的问题，事关债权人的切身利益，尤其在待分配债权多、可分配财产少的情况下，分配条件或分配程序的细微差别，都会对债权的受偿产生重大影响。由于案款分配或参与分配中的部分事项和程序缺少明确、具体的法律依据，债权人之间、债权人与被执行人之间、债权人与法院之间、被执行人与法院之间经常会产生认识上的分歧，若最终达不成一致意见，就容易引发执行异议或信访。出于趋利避害的本能，债权人大多会对案款分配或参与分配中的各个环节给予充分关注，不惜通过异议或信访“据理力争”“寸土不让”，以实现自身利益最大化、损失最小化。

### 四、参与分配耗费资源，实际运行中存在一些突出难点

参与分配是在执行程序的大框架下运行的一个子程序。执行案件在分配到执行人员手里后，如果在执行过程中遇到需要参与分配的情形，一般情况下也是由该执行人员继续跟进。但是，强制执行是一种个别执行制度，金钱类执行案件工作的重点在于对被执行人财产的查找、控制、变现和偿付上。而参与分配程序更多的是对其他债权人申请的核实、登记，财产分配表的制作，对参与分配债权人释明等内容上，与一般执行程序的内容差距较大。参与分配制度涉及法院之间、法院与他债权人之间、分配参与人之间的许多沟通和协调工作，这些工作是不可避免的，要比执行个案的类似工作多出很多。根据对北京市某基层人民法院近5年参与或主持的所有参与分配案件进行统计，每个案件从立案到案款进入主持法院案款账户，平均耗时4.6个月。案款在进入主持法院账户后，还有分配表的制作和案款发放工作，还需要继续耗费时间。可见，参与分配是一项非常耗费司法资源的制度。执行人员多数情况下都有无所适从之感，甚至有畏难、想躲的情绪。而且，参与分配运行中，除了以上立法不明确导致的适用不统一、争议较大等问题以外，也出现一些自身程序难以解决的新问题。主要包括两个问题：

其一，参与分配制度在当事人众多的案件中实践应用问题更为突出。债权人多是参与分配的题中应有之义，但是当债权人多到一定程度的时候，参与分配制度的应用会凸显较大问题。参与分配异议之诉制度在申请执行人较少的情况下能够践行公正，效率的问题

也不凸显，而在申请执行人众多的案件中，效率低下的问题极为突出，举例说明：在某企业为被执行人的案件中，被执行人处于歇业状态，以该公司为被执行人的案件多达1000余件，公司现有财产不足以清偿全部债务，不能受偿的申请执行人申请参与分配。在考虑对该案件适用参与分配制度时，遇到了这样几个方面的难题：一是分配方案更加难以制订。申请执行该被执行人的案件从2005年进入执行程序，由于被执行人财产处置上的障碍，历时5年尚未执结，其间陆续都有申请执行该被执行人的案件进入执行，债权的数额每日都在发生变化。面对波动变化的债权额，参与分配的方案难以确定。二是参与分配方案制订出来以后，参与分配方案的送达亦是非常大的问题。三是参与分配异议之诉在申请参与分配人数众多的情况下可操作性差。司法解释规定："债权人或者被执行人对分配方案提出书面异议的，执行法院应当通知未提出异议的债权人或被执行人。未提出异议的债权人、被执行人收到通知之日起十五日内未提出反对意见的，执行法院依异议人的意见对分配方案审查修正后进行分配；提出反对意见的，应当通知异议人。异议人可以自收到通知之日起十五日内，以提出反对意见的债权人、被执行人为被告，向执行法院提起诉讼；异议人逾期未提起诉讼的，执行法院依原分配方案进行分配。"在这种情况下，当多个债权人及被执行人均提出书面异议，且异议内容各异时，那将交叉送达几千甚至上万份书面异议，此种情况下，多个债权人及被执行人间如何进行参与分配之诉将成为很大的问题。从理论分析的角度来看，分别异议、逐个诉讼，总有可以整理清楚异议和诉讼的时点，但是落在执行的具体实践中，耗时多年会使参与分配最终成为无益分配，大额资金被封存形成的资金浪费、时间成本、本金滋生的利息，异议及诉讼产生的大额费用，可以预见在参与分配之诉正式完结之后，债权人的受偿比例是非常之低的。无论从对当事人利益的保护还是司法成本考虑，参与分配之诉的设置在此类债权人众多的案件中可操作性差的问题更为突出。

其二，关于虚假债权参与分配的问题。在执行实践中经常遇到申请执行人对被执行人申请执行时，发现一些被执行人串通其亲戚朋友，伪造债权，或者经仲裁、公证取得执行依据，或者向法院起诉后经调解或判决取得执行依据，而申请参与分配，导致真正的债权人深受其害。对此，有人主张采用优先原则，这样申请执行人可依查封、扣押或冻结时间的先后而取得优先受偿，与平等原则相比，其手续简明快捷，能迅速发挥强制执行的功能，使被执行人措手不及，进而达到较为有效防止虚假债权出现的目的。但是，正如有实务届人士所指出的，即使采取优先原则，也无法避免虚假债权的出现，因为被执行人在不能清偿众多的债务情况下，可预先串通亲朋好友或第三人，制造巨额虚假债权，有的虚假债权人甚至先下手为强，先行起诉进而申请查封、扣押或冻结被执行人的财产，这样，可一举独得被执行人的全部或大部分财产，给真正的债权人所造成的损害有时比平等原则更为严重。[①] 可见，无论采取优先原则还是采取平等原则，对于虚假债权的发生，在执行实践中都是防不胜防的，不是执行程序能够有效防范和解决的问题。

## 第三节　“执转破”工作的进展、存在的困难和问题

《民诉法解释》出台后，债务人为企业法人的不再适用参与分配制度。由此，参与分配制度和破产制度在适用主体上有了分工。但是，实务中对上述立法调整的反应比较滞后。实务中，北京某基层人民法院在《民诉法解释》出台后，却仍然适用参与分配对所有债权人进行平均分配，未按照查封的先后实行案款分配。

① 游礼国、陈国华：《论执行程序中的参与分配制度》，载《福建政法管理干部学院学报》2001 年第 2 期。

## 一、我国“执转破”工作的改革探索

鉴于参与分配制度和破产制度在过去长期存在的替代作用和将来各自在实现债权平等上的分工和补充作用，有必要对当前“执转破”工作进展进行介绍。

2016年年底，最高人民法院在全国部署开展“执转破”工作，打通执行程序和破产程序的通道，还原执行程序和破产程序本来功能，以使两个程序相互协调、补充，共同担负起维护债权人利益、促进社会公平正义的重任。2017年1月，最高人民法院出台了《关于执行案件移送破产审查若干问题的指导意见》，对“执转破”涉及的程序衔接等问题作出明确规定。2018年3月，最高人民法院发布《全国法院破产审判工作会议纪要》，专章对“执转破”程序衔接问题进一步作出规定。2018年4月，最高人民法院召开全国法院“执转破”工作推进会，推动“执转破”工作深入开展。最高人民法院部署后，广东、浙江、江苏、山东、北京、重庆等地人民法院，采取了一些有力措施推动“执转破”工作，效果明显。浙江省人民法院原来的破产审判工作基础比较好，2017年受理由执行部门移送的破产案件1223件，比2016年上升213.6%，化解执行积案26831件，比2016年上升302.7%。广东省在全省范围内推进“执转破”工作，2017年通过“执转破”受理破产案件277件，审结46件，通过“执转破”中止、终结执行案件43802件，在已结的破产案件中，平均每一件破产案件可以消化执行案件258件，效果非常好。

全国法院在“执转破”工作作了以下几个方面的探索：

一是规范移送、受理工作，确保有效对接。“执转破”工作涉及不同工作部门甚至不同法院，衔接难度大、协调任务重。广东、福建、浙江、江苏、吉林等省结合本地实际出台了“执转破”的意见和办法，通过规范化统一案件移送和受理标准和要求，畅通“执转破”衔接渠道，确保“执转破”工作有序开展。例如，浙江省高级人民法院出台意见，完善执行程序与破产程序衔接工作机制，要求全省法院按照合法合规、协作配合、高效便捷和强化监督的原则积极有序推进“执转破”衔接工作。又如，广东省高级人民法院出台了《关于执行案件移送破产审查的若干意见》，细化移送标准，规范移送程序。广州、深圳，佛山等地法院，均出台了相应的操作指引、移送清单，统一“执转破”案件移送同意书、确认书、决定书等法律文书格式文本，供各执行法院参考。为了加强破产立案工作，广东省高级人民法院还出台了《关于加强破产立案受理工作若干问题的意见》，实现了破产案件依法受理，充分发挥全国破产审判重整平台在监督立案中的职能，确保“执转破”案件，依法及时立案，保障“执转破”工作渠道高效畅通。

二是简化办案流程，实现快审快结。对于债权债务关系简单、财产状况明晰、债务总额不大的“执转破”案件，或者债务人的主要财产、账册等灭失，法定代表人等主要经营管理人员下落不明的“执转破”案件，各地法院探索建立快速审理机制，简化债权申报、文书送达，财产审计等程序，压缩公告期限，采用视频、微信等形式召开债权人会议，加快审理及转破案件。例如，北京市高级人民法院出台了《关于简化破产案件审理程序的意见》，规定人民法院审理破产案件可以对案件进行繁简分流，对于债权债务关系明确，债务人财产状况清楚的破产案件，可以简化审理程序，执行部门查无财产的执行移送破产审查案件优先适用简化审理程序。广东省高级人民法院出台了《关于建立企业破产清算案件快速审理机制的意见》，指引全省法院探索建立企业破产清算案件快速审理机制，实行破产案件繁简分流，对财产总额较小或者无财产且债权债务关系明确的破产案件，灵活运用手机短信、微信和互联网等手段，简化文书送达和债权人会议方式，实现破产案件繁案精办，简案快审。对“执转破”案件实现快速审查、快速立案、快速宣破、快速清算、快速结案，提升了“执转破”案件质效。深圳市中级人民法院 2017 年“执转破”案件适用快速审理机制审理 86 件，已经宣告破产和终结破产程序案件 30 件，平均审理期限不到三个月。

三是利用执行网络查控系统，解决破产财产查找难。破产审判工作量最大的在于查控破产财产和清理债权债务，破产法官和管理人缺乏查控手段和制裁措施，造成案件因财产查控困难，破产企业相关人员及有关协助主体不配合而拖延。北京市高级人民法院建立协助查询机制，对已受理的“执转破”案件，清算破产庭可以事项委托的方式，请求执行部门通过网络查控系统对破产财产进行查控，积极拓展破产财产调查能力。广东省高级人民法院为快速有效查控破产财产，对恶意阻碍破产审判的责任人员形成威慑机制，下发《关于为破产案件开通执行查控系统的通知》，破产案件可以利用执行查控系统查找财产，运用民事制裁措施、民事责任追究乃至刑事责任打击相关责任人员。最高人民法院相关庭室正在共同研究为破产案件开通“总对总”执行查控系统问题。

四是推动设立专项资金，为“执转破”提供经费保障。“执转破”案件中大多数债务人企业已经没有资产或者资产不足支付破产费用，破产费用的支付问题成为案件处理的首要难题，破产费用如何保障就成为制约“执转破”工作的一个重要因素。对于无产可破案件，法院原则上可依法依规减免破产案件的诉讼费用，但对包括管理人报酬在内的其他破产费用，人民法院却无能为力。为解决这个问题，各地法院在实际工作中，探索出了鼓励利害关系人垫付、从其他破产案件的管理人报酬中提取一定比例建立管理人报酬保障资金，请求财政出资建立破产费用保障基金等措施加以解决。为积极保障“执转破”案件的处理，四川省高级人民法院协调省级财政注资建立省级管理人援助基金，实行专户管理；浙江温州两级法院先后推动当地政府出资设立破产援助专项资金，有效解决了破产费用保障问题；广东省高级人民法院向当地党委汇报请求协调有关部门成立破产专项资金，为无产可破企业提供破产经费保障。广东省财政厅已拨付专项资金开展试点，广东省佛山市中级人民法院、茂名市中级人民法院和中山第一法院作为试点法院，对于非试点地区，将无产可破企业的破产费用纳入法院财政预算解决。

目前，从整体上看，这项工作在全国存在不平衡的情况，大部分省市未下力气推动这项工作，“执转破”案件在执行和破产案件总量中所占比重较少，通过“执转破”有力化解执行积案、促进破产审判工作的作用尚未充分发挥，案件“移不出、立不上、破不了”的问题还没有得到根本解决。其中，动力不足是导致“执转破”启动困难的主要原因，具体表现为三个方面：

第一，当事人申请破产程序意愿低。“执转破”程序的启动必须是基于申请执行人之一或者被执行人同意，但实践中基于以下两个方面的原因导致当事人申请意愿低。一方面，申请执行人往往都希望通过执行程序尽快实现自身权利，而不愿因适用破产程序使其他债权人参与债务人财产分配，导致自身的受偿率降低。另一方面，被执行人往往担心启动破产程序后需要偿还全部债务，并且可能暴露出企业隐藏的一些问题，会对债务人尤其是其法人代表和管理层带来不利。此外，很多申请执行人、被执行人均没有认识到启动破产程序在挽救企业、资产保值等方面的积极作用。

第二，执行部门缺乏移送的动力。对于债务人企业，已经出现破产原因，但尚有部分财产可供执行的案件，执行部门习惯于通过个别执行清偿债务，而不愿通过程序相对烦琐的“执转破”将案件移出，对于没有财产的案件，通过终结本次执行程序就可以直接结案，执行部门更是缺乏移送的动力。而且，“执转破”对执行部门提出了一些工作手续要求，这些工作无法在工作业绩和考核指标中体现出来。执行部门移送不积极，“执转破”程序就无法启动。

第三，破产审判部门接收意愿不强。虽然有的法院执行部门按规定移送了案件，但有的破产审判部门现有审判资源有限，短时间内对大量移送“执转破”案件受理意愿不强。有的破产审判部门出于维稳、衍生诉讼、绩效考核等方面考虑，将“执转破”案件视为烫手的山芋，总担心案件进得来、出不去，“执行难”最终演变为“破产难”，因此不愿意接收，找各种理由推诿拒绝。

## 二、“执转破”改革中若干问题的思考

当前，“执转破”工作还存在一些困难和问题，需要从机制、制度层面加以研究解决。包括：

### （一）执行不能转破产工作的协调和衔接机制

执行不能转破产涉及法院内不同业务部门的配合，如何实现无缝对接、工作衔接、材料移交等是需要进一步解决的问题，而且，因执行案件与破产案件适用不同的管辖原则，经常会出现两类案件分属不同法院管辖的情况，主体分离时两个法院间如何协调，需要通过规则设定、制度完善，促进部门之间及法院之间的协调。

### （二）破产费用保障机制缺乏

无产可破企业由于并无财产可供分配，有的甚至连破产案件的公告费用也无法承担，故债权人或债务人不愿意申请破产，而管理人由于利益驱动对此类案件也缺乏工作积极性。最高人民法院副院长在第六届中国破产法论坛上的讲话指出，破产费用保障机制缺乏，使得破产企业资金和资产不足而导致破产费用缺乏而无法开展破产工作，管理人员基本报酬得不到有效保障而影响工作开展和管理员队伍的长期稳定与素质的提高，以及职工安置费用的不足而影响社会和谐稳定，已成为导致破产案件受理数量下降、阻碍破产制度功能充分发挥的重要因素。也有学者提出，清算成本应该是企业资金支付，破产清算费用不足的时候应当由股东出，由于股东等人不履行清算义务，导致企业财产长期消耗，最后没有财产去支付清算费用，支付管理人报酬。这个损失应当由违背清算义务、存在法律过错的清算义务人自行承担，而不能转嫁给社会和他人。①

---

① 王欣新：《破产与执行程序的合理衔接与转换》，载王欣新、郑志斌主编：《破产法论坛》（第九辑），法律出版社 2015 年版，第 9 页。

（三）管理人工作积极性和履职能力不适应要求

管理员作用发挥的程度，直接决定着破产程序的法律功能能否充分实现。《企业破产法》出台后，最高法院虽然就管理人指定和管理人报酬出台了司法解释，但我国目前存在管理员市场发育尚不成熟，管理人员素质能力参差不齐，部分破产案件管理人难以胜任职责，管理人履职缺乏有效的监督管理等问题，[①] 这既不利于法院有效监督、规范管理人工作，也不利于中介机构加强自身建设，提升业务能力。因此亟须建立统一的标准和规范，以构建统一的破产案件管理人管理规范，形成结构统一、内容完整、逻辑严密、实用性强的制度体系，其中包括建立管理人名册、编制和分级管理制度，完善管理人司法准入与退出机制，建立管理人流程指导和监督制度，完善对管理人的培育及履职保障机制等，通过对管理人行业的准入、选任、考评、淘汰等方面机制的完善，加强对管理人队伍的监督管理，推动破产管理人才的培养和储备，最终实现管理人制度作用的充分发挥。

（四）企业破产涉及利益衡量与维稳的全局考量

破产案件中债权人的债权，无法得到全部清偿，本身就存在较大维稳压力。企业破产产生的一系列社会问题，其解决往往都在地方政府而不是法院的职责范围内，企业破产中涉及战略投资者引入、职工救济安置、税收等方面的问题，需要借助政府的资源配置能力和协调能力协助法院解决。由于社会保障制度不够健全等原因，企业破产导致的职工债权清偿、就业安置等社会问题，容易导致社会不稳定现象，一些地方政府不积极履行职责解决企业破产的社会问题，反而以可能引发群体性事件和社会稳定危机为由阻碍破产案件受理。因此，亟须建立府院联动机制，通过地方政府的积极配合使企业破产中存在的各种社会问题得到顺利解决。

---

① 《努力解决破产案件“启动难”问题推动破产审判改革试点工作》，载王欣新、郑志斌主编：《破产法论坛》（第九辑），法律出版社2015年版，第6页。

（五）破产成本太高，需要构建简易破产程序

关于简易破产程序的研究，国外大多数国家开始于20世纪八九十年代，其目的在于实现公正与效率的价值观念，解决破产案件繁多与有限的审判资源之间的矛盾，破产程序的设置和运行在英国、德国及日本等国家发挥了重要作用，取得了经济效益与司法效益的双重效果。自《企业破产法》实施以来，破产案件的审理周期很长，能够在一年以内审结的很少。执行不能案件进入破产程序，面临破产案件繁多与审判资源有限的现实困难。有必要增设简易程序，以降低破产成本，完善市场退出机制，最大限度地平衡公平与效率的关系。我国简易破产程序的程序设置，需要重点考虑简易破产程序的适用标准以及简易程序的程序如何简化的问题，既保证破产案件的审理质量，同时提高法院审理破产案件的效率。①

关于执行与破产的关系问题，有学者主张法院依职权启动破产程序，从现实的角度来说，对于消耗大量司法资源的长期终本案件，清理僵尸企业，依职权启动破产程序还是有必要的，但是依职权启动破产程序的范围应该严格限制，主要限定在被执行人已经无财产可供执行终本达到一定年限的“三无”（被执行人无财产、无人员、无住所）案件或者已经被吊销营业执照的情况。着眼于将来，笔者倾向于从债务人和债权人方面通过责任制度等“倒逼”相关权利人去选择破产制度，通过利益的协调来解决问题。例如，债权人方面，通过确认查封在先的债权优先清偿，“倒逼”在后的债权人申请破产。债务人方面，规定债务人以及债务人的股东、实际控制人在不及时启动破产程序时候的法律责任问题。

① 王欣新、郑志斌主编：《破产法论坛》（第十辑），法律出版社2015年版，第487-489页。

# 第三章　参与分配制度的功能定位与价值选择

参与分配，顾名思义，一是“参与”，即哪些债权人、什么条件下可以参与执行；二是“分配”，即多数债权人参与之后如何分配执行所得。参与分配制度与一国民事执行法的立法指导思想直接相关，在不同的立法指导思想和价值选择之下，对于债务人不能清偿全部债权时多数债权人的权益保障制度设计存在明显的差异。为此，有必要对中外民事执行法的立法指导思想进行分析，在历史和比较分析的过程中把握民事执行制度与一国法律传统、现实国情和价值选择之间的关系，以便明晰民事执行参与分配制度的功能定位与价值选择。

## 第一节　执行立法原则与参与分配制度的比较考察

一国民事执行立法原则的设定，对其参与分配制度的设计有着直接的影响。立法原则又称立法主义、立法指导思想，是指立法在具体制度设计时所秉持的理念。① 就民事执行立法而言，有源自罗

① 立法原则或立法主义，与部门法的基本原则有所不同。基本原则要求集中体现一个部门法的精神、贯穿该部门法始终。而立法原则和立法主义，可以是针对某一具体制度，通常在多种立法理念和方案的对比中作出适合需要的选择。

马法的“平等清偿主义”和源自日耳曼法的“优先清偿主义”之分，在后世演进过程中，各国依国情各有取舍或修正。从参与分配制度的运行视角来看，还会因采用再查封主义与不再查封主义，承受主义、涂销主义与剩余主义等立法原则的差异，而对其微观制度的构建产生影响，本章一并探讨。

## 一、民事执行的立法原则及其价值取向

### (一) 平等清偿主义、优先清偿主义与折中主义

1. 平等清偿主义

平等清偿主义，亦称平等主义、分配主义，是指除享有法定优先权的债权人外，债权人不因先申请执行或者先查封扣押（包括进行保全程序）而获得对债务人财产的优先受偿权，全体债权人按照债权额比例公平受偿。平等清偿主义是民法平等理念在民事执行法领域的延伸，其深深植根于罗马市民法上债权平等保障的理念，在传承了罗马法精神的法国、意大利、日本等国，民事执行法均奉行平等清偿主义。

(1) 罗马法上的“平等清偿主义”传统。学术界所称的罗马法，通常指的是罗马奴隶制社会的法律制度。[①] 罗马法取得了极高的成就，马克思、恩格斯赞誉其是“商品生产者社会的第一个世界性法律”，并被“巧妙地运用于现代资本主义的条件”。[②] 罗马法在近千年的发展中，先后经历了法律诉讼、程式诉讼和非常诉讼三个历史时期，从中可以窥见执行中对多数债权人债权保障的理念演进。

法律诉讼时期，始于公元前450年《十二铜表法》的制定、

---

① 罗马法的时间范围，一般认为自公元前450年《十二铜表法》制定开始，至公元6世纪《罗马法大全》（又称《民法大全》）编撰完成止。它不同于12—18世纪经注释法学派注释后的罗马法，也不同于19世纪德国普通法时期的罗马法。

② 《马克思恩格斯全集》（第4卷），人民出版社1965年版，第248页、第454页。

终于公元前 17 年《尤利法》的颁布。这一时期的诉讼制度是从私力救济向公力救济过渡的最初形式，直接源于古罗马的法律传统。正如盖尤斯所定义的那样，“我们的祖先所用的诉讼称为法律诉讼，因为它们或是由法律确定，或是由法律条款本身所构成，从而如同法律本身不可更改”。[①] 这一时期的起诉制度，采取具有严格形式主义色彩的 actio 制度；而这一时期对于金钱债权的执行，也主要采取带有明显私力救济特点的对人执行的方法，即债权人可以杀害债务人或者将其出卖为奴隶抵债，如果有数个债权人则可分享出卖的价金或分割其尸体（参见《十二铜表法》第三表）。公元前 326 年，帕特利亚法禁止出卖或杀害债奴，但仍允许债务人以劳务抵债。

程式诉讼时期，始于公元前 17 年《尤利法》的颁布，延续至公元 4 世纪前后。这一时期的审判制度，开始以“程式书”取代旧有的严格形式主义的 actio 制度，在审判制度上分为“法律审”和“事实审”两个阶段，即先由国家“法务官”根据原告的起诉制作程式书，然后由当事人选定的私人“审判人”根据程式书载明的争点和原则进行审判，其私力救济的色彩依然明显。在民事执行方面，逐渐发展出了对物执行制度。对物执行具体采用“财产趸卖”和“财产零售”两种方法，[②] 即先有法官任命财产管理人或债权人接管和占有债务人的全部财产，然后将财产作为整体概括地变卖或者逐项变卖；除有质权或优先权外，各债权人根据债权额的大小，按比例获得清偿。

非常诉讼时期，始于公元 4 世纪左右。随着罗马进入帝政时期，私人审判人制度逐渐退出历史舞台，民事案件由国家司法官吏独占审理权限。在民事执行领域，由于“财产趸卖”的方法对债

---

① Kaser, Das römische, Pricatrecht. Bd. I 1955, München. S. 53. 转引自［日］柏木邦良：《诉讼要件研究》，日本林巴有限公司 1994 年版，第 34 页。

② 参见周枏：《罗马法原论》（下册），商务印书馆 1994 年版，第 905-906 页。

务人极为不利，到帝政后期随程式诉讼一并被废除。但“财产零售”的做法得以保留，与非常诉讼的“判决扣押”共同构成判决的主要执行手段。在“判决扣押”程序中，债权人只能申请就执行所需的债务人财产加以扣押，而不得扣押债务人的全部财产。①罗马法学家乌尔比安在《论执政官的职责》第三编中指出，扣押需遵照一定的顺序，先扣押债务人的动产，无动产或者动产不足清偿时方能扣押不动产，最后才是债务人的债权。②

综上可见，无论是在法律诉讼时期允许债权人分享出卖债务人的价金或分割其尸体的做法，抑或程式诉讼时期的“财产趸卖”和“财产零售”及非常诉讼时期的“判决扣押”制度，贯穿其中的基本理念都是“平等清偿主义”。③ 究其思想根源，与罗马法上发达的民法理论中的债权平等保障的思想不无关系。罗马法学家保罗在《论告示》第五十九编中明确指出，“当债权人中的一人要求控制债务人的财产时，人们问：是否只有提出了要求的人才能占有此财产？当只有一个人提出要求并得到裁判官的允许时，这是否使所有债权人均有了占有财产的可能性？确切地说，在裁判官允许占有之后，这不被看作对提出要求的人的允许，而被视为允许所有债权人占有财物”④。可见，平等主义的源头在罗马法中，其深深植根于罗马法上民法债权平等保障的理念之中，而罗马民法债权平等理念又植根于其民族传统之中。

（2）法国、意大利、日本对“平等清偿主义”的继受。公元

---

① 参见周枏：《罗马法原论》（下册），商务印书馆 1994 年版，第 924 页。

② ［意］桑德罗·斯奇巴尼选编：《民法大全选译：司法管辖权、审判、诉讼》，黄风译，中国政法大学出版社 1992 年版，第 76–77 页。

③ 发生变化的，只是执行标的逐渐从对人执行转向对物执行、从绝对地保护债权人转向兼顾债务人利益，当然这也体现了法律文明的发展进步。

④ ［意］桑德罗·斯奇巴尼选编：《民法大全选译：司法管辖权、审判、诉讼》，黄风译，中国政法大学出版社 1992 年版，第 80 页。

476 年罗马帝国灭亡,[①] 罗马法失去了其作为西欧国家主要法律渊源的统治地位，但其影响并未中断。公元 12—16 世纪以意大利为中心兴起了罗马法的复兴运动,[②] 当时的学者采用中世纪西欧流行的注释方法研究罗马法，又称为“注释法学派”，他们使对《国法大全》的研究成为一门科学，为运用罗马法奠定了基础。[③]

在罗马法复兴的背景下，法国于 1804 年、1806 年相继制定了《法国民法典》和《法国民事诉讼法典》。就民事执行的原则而言，当时的法国法完全承袭了罗马法的精神，亦即，除享有法定优先权的债权人之外，各个债权人均按其债权额比例受清偿。《法国民法典》第 2093 条规定：“债务人的财产为其全体债权人的共同抵押物；因此其财产的价金应依债权人债权额平等分派，但债权人中如基于合法原因有优先受偿的权利存在时，不在此限。”这一规定，传承了罗马法上“债务人的财产为全体债权的总担保”的民法理念，也为民事执行平等原则奠定了立法根据。

随着法国革命的影响和拿破仑的军事征服，法国执行法上的平

---

① 公元 1—2 世纪是罗马帝国的强盛时期，依靠发达的奴隶制商品经济的支撑，雄踞于地中海一带。到公元 3 世纪，罗马的奴隶制出现了严重的危机，帝国的没落已成无可挽回之势。公元 476 年，在奴隶起义和东哥特族人入侵的情势下，西罗马帝国灭亡；公元 1453 年，迁居至伊斯坦布尔的东罗马帝国，也被奥斯曼土耳其人所灭。

② 公元 1135 年，在意大利北部发现了查士丁尼《国法大全》的原稿抄本，这引起了当时学者的极大兴趣。位于意大利的波伦亚大学（创建于 1087 年）是西欧研究罗马法的重镇，该校创建人伊纳留斯（Trnerius）也是“注释法学派”的创始人。

③ 罗马法的复兴经历了三个阶段：在 12—13 世纪以意大利为中心，学者们运用注释的方法，把《国法大全》作为维持现存秩序的规范去研究。到了 14 世纪，以意大利法学家巴尔多鲁为代表又形成了研究罗马法的“评论法学派”，他们并不只停留在把《国法大全》视为普通法上，而是非常重视社会的现实需要，将其引入立法和司法活动中，着重解决各种法律体系之间产生的法律冲突问题。16 世纪以后欧洲文艺复兴运动为罗马法的研究注入了新的活力，形成了“人文主义法学派”，也使得法国成为这一时期罗马法研究的领导者，法国学者居亚斯（Jean Cujas）、多默（Domat）和鲍迪埃（Pothier）是研究罗马法的著名学者，后两者的研究被大量应用于 1804 年《法国民法典》的起草过程中。

等清偿主义在罗马法的复兴发源地意大利也扎下根来，时至今日，意大利仍然固守民事执行平等清偿主义。在19世纪初，直接处于法国管辖和控制的地区（如荷兰、比利时、卢森堡、巴西和莱茵河以南的德国西部和南部），也普遍沿用法国法所确认的平等清偿主义。

2. 优先清偿主义

优先清偿主义，又称优先主义或者分配主义，是指当存在数个无法定优先权的债权人对债务人的同一标的物请求强制执行时，先申请执行的债权人享有优先受偿的权利。这一原则源于古代日耳曼习惯法，其崇尚“先到先得”的执行程序效率价值，经由德国、英国的发展演绎，在奥地利、美国等国得到采用。

(1) 日耳曼法上的“优先清偿主义”传统。日耳曼，既非一个民族也非一个种族，而是对一些语言、文化、血缘和习俗相近的部落社会的总称。古罗马人将公元前2000年到公元4世纪生活在欧洲北部和中部，使用日耳曼语族的各种语言的民族，统称为日耳曼人。日耳曼法，通常是指古代日耳曼诸部落在侵入西罗马帝国并建立国家的过程中，由原有的部落习惯逐渐发展而形成的法律，是欧洲中世纪法律的基本因素之一。[①] 在公元5—15世纪，日耳曼法对西欧发挥过重大作用。

日耳曼法上的强制执行，体现了从原始习惯法向封建法过渡的特点，早期也允许对人执行和债权人私力救济。直到公元5世纪后期，强制执行才逐渐转变为以对物执行为主的执行方法。早期阶段，对债务人财产的执行并不区分动产和不动产，执行范围也不限

① 公元4世纪，因匈奴人西征，日耳曼各部落开始向南涌入罗马帝国境内。公元5—9世纪，古代日耳曼人包括法兰克、勃艮第、伦巴第、西哥特、东哥特、盎格鲁-撒克逊、斯堪的纳维亚等陆续建立了国家。日耳曼人是从原始社会直接进入封建社会的，因此，日耳曼法既表现出早期封建法律的特征，又保留着原始社会时期习惯法的残余。

于特定财产，而是就债务人的全部财产采取查封措施。[①] 直到13世纪，强制执行中才开始区分对动产的执行和对不动产的执行。对于动产，法院采取查封措施后即取得动产的占有地位，债务人在一定期间内享有赎回权，否则交由债权人代偿。对于不动产，法院首先将债务人驱离其不动产，同时禁止债务人处分其不动产的产权，然后直接将不动产交由债权人支配或变价后清偿。

在日耳曼习惯法上，存在“先向法院申请者，其权利优先”的法谚，是其奉行优先清偿主义的生动写照。只不过在金钱请求的强制执行中，法院查封债务人的动产或不动产的效果仅仅使债务人丧失占有处分权，并不使债权人因查封而获得查封质权。但事实上，“先向法院申请者，其权利优先”的原则使得债权人获得了与查封质权类似的效果。随着西罗马帝国的灭亡和日耳曼族国家的建立，罗马法上的强制执行平等原则也被日耳曼法上的强制执行优先原则所取代。[②]

（2）德国对“优先清偿主义”的继受。在德国历史上，强制执行的原则几经变迁，其间日耳曼法、罗马法交替发挥影响。最终，源于日耳曼传统的优先清偿主义得以在现代德国法律上确认。

德国的历史可以追溯到早期的日耳曼时期，日耳曼人主要生活在欧洲北部和中部。日耳曼人的法律制度，可以追溯到公元前1世纪日耳曼人的部族生活时代，当时约束人们行为的主要是部族习惯。公元5—9世纪，日耳曼人在西欧和中欧建立了法兰克王国，

---

① 在日耳曼人入侵罗马以后，实行属人主义，即对本部落成员适用部落习惯，对被征服的罗马臣民适用罗马法，日耳曼法与罗马法因此日渐融合。公元5—9世纪，各日耳曼王国以各自的习惯为基础先后编纂了成文法，代表性的有5世纪末西哥特王国的《欧里克法典》、5世纪末6世纪初法兰克王国的《萨利克法典》和7世纪伦巴第王国的《伦巴第法令集》等，其中《萨利克法典》影响最大。《萨利克法典》是萨利克人的习惯法汇编，在法兰克人萨利克部族中通行。按照该法典的规定，强制执行首先从查封债务人的全部财产开始，经过鉴价程序，将财产交由债权人以代清偿。

② 参见江伟主编：《中国民事诉讼法专论》，中国政法大学出版社1998年版，第213-214页。

习惯法仍十分流行，但成文法的比例已大大提高，其中最著名的是《撒利克法典》。公元 843 年，法兰克王国分裂成西、东、中三个王国，东法兰克王国后来演变成现在的德国。此后，历经德意志王国（公元 911—962 年）、德意志神圣罗马帝国（公元 962—1806 年），德国逐步陷入四分五裂的封建割据状态。

在罗马法复兴过程中，平等清偿主义在封建割据的小国发挥了一定的影响。公元 13 世纪，在德国的汉堡、法兰克福、吕贝克等商业城市，罗马法上的平等清偿主义产生了一定影响。不过，在 14 世纪以前，日耳曼法仍然在德国法中占统治地位，罗马法上的平等清偿主义并未彻底取代传统的优先清偿原则，两者的交互影响产生了折中主义。根据吕贝克市的法律规定，在债务人死亡或逃亡后 30 日内申请查封的债权人，优先于此后申请查封的债权人而受偿，在此期限内申请查封的债权人之间按债权额比例受偿。

德国从 15 世纪开始普遍接受罗马法，除强制执行制度外，德国在承袭罗马法方面甚至比法国还要彻底。[①] 16—17 世纪，德国法学家一方面保留德国固有的日耳曼法，另一方面全面继受罗马法，两者不断融合，逐渐形成了通行于德国的“普通法”。但在强制执行领域，日耳曼传统的优先清偿原则与罗马法上的平等清偿原则产生了冲突，对此，德国普通法时代的学者或主张采取平等清偿原则，或主张采取折中原则，但更多的学者主张保留德意志民族固有的传统，他们通过引用罗马法上的“质权”观念来论证日耳曼法上优先原则的合理性，从而建立起了德国强制执行法上所特有的“查封质权”制度。

在 1877 年德国制定统一的民事诉讼法之前，各邦的强制执行法对查封的效力规定并不一致。在萨克森邦、黑森邦的法律中，明

① 1495 年，德国皇帝马克西米利安一世为统一全国法律，制定了《帝国最高法院组织法》，同时设立帝国最高法院，并将罗马法正式规定为帝国最高法院裁判的法律依据之一，发挥补充日耳曼固有法的作用。

确规定执行中的查封有设定查封质权的效力。巴登邦受法国法的影响巨大，完全采用了法国法上的平等原则，不承认查封质权制度。而在另外一些邦（如汉诺威邦），虽然不承认查封质权制度，但在强制执行中仍然坚持传统的优先原则。1862 年，俾斯麦出任德国最强大的普鲁士邦的首相，以“铁血政策”推动德国重新走上了统一的道路。德国 1877 年制定的统一的民事诉讼法典采纳了查封质权制度，并沿用至今。《德国民事诉讼法》第 804 条规定了动产扣押质权，即“(一) 扣押后，债权人在扣押物上取得质权。(二) 在与其他债权人的关系上，扣押质权使债权人得到与因契约取得动产质权时同样的权利；扣押质权优先于破产时不视为动产质权的质权与优先权。(三) 扣押在先所生的质权优先于扣押在后所生的质权”。“查封质权”构成了颇具德意志民族特色的强制执行制度，也使其成为当代世界上采取强制执行优先原则的代表性国家。

(3) 英国对“优先清偿主义”的继受。在 1066 年诺曼人征服英格兰以前，不列颠岛上居住的盎格鲁-撒克逊人、裘特人也属于日耳曼人，其习惯法也属于日耳曼法的范畴。[①] 日耳曼法中“先向法院申请者，其权利优先”的执行优先原则，在不列颠原住民族中也是适用的。1066 年居住在法国北部的诺曼人征服英格兰之后，[②] 通过近两个世纪的英国王室法院的审判活动，逐渐于 13 世纪在英国形成了“普通法”。[③] 随着英国在全世界的殖民活动，英国普通法也成为英美法系各国或地区法律发展的母法。

英国普通法上的强制执行也采取令状制度，如菲发令状（适用于有形动产的执行）、占有令状（适用于不动产执行）、查封令状（适用于行为请求的执行）等。由于菲发令状适用范围狭窄，

---

① 由嵘：《日耳曼法简介》，法律出版社 1987 年版，第 6 页。

② 诺曼人是公元 9 世纪定居在法国北部（或法兰克王国）的维京人及其后裔，其来源是公元 8—11 世纪居住于北欧日德兰半岛和斯堪的纳维亚半岛等地的日耳曼人。

③ 在罗马法复兴过程中，英国固守源于日耳曼法的固有传统，较少受罗马法的影响。

导致金钱债权等的强制执行遭遇困难，衡平法院逐渐发展出了三种救济，即查封、指定接管人和设定担保权益裁定。在1838年英国法律改革中，菲发令状也开始扩大适用于金钱、有价证券、债务人的债权等的执行。

概言之，无论英国普通法上的执行还是衡平法上的执行，都贯彻了强制执行优先的原则。在普通法上，先交付执行令状的债权人有权就执行标的物变卖的价金优先受偿；在衡平法上，法院通过在政府公债、股票上为债权人设定担保权益，也达到了使部分债权人优先受偿的效果。[①] 这种优先清偿的法律思想，直接来源于传统的日耳曼习惯法，而较少受罗马法的影响。

3. 折中主义

折中主义，又称团体优先主义，是平等主义和优先主义调和的产物，是指当债务人财产不足清偿债权时，申请执行的债权人与在一定期限之内申请参与分配的债权人形成一个团体，得依债权数额比例受偿；但该团体对该期限以后申请参与分配的债权人，享有优先受偿的权利。目前，瑞士、我国台湾地区采用这种执行原则。

瑞士1997年1月颁布的《联邦债务执行与破产法》第110条F项对“参加扣押”作了一般规定：“在扣押实施后30天内提出继续执行申请的债权人参加扣押。扣押视情形在为清偿本债权人组的所有债权所必需的范围内继续。”“在30天期限届满后才提出继续执行申请的债权人，按同样方式组成特别扣押的额外债权人组。”“已扣押的财产可再次扣押，但前提是其变价收益不得分配给前次扣押的债权人。”换言之，以实施执行扣押措施的30天为界，30天内提出申请参与分配的债权人组成一个团体，较之后的申请形成的团体享有优先受偿权。

我国台湾地区的“强制执行法”，原本借鉴法国、日本的经验

① 参见江伟主编：《中国民事诉讼法专论》，中国政法大学出版社1998年版，第249页。

采取平等清偿主义。但在1974年修正时，改采取团体优先主义。我国台湾地区现行的“强制执行法”第二章是“关于金钱请求权之执行”，在第一节“参与分配”中有两个条文体现了团体优先主义。第31条规定：“因强制执行所得之金额，如有多数债权人参与分配时，执行法院应作成分配表，并指定分配期日，于分配期日五日前以缮本交付债务人及各债权人，并置于民事执行处，任其阅览。”第32条规定：“他债权人参与分配者，应于标的物拍卖、变卖终结或依法交债权人承受之日一日前，其不经拍卖或变卖者，应于当次分配表作成之日一日前，以书状声明之。”“逾前项期间声明参与分配者，仅得就前项债权人受偿余额而受清偿；如尚应就债务人其他财产执行时，其债权额与前项债权余额，除有优先权者外，应按其数额平均受偿。”换言之，以执行法院做成分配方案之日的一日前为界，之前提出申请参与分配的债权人组成一个团体，较之后的申请形成的团体享有优先受偿权。

折中主义的产生，源自平等主义和优先主义各自的缺点。我国台湾学者杨与龄认为，如果完全实行优先主义，则违反“债务人之总财产为债权人之共同担保”的民法原则，在执行中对不同的债权人区别对待、厚此薄彼，有失公平；如果完全实行平等主义，虽可纠正优先主义不公平的缺点，但在执行终结前，其他债权人均可以参与分配，妨碍执行程序的推进和终结，并可能滋生债务人伪造债权参与分配而损害正当债权人利益的风险。而团体优先主义，兼采平等主义与优先主义之长，既能在一定范围内维持债权人平等，又有利于推进执行程序顺利终结，且能减少债务人伪造债权侵害正当债权人权益的机会。①

（二）再查封主义与不再查封主义

以对财产查封后，是否可以由其他债权人再次申请查封为标准，执行法上存在再查封主义与不再查封主义两种原则。对于采用

① 参见杨与龄：《强制执行法论》，三民书局2007年版，第25页。

优先清偿主义的国家（如德国），一般允许再次查封，并以查封的先后顺序进行清偿；对于采用平等清偿主义的国家，由于先查封的债权人不享有优先受偿权，一般不允许重复查封，而是合并执行、允许后申请者参与分配。但也有例外，如日本就对不动产实行再查封主义，对于动产实行不再查封主义。

1. 再查封主义

再查封主义，是指对于已经查封的债务人的财产，执行机关可依据其他债权人的申请再次查封的立法原则。不过，后申请查封的债权人如果就其他执行标的可受清偿时，先申请查封的债权人可以向执行机关提出异议。

德国以及日本对于不动产的强制执行，采取这种立法原则。德国对于动产和不动产，均允许重复查封。《德国民事诉讼法》第804条规定，在金钱债权的强制执行中，动产扣押后，债权人即在扣押物上取得扣押质权；扣押在先所生的质权优先于扣押在后所生的质权。第866—867条规定，对土地强制执行，以登记债权上的担保抵押权、强制拍卖与强制管理的方式实施；其中，担保抵押权依申请登记于土地账簿，抵押权经登记而成立。日本比较特殊，对于不动产实行再查封主义，对于动产实行不再查封主义。《日本民事执行法》第46—47条规定：对于不动产，当法院强制拍卖的开始决定送达债务人时，产生扣押的效力；对于已作出开始决定的不动产，如另有强制拍卖申请时，执行法院可再次作出强制拍卖的开始决定。

2. 不再查封主义

不再查封主义，是指执行机关依据一个债权人的申请开始对债务人的财产实施强制执行之际，其他债权人不可再次对被执行的财产申请查封。在不采用优先清偿主义的国家和地区，由于先申请查封的债权人对于已查封的财产不享有优先受偿的权利，所以，其他债权人也没有必要再次申请查封，而是可以直接申请参与分配。

日本和我国台湾地区对于动产的强制执行，采取这种立法原则。《日本民事执行法》第 125 条规定：执行官不得重复扣押扣押物或已执行的扣押物；对于后续的其他动产执行，如果债务人有其他动产可供扣押，执行官可予扣押，如没有，则将该案与前一执行案件合并执行；在合并执行的情况下，后一案件中新扣押的动产视为按前一案件被扣押，后一案件的申请视为参与分配申请；在合并执行的情况下，当前一案件扣押申请人撤回动产执行申请或其执行程序依法撤销时，前一案件中扣押的动产视为按后一案件已被扣押。我国台湾地区“强制执行法”第 33 条、第 33-1 条、第 33-2 条有类似的规定，执行法院、行政执行机关均不得在已扣押之后再重复扣押。

(三) 承受主义、涂销主义与剩余主义

无论金钱债权还是其他债权的强制执行，都有可能涉及对动产、不动产的查封和拍卖；在进行拍卖时，对于执行财产上所附着的担保权、优先权等负担的处理上，存在承受主义、涂销主义和剩余主义三种立法原则，[①] 这对于参与分配中财产的分配亦会产生影响。

1. 承受主义

承受主义，是指在执行标的物上附有担保物权、优先权或者用益物权等负担时，这类权利不因执行拍卖而消减，而是由拍定人予以承受。德国、奥地利、瑞士以及日本的旧民事执行法采用这种立法原则。

承受主义的优点主要有五个：第一，贯彻了物权优先、权利取得等民法原理，不致引起民法理论的混乱；第二，对担保物权、优先权或者用益物权等权利人的保障较为充分，其权益不受普通债权人或后顺位的优先权人申请执行拍卖的影响；第三，由于对执行财产享有优先权的债权人，其权益不受执行拍卖的影响，故其债权没必要因执行拍卖而提前受偿，这样对于社会生活中提供借贷的债权

① 参见杨与龄：《强制执行法论》，三民书局 2007 年版，第 26-27 页。

人权益保障较为充分，有利于社会经济秩序的安定；第四，就执行程序而言，由于拍定人拍得的执行标的物仍附着有他人的优先权，故其支付的拍卖价金相对较低，执行拍卖较容易成功；第五，在执行程序中，如果拍卖成功且拍得价金高于优先债权和执行费用，则申请执行的债权人能够及时获得全部或部分清偿。

但承受主义也存在一些缺点：第一，因拍定人承受了拍得执行标的物上附着的负担，如果该负担为用益物权，会影响拍定人自己的使用收益，所以拍卖中应拍人的应买意愿会降低，导致拍卖失败的可能性增加；第二，如果该负担为最高限额抵押权，拍定人会存在将来优先权人优先受偿后自己一无所得的担忧，也会降低应拍人的意愿，增加拍卖失败的风险；第三，即便拍卖成功，如果优先权人就附着有优先权的财产拍卖而未得到完全清偿，则优先权人会再次启动执行程序，导致执行程序反复启动，效率低下。

2. 涂销主义

涂销主义，是指在执行标的物上附有担保物权、优先权或者用益物权等负担时，这类权利将因执行拍卖而消灭，拍定人拍得的执行标的物上不再有任何负担。据此，执行拍卖将直接导致物权转移，不会妨碍申请执行拍卖的债权人的权利实现。目前，法国的民事执行法采用这种立法原则。

涂销主义有以下几个方面的优点：第一，利用一次执行拍卖，同时实现优先权人和普通债权人的清偿要求，可以避免优先权人将来对拍定的执行标的物再次主张权利，减少讼累和执行法院的负担，符合诉讼经济的价值目标；第二，优先权人对执行标的物享有的担保物权、优先权或者用益物权，可以从拍卖所得价金中优先受偿，其权利也能得到保障；第三，由于涂销主义消除了拍卖物上的负担，会大大减少拍定人的后顾之忧，有利于提升拍卖的成功率；第四，涂销主义消除了拍卖物上的负担，可以在拍卖中以较为理想的价金成交，由此能兼顾债权人、债务人和拍定人的利益；第五，执行标的物上的负担消除后，可以在社会上自由流通，由于财产流

通价值的实现，可以促进经济的发展。

涂销主义也有其缺点：第一，执行标的物上的担保物权、优先权或者用益物权等因拍卖而消灭，与民法上的物权优先原理和继受取得制度有一定的冲突；第二，普通债权人和顺位在后的优先权人申请拍卖，将导致顺位在先的优先权人被迫提前受偿，一方面使其丧失了继续收取债务利益的机会，另一方面将导致用益物权因拍卖而消灭，对顺位在先的债权人的权益保障不利；第三，涂销主义虽能解除应拍人对拍卖物上负担的后顾之忧，但相应的拍卖成交金额会大大提高，会影响部分应拍人的购买意愿；第四，民事执行法为程序法，通过程序法直接规定物权消灭的效果不尽恰当，且对民法上物权的追及力难以妥当解释；第五，如果拍卖标的物卖得的价金尚不足以清偿优先权人，此时的拍卖对于申请执行的债权人没有意义；第六，如果拍卖物上附着的是租赁权等用益物权，对其折价评估将遭遇计算困难，与民法上设定此类物权的本来目的亦不相符。

3. 剩余主义

剩余主义，是指执行标的物由普通债权人或者顺位在后的优先债权人申请拍卖时，只有在拍卖所得价金用以清偿优先债权及强制执行费用之后尚有剩余时，才能进行拍卖的立法原则。这种做法，是为了纠正承受主义和涂销主义各自的缺点而进行的制度设计。

剩余主义的优点是：第一，顺位在先的担保物权、优先权或者用益物权等权利人的权益，不会因普通债权人或顺位在后的优先债权人申请执行而受到损害；第二，债权人申请执行拍卖，需以拍卖物能够清偿顺位在先的优先债权为前提条件，这样可以避免对申请执行人而言毫无意义的执行程序随意启动，强化执行的实际效果。但也有人认为，这一前提条件的设置，会导致申请执行的债权人获得清偿的机会减少。

综上可见，三种立法主义各有优缺点，多数国家和地区并不单纯地采用一种立法原则，而是在制度设计时兼采多种立法原则：

第一种做法：以剩余主义为原则，兼采承受主义。这样可以避免担保物权或优先受偿权不能获得清偿时进行无意义的执行程序，于公益有利（参见《德国强制拍卖与强制管理法》第44条、第53条）。

第二种做法：以剩余主义为原则，兼采涂销主义和承受主义。这样，既可以保障顺位在先的债权获得优先清偿，对债权人并无不利，又能兼顾民法物权优先的原理。例如，日本对不动产的执行拍卖就贯彻了这一精神。《日本民事执行法》第59条第1款规定：存在于不动产的先取特权、规定不得使用及收益的质权及抵押权，因卖出而被消灭。但是，法律同时为此设定了两个条件：(1)对于不动产的留置权和没有规定不得使用及收益的债权，优先权不因卖出而失去效力，由买受人负责偿还被担保的债权（第59条第4款）。(2)当不动产以最低卖出价额偿还执行费用中的共益费用和优先债权后，如无剩余可能，扣押债权人依通知不提供相应的申报和担保时，执行法院将撤销强制拍卖程序（第63条）。对于动产的执行，也贯彻了类似的精神。例如，《日本民事执行法》第129条规定，当以被扣押的动产卖得的价金，偿付手续费后没有剩余可能时，执行官不得扣押；偿还优先债权及手续费后没有剩余可能时，执行官必须撤销扣押。对于动产或不动产，扣押和拍卖价款偿还优先债权和手续费后有剩余的，可以进行执行拍卖，对于拍卖所得价金，优先权人有权要求参与分配并优先受偿（第87条、第133条）。

第三种做法：区分执行标的物上负担的权利性质，分别采用承受主义、涂销主义和剩余主义。在我国台湾地区，传统上遵循民法物权优先原理，司法实践中均严格奉行承受主义。但1995年“强制执行法”修正过程中，为追求迅速拍卖及卖得更高价金，兼顾优先债权人、普通债权人、债务人和拍定人的利益，并维持拍卖后法律关系的安定和司法威信，对于执行标的物上存在担保物权及优先权的，原则上采用剩余主义之下的涂销主义（第50条、第80条、第98条第3款）；对于执行标的物上存在用益物权负担者，仍延续传统的承受主义（第98条第2款）。[①]

## 二、参与分配与执行立法原则的关系

参与分配与两个关键词有关，一是“参与”，即哪些债权人、什么条件下可以参与；二是“分配”，即债权人参与之后如何分配财产，这时会涉及平等、优先和折中等立法主义。如果跳出一国具体制度的樊篱就会发现，参与分配制度在各种立法主义之下都有其存在的样态，换言之，参与分配并非仅存在于某一种立法主义之下。下面我们以平等、优先和团体优先三种立法主义为主线，对各国的参与分配制度做一比较和实证的分析。

### （一）平等清偿主义下的参与分配制度构造

民事执行中的平等清偿主义，源于民法上的债权平等理念。所谓债权平等原则，大致有三层意思：同一财产上可以并存多个内容相同的债权；数个债权不因成立先后、数量多寡、发生原因而在效力上有优劣；同一债务人的数个已到期的债权，就债务人的责任财产都有平等的受偿权，而无排他的效力。[②] 即便后来衍生出法定优先权、抵押权等制度，也仅在法律有规定的例外情形下发挥作用。法国、日本的民事执行法，全部或部分采用这种立法原则。

#### 1. 法国

法国的民事执行立法原则受民法理论的影响比较大。1804年的《法国民法典》和1806年的《法国民事诉讼法典》是在罗马法复兴的背景下制定的，其承袭了罗马法的精神，即除有法定优先权外，各债权人按其债权额比例受清偿。《法国民法典》第2093条规定：“债务人的财产为其全体债权人的共同抵押物；因此其财产的价金应依债权人债权额平等分派，但债权人中如基于合法原因有优先受偿的权利存在时，不在此限。”第2094条规定：“合法的优

① 参见杨与龄：《强制执行法论》，三民书局2007年版，第28页。

② 王泽鉴：《债法原理》（第一册），中国政法大学出版社2001年版，第10页。

先受偿权利的原因为优先权和抵押权。”这两个条文，是法国处理债权平等原则及其例外的奠基性依据，也构成了法国执行参与分配制度的民法基础。

执行参与分配制度在法国的民事执行法中有明确的规定，散见于立法、行政法规和判例之中。[①] 学术界认为，法国对金钱债权的强制执行贯彻了平等清偿主义，这一说法并不全面、准确。实际上，法国的债权人参与分配的原则呈现因执行标的（动产、债权、不动产）而异、因时而异的多样化态势，平等清偿并未得到完全地贯彻。

（1）对于动产的执行参与和分配，较为彻底地贯彻了平等清偿主义。通常的执行程序是，需要查封动产的，执行官首先应催告债务人清偿债务，催告无果后才能查封，尽可能扩大查封的范围（允许超额查封），并做成查封笔录。其他取得执行根据的债权人，可以申请参与分配，也可以申请就查封笔录记载范围外的动产追加查封；未取得执行根据或者债权未到期的债权人，可以申请参与分配。首次申请查封的债权人、申请追加查封的债权人以及单纯申请参与分配的债权人，均不因其申请查封与否、申请的时间等而获得优先受偿权，而是按照各自债权额的比例公平受偿。

（2）对于债务人的债权的执行参与和分配，平等清偿主义没有得到彻底地贯彻。在法国，债权人可以对债务人、第三人享有的债权申请扣押（即债权扣押），这是一种保全程序，也是一种执行

① 法国的民事强制执行法由多种法律渊源组成，其中有立法，也有行政法规和判例。法国于 1806 年通过了《法国民事诉讼法典》，施行 170 余年；1976 年又实施了《法国新民事诉讼法典》，但新法典并没有完全取代旧法典。《法国新民事诉讼法典》第十五编“判决的执行”的第 500—526 条中规定了判决执行的原则，在第二编“财产”中的第 1281—1 条到 1281—12 条规定了在任何执行程序之外分配现金的内容。但是，有关不动产执行程序和分配程序仍然由《法国旧民事诉讼法典》第五篇规定，1991 年的《法国民事执行程序改革法》及其实施法（共 404 条，自 1993 年 1 月 1 日起生效）废除了该法典的不少条文，但没有废除第 673—748 条，也没有废除第 749—779 条有关分配程序的内容。

程序。其程序是，债权人即便没有执行根据也可以申请进行债权扣押（此时属于保全扣押），然后必须对债务人提起扣押有效的诉讼，一旦获得法院的判决，保全扣押即转变为执行扣押。在此进程中，债务人的其他债权人、第三债务人的债权人都可以申请参与分配。在1869年以前，判例不承认扣押申请人获得优先受偿的权利；但1869年以后的判例逐渐倾向于认为法院作出的“宣告扣押有效的判决”产生该债权让与扣押申请人的效力。[①] 这种判例精神，一方面，允许其他债权人可以参与债权扣押和扣押有效性诉讼，因而基于判决而公平受偿（体现了平等清偿主义）；另一方面，又承认判决产生该债权让与扣押申请人的效力，事实上等于承认了这部分债权人享有就扣押债权优先受偿的权利，其他未参与诉讼的债权人无法申请分配（部分地带有优先清偿主义的色彩），从而形成了一种团体优先主义的做法。

（3）对于不动产的执行参与和分配，因“裁判上的抵押权”制度而产生了优先受偿的效果。《法国民法典》第2114—2119条规定：抵押权为保证清偿债务而在不动产上设定的物权，动产不得设定抵押权；抵押权仅依法律许可的情形以及法定方式设定之，分为法律上的抵押权、裁判上的抵押权、契约上的抵押权。其中，“裁判上的抵押权”是指根据法院作出的判决而成立的抵押权。债权人一旦取得对债务人的胜诉给付判决，便于债务人的不动产上成立抵押权；可用于抵押的不动产具有一般性，即包括现在属于债务人所有的，也包括将来可归入债务人财产的不动产；抵押权担保的

---

① 参见沈达明：《比较强制执行法初论》，对外贸易教育出版社1994年版，第182-183页；陈荣宗：《强制执行法》，三民书局2000年版，第266页。

债权，既包括主债权，也包括附属的赔偿[①]。只不过，“裁判上的抵押权”必须登记后才能产生对抗第三人的效力，具体程序是：由胜诉方向抵押权登记员提交判决书的原件，登记要遵守特定性原则，特别指明抵押权所负担的每一宗不动产。登记只能适用于现存的不动产，对于债务人随后陆续取得的不动产，债务人可以对其未来的不动产进行补充登记。尤为值得注意的是，根据1991年《法国民事执行程序改革法》，法国又创立了一种颇具特色的“保全性裁判抵押权”形式，它并不只是一种保全措施，同时还是一种真正的担保物权，在经登记后可以产生对抗第三人的效力，债权人可以享有抵押权之优先顺位。[②] 以上两种制度的存在，表明法国对不动产的执行实际上采取了优先清偿主义的立场。

综上可见，法国对金钱债权的强制执行中，均允许其他债务人

---

① 《法国民法典》第1142条规定：“任何作为之债与不作为之债，在债务人不履行的情况下，都以损害赔偿了结之。”另外，1991年《法国民事执行程序改革法》第23条再次重申：债务人应负消极义务时，须接受扣押，如果抗拒扣押的实施，将以损害赔偿判处之。参见［法］让·文森、雅克·普雷沃：《法国民事执行程序法要义》，罗结珍译，中国法制出版社2005年版，第13页。

② 其要点是：所有的债权人都可以主张保全性的裁判抵押权，至于债权的性质、债权的成立原因以及债权人是否已取得了担保等，对裁判抵押权的成立均无影响；债权人申请保全性裁判抵押权应当向债务人居住地的执行法官提出批准申请（但已经取得执行证书的债权人等六种情形，将豁免批准程序），如果执行法官决定批准应当作出裁定，并在裁定中确定裁判抵押权所担保的债权数额，并说明用于抵押的不动产的性质，否则法官的命令无效；如果债权人在采取保全措施时尚未取得执行依据，应自采取保全措施时起1个月的期限内就实体权利提起诉讼，或者完成取得执行依据所必须履行的各项手续，否则保全措施就将失去其效力；为了使保全性裁判抵押权可以对抗第三人，债权人应在法官作出批准裁判抵押裁定之日起3个月内办理预告登记，一旦办理预告登记，法官的裁定即告失效；已经进行了预告登记的不动产，仍然可以转让；一旦债权人取得生效裁判，应当在2个月内进行终局登记，随之预告登记将被认定为无效，执行法官可以命令对预告登记予以注销；如果在预告登记以后担保物已被转让，而其价金也已被提存，此时债权人只需向负责对价金进行分配的人声明其权利即可，不必再进行抵押权的终局登记。参见于海涌：《法国保全性裁判抵押权制度研究——兼论我国不动产查封制度的完善》，《清华大学学报（哲学社会科学版）》2006年第3期。

参与分配；在执行措施上，对动产允许重复、超额查封，对债权和不动产允许重复查封，但不允许超额查封；对于不动产上的负担，采取的是承受主义；在财产价值分配上，对债务人动产的执行贯彻了平等清偿主义，对债务人债权的执行中部分贯彻了平等清偿主义，对债务人不动产的执行贯彻了优先主义。

表 3.1　法国民事执行参与分配与执行立法原则

| | 是否允许重复查封 | | 是否消除拍卖物上的负担 | | | 参与执行的债权人如何分配 | | |
|---|---|---|---|---|---|---|---|---|
| | 再查封主义 | 不再查封主义 | 承受主义 | 剩余主义 | 涂销主义 | 平等主义 | 优先主义 | 团体优先 |
| 动产 | √ | | √ | | | √ | | |
| 债权 | √ | | — | | | | | √ |
| 不动产 | √ | | √ | | | | √ | |

2. 日本

日本民法受法国影响较大，基于民法上的债权平等理念，其民事执行法采取了甚至较法国更为严格的平等清偿主义。《日本民法典》第 427 条规定：“债权人或债务人有数人时，如无另外意思表示，则各债权人或债务人，以均等的比例，享有权利或负担义务。”与此同时，日本民法将法国民法上的优先权改称为“先取特权”，并区分为一般优先权、动产优先权和不动产优先权三类，在债务人财产不足清偿时优先于普通债权而受清偿。在同一顺位的数个优先权之间，按其各债权额比例受清偿（《日本民法典》第 332 条）。

对于日本的参与分配制度，可以从以下几个方面把握：

（1）对于不同的执行标的，在执行方法、重复查封和负担去除等方面有所不同。对于不动产的执行，采取强制拍卖或强制管理的方法，强制拍卖的开始决定送达债务人时产生扣押的效力；对于已作出开始决定的不动产，如另有强制拍卖申请，执行法院可再次作出强制拍卖的开始决定（《日本民事执行法》第 43 条、第 46 条）。这意味着，对于不动产采取重复查封主义。扣押，不妨碍债务人按照通常的用途使用和收益的权利；但一旦卖出，存在于不动产的先取特权、规定不得使用收益的质权及抵押权，就被消灭。这意味着，对不动产上的负担采取的是涂销主义。对于动产的执行，由执行官采取扣押的方法，并由执行官占有该动产。但执行官不得重复扣押扣押物或已执行的扣押物；对于后续的其他动产执行，如果债务人有其他动产可供扣押，执行官可予扣押，如没有，则将该案与前一执行案件合并执行（《日本民事执行法》第 122 条、第 125 条）。这意味着，对于动产采取不再查封主义，先取特权人或质权人，可以要求分配（《日本民事执行法》第 133 条），采取的是涂销主义。对债权及其他财产，根据执行法院的扣押令而开始执行，禁止债务人收取债权以及第三债务人向债务人偿债。当债权的全部或一部分已被扣押或已受假扣押执行的场合又发出扣押令时，各扣押或假扣押的执行力及于债权的全部（《日本民事执行法》第 149 条），这意味着对债权的执行采取的是再查封主义。

（2）对各类执行标的进行执行时，均允许其他债权人参与分配，债权人范围和参与时间要求略有差异。对于不动产，持有执行根据的债权人、在强制拍卖开始决定的扣押登记后假扣押登记的债权人、一般先取特权人，均可提出参与分配申请（《日本民事执行法》第 51 条）。《日本民法典》对于动产和其他财产，具有先取特权或质权的人，对于卖得金在执行官接受交付之前、对于扣押现金在进行扣押之前、对于票据等支付金在接受支付之前提出参与分配申请的债权人，均可参与分配（《日本民事执行法》第 133 条、第 140 条）。对于债权的执行，持有执行力的债务名义正本的债权人，以及有文书证明有先取特权的债权人，均可申请参与分配（《日本民事执行法》第154条)。

(3)对各类执行标的的价值分配时，优先尊重债权人的协商意见；协商不成时在优先清偿先取特权、抵押权、质权等之后，在普通债权之间按比例分配。例如，对于不动产、动产、其他财产拍卖所得价金，执行法院应当制作分配表，载明分配顺序和分配金额；如果全体债权人在分配期日能够达成一致的协议，必须依照一致的协议分配；在其他情况下，必须依民法、商法和其他法律的规定记载分配表(《日本民事执行法》第85条、第139条、第166条)。由是观之，其对平等主义贯彻得相对较为彻底。

表3.2　日本民事执行参与分配与执行立法原则

| | 是否允许重复查封 | | 是否消除拍卖物上的负担 | | | 参与执行的债权人如何分配 | | | |
|---|---|---|---|---|---|---|---|---|---|
| | 再查封主义 | 不再查封主义 | 承受主义 | 剩余主义 | 兼采涂销主义 | 协商优先 | 平等主义 | 优先主义 | 团体优先 |
| 动产 | | √ | | √ | √ | √ | √ | | |
| 债权 | | √ | | | | √ | √ | | |
| 不动产 | √ | | | √ | √ | √ | √ | | |

(二)优先清偿主义下的参与分配

1. 德国

德国的民事执行法主要体现在两部立法之中：一是《德国民事诉讼法》第八编“强制执行程序”；二是《关于强制拍卖与强制管理的法律》。虽然也受罗马法的影响，但德国并没有采用罗马法上的平等清偿主义，而是在借鉴罗马法上质权概念的基础上创设了“查封质权”制度，贯彻了优先清偿的立法主义。关于德国法上是否存在参与执行、执行措施和分配原则，分析如下：

（1）强制执行的措施。根据德国法律规定，金钱债权的强制执行总体上分为对动产的执行和对不动产的执行。[①] 对动产的强制执行，以扣押的方式进行；对债权和其他财产的强制执行，参照动产强制执行也采取扣押的方式。对土地等不动产的执行，以登记债权上的担保抵押权、强制拍卖与强制管理的方式实施（《德国民事诉讼法》第803条、第866条）。

（2）对执行所得，遵循优先主义的分配原则。《德国民事诉讼法》第804条规定，执行法院对动产扣押后，债权人在扣押物上取得动产质权；[②] 扣押在先所生的质权优先于扣押在后所生的质权而受偿，也就是遵循"时间优先""先到先得"的原则。对于债权和其他财产权的扣押，同样使申请查封的债权人获得扣押质权。对于不动产采取强制抵押，即通过登记债权上的担保抵押权的方式，使得申请执行的债权人获得优先受偿权。

（3）在奉行"先到先得"的优先清偿主义的德国，还存在参与分配的问题吗？答案是仍然存在，德国法中既允许其他债权人"参与执行过程"，也允许其"参与分配所得"。在德国，强制执行除应由法院依职权实施的外，由执行员受债权人的委任而实施（《德国民事诉讼法》第753条）。无论是动产扣押还是不动产强制抵押，法律都允许重复为之，即采再查封主义。法律即允许同一债权人对已扣押之物再进行扣押（附带扣押），只需由执行员在记录中记载"他是为他的委任者而实施扣押"即可；也允许不同债权人对同一动产多次扣押（《德国民事诉讼法》第826条、第827

---

① 参见《德国民事诉讼法》第八编第二章"对金钱债权的强制执行"，第一节是"对动产的强制执行"，分通则、对有体动产的强制执行，以及对债权和其他财产的强制执行三个目的；第二节是"对不动产的强制执行"；第三节是"分配程序"。

② 扣押质权，在性质上与民法上因契约而取得的动产质权相同，使债权人获得优先受偿的权利。在与其他质权的关系上，扣押质权优先于破产时不视为动产质权的质权与优先权；扣押在先所生的质权优先于扣押在后所生的质权；未占有动产的第三人，不得根据其质权或优先权对扣押提出异议，但可以债权人和债务人为共同被告向执行法院提起就卖得价金优先受偿的诉讼请求。

条)。针对同一财产的“多次扣押”，实际上是允许其他债权人参与执行。在对动产的强制执行中，卖得价金不足清偿全部债权时，并且第二次及以后各次扣押的债权人，未经其他债权人的同意而要求不依扣押顺序分配时，执行员应将卖得金提存后，向执行法院报告；执行法院应在各债权人之间进行金额分配（《德国民事诉讼法》第 872 条)。这表明，即便德国采取“扣押质权”和优先清偿主义，但仍然存在其他债权人参与执行和参与分配的问题，特别是在多个债权人同时申请扣押的情况下，分配尤其有必要。

**表 3.3 德国民事执行参与分配与执行立法原则**

| | 是否允许重复查封 | | 是否消除拍卖物上的负担 | | | 参与执行的债权人如何分配 | | | |
|---|---|---|---|---|---|---|---|---|---|
| | 再查封主义 | 不再查封主义 | 兼采承受主义 | 剩余主义 | 涂销主义 | 协商优先 | 平等主义 | 优先主义 | 团体优先 |
| 动产 | √ | | √ | √ | | | | √ | |
| 债权 | √ | | √ | √ | | | | √ | |
| 不动产 | √ | | √ | √ | | | | √ | |

2. 西班牙

西班牙的民事执行法主要体现在其民事诉讼法典的第三章“判决执行”和第十五章“执行案件”之中。根据该法典第 919 条、第 1429 条的规定，西班牙的执行根据主要包括法院的生效判决、公证书第一副本、为了执行审判而在法官面前宣誓承认的私人文件、在有关法官面前制成的供状、符合规定的汇票本票支票、商品交易正本凭证、负责财务记录的单位就债券出具的证明书等。

(1) 西班牙的民事执行法，对执行标的上的抵押权、优先权负担原则上采取承受主义；但购买人可以在购买协议中明示不承受负担，亦即例外采取涂销主义。《西班牙民事诉讼法》第 1512 条第 1 款规定：“如果在执行人的债权之前有其他负担或抵押权及优先权，拍卖后依然存在，即拍卖购物人接受这一事实并且支付价款之后仍需代为承担这些义务。”第 1518 条规定：“应购买人申请，导致所拍卖财产被执行的及其后的抵押备注或登记将取消。由法官向财产注册局发出命令，列明卖出价格不足以弥补执行人的债权，或价款完全用于偿付执行人或剩余价款已储存，供其余债权人支配。”

（2）执行措施主要是扣押，扣押财产有顺序要求。第 1447 条规定，如债权存在已特别典当或抵押的财产，首先扣押这部分财产。在对财产扣押时，原则上不能超额扣押和重复扣押。第 1455 条规定，债权人可以申请增加扣押量，如果法官认定可以怀疑扣押的数量不足，应予批准。如果由于第三人提出请求或者仅涉及有关索偿项下债权保证品的专项抵押财产，法官也可以批准增加扣押量。

（3）对扣押财产拍卖所得价金的执行分配，采取的是优先清偿主义。第 1512 条第 2 款规定：“拍卖价款要不迟延地用于支付债权人的债权。剩余部分将依次付给随后其他债权人，或适当的人。剩余价款在交付之前要存放在指定的机构。”

**表 3.4　西班牙民事执行参与分配与执行立法原则**

| | 是否允许重复查封 | | 是否消除拍卖物上的负担 | | | 参与执行的债权人如何分配 | | | |
|---|---|---|---|---|---|---|---|---|---|
| | 再查封主义 | 不再查封主义 | 承受主义 | 剩余主义 | 例外采涂销主义 | 协商优先 | 平等主义 | 优先主义 | 团体优先 |
| 动产 | | √ | √ | | √ | | | √ | |
| 债权 | | √ | √ | | √ | | | √ | |
| 不动产 | | √ | √ | | √ | | | √ | |

3. 英国和美国

前文已述及，由于受日耳曼法传统的影响，英国无论普通法上的执行还是衡平法上的执行，都贯彻了强制执行优先的原则。在普通法上，先交付执行令状的债权人，有权就执行标的物变卖的价金优先受偿；在衡平法上，法院通过在政府公债、股票上为债权人设定担保权益，也达到了使部分债权人优先受偿的效果。

美国的执行法与英国既有相似之处，也有差异。美国法律在发展中取消了普通法与衡平法的明确界分，基于对债权人提供司法救济的理念，发展出了体系庞杂的债权人救济法（包括破产法）。在美国联邦民事诉讼规则中，仅第 69—71 条涉及强制执行；执行立法主要体现在州法之中，如各州的民事诉讼规则、债权人债务人法；美国统一法律委员会 1918 年制定、1984 年修订的《欺诈统一财产转移法》被各州的立法广泛采纳。

美国各州的法律承认债权人对被扣押的财产享有司法担保权益（judicial lien），被扣押的财产成为担保物，如果债务人不履行，债权人可以就担保物受偿。司法担保权与法定担保权和约定担保权并不完全相同。[①] 对于不动产，一些州法规定，法院书记官做成判决摘要记录后，即在判决债务人在该州持有的不动产及以后取得的不动产上设定司法担保权益；一些州法规定，在判决做成时，就在债务人的不动产上设定司法担保权益。对于动产，传统规则是当执行令状签发给郡执行官（sheriff）时，这些动产就被执行判决所约束；不过，也有一些州规定，一旦扣押，就在动产上产生司法担保权益。[②] 总体来看，美国各州在执行财产时遵循“时间第一”规

---

① 判决担保权益是概括的而非具体的，债权人并不在债务人特定的财产上持有权利。只有判决进入执行程序，债权人才能在债务人特定的财产上取得具体的担保权益。

② See William D. Warren, William E. Hogan: Cases and Materials on Debtors-Creditor Law, New York: The Foundation Press, INC, 1981, p.95-105.

则，即成立在先的担保权益优先于成立在后的担保权益受偿。①

(三) 折中主义下的参与分配

1. 瑞士

瑞士民事执行法的独特之处，在于它将债务执行和破产程序规定在同一部法律之中。② 瑞士将一个州划分为一个或多个债务执行和破产管辖区，每个区分别设置执行事务局和破产事务局，可以由同一官员执掌；联邦法院对执行和破产事务行使监督权。在破产程序中贯彻平等清偿主义，但在债务执行程序中并没有单一地贯彻平等主义或优先主义，而是具有混合特点的折中主义，即团体优先主义，并在世界范围内成为该立法主义最典型的范例。

根据瑞士法律，债务执行是指强制执行金钱给付债务或者提供担保的方法。根据债权人的申请，由事务局将支付令送达债务人时开始执行，继之以扣押财产、变价抵押物或者破产程序等方式执行。债务执行有破产式债务执行、抵押变价式债务执行、资产扣押式债务执行等执行方法，具体由执行官员决定采用何种方法。

(1) 资产扣押式执行。执行事务局收到债权人申请后，立即开始对债务人的资产实施扣押。扣押财产遵照一定的顺序，首先扣押动产（包括债权），不足清偿时才能扣押不动产，扣押时尽可能考虑债权人和债务人双方的利益。《瑞士联邦债务执行与破产法》第 110 条规定了“参加扣押”，即“在债务人财产被查封之后 30 日内申请继续执行的债权人，与最初申请执行的债权人组成一个群团，该群团中的债权人均得就查封的财产为分配。于此情形，为使该群团中所有债权人的债权能够得到满足，执行机关可于必要时对债务人的财产进行补充查封。在 30 日期限之后申请继续执行的债

① Elizabeth Warren and Jay Larence West Brook: The law of debtors and creditors, p. 39. 转引自江伟主编：《民事诉讼法专论》，中国政法大学出版社 1998 年版，第 261 页。

② 1889 年 4 月制定的《瑞士联邦债务执行与破产法》，共计十三章 352 条，包括总则、债务执行、资产扣押式债务执行、抵押物变价式执行、破产式债务执行以及破产方面的规定等。自颁布以来经历了多次修订，最近的修订是在 1997 年。

权人则以同样的方式组成另外一个群团。处于同一群团的债权人依其债权额比例平均分配，前一个群团的债权人优先于后一个群团的债权人受偿。已经查封的财产可以再行查封，但其换价所得的价金不得分配给前次查封的债权人。”根据瑞士法律，抵押担保的债权有权就抵押物优先受偿。第 142 条规定，地产未经优先抵押债权人同意而在其上设立地役权、地租或登记备案的私权负担，对有债务负担的地产出价不足清偿债权，如债权人无该债务负担可获得更好的清偿的，则他可以要求将该负担从地籍中删除；在他受偿后有剩余的，首先用于补偿债务负担的权利人。这样，就体现了动产上采承受主义，不动产上采剩余主义原则、兼采涂销主义的立法精神。

（2）破产式债务执行。债务人受破产式执行的，执行事务局在收到继续执行申请后立即向其发出破产警告。自警告送达 20 天后，债权人可向破产法院呈交该警告和支付令，提出宣告破产申请。一旦宣告破产，按照破产法规定的分配顺序进行财产分配。第 219 条规定，担保债权首先从担保物变价收益中直接支付。无担保债权和担保债权未获清偿的部分，按下列等级顺序以全部剩余破产财产的收益偿还：（a）雇员最近 6 个月的劳动债权、最近 6 个月的家庭赡养及辅助债权，职业保险金，养老金等；（b）最近一年内，将财产委托给行使父母监护权的债务人所享有的该债务人以此种身份欠付的债权；（c）所有其他债权。前一顺序优先于后一顺序受偿，同一顺序平等受偿。

（3）抵押变价式执行。申请执行抵押担保债权的，执行事务局向债务人发出支付令。申请执行动产抵押担保债权的，应当同时通知享有次位担保权的第三人已经开始执行程序。支付令应当载明，对于动产抵押债务人的支付期限为 1 个月，对于不动产抵押为 6 个月。在支付令送达 1 个月后、1 年以内，债权人可以对抵押的动产申请变价；6 个月后、2 年以内，可以要求对不动产变价。第 157 条规定，抵押物变价收益首先支付管理、变价及分配的费用，净收益用于偿付抵押债权的债权（含利息和执行费用）；不能清偿全部抵押债权人的，执行官员适用第219条破产分配的程序，来确定债权人的等级顺序和应得份额。

表3.5　瑞士民事执行参与分配与执行立法原则

| 资产扣押式执行 | 是否允许重复查封 | | 是否消除拍卖物上的负担 | | | 参与执行的债权人如何分配 | | | |
|---|---|---|---|---|---|---|---|---|---|
| | 再查封主义 | 不再查封主义 | 承受主义 | 剩余主义 | 例外采涂销主义 | 协商优先 | 平等主义 | 优先主义 | 团体优先 |
| 动产 | √ | | √ | | | | | | √ |
| 债权 | √ | | √ | | | | | | √ |
| 不动产 | √ | | | √ | √ | | | | √ |

2. 意大利

意大利民法在发展过程中受法国影响较大，1865年《意大利民法典》就是以1804年《法国民法典》为蓝本制定的。[①] 但也有自己的特色，一方面承袭了源自罗马法、法国法上的债权平等理念；另一方面也建立了先取特权和优先权制度。即在动产和不动产执行中确立了诉讼费用债权的先取特权，首先是享有最优先的受偿

① 其编排体例沿袭了罗马法上盖尤斯的法学阶梯模式，以对象为序，与德国以要素为序的编排方式相异。现行《意大利民法典》分六编，依次是人与家庭、继承、所有权、债务关系、劳动和诸权利之保护。

权;[①] 其次是动产上的一般先取特权，分三个顺序依次受偿;[②] 再次是抵押权、质权；最后是普通债权。

《意大利民事诉讼法》第三编是关于“执行程序”的规定。根据有关规定，强制执行必须有可执行的凭据（第 474 条）；强制执行之前先送达催促书，如 90 日内没有开始执行则催促书失效（第 479 条、第 481 条）；其强制执行又称强制征收，强制征收以“查封”措施开始，由司法执达官勒令债务人不得采取任何旨在使受征收的财物及其孳息脱离明确列举的债权保证的行为（第 492 条）。其强制执行立法，贯彻了再查封主义、承受主义和团体优先主义的立法精神。

(1) 强制执行依申请开始，允许其他债权人参与执行，采取再查封主义。《意大利民事诉讼法》规定，数名债权人可以要求对同一财物实行单一性查封；对已经被查封的财物，可以根据其他债权人随后提出的申请再次查封，每次查封都具有独立的效力。[③] 查封之后，申请查封的债权人应当通知经登记的享有先取权的债权人，其他债权人也可以参与执行，并可以要求参加对已获取的钱款的分配（第 498—500 条）。但如果查封之后 90 日内，无人提出分配或变卖申请，则查封失效。

---

① 基于动产和不动产而产生的诉讼费用债权，优先于其他任何债权（包括设定了抵押或质押的债权）而优先受偿。诉讼费用债权是指，基于债权人共同利益范围内，为假扣押或强制转移所花费的诉讼费用的债权，对被假扣押或强制转移的动产或不动产，享有先取特权。参见《意大利民法典》第 2777 条、第 2755 条、第 2770 条。

② 第一顺序是雇员报酬、社会保障金、保险金等；第二顺序为自由职业者、从事智力创造的人最后 2 年内的酬金，和基于代理关系应得的最后一年服务佣金及解除代理的赔偿；第三顺序为自耕农债权，佃农、分益佃农、牲畜承租人、产品出售对价共享者的债权，以及手工业企业、生产与劳动合作公司、合作社给予提供服务和成品出售所产生的债权。参见《意大利民法典》第 2777 条、第 2751 条附加条。

③ 《意大利民事诉讼法》第三编第二章是“强制征收”，第一节是“一般的强制征收”（第 493 条），第二节是“征收债务人的动产”（第 523 条、第 524 条），第四节是“对不动产的征收”（第 561 条），立法体现了再查封主义。参见刘汉富主编：《国际强制执行法律汇编》，法律出版社 2000 年版，第 107-123 页。

（2）对查封财产的拍卖，采取承受主义。《意大利民事诉讼法》第508条规定，如果被变卖或分配的财物受到质押或者抵押，经执行法官批准，拍卖物获得人或者分配物获得人可以与质押债权人或者抵押债权人协商，以提供担保的方式承担债务，并使债务人得以解脱。

（3）变卖程序和分配的原则。《意大利民事诉讼法》规定，被查封的动产、债权和不动产的变卖程序是，查封10日以后、90日以内，提出查封申请的债权人和每一个拥有执行凭据的已参与债权人，均可以要求对财物进行变卖和对钱款进行分配（第529条、第552条、第567条）。财产的分配，遵循两个原则：一是友好分配优先原则，即优先按照参与分配的全体债权人协商达成的分配方案分配（第541条）。二是团体优先原则，即按照申请参与的时间和是否承担查封费用为标准，将债权人划分为两个团体，其中一个团体享有优先受偿权，两个团体内部实行按比例平等受偿。具体来说：对于动产，对于其他参与执行的债权人，提出查封申请的债权人有权在庭审时或向享有先取特权的债权人送达的通知中指出债务人还有其他财产，要求其他债权人将查封扩展至该财产之上，或者要求他们预付扩展查封所必需的费用。如果其他参与分配的债权人对此要求不予理睬，提出查封申请的债权人有权在分配中优先受偿（第527条）。参与执行的时间，应当在变卖和分配而确定的首次开庭前进行，在此之后，但在分配程序开始前参与的无担保债权人，只能在提出查封申请的债权人和先前参与的债权人的债权得到清偿之后，参加剩余钱款的分配（第528条）。对于债权和不动产，也遵照类似的精神处理（参见第551条、第563条、第565条）。

表 3.6　意大利民事执行参与分配与执行立法原则

| 资产扣押式执行 | 是否允许重复查封 | | 是否消除拍卖物上的负担 | | | 参与执行的债权人如何分配 | | | |
|---|---|---|---|---|---|---|---|---|---|
| | 再查封主义 | 不再查封主义 | 承受主义 | 剩余主义 | 涂销主义 | 协商优先 | 平等主义 | 优先主义 | 团体优先 |
| 动产 | √ | | √ | | | √ | | | √ |
| 债权 | √ | | √ | | | √ | | | √ |
| 不动产 | √ | | √ | | | √ | | | √ |

3. 秘鲁

秘鲁的民事执行法，主要体现在《秘鲁民事诉讼法典》第五部分第五编“执行程序”之中，分为总则、执行程序、司法决定的执行程序、担保物权的执行程序和强制执行五章，共 59 条。在秘鲁，能作为强制执行依据的文书主要有两类，一类是有执行力的债权文书（被拒付的汇票、本票，预先证据中得到承认的私文件，司法外和解的私文件，未获付款的租金凭据，公证书等），另一类是发生法律效力的执行根据（生效的司法裁判、仲裁裁决、法律规定的其他法律文书）。执行程序一般是，债权人提出执行申请，执行法院发出执行令，并指明如果债务人不履行将强制执行，强制执行的方法主要有拍卖、判定取得财产。①

秘鲁的民事执行法体现了明显的团体优先主义的色彩，以其他债权人是否在强制执行前参与而划分为两个团体：（1）债务人的财产被采取强制执行措施后，受影响的其他债权人，在强制执行前可以参与该执行程序。如果有优先权的债权人，执行所得价款先行

① 参见《秘鲁民事诉讼法典》第 688 条、第 693 条、第 697 条、第 725 条。参见刘汉富主编：《国际强制执法律汇编》，法律出版社 2000 年版，第 3-9 页。

支付优先债权人；多个债权人都没有优先权利，且债务人的财产不能满足全部债务偿付，则按比例分配（第747条）。（2）如果其他债权人在强制执行后才申请参与，则只对执行所得剩余部分进行分配（第726条第2款）。

## 三、参与分配制度的功能定位与价值选择

### （一）对参与分配制度功能认识的多样性

何谓执行参与分配？对此，学术界和司法界有着多样的理解，理解差异的背后是对参与分配制度功能的认识存在分歧。

我国台湾地区学者杨与龄认为，所谓“参与分配”，是指债权人声请执行法院，就债务人之财产实施强制执行所得之金额，他债权人向执行法院声明，其债权应平均受偿而言。故所谓“分配”，乃使多数债权人就因强制执行所得之金额，各得公平受偿之意。所谓“他债权人”，指声请之债权人以外之债权人。参与分配，仅能适用于关于金钱债权之执行。[①] 有的从广义上理解，将金钱债权执行中，只要有多个债权人申请就被执行人被查封、扣押、冻结的财产主张受偿分配的，都称之为参与分配。[②] 有的从参与分配与执行竞合、执行立法主义的关联性出发，认为参与分配制度是与解决执行竞合中的平等主义或团体优先主义相适应的，在完全的优先主义之下不可能存在参与分配的问题。[③]

更多学者对参与分配的界定是法律注释型的，并随着司法解释的修改而有所变化。（1）我国1992年最高人民法院《民诉意见》第297—299条对参与分配的条件、程序和分配原则作了规范性解

① 参见杨与龄：《强制执行法论》，三民书局2007年版，第288页。

② 《最高人民法院关于执行程序中多个债权人参与分配问题的若干规定（征求意见稿）》（2004年7月16日）第1条（参与分配的定义）：“被执行人因金钱请求权而被查封、扣押、冻结的财产变价处理过程中，被执行人的其他金钱债权人可以申请参加此执行程序，就被执行人被查封、扣押、冻结的财产主张受偿分配的执行活动。”

③ 参见谭秋桂：《民事执行原理研究》，中国法制出版社2001年版，第353页。

释，从而使参与分配成为我国民事执行中一项崭新的制度。此后，多数学者都是结合这些规定界定概念的，只是表述方式略有差异。通常认为，参与分配是指取得执行根据的债权人对被执行人的财产开始执行程序后，被执行人的其他已取得执行根据或者已经起诉的债权人发现被执行人的财产不能清偿所有债权时，向人民法院申请就所有债权平均受偿的制度。① （2）1998 年最高人民法院《执行规定》第 90—95 条对参与分配的条件、程序和分配原则重新作了规定，有两处修订：一是在第 90 条中取消了《民诉意见》第 297 条规定的“已经起诉的债权人”申请参与分配的资格；二是在第 93 条中明确规定了“有优先权、担保物权的债权人，可以申请参加参与分配程序，主张优先受偿权”。此后，多数学者都是结合这一规定对参与分配的概念进行了修订。通常认为，参与分配，是指经申请执行人申请，对被执行人为公民或去他组织的财产开始执行程序后，该被执行人的其他已经取得执行依据的或者已经起诉的债权人发现被执行人的财产不能清偿所有债权，向执行法院申请，使债权平均受偿的制度。②（3）2015 年最高人民法院《民诉法解释》第 508—512 条吸纳了《执行规定》的精神，对参与分配的其他条件未作实质性变更。司法界通常将其界定为，参与分配制度，是指在执行程序开始以后，未参加执行程序的其他债权人发现同一债务人的全部财产不足清偿全部债务时，向法院申请加入已开始的执行程序，要求债权公平受偿的制度。③

我们认为，以某一国既有的法律规定为出发点来界定参与分

① 参见江伟、肖建国：《民事执行制度若干问题的探讨》，载《中国法学》1995 年第 1 期；杨荣馨主编：《民事诉讼法学》，中国政法大学出版社 1997 年版，第 505 页；韩长印、朱春和：《参与分配制度与破产立法》，载《当代法学》2000 年第 1 期。

② 参见夏蔚、谭玲：《民事强制执行研究》，中国检察出版社 2005 年版，第 190 页；常怡主编：《执行程序中的参与分配》，中国政法大学出版社 2002 年版，第 468 页。

③ 参见江必新主编：《执行规范理解与适用》，中国法制出版社 2015 年版，第 242 页。

配，本身具有视野上的局限性和欠科学性。超越某一国具体制度而从比较法的宏观视野观察，方能作出适切的判断。概念界定的差异，主要源自对参与分配制度功能的认识歧异，通过比较可得出以下判断：

1. 对参与分配制度功能的共性认识

参与分配是世界各国民事执行程序中普遍存在的一种执行制度。综观各国立法，其关注的共性问题是：基于一个债权人的申请已经开始了一个执行程序，其他债权人要求参与到该执行程序之中，并就债务人的财产强制执行所得公平受偿。所以，参与分配制度的基本功能，是解决数个债权人就同一债务人的财产强制执行所得公平受偿的问题。

2. 对参与分配制度功能的差异性认识

(1) 债权人申请参与，是否以债务人的财产不足清偿所有债权为前提条件？德国、日本等国对参与分配本质的认识是，利用同一执行程序清偿多个债权，债权人为一人时也可适用分配程序，故执行中的分配程序并不以债务人的财产不足清偿所有债权为前提条件。① 意大利、西班牙、瑞士、秘鲁等国亦采取类似的规定。② 如果查封的财产不足清偿，法国、意大利等国还就查封范围外的动产追加查封作了规定。③ 我国台湾地区学者在讨论参与分配之要件时，虽认为“需执行所得金额不足清偿全部债权”是要件之一，但却进一步解释道，“多数债权人就债务人之同一财产，依同一执行名义声请执行，或依数执行名义分别声请执行而经执行法院合并

---

① 江必新：《比较强制执行法》，中国法制出版社 2014 年版，第 225 页、第 376 页。

② 《意大利民事诉讼法》第 499 条规定，所有享有优先权和不享有优先权的其他债权人，均可以参与执行。《秘鲁民事诉讼法》第 726 条规定：“受该财产影响的执行申请人以外的债权人，在强制执行前可以参与该程序。”瑞士联邦债务执行与破产法第 110 条规定了“参加扣押制度”，亦没有对该财产是否足以清偿作出明确要求。

③ 参见《意大利民事诉讼法》第 527 条。

执行，或由他债权人声明参与分配，而债权有优先债权或普通债权，或同为优先债权或普通债权，于执行所得金额不足清偿全部债权时，各债权人受偿之顺位及多寡，易生争执，始需依分配程序解决”。①

综上可见，各国对债权人申请参与分配的条件，应就“参与执行”和“财产分配”而区别对待。对“参与执行”，各国基本上不设“不能清偿”的前提条件，债权人均可依法申请参与到已开始的执行程序之中。对“财产分配”，凡参与执行的债权人都可参与财产分配；只不过，如果执行所得不足清偿全部债权，才有平等清偿主义、优先清偿主义、团体优先主义的立法指导思想分别。由是观之，各国的参与分配制度本质是“参与执行”，“财产分配”只是参与执行的当然后果，而其他债权人“参与执行”之际并不要求以“不能清偿全部债权”为前提条件。

这与我国的参与分配存在明显差异，我国司法解释规定“被执行人的其他已经取得执行依据的债权人发现被执行人的财产不能清偿所有债权的，可以向人民法院申请参与分配”，我国实际上是将“参与执行”与“财产分配”的前提条件进行了混同，将二者合二为一了。

（2）债权人申请参与，是否限于已取得执行依据的金钱债权？关于哪些范围的债权人可以参与执行和分配，各国的认识存在差异。差异聚焦于：非金钱债权、未到期或条件未成就的债权、已到期尚未获得执行根据的债权以及仅取得保全执行凭据的债权，是否可以参与分配。之所以存在差异，根本原因是各国在多大范围内保障债务人的多数债权人的公平受偿权问题上理念不同。

（a）是否限于金钱债权？在大陆法系国家，一般将执行划分为金钱债权的执行和非金钱债权的执行两大类。其中，金钱债权的执行，是指以给付金钱为内容的执行，按执行标的又分为动产执

① 杨与龄：《强制执行法论》，三民书局2007年版，第288页。

行、不动产执行和其他财产权执行。非金钱债权的执行，又细分为有体物交付请求权的执行、作为与不作为义务的执行、意思表示义务的执行三类。① 其中，作为与不作为的执行可分为代替执行和间接强制两种。代替执行是在作为义务或不作为义务可以代替的情况下所采取的执行方法。在债务人不履行作为义务时，委托第三人履行该作为义务，相关费用由债务人承担。由此，通过代替执行将作为或者不作为的执行转化成了金钱债权的执行。间接强制是对于不可代替的作为义务或者不作为义务执行时的执行方法，债务人拒不履行指定义务的，法院可以命令债务人承当迟延履行的损害赔偿责任。

在德国、日本、意大利和我国台湾地区，都设置专章规定“金钱债权的强制执行”，参与分配仅适用于金钱债权的执行程序。②《瑞士联邦债务执行与破产法》第 38 条，将债务执行仅分为“强制执行金钱支付债务”和“强制执行提供担保债务”两种类型，并设置专门的“抵押物变价式执行程序”（第四章），从观念上来看参与分配也是适用于金钱债权执行。相比较而言，秘鲁是个例外。《秘鲁民事诉讼法典》未将参与分配规定在金钱债权的执行一章中，而是在强制执行“总则”第 726 条中规定，“受该财产影响的执行申请以外的债权人，在强制执行前可以参与该程序。其权利取决于其债权的性质及状况”。第 747 条规定，“如果有多个享有不同权利的执行申请人，拍卖款项以相应的权利予以分配……如果分配后还有剩余，则交付被执行人”。

---

① 参见刘清景主编：《强制执行法实务全揽》，学知出版事业股份有限公司 1999 年版，第 167 页；江必新：《比较强制执行法》，中国法制出版社 2014 年版，第 133 页，第 245-248 页，第 378-381 页。

② 《德国民事诉讼法》第八编第二章为“对金钱债权的强制执行”；《日本民事执行法》第二章第二节为“对于以金钱支付为目的的债权强制执行”；《意大利民事诉讼法》第二章至第四章分别规定了“强制执行”、“通过交付或迁离实现的执行”和“对作为或不作为义务的执行”，从立法意图看第二章“强制执行”主要是金钱债权的强制执行；我国台湾地区“强制执行法”第二章为“关于金钱请求权之执行”。

(b) 是否限于取得执行根据？在执行程序中，其他对于作为执行标的的债务人财产享有抵押权、质权等优先权（或先取特权）的债权人，各国基本上都允许其参与执行程序，并在执行所得分配中优先受偿。[①] 对于不享有优先权的其他债权人，参与执行是否以获得执行根据为前提条件，各国做法不一。

传统上，采取平等清偿主义的国家，基于债权平等保障的理念，一般不要求申请参与的债权人获得执行根据。例如，在法国动产执行中，未取得执行根据或者债权未到期的债权人，可以申请参与分配；债权执行中，债权人即便没有执行根据也可申请进行债权扣押。[②] 在意大利，“所有针对债务人享有债权的人均可以依照第499条的规定参与，即使这种债权是附期限或者附条件的”，申请参与分配时只需说明自己的债权和债权凭据（《意大利民事诉讼法》第499条、第563条）。

但在德国、日本和我国台湾地区，普遍要求债权人先行取得生效的执行根据，否则不得参与分配。在德国，持有确定的终局判决和宣告假执行的终局判决的债权人，可以申请强制执行，并获得扣押质权（《德国民事诉讼法》第704条、第804条）。在日本，持有执行根据、在强制拍卖开始决定的扣押登记后假扣押登记的债权人、持有能证明享有一般先取特权的文书的债权人，可以申请参与分配（《日本民事执行法》第51条）。在我国台湾地区，旧法对参与分配采取平等主义，不问有无执行名义，均得参与分配；但1996年“强制执行法”修正之后，原则上须有执行名义始得参与

---

① 德国对质权或优先权人的权利保障方式比较特殊：(1) 其他对执行标的享有质权、优先权的人，如果已经占有了执行标的，可以对执行程序中的扣押措施提出异议，以对抗扣押质权，而主张优先受偿；(2) 如果未占有执行标的，则不得对动产扣押提出异议，但可以债权人和债务人为共同被告，向执行法院提起就卖得价金优先受偿的诉讼，而不论其债权是否已经到期。参见《德国民事诉讼法》第805条。

② 参见江伟：《民事诉讼法专论》，中国政法大学出版社1998年版，第253页。

分配，废除了无执行名义债权参与分配的做法。[①]

(二) 参与分配与执行立法原则的多重组合关系

传统上，我国学者多从参与分配与执行立法原则（集中于平等主义、优先主义）的关系进行探讨，并有将特定的执行立法主义与参与分配制度捆绑定型、简单化处理的研究特点。

实际上，从参与分配运行的实践过程来看，依次会经历五个阶段："申请执行——参与执行——财产变价——金额分配——异议救济。"在这一过程中，逐次触及三种执行立法主义，其分布情况是："申请执行——参与执行（再查封主义、不再查封主义）——财产变价（承受主义、涂销主义、剩余主义）——金额分配（优先主义、平等主义、折中主义）——异议救济。"比较观察后可以发现，各种立法主义之间并没有固定和定型的组合关系，各国的做法呈现混合搭配的特点，体现了较为明显的个性化色彩。

首先，传统上将财产分配原则分为平等清偿主义、优先清偿主义和团体优先主义，但比较分析的结果显示，各国的立法其实更为复杂。例如，法国被认为是平等清偿主义的典型代表，但实际上，法国仅对于动产奉行平等清偿主义，对于不动产的执行奉行的是优先清偿主义，而对于债权的执行奉行的却是团体优先主义。传统上认为日本是奉行平等清偿主义较为彻底的国家，意大利主要是团体优先主义，但是，这两个国家实际上还存在一种更为特殊的立法原则，即允许债权人协商分配，且协商分配处于更为优先的地位。

其次，财产分配原则与财产查封的原则之间，并没有固定的组

---

① 废除的原因主要有六个，概括来说是：（1）强制执行系个别执行，与破产不同，无执行名义之债权尚未满足强制执行之条件；（2）无执行名义之债权人参与分配，易引发他债权人异议，徒增分配异议之诉累；（3）无执行名义债权人参与分配，有搭便车之嫌，对申请执行人不公平；（4）实践中，易滋生债务人与他人串通伪造债权的弊端；（5）造成执行程序过于烦琐；（6）日本旧法允许无执行名义债权人参与分配，新的《日本民事执行法》予以删除，实施效果较好，值得借鉴。参见杨与龄：《强制执行法论》，三民书局2007年版，第290-291页。

合。例如，对于动产的执行同样是奉行平等清偿主义，但法国采用再查封主义、日本却采用不再查封主义。再如，同样是奉行优先清偿主义，德国采用再查封主义、西班牙却采用不再查封主义。采用团体优先主义的瑞士、意大利，均采用再查封主义。

最后，财产分配原则与财产负担去除原则方面，也没有固定的组合关系。例如，对于动产的执行同样是奉行平等清偿主义，但法国采用承受主义、日本却兼采剩余主义和涂销主义。再如，日本奉行平等清偿主义、德国奉行优先清偿主义，但二者都以剩余主义为原则，只不过日本兼采涂销主义、德国兼采承受主义。

## 第二节 我国民事执行参与分配的历史经验

我国对待民事执行中的参与分配问题的处理，大体上有三种观察维度：我国传统上对待参与分配的态度；1949 年前后对待参与分配问题的态度；20 世纪 90 年代以后对待参与分配的态度。

### 一、我国法律传统中的执行参与分配

在中国古代，诸法合体、以刑为主，但官府也受理一些民事之债的诉讼，并规定了一定的执行措施。古代将债分为“负债”与“出举”，前者指不付利息之借贷，后者则为给付利息的借贷。对“负债”，官府依法受理并“各令备偿”；而“出举”，原则上“任依私契，官不为理”，除非是“违法积利、契外掣夺”的，才“官为理”。①

债务人欠债不还，承担责任的方法主要有三种：（1）由官府出面，对债务人科处刑罚，同时“各令备偿”或“追本利给主”。例如，《唐律疏议》第二十六卷《杂律》中规定：“诸负债违契不

① 参见《唐令拾遗》，第 789 页；《宋刑统》卷二十六《杂律》“负债强牵财物”条。

偿，一疋以上，违二十日笞二十，二十日加一等，罪止杖六十；三十疋加二等；百疋又加三等；各令备偿。”《唐律·职制律》规定：“即借衣服、器玩之属，经三十日不还者，坐账论，罪止徒一年。”（2）实物抵偿。如果债权人经过官府审判，可以牵掣债务人财产，以实物获得债偿。但是，不经官府擅自多拿财产的要承担刑责。唐宋法律都规定：“诸负债，不告官司而强牵财物，过本契者，坐赃论。”（3）劳务抵债。秦代法律即已规定，凡欠公债不能偿还的，官府应规定日期使之以劳役抵偿债务。唐宋法律进一步规定：“诸公私以财物出举者……（债务人）家资尽者，役身折酬，役通取户内男口。”[①] 不仅是公债，私债也可以劳役抵偿。元明清时期，法律虽无“役身折酬”的明文规定，但民间仍有此习惯。可见，古代社会将违债作为危害统治秩序安定的行为看待，对债务人主要适用刑罚威慑，对人执行是主导的执行方法，债权人的权益保障倒成了次要，法律对多数债权人的债权清偿问题不够重视。

清末变法时期，一度在《大清刑事民事诉讼法（草案）》第三章“民事规则”中对执行问题作了规定，但较为粗糙，且未及实施即爆发了辛亥革命。民国之后，“对物执行”开始广泛适用，1914年的《不动产执行规则》、1920年的《民事诉讼执行规则》、1940年的《强制执行法》等，都对此作了一些规定。特别值得一提的是，1940年《强制执行法》历经1945年、1948年、1975年、1996年、2000年五次修订，至今仍在我国台湾地区施行。有学者指出，从清末变法到国民党统治时期的民事执行制度，受日本法律的影响最大，日本执行法上的平等清偿主义亦被移植到中国，包括与此相适应的民事执行参与分配制度。这种移植的成功有一个很重要的法律文化背景，即“我国在漫长的封建社会中所形成的重实

---

① 参见《唐令拾遗》，第789页；《宋刑统》卷二十六《杂律》“负债强牵财物”条。

体、轻程序的观念又为平等原则的确立提供了适宜的土壤”。① 我们认为，优先原则除了本身暗含了通过程序法实现债权保障的目的，其还与“不患寡而患不均”的传统实体正义观难以相容，所以选择平等原则就顺理成章了。

## 二、1949 年前后的执行参与分配政策

在新民主主义革命时期，中国共产党领导下的政权完成了早期的司法经验积累。在当时抗日根据地和解放区的诉讼制度中，大多对判决的执行语焉不详，即便作了一些规定一般也未涉及执行参与分配问题。但有学者分析后指出，尽管当时的法律未明定，但法院在司法实践中习惯于对先申请执行的债权人给予某种优待政策，也就是先申请者先执行、先到先得；后申请执行的债权人得不到清偿时，就只能等到债务人以后有财产时再恢复执行。②

1949 年中华人民共和国成立之后，直到 1982 年才颁布第一部民事诉讼法，其间主要是民事司法政策在发挥主导作用。这一时期的法律文件和司法实践呈现以下特点：（1）明令不得对人执行。例如，1956 年 10 月最高人民法院下发了《关于各级人民法院民事案件审判程序总结》（以下简称《总结》），严厉禁止人民法院采用羁押债务人的方法来达到强制执行的目的。不过，这也从一个侧面暗示了传统社会中官府羁押或惩罚债务人的做法，在早期的人民法院司法实践中是普遍存在的。（2）明确对债务人的财产有限执行。1956 年《总结》中要求，查封债务人财产，“原则上不应当超过债务总额过多，同时对债务人和他的家属的日常生活必需品和劳动工具，应当予以适当的照顾”。③（3）一方面官方倡导新民主主

① 江伟：《民事诉讼法专论》，中国政法大学出版社 1998 年版，第 250 页。

② 江伟：《民事诉讼法专论》，中国政法大学出版社 1998 年版，第 251 页。

③ 参见《民事诉讼法参考资料》（第二辑第一分册），法律出版社 1982 年版，第 224 页。

义革命时期的司法经验即强制执行优先原则，另一方面不少法院在司法实践中却背离了这种司法传统经验，转而采取平等清偿的思想。例如，1951 年《沈阳市人民法院民事强制执行暂行办法》和《乌鲁木齐市人民法院民事执行试行办法》中规定，债权人依据执行根据申请金钱债权强制执行时，法院应当查封、扣押或拍卖债务人的财产；查封、扣押不应超出债务数额；债权人有多个时，其他债权人可以在拍卖价金分配以前，凭法院的生效裁判文书申请参与分配。①

在总结司法实践经验的基础上，我国 1982 年颁布的《民事诉讼法（试行）》（以下简称《民诉试行法》）在第四编中对“执行程序”作了规定，以立法的形式确认了平等清偿主义。该法第 180 条规定：对金钱债权的强制执行，采取查封、扣押、冻结、变卖被执行人财产的方法；当有多个债权人申请执行，债务人的财产不能满足全部债权需要时，“按下列顺序清偿：（一）工资、生活费；（二）国家税收；（三）国家银行和信用社贷款；（四）其他债务。不足清偿同一顺序的申请人要求的，按比例分配”。

### 三、1992 年以来执行参与分配制度的功能定位

我国 1982 年《民诉试行法》第 180 条为平等清偿主义提供了法律依据。之后，伴随着商品经济和市场经济改革又出现了“执行难”、“执行乱”等问题，为此，最高人民法院通过一系列通知、批复等强化了平等主义的贯彻落实。例如，民诉试行法并没有禁止重复查封、冻结，针对实践中不同法院针对同一存款重复冻结的乱象，1987 年最高人民法院作了《关于经人民法院裁定冻结的当事人银行存款其他人民法院不应就同一笔款额重复冻结问题的批复》，首次就不得重复冻结作出明确规定。又如，为了解决商品经

① 参见《民事诉讼法参考资料》（第二辑第二分册），法律出版社 1982 年版，第 712-715 页。

济条件下公司运行混乱的问题，1991 年 3 月最高人民法院下发了《关于在经济审判中适用国务院国发〔1990〕68 号文件有关问题的通知》,[①] 其中第 4 条规定："人民法院在执行过程中发现被执行的公司已被撤销，有多个债权人，且资不抵债的，应当委托被撤销公司所在地的人民法院，依照《通知》第六条的规定执行。"前述规定，为 1991 年以后我国参与分配制度的构建奠定了基础。这表现在以下几点：

(一) 民事参与分配制度的功能定位

前述 1982 年民诉试行法第 180 条和后来 1990 年、1991 年的两个文件，已经勾勒了我国参与分配制度的雏形。虽然 1991 年民诉法并未明确规定参与分配制度，但相关司法解释中关于参与分配的规定均是循着这种思路作进一步细化的。例如，1992 年《民诉意见》第 297—299 条，首次对参与分配的申请条件、程序等问题进行了明确。1998 年《执行规定》第 90—95 条，又进行了修正和完善。2008 年《执行程序解释》第 25—26 条，主要对参与分配的程序救济作了规定。2015 年《民诉法解释》第 508—512 条，再次对参与分配的债权人和参与分配的条件、参与分配的申请、清偿顺序、分配方案的制作、分配方案异议等问题作了规定，总体上是吸收了执行规定中的条款精神。

最高人民法院 1992 年《民诉意见》中设置的参与分配制度，对其功能定位主要体现在两个方面：（1）贯彻执行中债权平等受偿的立法原则。我国 1982 年《民诉试行法》确立了平等清偿主义，至 1992 年已经过十年的司法实践检验，无论从当时的立法、司法经验还是民众的接受程度，在平等主义理念之下构建参与分配制度是较为适宜的选择。（2）弥补立法中有限破产主义的缺陷。

① 1990 年国务院 68 号文件《关于在清理整顿公司中被撤并公司债权债务清理问题的通知》第 6 条规定：被撤销的公司资不抵债的，按照一定顺序清偿。公司财产不足清偿同一顺序的清偿请求时，按照比例分配。

为了适应社会主义有计划的商品经济发展和经济体制改革的需要，1985年我国起草制定了《企业破产法（试行）》，主要目的是为全民所有制企业建立市场退出机制。1991年《民事诉讼法》又规定了“企业破产还债程序”，将破产的适用范围扩展到了非全民所有制企业法人。但由于破产程序只适用于企业法人，“自然人、其他组织”不适用破产还债程序，为了解决他们“资不抵债”时的多数债权人权益的公平受偿问题，遂通过司法解释设置了参与分配制度。于是，形成了破产程序中的平等受偿机制与执行程序中的平等受偿机制协同的体制。

（二）参与分配的扩张适用

1998年《执行规定》第96条规定，被执行人为企业法人，未经清理或清算而撤销、注销或歇业，其财产不足清偿全部债务的，应当参照原本适用于自然人、其他组织的“参与分配制度”，对各债权人的债权按比例清偿。严格地说，这并不是第一次企业法人“逆向适用”参与分配制度，早在1990年国务院68号文件《关于在清理整顿公司中被撤并公司债权债务清理问题的通知》第6条中就已经出现了与此类似的精神。

之所以出现企业法人“逆向适用”参与分配制度的现象，主要原因在于：我国破产法律制度多年来运行不畅，再加上“破产门槛”比较高，很多已达到破产条件的企业法人不能适用破产清算程序解决债务清偿问题，这些案件堆积在民事执行程序中难以消化，为了给这些案件找到一个出口，最高人民法院规定了《执行规定》第96条。据此，企业法人在一定情况下也可以适用参与分配制度。这一规定出台以后，出现了“喧宾夺主”的现象，即在司法实践中参与分配制度主要适用于对企业法人的执行，而对自然人和非法人组织的执行反而适用的比较少。这些本来应当通过破产程序解决的案件，却滞留在执行程序中，并成为参与分配主要的适用情形，无疑占用了相当多的执行资源，加重了执行机构的负担，执行难问题会更加突出。新的《企业破产法》施行以后，破产案件申请费不再由申请人预交，而是待清算后从债务人财产中拨付，破产原因也取消了由于经营不善严重亏损等规定，所以，破产制度的门槛有所降低，《执行规定》第96条的立法背景已发生了变化，其是否继续保留引发了较大的争议。①

（三）参与分配与禁止重复查封

1987年最高人民法院禁止重复冻结的批复，初步奠定了我国采取不再查封主义的立场。1991年《民事诉讼法》以立法的形式对此进行了确认，该法第94条第2款规定，“财产已被查封、冻结的，不得重复查封、冻结”。1992年《民诉意见》第282条对此再次重申。这一精神，亦为我国2007年、2012年修订民事诉讼法时原封不动地保留。

不过，有关“轮候查封”制度的创设，等于变相地部分承认了重复查封的效果。2004年3月《最高人民法院、国土资源部、建设部关于依法规范人民法院执行和国土资源房地产管理部门协助执行若干问题的通知》中，首次提出了轮候查封；2005年1月《最高人民法院关于人民法院民事执行中查封、扣押、冻结财产的规定》第25条，进一步明确了轮候查封；2006年《最高人民法院关于同一法院在不同案件中是否可以对同一财产采取轮候查封、扣押、冻结保全措施问题的答复》以及2007年《最高人民法院关于查封法院全部处分标的物后轮候查封的效力问题的批复》，对轮候查封相关问题进行了完善。

## 第三节 民事执行参与分配制度设计的理论基础

讨论民事执行参与分配问题，不宜先入为主地从某一个国家的某一种制度预设出发，我们更倾向于从不同国家解决同一问题的思路出发，来开放式地讨论各种制度模式及其理论基础。通过比较可

① 参见 http://syzy.chinacourt.org/public/detail.php? id=6090。

以发现，民法理论、法律传统和程序价值在各国制度塑造过程中分别发挥了重要影响。本节重点以财产分配的原则为主线，揭示各国参与分配制度的形成过程中其理论基础具有多样性，并主张任何一国都不宜简单地照搬另一国的制度模式和理论阐释逻辑。

## 一、执行参与分配的民法理论基础

在大陆法系的法国、日本、瑞士和我国台湾地区，源自罗马法的债权平等理念对其传统的参与分配制度构造发挥了决定性的影响；但随着时代的发展，债权平等理念也不再是至理名言，各国的理论和立法也陆续出现了修正趋势。

### （一）债权平等的罗马民法精神

债权的请求权性质和相对性，是债权平等的理论基础。债权是以受领、请求他人给付为目的的权利。[①] 债权作为一种相对权，发生在特定当事人之间的法律关系之中。在债权法律关系中，作为权利与义务的享有者和承担者，无论是债权人还是债务人，其法律地位一律平等。在针对同一债务人存在数个债权人的情况下，债权的平等性体现于，数个债权人对同一债务人先后发生债务，各债权人的债权在效力上无先后之分，债权人只能按其债权数额的比例进行受偿。[②] 民法上的债权平等理念，映射到民事执行法中理所当然地就形成了参与分配中的平等清偿主义。

债权平等作为民法上的一个重要原理，源自罗马法上"债务人的全部财产为全体债权人的债权的总担保"的理念。罗马法学家保罗在《论告示》第五十九编中指出，"当债权人中的一人要求控制债务人的财产时……这不被看作对提出要求的人的允许，而被

---

① 王泽鉴：《债法原理》，北京大学出版社2009年版，第3页。

② 王利明、杨立新、王轶、程啸：《民法学》，法律出版社2005年版，第495页；江平：《民法学》，中国政法大学出版社2007年版，第443页。

视为允许所有债权人占有财物”。[①] 可见，平等主义的源头在罗马法中，其深深植根于罗马法上民法债权平等保障的理念之中，而罗马民法债权平等理念又植根于其民族传统之中。继承了罗马法精神的法国民法典和民事诉讼法典，当然也承袭了其平等清偿主义；日本法律受法国法影响，而我国台湾地区又受日本法影响，他们传统上都成了参与分配平等清偿主义的代表。

（二）对债权平等理念的修正

对于传统的民法债权平等理念的修正，在发展过程中，分别在实体法和程序法中引起了两波修正热潮。这两个方面的修正，既应了经济社会发展的需要，也重点考虑了民事执行的实际需要，充满了实用主义的指导思想，而不再固守于僵化的法理或主义。其实用主义的立场，对我国民事执行参与分配制度的改革不无启发意义。

1. 实体法上的修正：担保物权和法定优先权

债权人受偿过程中按债权的比例均等接受清偿的理念，忽略了社会法所考虑的因素，同时无视交易的背景、交易的环节和交易主体的个性特点，从而可能造成在交易结果上发生实质上不平等的情况。主要表现在：（1）忽略了债权形成的环境，如雇工的劳动债权、基于担保物权保障的债权，如不能得到优先保障将损害国民经济的健康发展；（2）忽略了债权所承载的价值，可能导致价值失衡、危及正义，如船员的工资债权；（3）在某些情况下，债权的形式平等可能违背普遍的正义观念，如执行中形成的共益费用债权；（4）忽视了债权人的特殊性，妨碍了特殊群体基本人权的实现，无法满足人的基本需求等。

基于前述考虑，民法理论不断修正，相继出现了抵押权、质权和法定优先权的制度设计。如今，即便奉行平等清偿主义的法国、日本等国，也无不承认担保物权和法定优先权在参与分配中的优先

① ［意］桑德罗·斯奇巴尼选编：《民法大全选译：司法管辖权、审判、诉讼》，黄风译，中国政法大学出版社 1992 年版，第 80 页。

受偿地位。与此同时，债权平等的理念也在民法学上得到重新阐述。例如，王泽鉴先生根据债权的实现及优先次序，将债权划分为普通债权、优先受偿的债权、有担保的债权、租税债四类。[①] 民法学者开始普遍认为，债权的平等性是指，数个债权人对于同一个债务人，先后发生数个普通债权时，其效力一律平等，不因其成立先后而有效力上的优劣之分。[②]

2. 程序法上的修正：团体优先主义

对债权平等理念的反思，也反映在程序法领域。例如，《瑞士民法典》中并无优先权制度的专门规定，而是将之放到程序法中来解决。瑞士 1889 年制定的《瑞士联邦债务执行与破产法》规定，对于因公共利益而产生的公法债权，如税款债权、诉讼费用债权、罚款等，不适用破产债务执行程序的规定，可以优先受偿；对于因债权人的共同利益而产生的共益费用债权，如为实行抵押权而花费的费用、破产宣告后所花费的一切程序费用及清算费用等，均从可执行的财产中直接支付，并优先于其他债权而受偿。不仅如此，瑞士对于普通债权，也因债权人申请参与分配的时间而划分为不同的债权人组，先组成的债权人组优先受偿，同一债权人组内部按比例平等受偿，从而形成了团体优先主义的立法例。

受瑞士立法的影响和启发，法国对债权的扣押执行事实上也采取了团体优先主义，对不动产的执行则走得更远，走向了优先清偿主义，从而对原来奉行的平等清偿主义进行了实质性的修正。我国台湾地区也是一个典型例证，其旧的“强制执行法”受日本法的影响采平等清偿主义，但学者认为，“理论上虽属公平合理，但他债权人与强制执行程序终结前得参与分配，坐享声请执行债权人辛

① 王泽鉴：《债法原理》，北京大学出版社 2009 年版，第 24-26 页。

② 参见王泽鉴：《债法原理》，北京大学出版社 2009 年版，第 8 页；魏振瀛：《民法》，北京大学出版社、高等教育出版社 2007 年版，第 314 页；杨立新：《债法总则研究》，中国人民大学出版社 2006 年版，第 1 页；刘凯湘：《民法学》，中国法制出版社 2008 年版，第 346-347 页。

苦执行之成果，并使债务人于实行分配前有伪造债权、参与分配之机会。其分配表甫经做成，即因另有债权人参与分配而作废，不仅影响案件之终结，亦使真正之债权人易受重大损失，造成事实上之不公平，其弊亦甚大”，① 所以，在1975年修法时，鉴于法理与实际实难两全，而改采团体优先主义。

## 二、执行参与分配制度与法律传统

在德国、英国、美国、加拿大，源自日耳曼法传统的“先向法院申请者，其权利优先”的原理发挥了决定性的影响，但也并非如有的学者所言“优先主义”代表了发展趋势，事实上随着时代的发展也有修正的迹象。即便如此，其也从一个侧面反映了一国法律传统对其法律制度塑造所产生的巨大影响。

### （一）“先向法院申请者，其权利优先”的日耳曼法传统

前面的分析显示，德国、英国、美国的参与分配制度中的优先主义，都源自日耳曼法传统的“先向法院申请者，其权利优先”的原理，彰显了法律传统对一国参与分配制度塑造的强大影响力。只不过，这种优先主义的法律传统，在德国和在英美法系国家是沿着不尽相同的技术路线被传承的。

德国的执行参与分配制度，是在固有的日耳曼法传统和移植罗马法的双重影响下逐渐形成的。德国是大陆法系国家，民法理论异常发达，谁也无法否认其在罗马法传承和发扬过程中发挥的巨大作用，但是，最终德国固有的日耳曼法传统对其参与分配制度的塑造发挥了决定性的作用。相映成趣的是，德国和法国都是大陆法系代表性的国家，都在传承罗马法的过程中做出了突出的贡献，但法国承袭了罗马法上的“债务人的财产为全体债权人的债权的总担保”理念，因而确立了平等清偿主义；而德国却承袭了本民族固有的“先向法院申请者，其权利优先”传统，彰显了法律传统的强大影响力。

---

① 杨与龄：《强制执行法论》，三民书局2007年版，第292页。

英美法系国家和德国的优先主义虽然都源自日耳曼法传统，但二者传承法律传统的路径却不相同。德国的技术路线是：坚守了“先向法院申请者，其权利优先”的日耳曼法传统，但通过借鉴罗马法上的“质权”理论，在执行法上创造了“动产质权”制度；换言之，日耳曼法传统的优先主义构成了其参与分配的“灵魂”，动产质权制度构成了其参与分配的“皮囊”，其本质上是通过诉讼法（执行法）创设了本应由民法设定的优先权类型，从而使得动产质权获得了与其民法理论的融洽性。英美法系国家的技术路线是：由于没有受到罗马法的实质性影响，因而无须顾忌执行优先与民法优先权制度的协调性，而是基于法院判例在法律发展中的基础性作用，出于维护法院个案判决的权威性的考虑，直接通过法院判例确立了“菲发令状”和“判决担保权益”制度，较为直白地传承了日耳曼法传统中“先向法院申请者，其权利优先”的精神。

（二）传统优先主义的修正：以加拿大为例

虽然法律传统在一国法律制度塑造的过程中会发挥重要的作用，但也不能神化法律传统的影响，加拿大就是一个例子。加拿大属于英美法系国家，源自英国的普通法对加拿大的参与分配制度一度发挥了决定性的影响。传统上，加拿大流行的法谚是：“时间在先者，权利优先。”目前，虽然优先主义制度仍在英国和美国通行，“但在加拿大，当今各省的参与分配制度已经普遍发生了变化，绝大多数省都制定了平等主义的参与分配立法（准确地说，是折中主义——笔者注），普通法上的优先主义则只是成为残余的制度”。①

加拿大执行参与分配制度的改变，源于加拿大经济运行中出现的一个重大历史事件。在普通法优先主义主宰时期，各债权人之间的平等分配只能通过破产法来实现。但从1874年到1878年，加拿大发生了严重的经济萧条，企业破产普遍发生，公众对于联邦破产

① 黄金龙：《加拿大强制执行程序中的参与分配制度》，载《人民法院报》2006年2月10日。

法的运作产生了强烈的不满，导致 1880 年联邦议会废除了破产法。[①] 1880 年 3 月 5 日，安大略省正式颁布了《债权人救济法》（Creditors´ Relief Act）。该法与普通法上的债权分配制度相比，有两个显著特点。一是建立了一项证书程序制度（certificate procedure），没有取得判决的债权人可以据此向县法院书记官提交一份“债务宣誓书”（affidavit of debt），由此通过一个速决程序取得“债权证书”（certificate of claim）。债权人向执行官提交债权证书后，即获得参与对债务人已被扣押或拍卖的财产的分配资格。二是执行员所扣押的财产将在向执行员提交了执行令状或债权证书的判决债权人和债权证书持有人之间，进行按比例分配。但债权人提交令状或者债权证书的时间最晚截止到财产扣押后的一个月内。安大略省的《债权人救济法》成为其他省类似立法的样板，到 1902 年，除了爱德华王子岛以外，加拿大所有的省份全部制定了债权人救济法。1919 年，联邦重新制定了破产法，虽然平等原则引发了一些争议，但并未导致各省废除债权人救济法。正如阿尔博塔省法律改革协会在 1991 年发表的关于金钱判决执行报告中所指出的那样：平等分配原则在阿尔博塔省已经存在了 91 年，在此期间，并无证据显示该原则对债权人提供信贷的愿望存在实质性的影响。在平等分配的制度下，信贷仍然很繁荣，而这种繁荣也不无可能是因为平等分配原则带来的。

1994 年，阿尔博塔省制定了新的《民事强制执行法》（Civil Enforcement Act，2000 年修订）。两年后，纽芬兰省制定了新的《判决执行法》（Judgment Enforcement Act）。二者均与原来的债权人救济法有很大差别：一是取消了未取得判决的债权人参与分配的资格。二是确定了分配的先后顺序，上一顺序的债权人得到全部满足之后，才能分配给下一顺序的债权人；分配资金不足以清偿同一

---

① 废除破产法的理由包括：破产受托人不诚实管理破产财产；债权人的贪婪；债务人的不诚实；其他人的疏忽；商业道德水准下降；交易上的非理性等。

顺序债权的，该顺序债权人按比例分配。①

加拿大执行参与分配的历史转型再次印证了一个道理：任何制度都深深根植于本国的历史文化土壤中，没有先验的、一成不变的法律教条。有学者关于执行程序必须实行优先主义，债权人之间只能在破产程序中得到平等保护的结论，似乎只是总结了实行优先主义的国家的破产和执行制度的关系。② 除了加拿大之外，法国、日本也实行平等主义。而瑞士的所谓团体优先主义与加拿大的做法并无差别。加拿大平等主义立法也是设定一个固定的参与分配期限，一般为一个月，而瑞士将这一期限设定为三个月。而且，从各国经济运行的实践看，平等主义还是优先主义，对于信贷业务乃至经济整体的影响，似乎关系不大。

## 三、执行参与分配的程序价值因素

法的价值问题，是法律科学所不能回避的问题，执行参与分配制度亦是如此。美国法学家庞德曾指出，“在法律史中的各个经典时期，无论在古代或近代世界里，对价值准则的论证、批判或合乎逻辑的适用，都曾是法学家的主要活动”。③ 在哲学、法学和社会学领域，虽然关于价值的目标和序列存有争议，但正义（或公平、

---

① 具体顺序是：（1）执行机构因收集可分配资金产生的执行费用；（2）提起执行的债权人因与形成可分配资金有关的执行措施而产生的费用，或者法院指示应从该资金中支付的费用；（3）在互争权利诉讼（Interpleader Proceedings，相当于第三人异议之诉）中，如果通过诉讼胜诉而使有关财产构成了分配资金的一部分，则贡献了抗辩费用的债权人的费用，可从该部分资金分配中优先受偿；（4）根据其他法律应优先于执行债权人受偿的债权；（5）首先提起执行的债权人的不超过 2000 加元的债权，并且在前 4 项债权均满足之后，如剩余额超过 15000 加元，则从中分配其债权的 15%；（6）所有其他有资格参与分配的债权，包括首先申请执行的债权人未受清偿的余额部分，按比例分配。

② 黄金龙：《加拿大强制执行程序中的参与分配制度》，载《人民法院报》2006 年 2 月 10 日。

③ ［美］庞德：《通过法律的社会控制：法律的任务》，沈宗灵等译，商务印书馆 1984 年版，第 55 页。

公正）始终处于制度或规则设计的首要目标的地位。罗尔斯说，正义是“社会制度的首要价值，正像真理是思想体系的首要价值……基本法律和制度，不管他们如何有效和有条理，只要他们不正义，就必须加以改造或废除”。[①]

前面的分析显示，各国的参与分配制度都致力于解决执行中多数债权人之间的公平受偿问题，只不过究竟如何做才更公平，各自论证的逻辑有所不同。总的来看，平等主义侧重于实体法的公平观，优先主义侧重程序法的公平观，而团体优先主义则试图在二者之间寻求某种平衡。

平等清偿主义最主要的理论依据是民法上的债权平等理论。传统的债权平等理念是：尽管多个债权人对同一债务人在不同时期内发生不同债权债务关系，债权的效力却均相同。因此，民法学者倾向于认为，在有限破产主义下，虽然参与分配属于执行程序，但不可否认其也承担了类似于破产的功用：在被执行人的财产不足以实现所有不同金钱债权时，保证相对公平地清偿所有符合条件的债权人，此时参与分配似乎应以债权平等为唯一价值取向。[②] 这种观念，完全是从民法视角看待执行程序问题，将执行程序是否有利于实现民法秩序作为其价值正当与否的唯一标准，本质上坚持的是一种实体法本位的公平观。虽然坚持平等主义的学者也有附带论证，认为平等主义更有利于执行程序的迅速推进，因而兼顾了执行效率的价值诉求；[③] 但是，不容否认的一个事实是，民法领域对债的平等性理论已经进行了修正，优先权制度已在各国民法上普遍确立，

---

① ［美］罗尔斯：《正义论》，何怀宏等译，中国社会科学出版社 1988 年版，第 1 页。

② 参见崔建远、韩世远、于敏：《债法》，清华大学出版社 2010 年版，第 13 页。

③ 有学者认为，在执行优先主义下，先申请执行的债权人一旦获得优先受偿权，其受偿就有了法律保障，因而不再急于续行执行程序；而在平等原则下，执行债权人为避免更多的债权人参与分配，必然积极推动执行程序终结以获得清偿，所以，平等主义有促进迅速执行的机能。参见江伟：《民事诉讼法专论》，中国政法大学出版社 1998 年版，第 273-274 页。

而且执行参与分配中的平等主义确实忽略了某些社会法所考虑的因素，从而有可能造成在执行效果上发生实质上不公平的状况。从实证分析的角度看，作为传统奉行平等主义的代表的法国也仅在动产执行领域保持了部分的平等清偿的理念，在日本、瑞士和我国台湾地区都没有完全贯彻债权平等受偿的理念，而是进行了不同程度的制度修正。

优先清偿主义最主要的理论依据是执行的迅速、廉价，强调强制执行与破产相对立的个别执行属性，看重执行对生效法律文书（特别是司法文书）的快速实现的价值。有的学者提出，平等主义下的参与分配程序过分繁杂，根本无法迅速终结执行程序，还易于出现债务人与第三人串通伪造债权损害真正债权人的弊端；而优先主义采纳“时间上第一”规则，各个债权按期申请执行的先后顺序受清偿，因此，“采纳优先原则，不仅能简化执行程序，而且能加快执行速度，颇值得我国立法时予以考虑和借鉴”。[①] 这种观念，更加侧重于程序法快速、简便的价值目标，不关注民法债权的平等保护因素，从某种意义上说是一种程序本位和实用主义的公平观。但问题是，民事执行是一种实现民事权利的程序，完全立足于程序法视野而忽视实体法秩序，有欠妥当。即便从实施效果（实证主义）的立场看，优先主义也并不必然具有较之平等主义的优越性，英美法系的司法中心主义传统与中国明显有别，即便如此英法法系国家也不是铁板一块地奉行优先主义，加拿大从传统的优先主义向平等主义转型就是一个有力的例证；在大陆法系国家，德国是采优先主义的典型代表，但德国也不能不顾及与民法理论的协调，而是走了借用民法理论创设“动产质权”这一迂回路线。

小结：从法律比较和法律发展的视角看，如果注意到大陆法系国家普遍对传统的民法债权平等理念进行修正的事实、法国1869

① 肖建国：《我国强制执行平等与优先原则论纲》，载《法律科学》1996年第2期。

年以后通过判例确认“债权扣押”后产生团体优先效力的事实、加拿大1880年以后从纯粹的优先主义向团体优先主义回溯的事实、瑞士1889年制定的《联邦债务执行与破产法》采取团体优先主义的事实、我国台湾地区1975年修改“强制执行法”弃平等主义而改采团体优先主义的事实，则可以初步得出一个结论，即折中主义(团体优先主义）正在成为执行立法的流行趋势。

虽然从这一趋势不能必然得出我国也应当采纳团体优先主义的结论，但至少可以说明，单纯的平等主义和单纯的优先主义确实各自都存在难以克服的弊病。如果在制度设计时不能很好地解决这些弊病，至少从经验主义的立场出发，团体优先主义似乎是一种更优的选择。事实上，即便团体优先主义也没有统一的模式，但其平衡性思维确实为制度设计预留了较大的空间，为我国执行参与分配制度的重塑提供了可以发挥的余地。

# 第四章 参与分配与相关制度的关系协调

民事执行参与分配是在破产清算、执行竞合、案款分配等一系列制度的“夹缝”中生长起来的一项制度，讨论其继续存在的必要性、生存发展的空间大小，不仅应当从执行参与分配制度自身的发展历史、功能定位和价值诉求中论证，还需要从周边制度的设计理念中深入探求，在与周边制度进行协调与衔接的视角下进行考量。

## 第一节 执行参与分配与破产立法

### 一、我国执行参与分配制度的功能偏差

民事执行和破产清算，都属于对债务人财产进行执行的制度，前者为“个别执行”，后者为“一般执行”。从历史维度看，个别执行的产生早于一般执行。在古罗马程式诉讼时期，随着“财产趸卖”和“财产零售”制度的建立，开始出现一般执行与个别执行的分野，此后破产从个别执行中分化出来，演变为一种具有独特功能和价值目标的制度。按照通常的观点，破产法的首要功能在于保证债权人得到最大限度的、公平的清偿。[1] 亦即，当债务人以其

① 马登科：《民事执行程序与破产制度的统一与协调》，载《特区经济》2005年第7期。

财产不能清偿全部债务时，为了使损失的部分能平均分配于各债权人，在破产程序中坚持“比例平等原则”，使所有债权人受到同样的待遇，不分先后平等受偿。

在个别执行与一般执行制度分野的背景下，个别执行如何与一般执行协调和配合？从比较法的角度来看，各国的理解和做法不一。就我国而言，由于破产立法起步较晚、发展不完善，民事执行参与分配制度从创设之初就是站在弥补破产立法覆盖范围不足的立场上的。

我国于1986年12月制定了《企业破产法（试行）》，由于立法初衷是解决商品经济条件下国有企业的“市场退出”问题，所以该法适用对象仅限于“全民所有制企业”（第2条）。为了弥补破产立法功能的不足、解决非全民所有制企业法人的破产清算问题，1991年《民事诉讼法》第十九章中增设了“企业法人破产还债程序”，从而实现了所有企业法人的破产均有法可依的目的。由此也造成一个问题，不是法人的企业、个体工商户、农村承包经营户、个人合伙等民商事主体都不具有破产能力，这使得我国的破产法定格在“有限的商人破产主义”。后来，随着市场经济体制改革的推进，各类民商事主体之间的经济交往日趋频繁，公民、非法人组织之间的债务矛盾的大量存在，客观上要求对这类主体的债务清偿秩序予以规范。在立法修改迟缓的背景下，1992年《民诉意见》第297—299条，以及1998年《执行规定》第88—96条，创造性地对执行中的参与分配问题作了规定。根据司法解释的规定，参与分配的前提条件是：“金钱债权人为多数”且“债务人不能清偿所有债务”；参与分配的普通债权人，在分配程序中“平等受偿”；参与分配主要适用于被执行人为“公民、其他组织”的情形。由此可见：

（1）我国参与分配制度的功能定位，主要是利用个别执行来解决企业法人以外的公民和其他组织资不抵债时的公平受偿问题。“从某种意义上讲，该制度的实质在于弥补有限破产主义的缺陷，在公民或其他组织不能清偿到期所有债务时，为各债权人提供一条公平受偿的途径。”① 这种制度设计目的，与国外参与分配制度目的存在明显的差异。国外立法规定的首要目的在于使各债权人的债权能够利用同一执行程序获得清偿，以节省执行时间和执行费用；然后，才是使各债权人公平分担债务人迟延或不能清偿的风险和损失。

（2）参与分配与破产在适用对象和功能上出现了一定的重合，在实践中出现了制度异化的现象。1998 年《执行规定》第 96 条规定，“被执行人为企业法人，未经清理或清算而撤销、注销或歇业，其财产不足清偿全部债务的”，参照对公民、其他组织的参与分配制度，对各债权人的债权按比例清偿。根据这一变通规定，在实践中出现了被执行人为企业法人的大量进入执行参与分配的情况，而进入破产程序的屈指可数，执行参与分配大有取代破产制度的趋势。②

2006 年 8 月，全国人大制定了新的《企业破产法》，将国有企业和非国有企业法人的破产清算程序进行了统一。随后，2007 年修改《民事诉讼法》时删除了其中的“企业法人破产还债程序”，但在 2007 年、2012 年两次修法中并未以立法的形式对执行参与分配问题作出规定。2015 年《民诉法解释》并未对执行参与分配的

① 韩长印、朱春和：《参与分配制度与破产立法》，载《当代法学》2000 年第 1 期。

② 例如，2010—2014 年的 5 年间，某基层法院以企业法人为被分配对象的占所有分配案件的 59%，而破产制度的适用仅为 1 例。统观全国，2013 年我国各级法院受理执行案件 298.9 万件，执结 271.8 万件，但审结企业破产案件仅有 1998 件。以执行案件中无财产可供执行案件占 30%左右的比例计算，符合破产条件的企业肯定远非 1998 件这个数字，未通过破产程序处理的企业则大都通过诉讼、执行程序进行处理。两者相较可以得出，参与分配制度实际上承担了破产制度的功能，执行法官履行的是破产法官及破产管理人的职责。质言之，参与分配制度在一定程度上导致了破产制度功能的弱化，更甚者导致破产制度被搁置。参见陈志鑫：《民事执行参与分配制度的困境与进路》，载《上海政法学院学报》（《法治论丛》）2014 年第 6 期。

功能定位作出实质性的调整。但有一点值得注意，新司法解释对企业法人适用执行参与分配作了限制性规定。根据《民诉法解释》第516条的规定："当事人不同意移送破产或者被执行人住所地人民法院不受理破产案件的，执行法院就执行变价所得财产，在扣除执行费用及清偿优先受偿的债权后，对于普通债权，按照财产保全和执行中查封、扣押、冻结财产的先后顺序清偿。"这一秉持按照执行措施先后先来先得的"优先主义"的做法，主要参考了1998年最高人民法院《执行规定》第88条第1款的精神。[①] 司法解释起草单位明确指出："在维护我国有限破产制度不变的前提下，当被执行人是企业法人时，无论其财产能否清偿全部债务，解决金钱债权执行竞合的方法就是顺位分配，即在保护法定优先权后，普通债权按照采取执行措施的先后顺序依次受偿"，出台这一规定的目的是，"在强制移送破产制度未建立的情况下，通过限制参与分配程序对于企业法人的适用来倒逼查封在后的债权人去申请破产。"[②] 这一新的规定，对于克服《执行规定》第96条在实践中的滥用有一定遏制作用，但只是权宜之计，仍然存在对个别企业法人债务人同时受个别执行和破产法调整之弊。

总体来看，执行参与分配制度与破产法的关系具有根本性和基

① 最高人民法院1991年《关于贯彻执行〈企业破产法（试行）〉若干问题的意见》第15条规定，人民法院在民事诉讼和执行程序中获悉债务人不能清偿到期债务时，不能依职权宣告债务人破产，而应告知债务人可以向其所在地人民法院申请破产。债务人不申请破产的，原诉讼程序和执行程序可继续进行。1998年最高人民法院《执行规定》第88条第1款规定："多份生效法律文书确定金钱给付内容的多个债权人分别对同一被执行人申请执行，各债权人对执行标的物均无担保物权的，按照执行法院采取执行措施的先后顺序受偿。"通常认为，如果债务人公民、其他组织，适用该条的前提是债务人的财产能够清偿，否则应当适用第90条进行参与分配。但是，对于企业法人债务人，则适用的前提条件变成了"只要不能进入破产程序"，不论是否能够全部清偿，均实行"优先主义"。

② 江必新主编：《执行规范理解与适用》，中国法制出版社2016年版，第256-257页。

础性，不同的破产法立法模式对执行参与分配的功能定位发挥着重要影响，是研究执行参与分配问题必须首先要解决的问题。目前，我国在执行参与分配与破产立法的协调上仍然存在以下问题待解决：

(1) 我国的破产立法奉行的是“有限的商人破产主义”。能否通过破产立法的修改，在“商人破产主义”或者“一般破产主义”之下取消执行参与分配制度，或者重新确定执行参与分配制度的功能定位？

(2) 如果同时保留破产制度和执行参与分配制度，二者的适用对象和功能定位应当如何正确区分，并防止出现重叠适用的混乱现象？

(3) 如果同时保留破产制度和执行参与分配制度，二者应当如何衔接？在衔接中应当如何做好哪些方面的程序设计？

## 二、执行参与分配与破产法的关系模式

哪些主体可以被宣告破产？这涉及的是破产能力或破产资格的问题，在各国立法中历来存在商人破产立法主义和一般破产立法主义的对立。由于破产法奉行的债权平等和破产免责思想，与执行立法原则会存在一定的区别和分工，并影响到参与分配制度的设计。

### (一) 商人破产主义与一般破产主义

所谓商人破产主义，是指只有具有商人身份的人，即以营利为目的、从事商事活动的企业和个人，才能适用破产法进行破产宣告的立法原则。在实行商人破产主义的国家，对不具有商人身份的债务人不能进行破产清算，其债务清偿只能适用民事执行程序来解决。在历史上，商人破产主义发端于13世纪时期的意大利，彼时地中海沿岸商事活动频繁，意大利各商业城市陆续创立了自己的商事破产制度。法国1673年的“商事敕令”调整范围限于以商人为主体的商事关系，故其破产制度也只适用于商人。1807年《法国商法典》是世界上第一部真正意义上的独立的商法典，首开民商

分立法典之先河，它以现代法典的形式开创了商人破产主义之先河。1865 年的《意大利王国破产法》、1883 年的《意大利商法典》和 1942 年民商统一后的《意大利破产法》，均采用商人破产主义。① 此外，比利时、卢森堡等国也采用商人破产主义。

所谓一般破产主义，是指无论是商人还是非商人民事主体，包括法人、其他组织和自然人，均可适用破产法进行破产宣告的立法原则。德国、美国是实行一般破产主义的典型。17 世纪德国各邦的破产立法中普遍采用一般破产主义，德国 1871 年统一后制定的统一破产法仍采取一般破产主义，此后德国法系的奥地利、日本等国沿袭这种立法原则。美国长期实行一般破产主义，并且从未将法人破产与自然人破产区分开来。② 由于商人、非商人均适用破产法，故采用一般破产主义的国家，其破产法均不规定在商法典中，而是通常有单独制定的破产法。

需要说明的是，商人破产主义、一般破产主义只是一种类型化分析的理论工具，具有典型模式的概括意义；实际上，各种立法主义和各国的破产立法千差万别，并没有完全统一的模式，兹分析如下：

1. 一般破产主义和商人破产主义不能涵盖一切，还有其他立法主义

一般破产主义和商人破产主义最主要的区别，在于非商人是否具有破产能力，这集中体现于自然人是否适用破产法。采用一般破

---

① 董齐超：《我国破产能力制度比较研究》，载《郑州经济管理干部学院学报》2004 年第 1 期。

② 美国在 1776 年独立前，基本上无条件地适应英国破产法。美国独立后，于 1800 年、1841 年、1867 年、1898 年和 1979 年先后制定了五部破产法。其中，1800 年的第一部破产法只适用于商人，于 1803 年被废除；1841 年的第二部破产法适用于所有的债务人，并且允许债务人自愿申请破产，确立了破产免责主义，但在 1843 年又被废止。1867 年的第三部破产法的目的主要是应付南北战争所造成的经济困难，在 1878 年被再次废止。1898 年美国国会颁布了第四部破产法，适用于所有的自然人和法人。现行的美国破产法典制定于 1979 年，仍然坚持一般破产主义。

产主义的国家，不区分商人与非商人，自然人破产既包括因个人消费负债被宣告破产，也包括商自然人破产，即因个人投资企业、商号、合伙企业不能清偿债务而被宣告破产。而采用商人破产主义的国家，一般只将从事营利活动的自然人和自然人企业纳入破产范围，而不承认非商自然人的消费破产。目前，大多数国家都采一般破产主义，既允许商自然人破产也允许非商自然人破产。

但是，事实上还存在其他样式。例如，社会主义国家普遍存在一种“法人破产主义”的破产模式。在苏联、东欧等社会主义国家的经济改革过程中，都曾制定了破产法，但只适用于企业法人。至于非法人企业，由于在经济生活中处于无足轻重的地位，因此不纳入破产法的适用范围。① 由于政治、经济条件的相似性，我国的破产法就深受这种立法传统的影响，也实行法人破产主义。这种立法原则，比商人破产主义的适用范围还要狭窄，可以称之为有限的商人破产主义。

2. 各国对破产能力的立法不是一成不变的，而是具有发展变动性

从历史发展来看，各国对破产能力的立法不是一成不变的，而是具有发展变动性，在有些国家甚至是反复变动。例如，英国最早的破产法是1542年亨利八世颁布的《破产条例》，采用一般破产主义，凡不能清偿债务而有欺诈行为者，无论是否商人皆适用该法。1571年伊丽莎白颁布破产法，采用商人破产主义（非商人破产适用其他法律）。1705年破产法，仍采用商人破产主义。1861年改革破产法，恢复亨利八世时代采用的一般破产主义。1914年英国国会将亨利八世以来的破产法规整理成一部破产法，于1915年1月1日颁布实施，该法仅适用自然人破产，而法人破产则适用

① 曹兴权：《雾里看花：自然人破产之争》，载《河北法学》2006年第4期。

公司法的规定。① 1986年英国颁布《无力偿债法》，将破产法中的自然人破产与1985年公司法中的法人破产合为一体，采用一般破产主义，并建立了重整制度。② 再如，早在13世纪后期，西班牙就在其破产法即《七章律》中废弃了商人破产主义，改采用一般破产主义。又如，法国本是商人破产主义的典型，但其1967年颁布的破产法也放弃了商人破产主义传统，改采用一般破产主义。③ 由于变动主要是从商人破产主义向一般破产主义变动，所以，有学者认为，从商人破产主义向一般破产主义转变是世界破产法发展的基本趋势。④

3. 在实行一般破产主义的国家，其破产法的适用范围和立法体例也存在多样性

例如，有些国家虽然规定破产不单独适用于商人，但是却同时存在适用于商人的破产程序和适用于非商人的破产程序，两种破产程序彼此独立，这种模式又被称为折中主义（或一般破产主义的变相形式）。历史上采用这种立体体例的有普鲁士、奥地利、西班

---

① 英国的公司破产规则奠基于1844年公司法。该法首次确立了有限责任原则。在1855年有限责任法和1862年公司法（该法含有详细的破产清理程序）的基础上，形成了独立的公司破产制度。

② 参见胡君彦、姜跃军：《英国破产法》，载中国法院网：http://www.chinacourt.org/article/detail/2004/11/id/140295.shtml。

③ 1967年7月，法国颁布第67—563号法律即《关于司法清理、财产清算、个人破产和破产犯罪的法律》，对法国破产法律制度进行了全面的改革：商人破产主义转变为一般破产主义，破产程序得到了进一步完善和修订。1985年1月，法国颁布第85—98号法律即《困境企业司法重整和清算法》，废除了1967年立法，创设了一套以重整为主、清算为辅的新型债务清理制度。1994年6月，法国颁布第94—475号法律即《企业困境防治法》，该法总结了以往的经验教训，加大了早期治理困境企业的力度，加强了对债权人的保护。2001年，法国将1985年破产法律制度修改完善后纳入商法典第六卷《困境企业》，共两编239条。

④ 董齐超：《我国破产能力制度比较研究》，载《郑州经济管理干部学院学报》2004年第1期。

牙、丹麦等国。[1]

再如，关于法人，绝大多数国家都承认私法人具有破产能力，对公法人的破产能力则认识不一。《美国破产法》第九章专门规定了“市政债务调整程序”，日本法律只承认公共性弱的公法人具有破产能力，大多数国家却认为联邦或州、国库、省政府、县市政府等无破产能力。

又如，在破产程序进行中债务人死亡或者债务人死亡后遗产不足清偿的情况下，如何进行债务清偿呢？由于遗产不具有民商事主体的地位，在破产过程中会遭遇破产主体的识别问题。虽然通说认为，遗产本身是破产人，但也存在被继承人或者继承人为破产人的理解。遗产破产与自然人破产密切关联，实行一般破产主义的国家和地区大多有针对遗产破产的特殊规定，如《日本破产法》第129条、《英国破产法》第130条、《德国破产法》第11条、我国台湾地区“破产法”第59条。[2]

4. 在各国破产法上，存在破产免责主义与破产不免责主义的分歧

破产免责主义是指在破产程序终结后，对于债务人未能依破产程序清偿的债务，在法定范围内免除其继续清偿的责任。破产不免责主义，是指债务人对债务的清偿责任不因破产程序的终结而消灭，破产程序中未足清偿的部分，在债务人资力恢复后，仍应负完全清偿责任。一般认为，破产免责制度的确立经历了一个由不免责到免责的变迁过程。

在早期阶段，各国破产法将破产视为犯罪行为而加以惩罚，自无出现免责制度的可能。以法国、德国、意大利的破产法为代表的

---

① 张艳丽：《破产能力研究》，载《北京理工大学学报（社会科学版）》2004年第1期。

② 张艳丽：《破产能力研究》，载《北京理工大学学报（社会科学版）》2004年第1期。

大陆法系国家认为，给予债务人破产的机会，就已经给予了债务人相当的优惠；况且，债务人对债权人应承担无限清偿责任，因债务人自身原因造成的破产而免除其未清偿债务的清偿责任，对债权人有失公允。所以，大陆法系破产立法例多倾向于不免责主义。1999年以前德国破产法一直采取破产不免责主义。日本破产法在1952年修正之前，亦一直实行破产不免责主义。破产免责制度最早出现在1705年英国破产法。1800年美国破产法是以1732年英国破产法为蓝本的，该法规定，经债权人会议的债权人人数和全部债权额的2/3以上通过，债务人可以获得免责。直至1841年美国破产法确立的免责制度，才算是真正做到将债务救济功能和债权保障功能融为一体。随着现代破产立法观念由纯粹保护债权人利益到债权人利益保护与债务人利益保护并重的变迁，免责主义的立法模式才成为趋势。但是，破产免责制度在各国、各地区破产法上的规定并不相同，主要有许可免责主义和当然免责主义两种模式，前者以英国、德国和日本的破产法为代表，后者以美国和我国台湾地区的破产法为代表。①

（二）执行立法原则与破产立法主义的搭配关系

执行参与分配制度与破产法的关系具有根本性和基础性，不同的破产法立法主义对执行原则和参与分配的功能定位发挥着重要影响。就二者之间的搭配关系，已有学者进行了一些模式化的分析，总体上可归纳为如下两种模式：

1. 一般破产主义+强制执行优先原则

在英、美、德、奥等实行一般破产主义的国家，其破产制度与执行程序的功能互补上采用的是“一般破产主义+强制执行优先原则”。

有的学者认为，在实行一般破产主义的国家，坚持了破产优先

① 韩中节、高丽：《破产免责制度立法模式的比较考察及借鉴》，载《法学杂志》2010年第10期。

的原则。因为，破产清算是一般执行，强调对全体破产债权人的平等清偿；而强制执行是个别执行，奉行优先清偿主义，二者功能定位不同；由于实行一般破产主义，一旦债务人财产不能清偿全部债务，就需要用破产制度来解决，同时中止强制执行程序，否则，就有悖于破产制度平等清偿的功能定位。①

有的学者进一步强调，前述国家所采用的强制执行优先是在债务人能清偿所有债务的前提下的优先，而不是债务人资不抵债时，先申请人还可以优先受偿；一旦债务人不能清偿所有债务，无论债务人是商人还是非商人，强制执行程序就让位于破产程序。在这些国家，“强制执行优先原则”与“一般破产原则”在“能清偿所有债务”与“资不抵债”两个层次上发挥作用，而适用的债务人主体完全相同（既包括商人，又包括非商人）。②

2. 商人破产主义+强制执行平等原则

有的学者认为，在法国、意大利等实行商人破产主义的国家，由于奉行商人破产主义，在遇到非商人资不抵债的情形时，破产法就无用武之地了，而只能运用强制执行程序来实现各债权人之间的公平受偿，所以其破产法与强制执行清偿原则的搭配关系是“商人破产主义+强制执行平等原则”。③

有的学者进一步指出，法国、意大利由于在破产制度上采用的是商人破产原则，对于非商人不得宣告破产，所以其执行制度必须采用平等原则，否则对于非商人资不抵债的债权人无其他救济办法。与英、美、德、奥的立法构造相比较，“商人破产原则”与“强制执行平等原则”都是在保证债务人资不抵债的情况下各债权

① 江伟主编：《民事诉讼法专论》，中国政法大学出版社 1998 年版，第 280-281 页。

② 马登科：《民事执行程序与破产制度的统一与协调》，载《特区经济》2005 年第 7 期。

③ 江伟主编：《民事诉讼法专论》，中国政法大学出版社 1998 年版，第 280-281 页。

人的平等受偿，不同的只是适用主体不同（前者为商人，后者为非商人）。可见，法国、意大利的强制执行平等原则实际上是在非商人范围内代替“小型破产”，从而达到不经过破产也能简单清偿来维持债权人之间的公平。①

3. 关于前述模式分析的几点反思

关于“一般破产主义+强制执行优先原则”和“商人破产主义+强制执行平等原则”的立法搭配关系的模式归纳，总体上是从表象上得出分析结论的，没有反映各国立法的真实情况，也没有经过严密的论证和必然的法理基础。

第一，“商人破产主义+强制执行平等原则”的模式几乎是不存在的，前述模式分析在基础资料引证方面存在错误，或者存在以偏概全的现象。以法国为例，前述分析中有学者认为，法国实行的是强制执行平等主义和商人破产主义的搭配关系，事实上，法国在1869年以后通过判例承认“扣押债权优先受偿”效力之后，仅仅在动产执行中还保留平等清偿原则；另外，法国1967年的破产法也已经放弃了商人破产主义传统，而改采用一般破产主义。再如，日本，其是典型的采用“一般破产主义+强制执行平等清偿原则”的国家，难以为前述两种模式所涵盖。所以，所谓“商人破产主义+强制执行平等原则”的搭配关系的模式归纳，并没有建立有效的论证基础。

第二，“一般破产主义+强制执行优先原则”的模式也只是一种现象巧合。虽然大多数采用一般破产主义的国家，其强制执行都“凑巧”采用了执行平等原则，但事实上二者不具有必然组合的合理性。日本就是一个典型例证，其奉行一般破产主义，但在执行法上仍然实行平等清偿主义。其立论的错误在于从“债务人财产不足清偿时”，如何看待执行参与分配和破产清算的关系。事实上，

① 马登科：《民事执行程序与破产制度的统一与协调》，载《特区经济》2005年第7期。

德国、日本等国对参与分配本质的认识是利用同一执行程序清偿多个债权，债权人为一人时也可适用分配程序，故执行中的分配程序并不以债务人的财产不足清偿所有债权为前提条件。[①] 换言之，国外立法规定的参与分配本质上是“参与执行”，首要目的在于使各债权人的债权能够利用同一执行程序获得清偿，以节省执行时间和执行费用；然后，才是一旦出现不足清偿的情形，使各债权人公平分担债务人迟延或不能清偿的风险和损失，“如何分配”（平等主义、优先主义）只是参与执行的附带后果。

第三，前述两点分析显示，破产能力（破产立法主义）与执行立法原则之间并没有必然的逻辑搭配关系。在一般破产主义越来越普遍的背景下，倒是有另外一个问题值得重视，即在一般破产主义之下，当债务人符合了破产清算的条件之际，是继续强制执行还是进入破产程序？如何启动破产程序？这关键在于“执转破”的程序机制问题，或者说“自愿破产”和“强制破产”的机制选择问题。

我国有学者认为，“执转破”操作模式主要有申请主义、职权主义和并行主义三种。[②] 从国外的研究来看，“强制破产”主要有两种含义：一种含义是指相对于债务人自行申请破产的“自愿破产”而言的，是指由债权人申请的破产；另一种含义是指相对于当事人“申请破产”而言的，是指由法院依照职权来强制宣布的破产，英美法系国家所指的强制破产更多的是指第一种含义。[③] 但如果从更宏观的视角看，则有以下四种模式：

（1）自愿申请启动模式。也称申请主义，是指在强制执行程

---

① 江必新：《比较强制执行法》，中国法制出版社 2014 年版，第 225 页、第 376 页。

② 丁海湖、田飞：《“执转破”操作模式及相关实务问题研究》，载《法律适用》2017 年第 11 期。

③ 参见［美］大卫·G. 爱泼斯坦、史蒂夫·H. 尼克勒斯、詹姆斯·J. 怀特：《美国破产法》，韩长印等译，中国政法大学出版社 2003 年版，第 10 页。

序中，被执行人存在不能清偿到期债务且资产不足以清偿全部债务或明显缺乏清偿能力等破产原因的，由申请执行人或被申请人提出申请，通过启动破产程序来实现债权债务清偿的目的。这种模式，体现了法院消极中立和不告不理的程序思想。根据我国《企业破产法》第7—9条的规定，企业破产依据债务人、债权人的申请而启动，是典型的申请主义。新的《民诉法解释》限于破产立法的限定，仅对此做了技术性调整，由“积极申请”启动修改为“被动同意”启动。[①] 第513条规定：“在执行中，作为被执行人的企业法人符合企业破产法第二条第一款规定情形的，执行法院经申请执行人之一或者被执行人同意，应当裁定中止对该被执行人的执行，将执行案件相关材料移送被执行人住所地人民法院”，明确了对于符合破产条件的被执行人，在债权人或债务人同意的情况下，允许启动破产程序。但总体上看，“同意”机制的设置仍然没有突破申请主义的樊篱。

（2）强制申请启动模式。也称间接强制破产的方式，是指通过立法让企业经营者承担破产申请义务，以惩罚性赔偿后果“倒逼”债务人主动申请破产。例如，德国法律明确规定公司管理人员负有破产申请义务。《德国破产法》第15a条规定：“法人支付不能或债务超过时，代表机关的成员或清算人，有责任立即提出破产申请，至迟应当在支付不能或债务超过发生后3周之内提出。”《德国有限责任公司法》第64条第1项、《德国股份法》第92条第2项亦有类似的规定。《德国民法典》第43条第2款亦规定：董事会迟延履行申请破产义务的，有过失的董事会成员对因此而受损害的债权人负有连带赔偿责任。《日本民法典》第70条、《日本商法》第266条第3款，我国台湾地区“民法”第35条、“公司法”

① 鉴于目前立法层面并无“执转破”的规定，最高人民法院在起草司法解释过程中是较为谨慎的，这从《最高人民法院关于适用〈中华人民共和国民事诉讼法〉的解释（征求意见稿）》关于直接移送破产制度征求人大法工委意见时，人大法工委反馈的“该规定与破产法的规定不一致，是否妥当，建议进一步研究”中可以窥见一斑。

第211条第1款，也规定了类似的连带赔偿责任。我国台湾地区“破产法”第156条还设置了“过怠破产罪”，规定了刑事责任。英美等国虽然未明确规定董事的破产申请义务，但通过扩张董事的“受托人义务”来激励董事积极申请破产。①

(3) 法院职权启动模式。也称职权主义，即“法院不俟当事人之声请，依职权宣告债务人破产之主义”。② 我国台湾地区“破产法”(1993年修订) 即采用此模式，第60条规定，在民事诉讼程序或民事执行程序进行中，法院查悉债务人不能清偿债务时，得依职权宣告债务人破产。另外，新加坡《破产法》第3条第1款第 (j) 项规定，“若地区法院的行政司法官或法警送回传票，认为债务人没有可没收的财产，从本项的目标考虑，传票在地区法院行政司法官或法警手中搁置之日应视为做出破产行为之日”。这种拟制破产的立法技术，也属可归于职权启动的范畴。

(4) 折中主义，即申请与职权启动相结合的模式。“执转破”的折中主义是破产启动立法模式在“执转破”领域的移植。破产启动方式的折中主义，即在体现司法自治的申请主义造成不公平或者当事人存在恶意逃债的情形时，如果法院查明存在破产原因，为了保护全体债权人或社会公共利益，避免造成资源浪费，而赋予法院强制启动破产程序的权利。现代破产法大都采取折中主义，即以申请主义为原则，以职权主义为例外。③ 例如，《法国困境企业司法重整和司法清算法》规定，在债务人申请启动和债权动的基础上，法庭可以依职权立案。④ 具体到“执转破”领域，启动“执转破”程序的方式包含当事人申请和法院主动启动两种，当然法院

① 郭瑞:《论破产启动的强制模式建构》，载《经济法论坛》第18卷，第36-37页。

② 吴传颐:《比较破产法》，商务印书馆2013年版，第159页。

③ 李永军、王欣新、邹海林、徐阳光:《破产法》(第2版)，中国政法大学出版社2017年版，第7页。

④ 李飞主编:《当代外国破产法》，中国法制出版社2006年版，第359页。

主动移送一般被限制在当事人未申请或拒绝申请的情形之下。

## 三、我国执行参与分配制度与破产法关系进一步优化

### (一) 若干有代表性的建议方案

在我国学者研究执行参与分配制度的过程中，针对现行司法解释中确立的参与分配制度存在的问题，从执行立法与破产立法协同的视角提出了若干种有代表性的解决方案。兹举例分析如下：

(1) 修改破产立法，实行“一般破产主义+强制执行优先原则”。

主张扩张破产能力范围，实行一般破产主义，是我国学术界学者的主流意见，持这种观点的学者人数众多。例如：

肖建国教授认为，一般破产主义配合强制执行优先原则才是我国的理想选择。“就立法论而言，以一般破产主义配合强制执行优先原则是一种最佳化的选择，而以优先破产主义配合强制执行平等原则也不失为一种具有可行性的方案。”① 但是，后一种模式的缺点又是不可避免的，理由是：①现代破产制度最为显著的发展趋势是由商人破产趋向一般破产，破产制度的这一巨大变化根源于现代强制执行法优先保护个别债权人之债权的功能逐渐增强，强制执行优先原则逐渐取代平等原则。②强制执行程序中的参与分配制度不能完全代替破产程序的作用，利用参与分配来公平清偿所有债权会产生很多问题。例如，参与分配债权人未完全满足的债权是否可以类推适用破产法的规定，即使债权人的请求权发生消灭的效果？强制执行过程中是否必须类推破产法通知所有债权人申报债权的规定？对于那些非金钱请求的债权人，如物之交付请求权人、行为或不行为请求权人，其债权的实现和满足无法按平等原则来处理，而只能依强制执行优先原则来解决，这种矛盾的现象如何解释？“欲

---

① 肖建国：《我国强制执行平等与优先原则论纲》，载《法律科学》1996 年第 2 期。

解决之，须从根本上区别强制执行与破产制度的立法理由和目的”，换言之，一般破产主义配合强制执行优先原则，才是我国的理想选择。

齐树洁教授认为，“我国的破产立法规定只有企业法人才有破产资格，对那些未取得法人资格的企业或组织及个人来说，当其确实无力偿债时亦不能申请破产，则执行工作将无限期地持续下去，直到偿清债务为止，这对于当事人各方、对法院、对社会秩序都是不利的，因此建议正在制定中的破产法扩大破产主体范围，以便使破产法与强制执行法相配套”。①

韩长印教授认为，“在目前参与分配制度存在前述诸多弊端，而我国在短期内又无法制定一部单独的强制执行法的情况下，通过进一步完善破产立法，扩大破产法调整的主体范围，实行一般破产主义立法模式，将公民、其他组织濒临破产危机之时的偿债行为纳入破产法调整的一体范围之内，不失为一种既简单又便捷的立法选择”。②

朱良好认为，“我国的参与分配制度是为弥补破产主体的局限而规定的，但它却不能胜任弥补有限破产主义之漏洞的重任。笔者认为，应该打破现存的破产立法格局，改为采用一般破产主义，把非法人民事主体纳入破产法调整的主体范围”。③

文秀峰认为，“参与分配制度存在着种种不足，与个人破产制度有着很大的差异，并不能取代个人破产制度。因此，应及早修改现行破产法，改采一般破产主义，赋予个人破产能力。在此基础上，应建立一种新的参与分配制度，扩大其适用的范围和参加的条

---

① 齐树洁、马昌明：《完善我国强制执行法若干问题的探讨》，载《法学评论》1997 年第 3 期。

② 韩长印、朱春和：《参与分配制度与破产立法》，载《当代法学》2000 年第 1 期。

③ 朱良好：《对我国民事执行参与分配制度的反思》，载《社会科学》2003 年第 2 期。

件，规定所有民事主体都可适用参与分配制度，且不论债务人的财产能否全部清偿所有债权。如在参与分配中发生资不抵债，则可转依破产程序处理。如此一来，我国的参与分配制度的目的和功能就发生了重大变化，即参与分配制度首先是使各债权人能够利用同一执行程序获得受偿，节约执行成本，其次才是谋求各债权人的公平受偿”。①

(2) 摒弃参与分配的破产还债功能，构建“执行竞合中的参与分配+破产还债式参与分配”二元并存的制度。

有的学者认为，我国参与分配在司法实践中的诸多难题，根源就在于其执行分配功能与破产还债功能的混杂，制度的基本定位发生了错乱，仅仅依靠个别规则的变动与完善，只能起到头痛医头、脚痛医脚的治标效果，而意欲实现治本效果，就必须根据参与分配的双重功能进行制度重构。总体来看，其理论构想有两个层面：②

①从理想层面看，实行一般破产主义，摒弃参与分配的破产还债功能。一般破产主义一旦确立，破产法调整企业法人破产、参与分配涵盖其他主体的二元并立结构即告终结；参与分配的破产还债功能必然失去存在的空间；参与分配因为剔除了破产还债功能得以纯化，整体回归其本源，因参与分配功能定位错乱而产生的相关问题，自然随着参与分配功能的单一化迎刃而解。

②从现实层面看，需要建立执行分配与破产还债的衔接程序，解决现实困境。虽然实行一般破产主义，将破产还债功能从参与分配的功能中剔除，是解决我国参与分配痼疾的治本良策，但由于我国的特殊国情，个人与其他组织的财务信息的规范性难以达到企业法人的水准，将个人与其他组织纳入破产主体之中，尚需要一定的时间，破产立法仍将维持有限破产主义的现状。在此种情况下，还

① 文秀峰：《个人破产法律制度研究》，中国政法大学 2004 年博士学位论文，第 16 页。

② 许尚豪：《执行分配与破产还债的功能分离——参与分配制度的现实重构》，载《人民司法》2014 年第 17 期。

需要参与分配这种变通性的制度设定来解决现实困境，但须认识到参与分配的执行分配功能与破产还债功能的性质的确是不同的：

第一，当前我国参与分配制度存在着两种截然不同的制度内容，分属于执行程序与破产程序，基本理念存在巨大的差别，程序运行规则亦必然不能相同。为此，需要区分承担破产功能的参与分配与执行程序中的参与分配。执行竞合中的参与分配，应当以执行程序理念来确定分配原则，除享有法定优先权外，各个申请执行人应当平等受偿。

第二，将破产式参与分配制度从执行参与分配制度中分离出来，建构独立的破产还债参与分配制度。破产还债意义上的参与分配，实质上是履行了破产法的功能，其制度构建思路为：一是严格限定承担破产还债功能的参与分配制度的适用范围。《执行规定》第 96 条规定：被执行人为企业法人，未经清理或清算而撤销、注销或歇业，其财产不足清偿全部债务的，参照适用参与分配。此规定应当缩小范围，应当仅限于被执行人被撤销与注销的情况，由于歇业属于不好认定的状态，不应列入参与分配的适用范围。二是明确程序启动标准，限定为被执行财产不能清偿全部申请执行人债务。三是参照破产法规定，法院在启动破产式参与分配之后应当进行公告，促使那些已经取得执行名义的当事人参与分配。四是参与分配制度虽然实质上属于破产法范畴，但它对于被执行人的法律效果毕竟不同于破产，因而基于主体资格消灭的破产规则并不具备适用的空间，没有取得执行名义的债权人，不应当成为参与分配的主体。五是建立执行竞合中的参与分配与破产还债功能的参与分配的衔接程序，赋予法院在执行中依职权启动破产宣告程序的权力。

（3）修改破产立法，实行商人破产主义，商人和非商人的执行原则区别对待。

马登科在《民事执行程序与破产制度的统一与协调》一文中虽然也主张从“英、美、德、奥等国强制执行优先原则+一般破产原则（商人、非商人）”的运行机制中汲取经验，但他最终并没有选择前述的“一般破产主义+强制执行优先原则”的调整思路，而是构建了一种更为复杂的区别对待机制。具体来说：①如果被执行人能够清偿全部债务，则不论其为商人还是非商人，一律适用强制执行优先原则（与现行司法解释精神基本一致），并允许重复查封（与现行司法解释精神不同）。②如果被执行人不能清偿全部债务，则要区别商人和非商人：对于非商人，实行平等清偿（即目前的参与分配），并允许超额查封；对于商人，转入破产清算程序。①

这样做的理由是：①在债务人尚能够清偿的前提下，实行强制执行优先原则，有利于发挥优先原则迅速、简易的特点，不会造成执行程序的迟滞和拖延。②当债务人资不抵债时，对于资产相对较少、经不起费用高昂的破产程序折腾的非商人，通过执行的平等原则来替代破产程序，既能节约时间和费用，又能兼顾各债权人的公平。③明确了破产法与强制执行法各自的适用范围，保证了强制执行法与破产法的分工配合和相互补充关系。④已在司法实践中实施多年，我们在没有重大理由的情况下，在将来制定单行的强制执行法时，不应轻易否定它，而应在此基础上加以完善，以保持立法、司法的连续性和相对稳定性。

（4）着力解决执行程序与破产法调整范围重合问题，将参与分配的适用范围复归于“公民、其他组织”。

有的学者认为，应当彻底取消1998年《执行规定》第96条关于对企业法人适用参与分配的规定。例如，吴晓静认为，讨论我国参与分配制度的改革，必须以参与分配制度所要解决的问题作为出发点。从1992年《民诉意见》第297条、第298条的表述来看，参与分配制度所要解决的是“债务人财产”不足以清偿“各债权人的全部债权”情况下的公平分配问题，可称为“债务人资不抵

① 马登科：《民事执行程序与破产制度的统一与协调》，载《特区经济》2005年第7期。

债情况下的参与分配”或“清盘型参与分配”；1998年《执行规定》第90条所要解决的是“债务人财产中除已经被法院以执行措施控制的部分之外的部分”不足以清偿“其他债权人的债权”时的分配问题，可称为“债务人财产受控情况下的参与分配”或“搭车型参与分配”。但无论前述哪一种理解，1998年《执行规定》第96条创设的“企业法人”准用条款都存在立法上的疑问和与破产法功能上的重叠。“综上所述，对我国现有参与分配制度的关键性改进措施，就是要取消1998年《执行规定》第96条关于对企业法人适用参与分配的规定，使参与分配成为仅适用于那些不能适用破产制度的主体的‘清盘’执行制度，是一种‘效率优先’且兼顾‘有限范围内的公平’，虽不完美但可以接受的执行制度。”①

有的学者认为，参与分配制度与破产制度调整对象的重合导致功能发挥的双重失调，个别强制执行中的参与分配制度对破产法功能发挥的冲击。受制度、文化和经济的多重制约，导致企业法人对参与分配程序的偏好、对启动破产程序的消极性和破产法功能发挥的衰微。所以，必须做好两个方面的调整：第一，改变参与分配与破产制度调整对象重合的现象，将参与分配制度的调整对象还原为公民和其他组织，以最有效和成本最低的途径降低执破衔接的制度成本。第二，重塑破产制度的功能定位，将其定位为法治化失败市场竞争主体有序退出机制，引入破产程序启动有限职权主义，法院强制启动破产程序的职权参照重整计划强制批准的条件进行。②

司法界的观点认为，建立法院强制宣告破产制度，是解决企业法人准用参与分配制度的最佳选择。1998年《执行规定》第96条的规定，沿用了1990年国务院《关于在清理整顿公司中被撤并公

---

① 吴晓静：《现行参与分配制度根本缺陷与改进建议》，载《法律适用》2008年第1期、第2期。

② 梁伟：《制度、文化、经济视角下执破衔接障碍与破产法本位重塑》，载《内蒙古社会科学（汉文版）》2017年第3期。

司债权债务清理问题的通知》中关于“公司财产不足清偿同一顺序的清偿请求时，按照比例分配”的规定以及最高人民法院发布的相关通知的精神。这一规定当时面临的实际情况，一方面是在执行程序中多个债权人要求对债务人剩余的有限财产平等分配，另一方面破产制度不能有效运行。因此以强制执行程序承载了破产制度的功能。应该说，当时的执行实践关注到了债权人之间的公平受偿问题，对于在特定历史条件下，解决权利人之间的冲突、化解社会矛盾、维护社会稳定，发挥了积极的作用。但是，在我国破产法不断完善，破产制度、公司制度日臻成熟的情况下，再坚持《执行规定》第96条的规定，其合理性越来越受到质疑甚至诟病。《执行规定》第96条确定的平等分配，使债权人更多地选择执行程序来实现较多的清偿，影响了其提起破产程序的积极性。如果执行实行优先主义，在一定程度上可以刺激后顺位债权人提起破产程序。因其在执行程序中可能一无所获，那么，申请破产将是最佳选择。“当然，执行与破产制度最好的衔接，是在执行中法院依职权启动破产程序，执行机构发现有破产情况，移送破产法院实施破产分配。但苦于法律依据不足，法院对此种方式启动破产程序只能持慎重态度。”① 一些地方法院的法官也持这种观点，主张建立强制破产制度，赋予法官启动破产程序的权力。②

最高人民法院在2015年2月4日公布的《民诉法解释》中新设了“执转破”机制。此后，众多学者围绕司法解释中“执转破”的规范及其进一步完善展开了研讨。

有人主张，确立依申请启动执行转破产程序为原则，构建“有限”职权主义启动执转破程序为例外，将两者妥善协调、对接才可以还执行程序对失信惩戒本身所具备的司法威信，实现市场经

① 刘贵祥、黄金龙：《平等分配制度与破产制度的分工》，载《人民法院报》2014年4月30日。

② 林祖彭、李浩：《建议在司法执行中建立强制性破产制度》，载《政治与法律》1998年第5期。

济法治化应有的价值。执行转破产程序过程中的很多新措施、新思维模式不可能在产生之初就接近完美，在司法实践过程中还可能发现新的问题，需要在摸索中不断调整、改良。[①] 有人主张，虽然目前立法上尚缺乏依职权启动破产的制度，审判实践中对于依职权启动破产的制度尚没有做好准备，而且暂时也不具备实施条件，但从国际破产立法的发展趋势，考虑到我国经济发展和推动破产法实施的需要，从长远来看，作为当事人申请主义的补充，设立依职权启动破产程序的制度应该是发展的趋势。在现有上位法和相关法律不作修改的前提下，可以经过授权通过针对执行与破产程序衔接问题专门制定指导意见或者司法解释，对一些实践中发现的问题，加以修正与完善。[②]

有的学者对目前“执转破”操作模式及管辖、决定程序、移送程序、审查程序和破产程序中的有关实务问题进行梳理和研究，并结合司法实践，提出了具体的可操作性意见。[③]

（5）维持现有执行程序和破产法并列存在的格局，分别完善适用于“个人、其他组织”的参与分配制度和“企业法人”的执转破程序机制。

齐树洁教授认为，当执行过程中发生被执行人资不抵债的情况时，基于债权平等的原理，有必要通过从执行程序向破产程序的转化为所有债权人创造一种获得公平受偿的机会。但我国的情况则是：在有限破产主义的立法背景下，公民或非法人组织不具有破产能力，因此，即使在执行过程中发现前述主体资不抵债，也不可能

---

① 陈明灿：《执行转破产程序的困境和出路：以有限职权破产主义启动机制的构建为突破口》，载《最高人民法院深化司法改革与行政审判实践研究（下）——全国法院第28届学术讨论会获奖论文集》2017年版。

② 曹守晔：《执行程序与破产程序的衔接与协调》，载《人民司法》2015年第21期。

③ 丁海湖：《“执转破”操作模式及相关实务问题研究》，载《法律适用》2017年第11期；詹应国：《执行与破产程序的衔接规范》，载《人民司法》2016年第4期。

实现相应的转化；在被执行人为企业法人的情况下，尽管其具备破产能力，但由于现有的程序衔接机制无法在实际操作中发挥实效，使得上述转化同样难以进行。此时，继续进行的执行程序与未能发生的破产程序之间在价值取向层面的内在紧张关系应如何加以协调呢？齐树洁教授立足于现有制度基础，提出了一种程序操作机制局部优化的方案：①

①被执行人为公民、非法人组织的。针对目前理论界呼声最高的引入“一般破产主义”的主张，齐树洁教授认为，“实施个人破产制度应以较完备的个人财产登记制度和良好的社会信用环境为前提，而这恰恰是我国所欠缺的。因此，新破产法没有采用一般破产主义的立法例，这就使得在可预见的将来，参与分配制度仍将作为破产程序的替代方案而存在。有鉴于此，更为现实的思路应是着眼于参与分配制度自身的完善，弥补其在公平价值上的不足”。但是，如果增设公告、通知程序，取消关于申请参与分配资格的限制等方式把参与分配制度打造成一个极为烦琐的“准破产程序”，所谓的公平受偿也会变得没有实际意义。因此，必须允许参与分配程序保有其自身的制度价值，即在“保护积极行使权利者的利益”和“债权平等”这两种不同的价值取向之间实现平衡，而这种平衡的结果最终表现为“在积极行使权利者之间实现债权的平等清偿”这么一种设计思路。依据这一思路，《民诉法意见》第297条之规定显然比《执行规定》第90条之规定更具合理性，“已经起诉”的债权人当然属于“积极行使权利者”之列，不应被剥夺申请参与分配的资格。可以通过修改司法解释对此重新确认，由于适度扩大了参与分配主体的范围，可以在一定程度上缩小其在实现债权平等价值层面上与破产程序的差距。

②被执行人为企业法人的。针对执行过程中出现的企业法人资

① 齐树洁、陈洪杰：《破产程序与执行程序的冲突及其协调》，载《厦门大学学报（哲学社会科学版）》2007年第3期。

不抵债的情况，司法解释为执行程序转化为破产程序提供了依据。但是，法院不能依职权将执行程序转化为破产程序，只能告知当事人申请被执行人破产。但是，不可能期待作为执行申请人的债权人会申请宣告债务人破产，因为这不符合他的利益；债务人主动申请破产的积极性也不高，债务人总是更倾向于保全自己的主体资格，尤其是国有企业破产还可能涉及追究破产责任的问题——这也是实践中债权人提出破产申请的数量只占法院受理破产案件数量极少比例的原因所在。齐树洁教授认为，导致现行衔接机制缺乏实效的根本原因在于信息不对称，即了解债务人财产状况的执行当事人缺乏启动破产程序的动机，而具备启动破产程序动机的利害关系人却无法知悉相关情况。因此，解决这一问题的关键就在于改变信息不对称的状态。“具体而言，当法院在执行过程中获悉债务人不能清偿到期债务时，就此事项进行公告，即可使现有的衔接机制更好地发挥作用，从而有效协调破产程序与执行程序的隐性冲突。”齐树洁教授也不赞同建立强制破产制度，认为因为处分原则是民事程序法的基本原则，我们既然可以通过公告程序来保障利害关系人的知情权，就不必再去干预他们的选择权。

（二）本书的基本观点

综观前述论争，可以发现学者在如何处理我国执行参与分配与破产制度之间的关系上还存在较大分歧，远没有达成共识。争论的核心是：是实行一般破产主义还是实行商人破产主义？在破产法立法主义解决之后，执行分配是坚持平等清偿主义还是优先清偿主义？在破产法与参与分配适用对象重叠的问题上，是取消企业法人准用参与分配制度还是予以保留？如果保留的话，是建立统一模式的参与分配制度还是二元并立的参与分配制度？在执行中发现符合破产条件的情况下，是采用申请主义、职权主义还是折中主义？

1. 破产法立法主义之争：一般破产主义，抑或商人破产主义

有相当多的学者认为，我国破产法实行一般破产主义具有必要性，具体有规律论、公平论、国际接轨论、债权人保护论、债务人

保护论、非法人企业破产的必然结果论、经济活动论、可行论、解决讨债欺诈论、信用促进论十种观点。① 也有学者认为，我国实行一般破产主义、建立个人破产制度条件已经成熟。② 但有些学者认为，虽然一般破产主义的立法模式是破产立法的发展趋势，但在现阶段的中国是无法完全建立起来的，具体来说缺乏经济基础、与财产制度基础不相适应、会对正在形成的信用制度造成毁灭性的打击，我国目前只适合建立商人破产主义。③ 有的学者明确提出，"对于非法人企业的投资人、非组织性商自然人，我国《企业破产法》还不宜规定它们的破产。即使在某一天要进行规定，也应当在考虑我国现实的基础上单独规定。至于消费者破产，在目前阶段应当不予考虑"。④

在我国破产法修订过程中，关于破产能力范围始终存在严重的意见分歧，归纳起来主要有三种观点：第一种观点可称为"企业法人说"。依此观点，只有企业法人才具有破产能力，成为破产主体。第二种观点可称为"所有企业说"。依此说，不仅企业法人可以被宣告破产，而且诸如合伙企业、个人独资企业以及其他不具有企业法人资格的经济组织，也可以被破产。第三种观点可称为"所有主体说"。该观点认为，破产法应当适用于中国境内的所有民商事主体，不仅具有法人资格的组织，而且不具有法人资格的其他组织以及所有公民个人，均可成为破产的主体，具有破产能力，即实行一般破产主义。几经易稿的破产法，最终采纳了第二种观

---

① 参见曹兴权：《雾里看花：自然人破产之争》，载《河北法学》2006 年第 4 期。

② 汤维建：《个人破产法的立法研究》，载《山东警察学院学报》2010 年第 5 期；赵万一、高达：《论我国个人破产制度的构建》，载《法商研究》2014 年第 3 期。

③ 崔闽：《个人破产制度在中国的引进及对中国信用制度的冲击》，载《鲁行经院学报》2003 年第 5 期；刘清生：《商自然人破产立法初论》，载《西南民族学院学报》2002 年第 9 期；常敏、邹海林《中华人民共和国破产法的重新制定》，载《法学研究》1995 年第 2 期；贺志姣：《破产法的适用范围：商人破产主义还是一般破产主义》，载《中南财经政法大学学报》2002 年第 6 期。

④ 曹兴权：《雾里看花：自然人破产之争》，载《河北法学》2006 年第 4 期。

点，将破产适用范围限于企业法人、合伙企业及其合伙人、个人独资企业及其出资人、其他依法设立的营利性组织。但其排除了金融企业的破产可能性，对于自然人破产，考虑到我国财产登记制度的不健全等原因而没有规定。

本书的前文分析显示："商人破产主义+强制执行平等原则"的模式几乎是不存在的；"一般破产主义+强制执行优先原则"的模式也只是一种现象巧合；比较法的考察显示，破产能力（破产立法主义）与执行立法原则之间并没有必然的逻辑搭配关系（参见本节第一个标题的结论分析部分）。真正有意义的问题有两个：

（1）破产法与执行法协同视角下，执行参与分配制度的功能如何重新定位？

（2）无论是采用一般破产主义还是商人破产主义，当债务人符合了破产清算的条件之际，是继续强制执行还是进入破产程序？如何启动破产程序？这关键在于"执转破"的程序机制问题，或者说"自愿破产"和"强制破产"的机制选择问题。

2. 我国执行参与分配制度功能的重新定位

我国执行参与分配制度的初衷，在于弥补有限破产主义的破产法缺陷，这种功能定位的偏差必须得到修正，让破产制度和参与分配制度的原初功能各自归位。

首先，破产制度的功能归位。从根本上看，破产是指债务人因经营不善或其他原因，致使无法清偿到期债务，依照法定程序清算财产、偿还债务，免除其不能偿还部分，最终取消其主体资格的过程（或状态）。现代破产法律制度被赋予了多重功能：（1）债权公平清偿的功能。即在债务人无法清偿到期债务时，以破产宣告和破产清算的程序机制，确保债权人、债权得到最大限度的公平清偿，并在清偿中贯彻债权平等的原则。（2）商业经营失败的市场退出功能。即在债务人遭遇严重的经营危机之际，以破产宣告、破产清算和消灭其人格的方式，使债务人迅速解脱债务危机，实现优胜劣汰机制下市场竞争者的新陈代谢。（3）债务人保护和资产重组功能。即在债务人遭遇严重的经营危机之际，通过产权市场的资产重组（破产法的和解程序与重整程序），实现存量资本的有效利用和资源的合理配置。（4）警示功能。即通过破产制度的设置，促使企业居安思危，不断提高企业的技术革新和管理水平，提高企业的经济效益。

其次，执行参与分配制度的功能归位。如果抛开我国既有司法解释及司法实践所形成的观念，重新审视执行程序中参与分配制度，不难发现其实质上是一种解决执行竞合的执行分配制度，与被执行人的偿债能力并无必然联系。换言之，执行参与分配制度的应然功能是：[①]（1）参与分配本质上是一种解决执行竞合的程序机制，针对的是执行竞合现象，解决的是数个债权人就同一债务人的财产强制执行所得公平受偿的问题。（2）参与分配的重心是“参与执行”，对其他债权人申请参与执行，各国立法基本上不设“执行所得或者债务人的财产不能清偿”的前提条件。换言之，参与分配本来不具有与破产法类似的“清算”功能，不具有弥补破产法功能缺陷的功能。（3）在参与分配制度中，“参与执行”是基于同类性质债权的平等保护理念而设置的，“财产分配”只不过是“参与执行”的后果而已，但初衷不是为了解决“不能清偿”时的“财产分配”问题，我国的参与分配制度犯了因果逻辑颠倒的错误。（4）参与分配对债权人的身份并没有特殊要求，公民、法人、其他组织均可适用，唯一的衡量标准是基于债权平等的理念，允许债权人都有参与执行的平等机会，至于如何分配（各种清偿主义）、与破产程序的衔接（“执转破”的程序机制）各国理解存在差异。

3. 民事执行程序与破产程序的衔接机制

我国学者普遍将引入“一般破产主义”或“商人破产主义”作为解决参与分配制度缺陷的基本思路。这种认识，根源于我国目

① 参见本书第三章第一节“参与分配制度的功能定位与价值选择”部分。

前将参与分配定位为解决“清偿不能”的一项制度，与同样解决“不能清偿”问题的破产法发生了功能重叠，因而试图通过修改破产法一并解决各类债务人“不能清偿”的问题。综合前文分析，我们认为以下三个问题是各自独立的：

（1）破产法实行“一般破产主义”或者“商人破产主义”，对参与分配制度的实质性影响有两个：一是剔除其“不能清偿”时的财产分配功能，二是取消《执行规定》第96条规定的以参与分配替代破产清算的机制，从而厘清参与分配与破产的功能界分。就破产法的进一步修改而言，我们倾向于“商人破产主义”，理由包括：第一，破产法的基本功能之一，就是商业经营失败的市场退出功能，这显然是对从事市场经营的商主体而言的，发挥的是市场经济条件下的制度调节功能而非对一般民事主体的调节功能；第二，我国的法律应当与政治社会生态相符，现阶段对广大的工人、农民、学生等一般主体实行破产在政治理念上存在障碍，以及在一般民众的接受观念上存在障碍；第三，事物的发展有其规律，破产立法不可能一蹴而就，我国破产法的发展从原来仅适用于国有企业，到适用于全部企业法人，再到适度扩张到所有商主体，符合我国市场经济不断发展的规律；第四，虽然西方国家实行一般破产主义已成主流趋势，但并不能证明我国当前实行一般破产主义也具有合理性、可行性，这不是逆世界潮流而动，而是基于国情的审慎考虑。

（2）参与分配的程序机制构建，如适用的债权、适用的债权人、财产分配原则等，均与破产法的立法主义无直接的关联，而是取决于对债权平等理念和程序公正理念的综合考量，两者是相互独立的。从比较法来看，一般破产主义、商人破产主义与参与分配的平等清偿主义、优先清偿主义有多重组合关系，并非存在固定的、理想的组合，已如前文所述。在本书第二章的结尾部分，我们曾作如下分析，单纯的平等主义和单纯的优先主义确实各自都存在难以克服的弊病，如果在制度设计时不能很好地解决这些弊病，至少从经验主义的立场出发，团体优先主义似乎是一种更优的选择。

（3）破产法与执行参与分配制度的真正关联之处，在于“执转破”的程序机制设计问题。无论是采用一般破产主义还是商人破产主义，当债务人符合了破产清算的条件之际，是继续强制执行还是进入破产程序？如何启动破产程序？这关键在于“执转破”的程序机制问题，或者说“自愿破产”和“强制破产”的机制选择问题。我国《企业破产法》第7—9条规定了“申请主义”，最高法院《民诉法解释》第513条规定了一种“申请主义”和“职权主义”的过渡形态即“同意机制”，正如最高人民法院的法官所阐明的那样，执行与破产制度最好的衔接是在执行中法院依职权启动破产程序，但苦于法律依据不足，法院对此种方式启动破产程序只能持慎重态度。① 实践中申请执行债权人和债务人均不愿启动破产程序的问题，在重置了参与分配的适用条件和取消了《执行规定》第96条之后，其实已经解决了一半，剩下的一半，就是“执转破”程序机制的具体设计问题。具体的思路，可以多措并举：第一，修改公司法等相关企业法，明确规定商主体的董事、经理人等在企业经营遭遇严重危机、不能清偿全部债权时，负有及时申请破产的义务，否则承担过错的连带赔偿责任，这是一种间接强制方式；第二，修改《企业破产法》第7—9条的规定，改“申请主义”为“折中主义”，即建立以债权人、债务人申请破产为原则，以法院执行中依职权移送和宣告破产为例外的机制，将执行中债务人申报的财产和法院查封的财产是否能够清偿全部申请执行人的债权作为判断标准；第三，作为补充机制，为了防止其他未申请执行的债权人债权受损，即便执行中债务人申报的财产和法院查封的财产能够清偿已申请执行的债权，但处于临界状态时，法院应当发出公告，催促其他债权人在一定期限内参与执行或申请债务人破产。

① 刘贵祥、黄金龙：《平等分配制度与破产制度的分工》，载《人民法院报》2014年4月30日。

## 第二节 参与分配制度与执行竞合

什么是执行竞合？执行竞合缘何产生？执行竞合与参与分配之间是一种什么样的关系？在我国现行法律及司法解释中，虽然使用了“参与分配”的用语，但并没有明确的“执行竞合”的概念，不过，执行竞合却是在司法实践中无法回避的一种现象。在大陆法系国家和地区，学者们在研讨执行竞合现象及其解决对策时，往往基于民事强制执行不同的价值诉求和功能定位而展开讨论，由此形成了“否定说”“肯定说”等主张，在肯定说之下产生了执行竞合与参与分配的关系问题。

### 一、执行竞合的厘定

#### （一）执行竞合“否定说”

所谓“竞合”，从语言上看，一般是指两个或两个以上的事物在某一个方面或某个点上的重合且彼此又互相排斥的一种状态。在民事执行过程中，如果债务人应当履行的给付义务是单一的，则不发生竞合问题；如果应当履行的给付义务不是单一的（如债务人应当对多个债权人履行给付，或者债务人应当对同一债权人履行多个给付），由于多个给付的种类和内容不同，它们之间就可能产生互相排斥或者互相重合的现象，以致各债权人的债权无法同时获得满足，这种互相排斥或者互相重合的现象，就是执行竞合。[①]

是否承认执行竞合现象，与一国民事强制执行法的价值追求和功能定位直接相关。在贯彻“先到先得”式的优先清偿主义的情况下，并不发生执行竞合的问题。诚如我国台湾学者陈荣宗教授所言：“对于强制执行采取执行优先主义之立法例，无论债权人之债权为金钱之请求，抑或特定物交付之请求，均得依债权人对债务人

① 谭秋桂：《民事执行原理研究》，中国法制出版社2001年版，第325页。

财产为执行之先后顺序，决定债权人满足其债权之顺序，不生执行竞合问题。”[①] 可见，在彻底的“先到先得”的理念下，不但不会发生执行竞合问题，也不会发生我国现有立法所规定的参与分配问题（以不能清偿为先决条件）。只有在秉持民事债权平等的理念，在一定程度上要求对民事债权进行平等清偿的情况下（平等主义或折中主义），由于“先到未必先得”，才有了执行竞合的现象，也才有了我国现有立法所规定的参与分配问题。

（二）执行竞合“肯定说”

执行竞合原本是民事强制执行过程中的一种现象，本质上是债权请求权之间的冲突。从最广泛的意义上说，执行竞合是指当某债权人根据一个执行根据，针对债务人的某项执行标的已经开始强制执行，其他债权人对此再次申请执行或者要求参与分配，从而形成了各债权请求互相重合而且彼此冲突的法律现象。

同时，任何强制执行程序都是基于一定的执行根据（生效法律文书）而开始的，按照执行根据所要实现的目的、所具有的功能的不同，可将强制执行分为终局执行和保全执行两大类；按照在执行程序中再次申请执行或者要求参与分配的依据不同，可分为有执行根据和无执行根据两类。依此思路，可把执行竞合分为以下几种情形：

1. 终局执行与终局执行之间的竞合

终局执行，是指执行机关依据已经确定的终局性执行根据（如法院的判决、仲裁裁决、公证债权文书等），为了最终实现债权人的债权而实施的执行活动。依所要实现的债权种类不同，终局执行可分为金钱债权的终局执行和非金钱债权的终局执行两类。依执行程序的目的不同，终局执行之间可能出现彼此相容和彼此排斥两种情形。

据此，可将终局执行之间的竞合分为以下几种情形：

---

① 陈荣宗：《强制执行法》，三民书局2002年版，第636页。

(1) 金钱债权之间的执行竞合。金钱债权，是指以给付一定数额的金钱为目的的债权。强制执行实践中所涉及的债权，多数属于此类债权。这类债权的执行，重点是债务人的金钱或财物变价偿付的结果，而非债务人的特定行为或债务人的特定财产。可见，金钱债权之间具有同质性（性质相同），指向同一债务人的多个金钱债权发生竞合时，由于彼此在执行目的上能够相容、只是获偿数量上有别。因此，多个执行程序竞合时，既可以并存，也可以并案办理，或者允许参与分配。

(2) 非金钱债权之间的执行竞合。非金钱债权，包括交付特定物的债权和完成特定行为的债权。非金钱债权的终局执行之间的竞合分两种情形：①执行目的彼此相容者，各执行程序可以分别并存，也可以并案办理。例如，甲占有一片土地，乙、丙分别以允许通行的执行根据请求拆除地上障碍物。又如，甲占有一片土地，乙基于所有权请求返还，丙基于地上权请求交换。②执行目的彼此排斥者，发生竞合时只能进行其中一种执行程序，即遵照优先原则。此时究竟何者优先，理论上认为有三种方案：其一，先申请执行者优先；其二，执行根据请求权依据物权者，优先于债权；其三，原则上先申请者优先，但执行根据请求权依据物权者更优先。[①]

(3) 金钱债权与非金钱债权之间的执行竞合。金钱债权与完成特定行为的债权之间，不存在执行竞合。金钱债权的终局执行与交付特定物的终局执行之间，彼此执行目的上相互排斥（一个要求以变价所得款项偿债，另一个要求交付特定物），无法并存，不能进行执行程序的合并，发生竞合时，何者优先，亦存在前述三种方案。

2. 终局执行与保全执行之间的竞合

保全执行，是指在取得终局的、确定的法律文书以前，为保证人民法院将来作出的生效判决能得到顺利执行，对债务人的财产采

① 杨与龄编：《强制执行法论》，三民书局1997年版，第307页。

取查封、扣押、冻结等执行措施。在大陆法系国家，依所保全债权的种类，将保全执行分为两类：第一，假扣押执行，是指对债权人以给付金钱或可换为金钱给付为内容的请求，为保全将来的强制执行而对债务人的财产予以查封，禁止债务人处分其财产的程序。第二，假处分执行，是指就债权人金钱债权以外的请求，为保全以后的强制执行而采取的确保性、制止性或履行性措施，如禁止债务人变更请求标的物的现状，或确定有争执的法律关系的暂时状态等。①

据此，可将终局执行与保全执行之间的竞合分为以下几种情形：

（1）金钱债权的终局执行与假扣押执行之间的竞合。由于假扣押执行的目的是保全将来的金钱债权终局执行，其保全的债权与其他金钱债权的终局执行之间具有同质性，基于债权平等主义，应允许两者合并执行，保障各金钱债权人获得平等受偿。具体操作上，应区分假扣押执行的时间先后：①如果假扣押执行在先，应当允许两种执行程序合并，将假扣押执行的查封措施直接转为终局执行的措施，在执行变价程序中对假扣押所保全的金钱债权涉及的金额予以提存。②如果金钱债权的终局执行在先，不应当再对执行标的物进行假扣押，但应当允许两种执行程序合并，并在执行变价程序中对假扣押所保全的金钱债权涉及的金额予以提存。

（2）金钱债权的终局执行与假处分执行之间的竞合。由于假处分执行的目的是维持执行标的物的现状，其保全的非金钱债权与其他金钱债权之间具有排斥性，所以无法合并执行，只能维持其中一种。究竟何者优先？应当区分以下两种情形：①如果假处分执行在先，理论上认为有三种解决方案：其一，假处分执行优先。为避免假处分执行的目的落空，应赋予假处分执行以物权效力，其他金钱债权人不得再针对该财产实施终局执行。其二，终局执行优先。

① 陈荣宗：《强制执行法》，三民书局2002年版，第633页。

假处分执行的目的是禁止债务人擅自处分，但却不能禁止基于公权的终局执行。在金钱债权终局执行过程中，假处分执行措施直接转为终局执行措施，同时申请假处分的债权人可将其非金钱债权请求转换为金钱债权请求，申请参与分配。其三，折中说。主张欲进行金钱债权的终局执行，需首先通过一定的程序，排除假处分执行的效力（撤销裁定、通知相关方）。②如果金钱债权的终局执行在先，其他非金钱债权的权利人不得再对终局执行中的标的物申请假处分，但应当保障其对执行标的提出异议的权利（如所有权人），或者申请参与分配的权利（如担保物权人）。[①]

（3）非金钱债权的终局执行与假扣押执行之间的竞合。如果终局执行涉及的是非金钱债权（物之交付请求权），其与假扣押执行所保全的金钱债权之间相互排斥，没有合并执行或者参与分配的可能。此时，根据物权优先的原则，无论假扣押执行在先抑或在后，都不能阻碍或者影响非金钱债权（物之交付请求权）的终局执行。

（4）非金钱债权的终局执行与假处分执行之间的竞合。如果终局执行涉及的是非金钱债权（物之交付请求权），其与假处分执行所保全的非金钱债权之间相互排斥，无法合并执行。究竟何者优先？与前述金钱债权的终局执行与假处分执行之间竞合时，解决方案类似。

3. 保全执行与保全执行之间的竞合

在大陆法系国家，保全执行分为假扣押、假处分，前者是为保障将来金钱债权的终局执行，后者是为保障将来非金钱债权的终局执行，其间的竞合可分为以下情形：

（1）假扣押执行之间的竞合。假扣押执行均系为了保障将来金钱债权的终局执行，二者具有同质性。所以，假扣押执行实施后，其他金钱债权人再申请假扣押时，基于债权平等主义，应允许

---

① 杨与龄编：《强制执行法论》，三民书局 1997 年版，第 308-309 页。

后者与前者合并执行。其中一案先进入终局执行时，法院应当提存另一案应受分配的金额。

（2）假处分执行之间的竞合。这对同一标的物，法院可依申请作出不同内容的假处分裁定。债权人分别申请执行时，二者不相排斥的，可分别执行；二者相排斥的，申请在后者不得实施。

（3）假扣押与假处分之间的竞合。假扣押与假处分所保全的请求权不同，针对同一标的物，先后申请实施假扣押、假处分执行时应如何处理？理论上认为应区分三种情形：①假扣押与假处分的方法相同时（如均为申请禁止转移不动产所有权），则合并执行，均通知执行机关；其中一个先进入终局执行时，演化为终局执行与保全执行之间的关系，参照如前所述。②针对同一标的物，假扣押与假处分的方法不同，但互不排斥的，合并执行。③针对同一标的的物，假扣押与假处分的方法不同，且相互排斥的，何者优先？存在两种观点：其一，实施在先者优先。其二，假处分所保全的是物权请求的，可排除在先的假扣押执行措施；假处分所保全的是债权请求的，仅可排除在后的假扣押执行措施。①

### （三）执行竞合的“灰色地带”

从严格的意义上说，执行竞合应当是两个以上执行根据（生效法律文书）所载的请求权之间，在内容上存在相互重合且排斥的关系。但是，实践中的情形远比这种理解要复杂，有诸多情形对于其是否属于执行竞合，颇有争议。争议集中在两个领域：一个是主体方面，执行竞合是否必须存在两个以上不同的债权人；另一个是执行根据方面，是否必须存在两个以上的执行根据。

#### 1. 同一债权人基于不同的执行根据申请执行，是否发生执行竞合

多数学者认为，强制执行竞合现象的发生，必须有两个或两个以上的债权人即“数债权人”存在，这是发生强制执行竞合的前

① 杨与龄编：《强制执行法论》，三民书局1997年版，第311页。

提。但也有学者提出不同的观点，认为同一债权人基于不同的执行根据申请执行，也有可能发生执行竞合的问题。对此，又应当区分两种情形：

（1）同一债权人基于不同的请求权，获得多个执行根据，分别申请执行。我国台湾地区学者庄柏林教授认为，在识别强制执行竞合现象时，不能固守“数债权人”的标准，即使是同一债权人也会发生强制执行竞合。“债务人应为给付之义务，如为单一，且仅有一个债权人之情形，固不生强制执行竞合之问题，若债务人应为给付之义务，非属单一，或该应履行义务之债务人之相对人即债权人为复数者，始有强制执行竞合之情事发生，故数债权人或同一债权人对于同一债务人，就其同一执行标的或标的物同时或先后二次以上之执行，即所谓强制执行之竞合。”① 谭秋桂教授也认为，执行竞合不一定要有两个以上的债权人存在。因为对同一债权人也会发生执行竞合，执行名义的竞合就是债权人为单一主体的执行竞合的典型例子。只是，债权人为单一主体的执行竞合无论如何处理都不会影响其他主体的合法权益，所以比较容易解决。②

（2）同一债权人基于相同的请求权，获得不同的执行根据，分别申请执行。这种情形可称为“执行根据的竞合”，即债权人对债务人同一给付请求权，有数个执行根据的情形。例如，对债务人同一金钱债权，债权人有依法可强制执行的公证债权文书作为执行根据，但又通过提起诉讼取得了确定的终局判决作为执行根据。从执行根据竞合产生的原因看，有合法产生与不合法产生之分。前者如债权人既有依法可执行的公证债权文书，又取得了确定的终局判决的情形，由于该公证债权文书仅有执行力而无既判力，所以在债务人有疑义时，债权人如果就同一金钱债权向人民法院提起给付之诉，并不违反“一事不再理”原则。后者如债权人就同一金钱债

① 庄柏林：《强制执行竞合及其效力》，载《法令月刊》第41卷第10期。

② 谭秋桂：《民事执行原理研究》，中国法制出版社2001年版，第325页。

权先在甲法院取得了确定的终局判决，后又在乙法院取得了一个新的确定判决的情况。法院作出的给付判决既有执行力又有既判力，所以后诉法院的行为违反了“一事不再理”的原则，其执行根据属于不合法产生。数个执行根据，不论是否合法产生，从理论上说，均应具有执行力。这时，债权人可自行决定依其中一个执行根据向人民法院申请强制执行，也可以依多个执行根据向人民法院申请强制执行。谭秋桂教授认为，在强制执行竞合中，“‘两个或两个以上的给付’应是形式上的并不一定是实质上的。如同一债权人以同一请求权取得两个或两个以上的执行名义，尽管其中的给付从实质上说是同一的，但因其形式上是两个或两个以上的给付，所以应视为已构成执行竞合”。①

我们认为，同一债权人基于不同的执行根据申请执行，无论在前述哪一种情形下，均只发生“形式上的执行竞合”，而无实质上的执行竞合。在前述第一种情形下，由于两个以上的执行债权人不存在利益冲突，无论怎么处理也不会影响其他执行债权人的权益，在尊重债权人意愿的前提下，针对债务人特定的财产实施执行即可，没有需要特别解决的问题。在后一种情形下，如果同一债权人的两个执行根据都是合法的，法院要求债权人选择其一即可；如果其中一个执行根据是非法的，执行法院直接依职权按照合法的执行根据进行执行即可，也不会引发真正的利益冲突和法律争议。所以，对这类执行竞合深入探究的意义不大。

2. 执行根据所载的请求权与无执行根据的请求权之间，是否发生竞合

当一个已经取得执行根据的债权人申请开始一个强制执行程序之后，就特定的执行标的物而言，有可能涉及享有所有权、优先权、担保物权或者已经起诉或申请仲裁但尚未获得执行根据的请求权人的保护问题，以及尚未着手采取诉讼或仲裁手段的请求权人。

① 谭秋桂：《民事执行原理研究》，中国法制出版社 2001 年版，第 326 页。

这类情形在形式上不存在两个以上的执行根据，但是实质上确实存在两个以上请求权之间的重合与排斥现象。这类竞合现象的表现形态主要包括：

(1) 执行根据所载请求权与案外人所有权之间的竞合。当一个权利人依据一个生效的法律文书申请强制执行，执行法院针对一项特定财产采取查封、扣押等强制执行措施后，案外人针对该财产主张所有权时，就会产生此类竞合。在传统的执行竞合理论中，不把这种情形视作执行竞合，而是通过案外人对执行标的物提出“执行标的异议”的方式，保障案外人的合法权益。但是，从针对一项作为执行标的物的财产，有两个以上的权利人分别提出相互矛盾的权利请求（一个依据执行根据主张交付或者变价清偿，另一个主张对被执行人占有的财产享有所有权）的角度看，这也是一种执行竞合现象；只不过，强制执行法不是按照传统的优先主义或者平等主义的思路来解决的，而是从执行救济的角度对案外人的权利加以保障的。申言之，不能以解决问题的方法不同，反过来否认被解决的问题（或执行现象）之间具有相似性。

(2) 执行根据所载请求权与案外人优先权、担保物权之间的竞合。当一个权利人依据一个生效的法律文书申请强制执行，执行法院针对一项特定财产采取查封、扣押等强制执行措施后，案外人虽然已起诉但尚未持有执行根据甚至根本未曾起诉，而针对该财产主张优先权或者担保物权时，就会产生此类竞合。如果执行根据所载请求权属于金钱债权，通常的做法是允许案外优先权人或者担保物权人参与分配，并优先受偿。如果执行根据所载的请求权属于非金钱债权（如交付特定物），也会与案外人主张的优先权或者担保物权产生竞合，此时如何处理，论者往往语焉不详。

(3) 执行根据所载请求权与案外人的普通金钱债权之间的竞合。当一个权利人依据一个生效的法律文书申请强制执行，执行法院针对一项特定财产采取查封、扣押等强制执行措施后，案外人虽然已起诉但尚未持有执行根据甚至根本未曾起诉，而针对该财产主张普通金钱债权时，也会发生执行竞合。针对此种竞合如何解决，立法和司法上有过争议：有的允许案外普通债权人参与分配（1996年修订前的我国台湾地区“强制执行法”，我国最高人民法院1992年《民诉意见》），有的则不允许。无论解决方法如何，但这里的竞合现象是客观存在的。

我们认为，一个请求权人基于执行根据所载的请求权申请执行，与另一个无执行根据的请求权之间，在请求权的内容上确实存在着竞合的现象。但这种竞合是否称之为执行竞合，可另当别论。不管是否称其为执行竞合，针对这种竞合的现象，民事强制执行法必须予以面对，设计相应的解决制度，其中就涉及是否允许案外权利人申请参与分配的适用范围问题（如未获得执行根据的普通请求权人，以及优先权、担保物权人等情形）。

## 二、参与分配与执行竞合的关系论争

关于参与分配与执行竞合之间的关系，需从三个方面全面把握：一是两者本身的性质与功能定位；二是两者重合适用的部分；三是两者分离的部分。

### （一）性质与功能定位的差异

在学术界，不少学者从执行竞合广义说、狭义说的立场认为广义执行竞合包括参与分配，二者是包含与被包含的关系。例如，杨与龄教授认为，“所谓执行程序之竞合，就广义而言，指对于已开始实施强制执行之债务人财产，他债权人再声请强制执行或声明参与分配而言”。[①] 谭秋桂教授在《民事执行原理研究》一书中认为，执行竞合有广义与狭义之分，“就广义而言，是指相同或不同的债权人对于同一债务人，就已开始实施民事执行的财产，再申请执行或申请参与分配，以实现自己的私权。就狭义而言，则是指相同或不同的债权人对于同一债务人，依数个执行名义，就同一执行标

① 杨与龄编：《强制执行法论》，三民书局1997年版，第306页。

的，同时或先后申请实施民事执行，以实现自己的私权。也就是说，广义的执行竞合包括参与分配，狭义的执行竞合不包括参与分配”。①

但仔细分析会发现，执行竞合与参与分配并非同一层次的问题：执行竞合属于现象描述层面，仅描述在执行程序中两个以上执行根据同时指向一项特定财产的法律现象；参与分配属于问题解决对策层面，用来描述在根据一个执行根据已经开始的强制执行程序中，其他请求权人要求对特定执行标的物的价值参与分配、获得受偿。对二者之间的关系，应当从两个方面来看：

其一，对于执行竞合的现象，存在多种解决方法：（1）按采取执行措施的先后，债权人依次获得清偿（优先主义）；（2）按债权的性质，物权优先于债权，有优先权、担保物权的债权优先于其他金钱债权（优先主义）；（3）各债权人平等受偿，其他债权人可以参与分配（平等主义）；（4）各债权人平等受偿，但先申请采取执行措施的债权人按时间先后形成不同的债权人集团（参与分配），前一集团优先于后一集团受偿（折中主义）。可见，对于执行竞合现象，有多种解决方法，各债权人通过参与分配的方式解决问题只是其中一种方法。

其二，参与分配解决的问题，是同一债务人存在多个债权人的请求权问题。换言之，同一债务人的多个债权人之间，可能发生了请求权竞合，也可能没有发生请求权竞合。例如，在没有取得执行根据的债权人与取得执行根据的债权人之间，就不存在严格意义上的执行竞合现象，但有时需要用参与分配的方法加以解决。

对此，黄金龙法官有比较清醒的认识和描述，“从广义上来说，只要不同执行根据的执行先后或同时针对同一债务人的特定财产即发生竞合现象，并不要求各执行程序之间必须互相排斥，此

① 谭秋桂：《民事执行原理研究》，中国法制出版社 2001 年版，第 325 页。

时，参与分配只不过是处理金钱债权执行竞合的一种方式”。[①] 弄清楚这一逻辑关系，是正确处理参与分配和执行竞合关系的前提，也是正确构建参与分配制度的前提之一。

（二）参与分配与执行竞合的重合、分离之处

参与分配与执行竞合的重合之处——准确地说，是适用参与分配制度解决的执行现象与执行竞合现象的重合之处，在传统的学术语言中往往表述为“执行竞合是否包含参与分配”，由此出现了所谓的“执行竞合广义说、狭义说”之争。这一争议的本质，乃是“适用参与分配制度解决的执行现象与执行竞合现象的重合范围有多大”。概括来看，对于参与分配与执行竞合的不完全对应关系，可从以下几个方面具体比照：

1. 关于债权人、债务人的个数

无论执行竞合，还是参与分配，都必须指向同一债务人，对此没有任何争议。但对于多个债权人之间是否发生执行竞合现象、是否运用参与分配的方法解决，理论上有不同的认识。

对于执行竞合现象，多数学者认为，必须有两个或两个以上的债权人即“数债权人”存在，才能发生强制执行竞合问题。但也有少数学者认为，同一债权人基于不同的执行根据分别申请执行，也有可能发生执行竞合的问题。由于执行竞合一般任由理论解读，各国立法较少进行周延的规定，故两种观点皆有可采之处，前文已有述及，此不赘述。

① 黄金龙：《关于人民法院执行工作若干问题的规定实用解析》，中国法制出版社2000年版，第267页。

表 4.1　执行竞合与参与分配的重合与分离示意表

<table>
<tr><td colspan="5" rowspan="2">执行竞合现象</td><td colspan="2">解决方法</td></tr>
<tr><td>能够清偿全部债务（优先主义）</td><td>不能清偿全部债务（平等主义）</td></tr>
<tr><td rowspan="9">数个债权人，同一债务人</td><td rowspan="7">有执行根据</td><td>保全执行之间竞合</td><td></td><td></td><td>优先原则</td><td>优先原则</td></tr>
<tr><td rowspan="2">终局执行与保全执行之间竞合</td><td>金钱终局执行与保全执行</td><td></td><td></td><td>可申请参与分配</td></tr>
<tr><td>非金钱终局执行与保全执行</td><td></td><td>物权优先</td><td>物权优先</td></tr>
<tr><td rowspan="4">终局执行之间竞合</td><td>非金钱债权之间</td><td></td><td>物权优先</td><td>物权优先</td></tr>
<tr><td>金钱与非金钱债权之间</td><td></td><td>物权优先</td><td>物权优先</td></tr>
<tr><td rowspan="2">金钱债权之间</td><td>普通金钱债权之间</td><td>先到先得</td><td>可申请参与分配，平等受偿</td></tr>
<tr><td>有优先权、担保物权的债权与普通债权之间</td><td>物权优先</td><td>可申请参与分配，物权优先</td></tr>
<tr><td rowspan="2">无执行根据</td><td></td><td></td><td>有优先权、担保物权的债权</td><td>物权优先</td><td>可申请参与分配，物权优先</td></tr>
<tr><td></td><td></td><td>普通金钱债权</td><td>先到先得</td><td>不宜申请参与分配</td></tr>
<tr><td>同一债权人，同一债务人</td><td>有执行根据</td><td></td><td></td><td></td><td></td><td></td></tr>
</table>

对于参与分配，学理和立法基本上只认可“两个以上债权人之间才有可能发生参与分配的问题”的立场。“声请强制执行之债

权人仅一人者，纵有多数债权，其强制执行所得金额，无论可否全部清偿全部债权，均不产生分配问题。”① 在立法层面上，可参照《德国民事诉讼法》第 872 条，《意大利民事诉讼法》第 519 条，《日本民事执行法》第 87 条，我国台湾地区“强制执行法”第 31 条，我国最高人民法院《民诉意见》第 297 条，《执行规定》第 88 条、第 90 条，《民诉法解释》第 508 条，在相关参与分配的条文中均使用了“多个债权人”“其他债权人”的描述。

2. 关于债权人的债权性质、特点

(1) 债权人的债权是否必须均为金钱债权。对于执行竞合而言，如果将其仅看作一种执行现象，则包括多个金钱债权终局执行之间的竞合、金钱债权与非金钱债权（请求交付特定物、请求履行一定行为）终局执行之间的竞合以及非金钱债权终局执行之间的竞合，甚至还包括保全执行之间的竞合、保全执行与终局执行之间的竞合。而参与分配，通常认为只解决金钱债权之间的竞合问题，其适用范围明显小于执行竞合，仅在金钱债权之间发生竞合时，方能重合。

但从立法解释论的角度看，学者们出于不同的立场，对二者关系的认识存在较大分歧：

对于执行竞合，有我国台湾地区学者持限缩解释的立场，认为“执行竞合是指债权人对于债务人的同一财产，依给付内容不同的执行名义，同时或先后申请实施强制执行而言。由于在金钱请求权的执行中，对于债权人已开始实施强制执行的财产，他债权人无论有无执行名义，都可以按照我国台湾地区强制执行法的规定申请参与分配，因而不发生执行竞合问题”。② 我国大陆也有学者认为，执行竞合有两种形态：金钱债权的执行与特定物交付请求权执行的

---

① 杨与龄编：《强制执行法论》，三民书局 1997 年版，第 291 页。

② 杨与龄编：《强制执行法论》，三民书局 1997 年版，第 348 页；另参见陈荣宗：《强制执行法》，三民书局 2002 年版，第 636 页。

竞合，以及特定物交付请求权执行之间的竞合。金钱债权的执行之间，则不会发生执行竞合。为什么金钱债权的执行之间不会发生执行竞合呢？该学者认为，金钱债权之间具有同质性，无论债务人的财产能否偿还所有债权人的金钱债权，都不会发生执行竞合现象。① 但也有很多学者持广义的理解，认为执行竞合是指在民事强制执行程序中，两个或两个以上的债权人同时或先后依不同的执行根据，对同一债务人的特定财产，申请法院强制执行而产生的各债权人的请求之间相互重合或排斥的状态。② 为什么要从广义上来研究民事强制执行竞合问题呢？王娣教授在《强制执行竞合研究》一书中作了较为充分的阐述，理由主要有两个：第一，尽管金钱债权具有同质性并可以分割，但对数个不同执行根据的强制执行之间所产生的排斥和重合并不会因此而消失。例如，甲分别欠乙和丙10万元货款，乙和丙分别向法院起诉甲，并各自取得生效判决书后，发现甲唯一的财产就是一栋价值15万元的房产，这时就会发生执行竞合。第二，尽管金钱债权执行之间的竞合可以依据参与分配程序予以解决，但是，参与分配也只是处理金钱债权执行之间的竞合的一种方法，并不能因此而否定金钱债权执行竞合的性质。换言之，解决各类执行竞合的方法是多种多样的，可以是终局执行优先原则，也可以是参与分配，但不能因解决方法不同，而反过来否认参与分配制度所要解决的是执行竞合问题。③

对于参与分配，立法多仅限于申请执行之债权、参与分配之债权均为金钱债权的情形。依照我国台湾地区“强制执行法”第31条之规定（该条文将参与分配置于“第二章关于金钱请求权之执行”之中），“得分配之客体，为强制执行所得之金额，故须声请

① 江伟、肖建国：《民事执行制度若干问题的探讨》，载《中国法学》1995年第1期；江伟主编：《中国民事诉讼法专论》，中国政法大学出版社1998年版，第297页。

② 崔婕：《强制执行竞合的解决》，载《法商研究》2001年第4期。

③ 王娣：《强制执行竞合研究》，中国人民公安大学出版社2009年版，第一章第一节。

执行之债权及参与分配之债权均为金钱债权，始有分配程序之适用”，“非金钱债权，如请求物之交付，有多数债权人竞合时，无从按比例分配，何人应获清偿，应视其请求有无物权之效力而定”。[①] 我国最高人民法院1992年《民诉意见》第297条、2015年《民诉法解释》第508条，均未明确要求申请执行之债权、参与分配之债权均为金钱债权。但是，最高人民法院1998年《执行规定》第90条则明确要求，二者均必须为金钱债权——究其出台背景，应是借鉴我国台湾地区“强制执行法”的产物。值得注意的是：我国台湾地区对参与分配的适用范围，在实践中持一种灵活的、扩张解释的立场。即除一般金钱债权外，还包括：①享有优先权的债权；②享有担保物权的金钱债权；③公法上的金钱债权(欠缴的税款、罚款等)；④就物之交付请求权或者履行行为请求权，执行法院作出裁定命令债务人支付费用的情形（我国台湾地区“强制执行法”第127条之二、第129条之二)。[②] 而在我国的相关司法解释中，仅涉及前两种情形；后两者是否适用参与分配，不甚明确。

（2）债权人的债权是否必须为终局执行。对于执行竞合来说，既有可能是终局执行之间的竞合，也有可能是保全执行之间或者保全执行与终局执行之间的竞合，已如前述。通常认为，对于参与分配来说，申请执行的债权须是终局执行，才有可能发生他债权人参与分配的问题；申请执行的债权如果是保全执行，则不发生他债权人参与分配的问题。对于参与分配的他债权人而言，原则上须取得终局执行的执行根据，但也不尽然。争议问题，主要涉及以下几点：

第一，已经取得保全执行根据的债权人，可否申请参与分配？

① 杨与龄编：《强制执行法论》，三民书局1997年版，第289页。

② 刘清景：《强制执行法实务全览》，学知出版事业出版有限公司2000年版，第31页。

根据我国最高人民法院1998年《执行规定》第90条的规定，只有“对该被执行人已经取得金钱债权执行依据的其他债权人”，可以申请对被执行人的财产参与分配。这等于是说，参与分配的债权人只能是金钱债权的债权人，且必须取得终局执行根据。2015年《民诉法解释》第508条第1款再度做了修改，改为“其他已经取得执行依据的债权人”，可以申请参与分配。这里的“执行依据”是否必然是金钱债权执行根据，有模糊空间。

在我国台湾地区，当保全执行与金钱债权终局执行竞合时，在一定条件下允许保全债权参与分配。具体分两种情形：①保全执行在先、终局执行在后时：如果在先的保全执行为假扣押执行，不能排除其他债权人对已采取保全措施的被执行人的财产申请另一个金钱债权的终局执行，而是将两个执行程序合并（我国台湾地区“强制执行法”第33条），假扣押所保全的债权，由执行法院将其应受分配的金额予以提存（我国台湾地区“强制执行法”第133条）。如果在先的保全执行为假处分，也不能排除其他金钱债权人开始终局执行，但实施假处分执行的债权人可以将其原有非金钱请求转换为金钱请求，从而参与分配。②终局执行在先、保全执行在后：如果金钱债权的终局执行已经开始，通常不得再对债务人的财产（执行标的物）采取假扣押措施。不过，如果假扣押也是为了保全其他金钱债权时，应当合并执行程序（我国台湾地区“强制执行法”第33条），并将其应收分配的款项予以提存（我国台湾地区“强制执行法”第133条）。如果金钱债权的终局执行已经开始，他债权人原则上不得申请假处分，但可以将其原有非金钱请求转换为金钱请求，从而参与分配。[①] 可见，根据我国台湾地区的强制执行相关规定和司法实务，已经取得保全执行根据的可以参与分配。

第二，未取得执行根据但对执行标的物有优先受偿权的债权

① 杨与龄编：《强制执行法论》，三民书局1997年版，第307-309页。

人，可否申请参与分配？依据我国1998年最高人民法院《执行规定》第93条、2015年《民诉法解释》第508条第2款的规定，对法院查封、扣押、冻结的财产有优先权、担保物权的债权人，可以申请参加参与分配程序，主张优先受偿权。对此，我国台湾地区学者有更加明确地分析，“对于执行标的物有担保物权或者优先权之债权人，其权利曾经登记或系法律规定，恒属真实，为配合本法改采剩余主义及涂销主义之原则，虽未取得执行名义，仍例外许其参与分配”。[①] 对于这种参与分配申请，执行法院仅进行形式审查，可将其列入分配表中，如果其他债权人或者债务人有异议，可依照我国台湾地区“强制执行法”第39条的规定对分配表提出异议。

第三，未取得执行根据的普通金钱债权人，可否申请参与分配？日本旧《民事诉讼法》（第六编）中，允许无执行根据的债权人参与分配；但1979年日本新的《民事执行法》，不再允许无执行根据的债权人参与分配。1996年，我国台湾地区也修改了“强制执行法”（第51条、第105条），废除了无执行名义债权参与分配的制度。据我国台湾学者所述，理由主要有六个：①从制度目的上看：强制执行属于个别执行，其目的是仅以债务人的特定财产来满足特定债权人的债权，而不是使全体债权人均受清偿。破产才属于一般执行，即以债务人的全部财产对全部债权人平等清偿。两种制度的目的不同。所以，缺乏执行根据的债权人，尚未满足强制执行的基本条件，不允许其申请参与分配。如果发生债务人无其他财产清偿债务的情形时，则可以申请破产，并阻止强制执行程序的继续进行，因而无申请参与分配的必要。②从经济成本上看：如果允许无执行根据的债权人参与分配，必然引发其他债权人异议，引发参与分配异议之诉，徒增其他债权人的诉累。③从公平的角度看：债权人申请执行，甚为辛劳，允许无执行根据的债权人参与分配、坐享他人辛劳的成果，有失公平。④从诚实信用角度看：如果允许

① 杨与龄编：《强制执行法论》，三民书局1997年版，第291页。

无执行根据债权人参与分配，可能滋生债务人勾结亲友、伪造债权，利用参与分配机制损害其他真正债权人的权益。删除无执行根据债权人申请参与分配，可减少伪造债权参与分配的机会。⑤从执行效率看：如果允许无执行根据债权人参与分配，会使得执行程序过于烦琐；删除无执行根据债权人参与分配的资格，可简化程序，使有执行根据的债权人债权早日实现。⑥日本修法经验：日本旧法允许无执行根据债权人申请参与分配，新法则予以删除，实施效果颇佳，值得借鉴。[①] 根据我国最高人民法院 1992 年《民诉意见》第 297 条的规定，其他“已经起诉的债权人”是可以申请参与分配的。但 1998 年《执行规定》第 90 条的规定，取消了前述条款的描述，改为要求“对该被执行人已经取得金钱债权执行依据的其他债权人”，才可以申请参与分配。2015 年《民诉法解释》第 508 条第 1 款再度作了修改，改为“其他已经取得执行依据的债权人”，可以申请参与分配；但无执行依据的债权人，无法申请参与分配。这一改动，显然是借鉴了日本、我国台湾地区的相关经验。

在前述第一种情形下，既属于执行竞合现象，也有可能适用参与分配的方法解决。在前述第二、三种情形下，不属于执行竞合现象，其中第二种情形可以适用参与分配解决，第三种情形现在一般不许用参与分配的方式解决——这两种情形，即属于执行竞合与参与分配之间的分离。

（3）债权人的债权是否必须已届清偿期？债权人就其债权已经取得执行根据的前提下，其债权必须已届清偿期，方符合申请强制执行的条件。在强制执行程序开始后，与其他已取得执行根据的债权人之间是否发生执行竞合以及是否允许参与分配，还取决于他债权人的债权是否已届清偿期。

第一，他债权人的债权未届清偿期，主要发生在执行根据附有条件、期限等特殊要求的情况下。例如，我国台湾地区“强制执

① 杨与龄编：《强制执行法论》，三民书局 1997 年版，第 290-291 页。

行法”第4条中规定：“执行名义附有条件、期限或须债权人提供担保者，于条件成就、期限届至或担保后，始得开始强制执行。”“执行名义有对待给付者，以债权人已为给付或已提出给付后，使得开始强制执行。”我国台湾地区学者认为，执行根据未能满足前述要求的条件、期限等情形的，仅可实施假扣押以保全执行，但不得参与分配。如果申请参与分配，执行法院可依不合法为由，裁定驳回申请。但也有例外：如果债权人的执行债权虽未到期，但为避免到期申请来不及而提前申请参与分配的，且在我国台湾地区“强制执行法”第32条规定的期限①已到期的，执行法院可以准许。②

第二，对于执行标的物享有担保物权、优先权的债权人，其债权也有到期与否的问题。对此，我国台湾地区“强制执行法”第34条第2款规定，不论其债权是否已届清偿期，均可提出其权利证明文件，申请参与分配。

3. 关于债务人的类型、财产状况

(1) 债务人是否必须为公民、其他组织？对于执行竞合和参与分配适用的对象，在实行一般破产主义的国家和地区（日本、我国台湾地区等），并不存在什么差异。不论对象是法人还是非法人，均可能发生执行竞合和参与分配。

但是，我国《民诉意见》《执行规定》《民诉法解释》遵循的总原则是：区分被执行人为公民、其他组织和法人，而分别适用参

---

① 我国台湾地区“强制执行法”第32条规定：“他债权人参与分配者，应于标的物拍卖、变卖终结或依法交债权人承受之日一日前，其不经拍卖或变卖者，应于当次分配表作成之日一日前，以书状声明之。”“逾前项期间声明参与分配者，仅得就前项债权人受偿余额而受清偿；如尚应就债务人其他财产执行时，其债权额与前项债权余额，除有优先权者外，应按其数额平均受偿。”

② 陈荣宗：《强制执行法》，三民书局1999年版，第278页。

与分配程序和破产清偿程序。[①] 对此，有学者曾作出了中肯的评价。在参与分配制度的设立目的上，国外规定参与分配的首要目的在于使各债权人能够利用同一执行程序获得清偿，以节省时间和执行费用，其次才是使各债权人公平分担债务人迟延或不能清偿的风险和损失。与此相反，我国参与分配制度的主要功能，是利用个别执行程序来解决企业法人以外的公民和其他组织资不抵债的问题，实质在于弥补有限破产主义的缺陷。[②]

（2）债务人的财产是否不足清偿全部债权？执行竞合的现象，并不必然要求债务人的财产不足清偿全部债权，能够清偿时也会发生竞合，但通常是不相排斥的执行竞合。

而我国的参与分配，则要求“不足清偿”。有学者认为，当在执行中，债务人的财产已被执行法院查封、扣押、冻结，“债务人无其他财产可供执行，或者其他财产不足清偿全部债务”是他债权人申请参与分配的前提条件。“在这两种情形下，如果不允许他债权人参与分配，就会违反‘债务人的全部财产是全体债权人的所有债权的共同担保’的实体法原则。”[③] 我国台湾地区学者也认为，在合并执行、参与分配之际，由于债权有优先权、普通债权之分，或者同为优先权、普通债权，“于执行所得不足清偿全部债权时，各债权人受偿之顺位、多寡，易生争执，始需依分配程序解决”；而在强制执行所得金额，各债权人均可受偿者，虽然法院在形式上也要制作分配表，但不是此处所谓的“参与分配”。[④]

---

① 有一处例外：《执行规定》第 96 条规定：“被执行人为企业法人，未经清理或清算而撤销、注销或歇业，其财产不足清偿全部债务的，应当参照本规定 90 条至 95 条的规定，对各债权人的债权按比例清偿。”

② 江伟主编：《中国民事诉讼法专论》，中国政法大学出版社 1998 年版，第 204-205 页。

③ 谭秋桂：《民事执行原理研究》，中国法制出版社 2001 年版，第 356 页。

④ 杨与龄编：《强制执行法论》，三民书局 1997 年版，第 289 页。

## 三、我国执行参与分配与执行竞合关系的进一步优化

综上可见，执行竞合与参与分配并非同一层次的问题：执行竞合属于现象描述层面，用以描述在执行程序中两个以上执行根据同时指向一项特定财产的法律现象；参与分配属于问题解决的对策层面，是指在根据一个执行根据已经开始的强制执行程序中，其他请求权人要求对特定执行标的物的价值参与分配、获得受偿。

如果将执行竞合的概念界定为“两个以上执行根据（生效法律文书）所载的请求权之间，在内容上存在相互重合且排斥的关系”，将参与分配界定为“在金钱债权的执行中，被执行人的其他已经取得执行根据的债权人和优先权人有权申请参与到执行程序中，并请求对被执行的财产进行公平分配”，则对于执行竞合与参与分配的关系，我们倾向于做以下三个层面的理解：

### （一）属于执行竞合，需要通过参与分配来解决的情形

1. 债权人、债务人条件

关于债权人个数：必须存在两个以上债权人，同时针对同一债务人的财产申请执行，才会同时发生执行竞合和参与分配的问题。如果同一债权人持有多个执行根据申请执行，理论上存在执行竞合的现象，但实际上没有适用参与分配制度的必要。

关于债务人类型：执行竞合作为一种理论，并不限定特定类型的债务人主体，但我国目前司法解释将参与分配的适用对象主要限定为公民、其他组织。我们认为，执行竞合可以在公民、法人、其他组织各类主体之间发生，竞合发生后也都可以使用参与分配制度予以解决。

2. 债权性质的要求

对于执行竞合，广义上包括多个金钱债权终局执行之间的竞合、金钱债权与非金钱债权（请求交付特定物、请求履行一定行为）终局执行之间的竞合以及非金钱债权终局执行之间的竞合，甚至还包括保全执行之间的竞合、保全执行与终局执行之间的

竞合。

而参与分配，应仅限于申请执行之债权、参与分配之债权均为金钱债权的情形。如果参与分配的债权原本非金钱债权，依法可以将其转换为金钱请求权的，也应当允许参与分配。[①]

3. 执行根据的要求

对于执行竞合，以取得执行根据为前提条件，且只能发生在两个以上执行根据（生效法律文书）所载的请求权之间。至于执行根据是终局执行还是保全执行，在所不论。

而参与分配，不限于已取得执行根据的债权人（如优先权人），对于已经取得执行根据的债权人之间发生了执行竞合的，也是参与分配制度主要解决的问题，在这方面具有高度的重合性。

（二）属于执行竞合，不需要通过参与分配来解决的情形

有时候存在执行竞合的现象，但不需要通过参与分配制度来解决问题。主要情形有：

1. 从债权人的角度看

同一债权人基于不同的执行根据申请执行，也会发生"形式上的执行竞合"。但是，由于并不存在利益冲突的两个以上的执行债权人，无论怎么处理也不会影响其他执行债权人的权益，在尊重债权人意愿的前提下，针对债务人特定的财产实施执行即可，没有适用参与分配制度的必要。

2. 从债权的性质来看

(1) 非金钱债权之间的执行竞合。非金钱债权，包括交付特定物的债权和完成特定行为的债权。有时执行目的彼此相容，有时执行目的彼此排斥，由于并不具有以债务人的财产拍卖所得价金而获清偿的同质性，所以无法适用参与分配制度。

(2) 金钱债权与非金钱债权之间的执行竞合。金钱债权与完成特定行为的债权之间，不存在执行竞合。金钱债权的终局执行与

---

① 杨与龄编：《强制执行法论》，三民书局 1997 年版，第 307-309 页。

交付特定物的终局执行之间，彼此的执行目的上相互排斥（一个要求以变价所得款项偿债，另一个要求交付特定物），无法并存，不能适用参与分配制度解决。但是，非金钱债权如果能够转化为金钱债权的，可以适用参与分配制度解决。

（三）不属于执行竞合，需要通过参与分配来解决的情形

执行竞合以取得执行根据为前提条件，未取得执行根据的债权人之间，以及未取得执行根据的债权人与已取得执行根据的债权人之间，无从发生执行竞合。

但是，有些情况需要通过参与分配制度予以解决。例如，抵押权等优先权人，即便未取得执行根据也允许其参与分配，这几乎是各国的通例。另外，采取平等清偿主义的国家，基于债权平等保障的理念，一般不要求申请参与的债权人获得执行根据。例如，在法国动产执行中，未取得执行根据或者债权未到期的债权人，可以申请参与分配；债权执行中，债权人即便没有执行根据也可申请进行债权扣押。[①] 在意大利，“所有针对债务人享有债权的人均可以依照第499条的规定参与，即使这种债权是附期限或者附条件的”，申请参与分配时只需说明自己的债权和债权凭据（《意大利民诉法》第499条、第563条）。

## 第三节　参与分配制度与案款分配

### 一、案款管理制度

执行案款，指当事人依据生效法律文书申请人民法院执行的案款。[②] 案款管理，是指法院在执行工作中对执行款的收取、管理和

① 参见江伟：《民事诉讼法专论》，中国政法大学出版社1998年版，第253页。

② 秦建凤、陈亚军：《浅议人民法院执行案款的管理》，载中国法院网：https://www.chinacourt.org/article/detail/2005/07/id/171162.shtml。

划付工作加强规范的内部管理活动和制度。目前，有关制度依据主要是由各级法院制定的内部规范性文件。

例如，2004 年 5 月广东省高级人民法院制定了《关于执行款管理工作的若干规定（试行）》（粤高法发〔2004〕17 号），北京市高级人民法院《关于执行案款管理的若干规定（试行）》（京高法发〔2004〕262 号）等。在广东的规定中，分“总则”“执行款的收取”“执行款的划付”“财务部门对划款的审查责任”和“附则”五个部分，共 35 条。在该规定起草说明部分，对于起草的初衷有明确的表述，即“为规范执行款的管理，确保执行款的收取、管理和划付安全，保护当事人的合法权益，参照有关财务管理规定，结合本省执行工作实际，制定本规定”。从内容看，主要是法院为了防止执行款收取、管理和划付过程中出现混乱，而采取的内部财务管控措施。

2006 年，最高人民法院制定了《关于执行款物管理工作的规定（试行）》（法发〔2006〕11 号），共 18 个条文。从内容看，既包括执行款，也包括执行物，要求开设执行款专户，对执行款实行专项管理、专款专付，执行机构和财务部门应当分工负责，严禁使用、截留、挪用、侵吞和私分执行款物。其中，第 17 条还规定：“各高级人民法院在实施本规定过程中，可以根据实际需要制定实施细则”。2017 年，最高人民法院又修改制定了《关于执行款物管理工作的规定》（法发〔2017〕6 号），共 29 条。在司法解释制定初衷部分有如下表述：“为规范人民法院对执行款物的管理工作，维护当事人的合法权益，根据《中华人民共和国民事诉讼法》及有关司法解释，参照有关财务管理规定，结合执行工作实际，制定本规定。”从内容来看，主要涉及财务的日常管理机制，如执行款物的管理实行执行机构与有关管理部门分工负责、相互配合、相互监督的原则；财务部门应当对执行款的收付进行逐案登记，采取一案一账号的方式；执行人员原则上不直接收取现金和票据，发放执行款一般应当采取转账方式；案件承办人调离执行机构，可以在交接时进行审计，执行款物交接不清的不得办理调离手续。

执行案款管理制度的形成，既是法院履行执行权的过程中必要的常规内部管理制度，也与我国特定时期“执行乱”现象的治理密不可分。早在20世纪90年代中期，法院执行过程中就出现了“执行乱”的现象，如拘捕人质促执行、随意变更被执行人、任意扣押财产等。[①] 进入21世纪后，“执行乱”的现象有增无减，懈怠职责、长期占有执行款项、不按顺序执行、不按顺序清偿等现象较为普遍。[②] 2016年12月19日，最高人民法院和最高人民检察院联合召开新闻发布会，针对有记者问法院民事“执行难”和“执行乱”主要发生在哪些领域？最高人民法院执行局副局长吴少军介绍，法院民事“执行难”和“执行乱”主要发生在金钱债权类执行案件中，在社会诚信度不高的当下，欠债不还的现象大量存在，借款不还、买卖欠款、劳动欠薪等，并不限于某个特定领域。[③] 这些因素，构成了2006年、2017年两度制定执行案款管理司法解释的重要背景。

## 二、案款分配与参与分配

从表面上看，案款管理与案款分配、参与分配具有类似性，实践中案款管理和财产分配都属于法院的工作职责，使得二者在工作流程上具有了关联性。但其实它们之间存在一些差别。案款管理，主要规范对象是人民法院的行为，重点是通过内部财务制度的完善来对执行款的收取、管理和划付工作加强规制，防止侵占、侵害执行款项的违法执行行为发生，属于内部规范性文件的范畴。而案款分配、参与分配，则涉及法院执行所得款在各债权人之间的分配问

---

① 黄双全：《我国民事“执行乱”的情况与对策》，载《政治与法律》1996年第1期。

② 高执办：《“执行难”新议》，载《人民司法》2001年第5期。

③ 《最高法：执行难和执行乱主要发生在金钱债权类案件中》，网址：http://www.gswx.gov.cn/html/News/GN/2016/12/1612191637363E2J33CJK4036B9KHB3J.html。

题，既涉及法院的执行行为，也涉及债权人的权益实现，属于诉讼法律制度的范畴。

自 1992 年最高人民法院《民诉意见》创设“参与分配”制度以来，我国立法一直未对“参与分配”作出直接回应。即便在司法解释中，相关条文数量也比较少。2010 年 11 月，最高人民法院起草了《最高人民法院关于执行程序中多个债权人参与分配问题的若干规定（征求意见稿）》，其中第 1 条规定，“被执行人因金钱请求权而被查封、扣押、冻结的财产变价处理过程中，被执行人的其他金钱债权人可以申请参加此执行程序，就被执行人被查封、扣押、冻结的财产主张受偿分配的执行活动”。这是一种对参与分配的广义界定，去除了“不能清偿”的前提条件，因而更接近于西方国家参与分配制度的通常理解。但是，囿于各种原因，该征求意见稿最终不了了之，在 2012 年修改民诉法和 2015 年制定民诉法司法解释时均没有采纳。

由于我国参与分配制度改革进展缓慢，但实践中不断出现复杂多样的问题需要解决，一些地方法院开始尝试通过内部规定的方式进行规范，典型代表是 2013 年 8 月《北京市高、中级法院执行局（庭）长座谈会（第五次会议）纪要——关于案款分配及参与分配若干问题的意见》（以下简称《意见》），《意见》同时使用了“案款分配”和“参与分配”两个概念。按照《意见》第 1 条的规定：“本纪要中的案款分配，是指根据《最高人民法院关于人民法院执行工作若干问题的规定（试行）》（以下简称《执行规定》）第 88 条的规定分配案款。本纪要中的参与分配，是指根据《执行规定》第 90 条至第 95 条的规定分配案款。”

从北京市高级人民法院的《意见》来看，其基本定位仍然是立足于现有参与分配的司法解释，严格区分被执行人“能否清偿”的情形，并结合司法实践经验，从三个方面对现有司法解释进行了细化和优化：

首先，所谓案款分配，是以《执行规定》第 88 条的规定为基础进行制度细化的。亦即被执行人为自然人或其他组织（指非法人组织），多份生效法律文书确定金钱给付内容的多个债权人分别对同一被执行人申请执行，被执行人的财产足以清偿全部债务的，按照《执行规定》第88条第1款、第2款的规定进行案款分配。在《意见》的第4条至第6条中，对“案款分配”的适用作了具体规定。

其次，所谓参与分配，是以《执行规定》第90条至第95条的规定为基础进行制度细化的。亦即被执行人为自然人或其他组织（指非法人组织），多份生效法律文书确定金钱给付内容的多个债权人分别对同一被执行人申请执行，被执行人的财产不足清偿全部债务的，依照《执行规定》第90条至第95条的规定分配案款。在《意见》第7条至第17条中，对“参与分配”的适用作了具体规定。

最后，被执行人为企业法人，且符合《执行规定》第96条规定条件的，参照《执行规定》第90条至第95条的规定处理；不符合《执行规定》第96条规定条件的，依照《执行规定》第89条的规定告知当事人依法申请被执行人破产，告知情况记入笔录。当事人申请被执行人破产并被法院受理的，相关执行案件中止执行，被执行人被法院裁定宣告破产的，相关执行案件终结执行；当事人不申请被执行人破产或其破产申请未被法院受理的，按照《执行规定》第88条第1款、第2款的规定进行案款分配。与最高人民法院《执行规定》第96条相比，该《意见》持严格限制的态度，有利于纠正实践中第96条随意扩大适用的弊端。另外，与最高人民法院2015年《民诉法解释》第516条相比，① 具有较大的相似性，即在符合第96条的规定又未能进入破产程序的，采用优

① 《民诉法解释》第516条规定：“当事人不同意移送破产或者被执行人住所地人民法院不受理破产案件的，执行法院就执行变价所得财产，在扣除执行费用及清偿优先受偿的债权后，对于普通债权，按照财产保全和执行中查封、扣押、冻结财产的先后顺序清偿。”

先清偿主义。甚至可以认为，北京市高级人民法院 2013 年的《意见》是最高人民法院 2015 年《民诉法解释》第 516 条的前奏。

我们的基本立场是："案款分配" 和 "参与分配" 仍是立足于现有司法解释的基本立场，是对现有司法解释关于参与分配制度的修修补补，未能发挥制度重塑的积极效果。如果考虑到执行参与分配与破产制度的功能分离，将执行参与分配制度恢复到一种解决执行竞合的执行分配制度的本质，并与被执行人的偿债能力并无必然联系的立场上的话，则 2010 年《最高人民法院关于执行程序中多个债权人参与分配问题的若干规定（征求意见稿）》第 1 条关于参与分配的理解更具妥当性。如果这样定位，则司法实践中所谓的"案款分配" 和 "参与分配"，将合二为一，可以为重塑后的执行参与分配制度一并吸纳。

# 第五章　我国民事执行参与分配的适用条件

我国的民事执行参与分配制度从产生之初就是一个权宜之计的制度，临时发挥着弥补有限破产主义立法缺陷的功能，将被执行人的公民和其他组织“不能清偿”作为先决条件，从而出现了与破产程序功能的重叠。对于参与分配制度的改革，我国学术界始终存在着“大改”与“小改”的观点分歧，“大改”主张重新审视参与分配的功能定位问题，并重塑我国的参与分配制度；“小改”主张维持制度的稳定性，在现有制度的基础上结合司法实践经验教训进行修修补补。我们倾向于前者，主张在回归执行参与分配制度的应有功能定位的基础上，重置债权人申请参与分配的前提条件。

## 第一节　执行参与分配的应然功能定位

### 一、参与分配制度的应然功能定位

#### （一）我国当前参与分配制度的先天缺陷

我国的参与分配制度至今没有立法依据，而是由最高人民法院的司法解释所创设。该制度创设之初，就是本着临时弥补我国破产法有限商人破产主义的立法缺陷的指导思想而设计，只是一种解决公民、其他组织清偿能力不足时的财产分配问题的权宜之计，因此，对其进行改革的呼声从未停止过。

当初，最高人民法院通过司法解释创设该制度的法律环境是，我国破产立法采取了有限的商人破产主义。具体言之，1986 年《企业破产法（试行）》将破产程序的适用限定于“全民所有制企业”；1991 年《民事诉讼法》第十九章虽然增设了“企业法人破产还债程序”，但也只是将破产程序扩展适用于所有企业法人。于是造成对于非企业法人的公民、其他组织（不论其是商主体、还是普通民事主体）而言，一旦在执行程序中遭遇了其财产“不能清偿全部债权人的债权”的问题，由于不能适用破产程序，该如何贯彻“债务人的财产是全体债权人债权的总担保”的民法债权清偿理念呢？这正是参与分配制度创设之初所针对的问题。为了弥补这种有限商人破产主义的破产立法缺陷，最高人民法院遂通过司法解释创设了参与分配制度。1992 年最高人民法院《民诉意见》第 297 条规定：“被执行人为公民或者其他组织，在执行程序开始后，被执行人的其他已经取得执行依据的或者已经起诉的债权人发现被执行人的财产不能清偿所有债权的，可以向人民法院申请参与分配。”

1998 年最高人民法院又制定了《执行规定》，基本维持了 1992 年《民诉意见》第 297 条至第 299 条的主干内容，仍然试图通过参与分配制度解决破产立法的缺陷问题。不过，也进行了部分修订，主要表现在：（1）对适用参与分配的先决条件做了技术性调整。《民诉意见》第 297 条使用的表述是“被执行人的财产不能清偿所有债权的”，而《执行规定》第 90 条使用的表述是“全部或主要财产已被一个人民法院因执行确定金钱给付的生效法律文书而查封、扣押或冻结，无其他财产可供执行或其他财产不足清偿全部债务的”。有的学者将前者称为“清盘型参与分配”（或“债务人资不抵债情况下的参与分配”），将后者称为“搭车型参与分配”（或“债务人财产受控情况下的参与分配”）。[①] 其实，这只

① 吴晓静：《现行参与分配制度根本缺陷与改进建议》，载《法律适用》2008 年第 1 期、第 2 期。

是一个技术性的修正，使得“被执行人的财产不能清偿所有债权”的判断标准在操作层面更加简便易行而已，并没有改变参与分配制度的根本功能定位。(2)《执行规定》第90条取消了“已经起诉的债权人”申请参与分配的资格，规定申请参与分配的债权人必须是“已经取得金钱债权执行依据”的其他债权人。(3)《执行规定》第96条创设了“企业法人”准用条款，即被执行人为企业法人，未经清理或清算而撤销、注销或歇业，其财产不足清偿全部债务的，应当参照本规定90条至95条的规定，对各债权人的债权按比例清偿。① 也正是第96条的出现，导致了执行参与分配与破产程序在适用对象上的重叠，引发了实践中参与分配的滥用和破产程序的虚化，进而与其制度设计初衷背道而驰，受到了广泛的批判。②

此后，2007年《企业破产法》仍规定，破产法主要适用于“企业法人”(第2条)，但其他法律规定企业法人以外的组织的清算属于破产清算的，参照适用本法规定的程序(第135条)；从立法情况看，只不过是扩展适用于部分非法人企业，③ 而没有完全实现商人破产主义。2008年最高人民法院《执行程序解释》第25第至第26条增设了“参与分配异议”和“参与分配异议之诉”机

① 按照条文起草者的解释，这一规定主要是针对当时企业撤销、注销或者歇业后财产无人清理，破产制度不健全，破产程序启动十分困难等情况，为维护债权人之间的公平受偿而作出的规定。参见黄金龙：《关于人民法院执行工作若干问题的解释实用解析》，中国法制出版社2000年版，第292页。

② 唐应茂：《为什么执行程序处理破产问题》，载《北京大学学报（哲学社会科学版）》2008年第6期。

③ 参见《合伙企业法》第92条规定：“合伙企业不能清偿到期债务的，债权人可以依法向人民法院提出破产清算申请，也可以要求普通合伙人清偿。合伙企业依法被宣告破产的，普通合伙人对合伙企业债务仍应承担无限连带责任。”《农民专业合作社法》第45条规定，农民专业合作组织的破产问题可以参照企业破产法规定的程序。律师事务所、会计师事务所等具有经营性质的组织，如符合合伙或公司制形式设立的，可以按破产法第2条和第135条的规定破产。

制；2015年最高人民法院《民诉法解释》第508条至第516条对此前参与分配的司法解释规定进行了吸纳，有新意之处着重体现在第516条规定的“执转破”程序机制，并规定“执转破”不成功的，“在扣除执行费用及清偿优先受偿的债权后，对于普通债权，按照财产保全和执行中查封、扣押、冻结财产的先后顺序清偿”。但是，并没有从根本上改变“被执行人（公民或其他组织）的财产不能清偿所有债权的”这一参与分配程序启动的最根本的条件，因此也没有改变1992年司法解释创设的参与分配制度所发挥的弥补有限商人破产主义立法缺陷的功能定位。

综上可见，我国现有的执行参与分配制度在功能定位上先天不足：

第一，我国当前的执行参与分配制度与破产制度发挥的功能相似，只是适用对象有别。参与分配主要适用于“公民、其他组织”，破产制度则主要适用于“企业法人”，但二者的功能具有相似性，即解决“债务人的财产不能清偿所有债权”时的财产分配问题，而且都遵循债权平等受偿的理念。这表明，我国的参与分配制度只是破产制度的一种变形，二者在功能上具有高度的同质性，参与分配只是针对“公民、其他组织”的一种“另类破产清算机制”。

第二，执行参与分配与破产制度功能的相似性，导致了一个无法解释的现象，即似乎只要我国破产立法改采了“一般破产主义”，则仅仅适用于公民、其他组织的参与分配制度就没有了继续存在的价值。而事实上，在采用一般破产主义的国家仍然有独立的参与分配制度，如日本、法国采用一般破产主义，其参与分配制度全部或部分贯彻了平等清偿主义；英国、美国采用一般破产主义，其执行立法采用优先清偿主义；法国还在1967年实现了从商人破产主义向一般破产主义的过渡，也没有影响其参与分配制度的独立存在。这些现象表明，参与分配应该具有区别于破产清算的独立功能和制度价值。

第三，参与分配是一个在各国执行法上普遍存在的制度，不只是执行立法采用平等清偿主义的国家才有（参见第二章的相关论述）。而且，各国的参与分配制度的适用对象，鲜有将债务人限定于“公民、其他组织”的，一般都是普遍适用于各类法律主体。这进一步表明，参与分配应该具有区别于破产清算的独立功能和制度价值，而主要不在于弥补有限商人破产主义的破产立法缺陷。

第四，我国1998年《执行规定》第96条创设了“企业法人”准用参与分配的条款，导致了参与分配制度与破产制度在适用上出现竞合现象；2015年《民诉法解释》第516条改造了“执转破”的程序机制，但造成了“企业法人”如果进入破产程序按“债权平等”的理念清偿、如果不能进入破产程序则按照“优先主义”清偿的悖论。如果不从根本上重新厘定参与分配制度自身的功能价值，即便我国将来破产立法实行一般破产主义或者商人破产主义，也不能消除上述悖论；不但不能消除，在“公民、其他组织”符合破产条件的情况下上述悖论也会重演。这表明，一般破产主义和商人破产主义不是解决我国参与分配制度改革的灵丹妙药，最根本的还是需要重新定位参与分配制度的功能价值。

(二) 我国参与分配制度的应然功能定位

执行参与分配制度的重新设计，首先须去除其弥补有限破产主义的破产立法缺陷的功能定位，将参与分配的功能与破产制度的功能进行区隔，同时取消将“债务人的财产不能清偿所有债权”作为参与分配先决条件的限制，将参与分配的适用范围从仅仅适用于公民、其他组织扩展到适用于各类债务人主体。这种变革，要求重塑参与分配制度的功能定位。我们认为，执行参与分配是指被执行人因金钱请求权而被查封、扣押、冻结的财产变价处理过程中，被执行人的其他金钱债权人可以申请参加此执行程序，就被执行人被查封、扣押、冻结的财产主张受偿分配的执行活动和制度。对执行参与分配制度的功能，应当作如下重新定位：

1. 执行参与分配制度的首要功能，是便利多数金钱债权人能够利用同一执行程序获得清偿

执行参与分配制度的功能与破产制度的功能相异，其首要的功能是为了解决金钱债权的执行竞合问题，使得多数金钱债权人能够利用同一执行程序获得清偿，提高执行程序的效率，并节约执行成本。实际上，这也是大多数国家设计执行参与分配制度的初衷。对此，有学者在对各国执行参与分配制度比较考察之后进行了较为准确的分析判断，德国、日本等国对参与分配本质的认识是，利用同一执行程序清偿多个债权，故执行中的分配程序并不以债务人的财产不足清偿所有债权为前提条件。① 韩长印教授的分析结论也非常相似，“在设立参与分配制度的目的上，国外立法规定其首要目的在于使各债权人的债权能够利用同一执行程序获得清偿，以节省执行时间和执行费用”。② 本书第二章的分析也印证了这一判断，此不赘述。

这种功能定位，使得执行参与分配制度获得了独立存在的价值，成为与破产制度彼此独立、彼此不相依附的一项执行法律制度。换言之，无论实行一般破产主义、商人破产主义，还是现有的有限商人破产主义，都不影响参与分配制度的独立存在。这样，参与分配作为一项独立的执行制度，主要需要考虑与其他执行竞合现象处理方法的配合问题，以程序法与实体法协同的视角关注参与分配制度的技术构建。

从程序法的角度看，参与分配制度主要解决多个金钱债权执行根据之间的执行竞合问题。具体包括：（1）金钱债权终局执行之间的竞合。由于参与分配的核心本质是在被执行人的被控制财产（被查封、扣押、冻结的财产）变价处理过程中，其他债权人申请

---

① 江必新：《比较强制执行法》，中国法制出版社 2014 年版，第 225 页、第 376 页。

② 韩长印、朱春和：《参与分配制度与破产立法》，载《当代法学》2000 年第 1 期。

参与执行，并就被控制财产主张受偿的一项制度，所以，参与分配主要用于解决金钱债权之间的执行竞合问题。非金钱债权之间、金钱债权与非金钱债权之间的执行竞合问题，原则上不依靠参与分配制度解决（参见第三章执行竞合部分的阐述）。但是，非金钱债权依法能够转化为金钱债权的，债权人可以申请参与分配。(2) 金钱债权终局执行与保全执行之间的竞合。由于保全执行是一种临时性的执行措施，其最终能否转化为终局执行具有不确定性，为了兼顾保全执行人的利益，应当考虑两种情形：如果保全执行的目的与金钱债权终局执行的目的发生冲突（相互排斥），应当中止金钱债权的终局执行，等待保全执行案件进入终局执行之后再作判断；如果二者不冲突，目的都是通过财产变价获得清偿，为防止执行的迟延，可以允许其参与分配，并就相关价额在财产分配时予以提存。(3) 保全执行之间的竞合。无论保全执行的目的何在，都需等待相关程序进入终局执行后再作判断，是否适用参与分配来解决。

从与实体法协同的角度看，被执行人的财产是全体债权的总担保的民法理念应当予以考虑。具体包括：(1) 未取得执行根据的债权人参与分配的问题。由于参与分配毕竟是一种强制执行制度，不以破产清算后免责和消灭被执行人的人格为目的，所以，其他债权人参与分配原则上须取得执行根据（包括生效裁判文书、赋予执行力的公证债权文书、仲裁裁决书、生效的行政处理或处罚决定书等）。(2) 民法上的物权优先效力应当予以考虑，应当允许有证据证明的优先权人申请参与分配。

2. 使各债权人公平分担债务人不能清偿的风险和损失，只是参与分配制度的次要或者附带功能

执行中的参与分配，从逻辑上依次关涉两个问题：一是哪些债权（人）可以申请参与分配；二是参与后如何公平分配被控制的被执行人的财产，特别是财产不足清偿时与破产程序的衔接问题。第一个问题（即参与执行问题）是参与分配首先要解决的问题，但第二个问题（即财产分配问题）也无法回避，是第一个问题的

逻辑延伸。关于第二个问题，我们建议按照如下总体思路予以解决：

首先，设置协商分配优先的程序机制。执行程序本质上是民事权利的实现程序，应当尊重当事人的意思自治。这种尊重，既关涉执行程序中的执行和解、执行担保等执行制度的设计，也关涉执行参与分配中财产分配方案的制订。因此，应当鼓励参与分配的债权人自愿达成分配协议，并将此作为财产分配方案制订的优先考虑方案。从比较法来看，《意大利民事诉讼法》第 541 条、《日本民事执行法》第 85 条均设置了类似的“友好分配”机制。[①]

其次，明确团体优先的分配原则。如果各参与分配的债权人不能达成财产分配方案，则到底是实行优先主义还是平等主义，各国执行立法差异比较大。如果单从实体法上被执行人的财产是全体债权的总担保的民法理念来看，无疑应当实行平等主义；但如果过于依赖实体法理念，前文第二章已经详细分析，也将导致一些难以克服的问题；如果单纯看待执行程序的效率、便捷而实行优先主义，也会滋生一些问题，特别是会产生实体法、程序法理念的冲突，或者说是通过程序法实质上修正实体法的立法精神问题。本书第二章结尾曾作过这样的分析判断，“单纯的平等主义和单纯的优先主义确实各自都存在难以克服的弊病。如果在制度设计时不能很好地解决这些弊病，至少从经验主义的立场出发，团体优先主义似乎是一种更优的选择”。团体优先主义本质上是一种平等主义，只不过兼顾了程序价值的考量，是本书倡导的参与分配制度的财产分配原则。

最后，执行参与分配与破产程序的衔接问题。如果被执行人被

① 《意大利民事诉讼法》第 541 条“友好分配”规定：“如果参加分配的债权人按照协商确定的方案进行分配，独任法官在听取债务人的意见后，决定按照此方案进行分配。”《日本民事执行法》第 85 条第 5 款规定：“对于本条前款规定的分配顺序和分配金额，如全体债权人之间在分配期日能达成一致的协议，必须依其一致的意见；在其他情况下，必须依民法、商法和其他法律规定记载分配表。”

控制的财产不足清偿全体债权人的债权，在一般破产主义的情况下，会直接触及破产程序的启动问题；在商人破产主义的情况下，针对被执行人的商主体也会触及破产程序的启动问题。在本书的第三章第一节中，我们提出了“多措并举”的“执转破”程序机制设计方案：“第一，修改公司法等相关企业法，明确规定商主体的董事、经理人等在企业经营遭遇严重危机、不能清偿全部债权时，负有及时申请破产的义务，否则承担过错的连带赔偿责任，这是一种间接强制方式；第二，修改《企业破产法》第 7 条至第 9 条的规定，改‘申请主义’为‘折中主义’，即以债权人、债务人申请破产为原则，以法院执行中职权移送和宣告破产为例外的机制，将执行中债务人申报的财产和法院查封的财产是否能够清偿全部申请人执行人的债权作为判断标准；第三，作为补充机制，为了防止其他未申请执行的债权人债权受损，即便执行中债务人申报的财产和法院查封的财产能够清偿已申请执行的债权但处于临界状态时，法院应当发出公告，催促其他债权人在一定期限内参与执行或申请债务人破产。”

## 二、关于其他替代方案可行性的辨析

### （一）关于“一般破产主义+执行优先原则”搭配方案的辨析

有相当多的学者认为，我国参与分配制度改革的理想方案是“一般破产主义+执行优先原则”。对此，我们认为在现阶段既不可行，也存在难以克服的问题。

首先，我国破产法改采用“一般破产主义”，在现阶段社会条件还不完全成熟，学术界也远未达成共识。我们认为，经过近 30 年的市场经济实践，“商人破产主义”的思路较为可行。重申理由如下：第一，破产法的基本功能之一，就是商业经营失败的市场退出功能，这显然是对从事市场经营的商主体而言的，发挥的是市场经济条件下的制度调节功能而非对一般民事主体的调节功能；第二，我国的法律应当与政治社会生态相符，现阶段对广大的工人、农民、学生等一般主体实行破产在政治理念上存在障碍，在一般民众的接受观念上存在障碍；第三，事物的发展有其规律，破产立法不可能一蹴而就，我国破产法的发展从原来仅适用于国有企业到适用于全部企业法人再到适度扩张到所有商主体，符合我国市场经济不断发展的规律；第四，虽然西方国家实行一般破产主义已成主流趋势，但并不能证明我国当前实行一般破产主义也具有合理性、可行性，这不是逆世界潮流而动，而是基于国情的审慎考虑。

其次，执行法采用“优先清偿主义”，无论从与民法理念协调还是执行实践来看，都还存在一些难以克服的问题。在本书第二章中曾有详细的分析，兹把我们的立场重申如下：优先清偿主义更加侧重于程序法快速、简便的价值目标，不关注民法债权的平等保护因素，从某种意义上说是一种程序本位和实用主义的公平观。但问题是，民事执行是一种实现民事权利的程序，完全立足于程序法视野而忽视实体法秩序，有欠妥当。即便从实施效果（实证主义）的立场看，优先主义也并不必然具有较之平等主义的优越性，英美法系国家的司法中心主义传统与中国明显有别，即便如此也不是铁板一块地奉行优先主义，加拿大从传统的优先主义向平等主义转型就是一个有力的例证；在大陆法系国家，德国是采优先主义的典型代表，但德国也不能不顾及与民法理论的协调，而是走了借用民法理论创设“动产质权”这一迂回路线。

（二）关于“在现有参与分配制度基础上进行技术修补”方案的辨析

与前述“理想主义”的参与分配制度改革（笔者更愿意称其为“大动作式”改革，因其改革效果不见得理想）思路相反，也有一些学者选择了基本维持现有参与分配功能定位的“现实主义”改革思路，即在现有参与分配制度的基础上进行技术性的制度修补，局限于解决执行实践中的个别突出问题。代表性观点有：

有的学者认为，参与分配制度改革的理想方案目前不具有可行性，应基于现实主义的立场思考改革进路。“理论界呼声最高的解决方案就是实行一般破产主义，赋予个人和非法人组织破产能力。但实施个人破产制度应以较完备的个人财产登记制度和良好的社会信用环境为前提，而这恰恰是我国所欠缺的。因此，新破产法没有采用一般破产主义的立法例，这就使得在可预见的将来，参与分配制度仍将作为破产程序的替代方案而存在。有鉴于此，更为现实的思路应是着眼于参与分配制度自身的完善，弥补其在公平价值上的不足。”[①] 在这种认识的基础上，作者提出了两方面的技术性修正意见：(1) 维持参与分配主要适用于公民、其他组织的制度现状，仍将“债务人不能清偿所有债权”作为参与分配适用的先决条件，只在已取得执行根据的债权人之外增加“已经起诉”的债权人也可以申请参与分配，以便“在一定程度上缩小其在实现债权平等价值层面上与破产程序的差距”；(2) 保留《执行规定》第96条规定的企业法人准用参与分配制度的程序机制，不赞同执行法院强制启动破产程序的改革思路，以“法院在执行过程中获悉债务人不能清偿到期债务时，就此事项进行公告”机制协调破产程序与执行程序的隐性冲突。应当说，这是一种非常保守的改革思路，也是对现有参与分配制度改革力度最小的一种改革思路。

有的学者以《执行规定》第96条规定的企业法人准用参与分配机制为切入点，经过分析得出以下结论，“对我国现有参与分配制度的关键性改进措施，就是要取消1998年《规定》第96条关于对企业法人适用参与分配的规定，使参与分配成为仅适用于那些不能适用破产制度的主体的‘清盘’执行制度，一种‘效率优先’且兼顾‘有限范围内的公平’，虽不完美但可以接受的执行制度”，该文还指出，“为与所处理的问题的性质相匹配，参与分配制度还应当进一步向破产制度靠拢”。[②] 从其论断来看，仍然坚持了两个

① 齐树洁、陈洪杰：《破产程序与执行程序的冲突及其协调》，载《厦门大学学报（哲学社会科学版）》2007年第3期。

② 吴晓静：《现行参与分配制度根本缺陷与改进建议》，载《法律适用》2008年第1期、第2期。

基本观点：（1）仍将参与分配制度的功能定位为弥补现有的有限破产主义立法缺陷的执行机制，只是将适用范围予以纯化，限于不能适用破产法的主体（即公民、其他组织）；（2）仍坚持参与分配制度应以“债务人不能清偿所有债权”作为先决条件，并且将来“还应当进一步向破产制度靠拢”，参与分配与破产功能仍然处于重叠的状态。

有的学者认为，针对《执行规定》第96条在适用中出现的混乱问题，2015年《民诉法解释》废止了这一参照适用的做法，明确了企业法人按照财产保全和执行中查封财产的先后顺序清偿或者按照企业破产法走破产程序的路径。“毫无疑问，这一改变是明智之举。由此，适用参与分配的债务人的主体应该限定为自然人和其他组织。该其他组织系没有破产能力的组织，否则，应该按照优先主义清偿或者走破产程序。”[①] 从观点上看，这一建议与前一方案差别不大，都是属于排除企业法人准用机制、纯化现有参与分配适用对象的思路。

我们认为，前述改革思路存在以下几个问题：一是无法对我国参与分配制度的综合改革进行理论引领，属于头痛医头、脚痛医脚的思维方式，局限于对现有制度的修修补补；二是参与分配制度与破产制度的功能重合问题基本未得到解决，以参与分配弥补有限破产主义立法缺陷的权宜之计仍将权宜下去，没有体现制度改革的宏观视野和长效机制，如此的修修补补将永无穷尽之日；三是上述思路除了我国台湾地区以外，与西方多数国家的参与分配制度设计初衷不相符合，难以体现参与分配制度应有的独立价值功能。所以，以上思路的理论引导价值和制度改革的指引效用不大，不宜提倡。

---

① 曹兴权、尚彦卿：《民事执行中参与分配程序的适用条件》，载《政法论丛》2017年第5期。

### (三) 关于“执行竞合式参与分配+破产还债式参与分配”方案的辨析

关于我国参与分配制度改革，还有另外一种“现实主义”的改革思路，即以《执行规定》第96条企业法人准用条款为基础，试图在结合国情的基础上创设新型的参与分配制度。

例如，有司法界人士认为，从长远来看，有必要进一步健全企业破产制度，增设强制破产制度及自然人与非企业法人的破产制度，同时于时机合适时取消独立于执行程序的参与分配制度。但从我国现状来看，取消《执行规定》第96条企业法人准用参与分配制度的观点并不可取，因为这一制度有利于破解我国执行难和执行积案过多的难题。基于此，该文建议，基于我国当前破产制度法律体系及司法实务存在的问题，将被执行人资产不足以清偿全部债务或明显缺乏清偿能力的参与分配案件全部独立出来，参照破产程序予以处理；同时，对于被执行人资产足以清偿全部债务或并未明显缺乏清偿能力的案件，则通过执行制度内的参与分配程序处理；上述全部债务及判断清偿能力的债务则以进入执行程序的债务为准。①

无独有偶，有学者也持类似的观点，认为在立法上实行一般破产主义，将破产还债功能从参与分配的功能中剔除，是解决我国参与分配痼疾的治本良策。但是，由于我国的特殊国情，个人与其他组织的财务信息的规范性难以达到企业法人的水准，将个人与其他组织纳入破产主体之中，尚需要一定的时间，破产立法仍将维持有限破产主义的现状。在这种情况下，个人与其他组织的破产偿债依然属于法律的空白，参与分配仍将承担与其本源功能不符的破产还债功能。“但是，毕竟参与分配的执行分配功能与破产还债功能的性质不同，二者的混杂必然产生适用法律上的难题，因而，应当在

① 陈志鑫：《民事执行参与分配制度的困境与进路》，载《上海政法学院学报(法治论丛)》2014年第6期。

程序上将参与分配的两种功能进行分离”，具体方案就是，“将破产参与分配制度从执行参与分配制度中分离出来，建构独立的破产还债参与分配制度”。[①] 具体来说，执行竞合中的参与分配，应当以执行程序理念来确定分配原则，除享有法定优先权之外，各个申请执行人应当平等受偿。破产参与分配制度，按照破产法的理念进行程序重新设计。

实际上，前述改革思路并非没有先例可循，瑞士《联邦债务执行与破产法》中就同时存在“资产扣押式债务执行”“抵押物变价式执行”和“破产式执行”。瑞士的破产式执行主要适用于债务人是商事登记簿上登记的商主体，抵押物变价式执行类似于我国的抵押权等优先权人参与分配，除前两者外都适用资产扣押式执行。[②] 对于这种现实主义的考量，确有其积极的意义，尤其是在我国“执转破”程序机制不健全的情况下，这一机制能够发挥替代作用。但是，在多数国家的执行立法上并不存在这一制度设计，如果进行这种制度设计是由司法解释完成还是由执行立法完成呢？况且，考虑到我国没有这样的制度基础，如果是出于完善执行程序与破产程序的衔接机制的目的的话，则没有必要走这条弯路，通过修改破产法，或修改民事诉讼法，或制定强制执行法来一步到位地完善“执转破”程序机制即可。

## 第二节　执行参与分配的适用条件重置

执行参与分配的适用条件，即他债权人在什么条件下可以申请参与到已经开始的执行程序中，并就被执行人的财产公平受偿。在德国、日本、韩国等国家，参与分配的本质在于利用同一执行程序

① 许尚豪：《执行分配与破产还债的功能分离——参与分配制度的现实重构》，载《人民司法》2014 年第 17 期。

② 参见瑞士《联邦债务执行与破产法》第 38-43 条、第 159-196 条。

清偿多个债权，故执行中的分配程序并不以债务人的财产是否能够清偿所有债权为前提条件。[①] 因此，在我国将来重新厘定执行参与分配的功能定位的情况下，应当对其适用条件进行重置，使其新的功能定位得以更好地实现。

## 一、须依据一个金钱债权终局执行依据，已经开始了一个民事执行程序

执行参与分配是一种介入性的执行制度，即必须已经开始对被执行人的财产启动了一个执行程序，且执行过程中对被执行人的财产采取了执行措施，然后才有其他债权人申请参与分配之必要。对于已经开始的民事执行，必须是根据金钱债权的终局执行依据而开始的。这是因为：（1）对于非金钱债权的执行，要么是以交付特定物为执行目的，要么是以完成一定的行为为执行目的，不以查封、扣押、冻结被执行人的财产并就变价所得而受偿，自然也就不存在参与分配变价所得的问题，没有参与分配适用的空间。（2）对于非终局的保全执行，仅仅是一种临时的财产控制措施，不以财产变价受偿为直接目的，自然没有其他债权人就财产变价所得参与分配的问题。

所以，对于非以金钱债权终局执行依据为根据而开始的强制执行程序，其他债权人申请参与分配的，应以申请不符合条件为由，裁定驳回申请。

但是，对于已经采取了保全措施，并向法院提起了诉讼或者申请了仲裁的债权人，由于其并非因主观原因而导致未取得执行根据，且为被执行人的财产的发现、控制做出了积极的努力，所以，应当例外地准许其申请参与分配。

---

① 韩长印、朱春和：《参与分配制度与破产立法》，载《当代法学》2000年第1期；江必新：《比较强制执行法》，中国法制出版社2014年版，第225页、第376页。

## 二、须有数个金钱债权人，且已取得执行依据或对执行标的物有优先权

参与分配以解决金钱债权之间的执行竞合为目的，故参与分配制度的适用，需以存在多数金钱债权人为前提条件。具体来说，可细分为以下要件：

### （一）需存在数个债权人

参与分配是处理金钱债权的强制执行竞合的一种方式。所以，参与分配的适用条件和强制执行竞合一样，都要求有数个债权人存在。也就是说，参与分配程序解决的是数个债权人对同一债务人同时请求清偿的问题，该数个债权人中，包括申请执行的债权人和申请参与分配的债权人，即他债权人。另外，债务人也必须是同一的，即只有一个债务人而该债务人有多个债权人。多个债权人有多个债务人，一个债权人对多个债务人，或者一个债权人对一个债务人，一般情况下都不会发生参与分配问题。

### （二）申请参与分配的债权必须都是金钱债权

民法上的债权，以其内容可分为财物债权和劳务债权，财物债权包括金钱债权和特定物债权。申请参与分配的各债权，包括已经先开始强制执行的债权和申请参与分配的债权，都必须是金钱债权。劳务债权、特定物债权下一定行为的债权不能参与分配。例如，如果先开始强制执行的债权是物之交付请求权，则其他金钱债权就不能参与分配；同样，如果先开始强制执行的债权是金钱债权，而后来的是物之交付请求权的执行，则也不能实行参与分配。也就是说，只有当申请执行人和他债权人主张清偿的都是金钱债权时，才发生参与分配问题。

之所以要求参与分配的债权必须是金钱债权，是因为在关于金钱债权的强制执行、关于物之交付请求权的强制执行和关于行为请求权的强制执行中，只有关于金钱债权的强制执行是用执行所得的金钱清偿债权，而参与分配的一个重要特征就是以强制执行所得的

金钱在各个债权人之间按比例进行公平分配。只有对金钱债权才能做到按比例公平分配，非金钱债权包括物之交付请求权的执行以及行为请求权的执行。对物之交付请求权的执行，由于此项权利具有排他性，无法在同一标的物上同时满足多个债权人的要求，所以，不适用参与分配制度。因此，实行参与分配的债权必须是金钱债权。

对于非金钱债权的强制执行程序，如果在执行中可以转化为对金钱债权的执行，他债权人也可以依法申请参与分配。例如，执行根据中要求债务人完成的行为是可以替代完成的行为时，如果该行为是由第三人代为履行的，应当由债务人向第三人支付代为履行的费用，这时，对行为请求权的强制执行就转变为对金钱债权的强制执行。

### （三）申请参与分配的债权人已取得执行依据或者对执行标的物有优先权

对于申请参与分配的债权人是否必须获得执行依据，我国司法解释曾规定无须获得执行依据。最高人民法院《民诉法意见》第297条规定，“已经起诉”的债权人和已经取得执行依据的债权人，均可申请参与分配。但1998年《执行规定》第90条和2015年《民诉法解释》第508条规定，只有已经取得执行依据的债权人有权申请参与分配。对于这一条件，需做进一步的阐释：

1. 申请参与分配的债权人需已取得执行依据

我国司法解释为什么对这一条件进行修正了呢？官方的理由是：执行程序中的参与分配制度与破产程序不同，在破产程序下，无论债权是否已到清偿期，无论债权人是否已经取得执行根据，均作为破产债权参加破产清偿。而强制执行程序本身就是专门为满足有执行根据的债权人的债权而设立的，不是像破产程序那样为所有债权人的债权而设立。只有有执行根据的债权人才能申请强制执行，在执行程序中受到债权的清偿。没有执行根据的债权人，其还不具备对债务人申请强制执行的条件，不应当有权直接参与到执行程序中来，受到和执行债权人一样的待遇。而且，在未经诉讼程序确认的情况下，债权人与债务人之间往往会存在对债权债务关系的争议，全部参与分配程序中解决起来比较复杂，又与执行机构的职责不相符。另外，如果一旦出现有执行根据的债权人因为在查封财产之外受到债务人的清偿或有其他原因而撤销自己的强制执行申请时，该强制执行程序就应当终结，此时没有执行根据的债权人就失去了再利用这一程序的法律理由。①

在我国台湾地区的“强制执行法”上，原本贯彻执行平等清偿主义，不问有无执行名义，均可申请参与分配。但对于无执行名义的债权人参与分配的资格，司法上有逐步限制的趋向。根据我国台湾地区司法院1980年的判例，无执行名义的债权人在标的物拍卖终结前申请参与分配，需提出其债权证明，并释明债务人无其他财产可供执行，否则不予准许。② 但1996年，我国台湾地区“强制执行法”修订后废除了无执行名义的债权人参与分配的做法。废除的原因主要有六个：(1) 强制执行系个别执行，与破产不同，无执行名义之债权尚未满足强制执行之条件；(2) 无执行名义之债权人参与分配，易引发他债权人异议，徒增分配异议之诉累；(3) 无执行名义债权人参与分配，有搭便车之嫌，对申请执行人不公平；(4) 实践中，易滋生债务人与他人串通伪造债权的弊端；(5) 造成执行程序过于烦琐；(6) 日本旧法允许无执行名义债权人参与分配，新的《民事执行法》予以删除，实施效果较好，值得借鉴。③

另外，通过欧美国家强制执行法的比较观察可以发现，除了法国之外，多数国家都要求执行参与分配需以取得执行根据为前提条

---

① 黄金龙：《〈关于人民法院执行工作若干问题的规定〉实用解析》，中国法制出版社2002年版，第286-287页。

② 刘清景主编：《强制执行法实务全揽》，学知出版事业股份有限公司2000年版，第172页。

③ 杨与龄：《强制执行法论》，三民书局2007年版，第290-291页。

件。我们认为，前述我国司法解释修正的理由和我国台湾地区修订相关规定的理由已经对为何设置这一条件做了充分的说明，理由较为充分，应当设置该条件的限制。

关于可申请参与分配的债权人，总结起来，主要涉及以下几种情况：已取得金钱债权执行依据的其他债权人；对人民法院查封、扣押或冻结的财产有优先权、担保物权的债权人；未取得执行依据但债权已到期的债权人，其中具体包括已起诉和未起诉两种情形。

(1) 关于已取得执行依据的债权人。其他债权人既然已经取得了执行依据，其参与分配当然是毋庸置疑的。依照《民事诉讼法》的有关规定，执行依据系指民事判决书、调解书、裁定书，具有财产内容的刑事判决书、裁定书，公证机关制作的依法赋予强制执行效力的债权文书，仲裁机构作出的仲裁裁决书，人民法院制作的承认和执行外国法院判决和外国仲裁机构裁决的裁定书，行政机关作出的应由人民法院执行的行政处罚决定书等。存在争议的是，执行依据附有条件或期限，而该条件尚未达成或期限尚未届至时能否参与分配的问题。对此，《日本民事执行法》持肯定立场，其第 88 条第 1 款规定，规定的期限未到来的债权，分配时可视为偿还期已到来。[①] 但在我国台湾地区，理论和实务界均持否定意见[②]。对上述情形，我国没有明确规定，理论上和实务中存在争议。有的认为，应当不允许这类债权人申请参与分配，理由是这个债权不是现实的债权，债权人无权要求债务人履行。还有观点主张，申请参与分配的他债权人不仅取得执行依据，而且该执行依据所承认的债务履行期限届满日，应该在其所申请参与分配的债权到期日之前。上述观点认为，每一次的参与分配程序并不具备终结性的意义，未足额清偿的债务，债务人仍具有清偿义务。因此，可以

---

① 《日本民事执行法》，白绿铉译，载《强制执行指导与参考》（总第 3 辑），法律出版社 2003 年版，第 352 页。

② 杨与龄编：《强制执行法论》，中国政法大学出版社 2002 年版，第 256 页。

对参与分配的债权设置较高的门槛，这样就可以防止程序的拖沓，保证履行期限届满的债权人的期限利益。增加上述限制条件，意味着必须履行期限届满的债权才可以申请参与分配，大大限缩了申请参与分配的主体范围，并不符合参与分配的初衷。正如有观点指出，执行依据所载附期限之债权虽因期限尚未届至不得申请执行，但其存在已确定无疑，因此，在债务人期限利益与债权人权利实现之间，宜以后者为要①。而且，参与分配程序终结后，作为债务人的公民或其他组织的民事主体资格并不丧失，对其剩余债务应当继续清偿，表面上看起来并不影响履行期限未届对债权人债权的实现，但实际上，受参与分配的影响，债务人的履行能力已严重弱化，其他债权人难以实现其债权。因此，执行依据确认但未届履行期限的债权，允许其参与分配，更为合理。当应受分配的债权人的债权附有停止条件或附有不确定期限时，应当提存相当于其分配额的金额。

基于执行实务，也有观点提出以下限制条件，即主张申请参与分配的债权应当已经取得执行依据并已进入执行程序，该观点认为参与分配制度设立的初衷在于解决执行竞合导致的冲突，属于执行程序的内部制度。② 上述观点立足于参与分配制度设立的初衷，是存在争议的。遑论参与分配制度设立的初衷是解决执行竞合导致的冲突，还是弥补有限破产主义的缺陷，毋庸置疑的是，参与分配属于执行程序的内部程序，申请参与分配应当具有申请执行的法律效果。只要坚持参与分配依申请启动，则无论是进入执行程序后再申请，还是依照执行依据向主持分配法院直接申请，都体现了申请执行的意愿和行动，故无须对申请参与分配的债权作已进入执行程序的限制。实务中有一种观点，主张申请参与分配的债权应当对欲申

① 丁亮华：《参与分配：解析与检讨》，载《法学家》2015 年第 5 期。

② 陈志鑫：《民事执行参与分配中申请条件的制度缺陷与规则优化》，载《上海政法管理干部学院学报》2015 年第 6 期。

请分配的财产采取轮候查封的债权。这一条件要求债权已在审理中采取保全措施或执行中采取控制性措施，形成轮候查封。这一要求的目的更多的是调动当事人以及执行案件的受理法院更加积极主动地寻找和控制被执行人的财产。因为倘若没有这一要求的设定，执行法院无须寻找财产线索，只待其他法院控制并处置某些财产时申请参与分配便是；倘若被申请的法院为保证自己案件更高比例的受偿，预想排除参与分配，必须得证明被执行人尚有其他财产，其他法院便可坐等这一财产线索进行执行。我们认为，这一要求实际上一般不会限制参与分配的主体，因为往往是执行法院对被执行人财产进行全面查找后，才会发现被执行人主要财产被某法院查封且无其他财产满足其申请执行人的债权，才会申请参与分配，执行法院一般是在对发现的财产采取控制性措施时，才会发现此前有查封措施。但是，这一要求毕竟增加了手续上的要求，而且有的货币类财产可能不待他债权人轮候查控即已被扣划。对没有轮换查封的财产，也应当可以申请参与分配。

（2）关于已经起诉或者申请仲裁但未取得执行依据的债权人。有观点主张，已经起诉但尚未取得执行依据的债权人也应可以参与分配，主要理由包括：第一，已经起诉、裁判尚未确定的债权人的债权很有可能是依法成立的、有效的，不允许其参与分配有违执行公平性。我国的参与分配制度是在我国实行有限破产主义的框架下，为解决自然人和非法人组织在无法清偿所有到期债权时债权人的公平受偿问题而设立的，一定程度上承担着破产法的职责。已经起诉的债权人如果不能申请参与分配，对其来说是不公平的，缺乏其他救济渠道，也违反了债务人的财产是全体债权人所有债权的共同担保这一原则。第二，将已经起诉的债权人主张的金额提存，待其判决生效后，根据判决的结果决定提存金额的分配，如果其主张的金额多于判决支持的金额，按判决支持的金额发还，多余的案款在其他债权人之间分配，如果其主张的金额少于判决支持的金额，在没有剩余案款的情况下不再发还。这样处理不需要执行机构对债权人和债务人之间的争议进行处理，也不违反执行机构的职责，便于操作。还有观点指出，已取得执行依据的债权人和未取得执行依据的债权人在债权数额的可信度上有一定的差异，但这种差异可以通过制度上的完善加以弥补。比如，当未取得执行依据的债权人的债权受到其他债权人或债务人的异议时，该债权人可以通过提起参与分配异议之诉得到解决[①]。

相反的观点则认为，对尚未取得执行依据的债权人不应当允许其申请参与分配。有观点分析了前后司法解释关于这一问题的调整指出，根据《执行规定》第90条的规定，可以向人民法院申请参与分配的申请人，只是已对被执行人申请执行的申请执行人以外的已经取得金钱债权执行依据的其他债权人。最高人民法院在制定《执行规定》这一法律规范时缩小了可以申请参与分配的债权人的范围，这是在总结我国就《意见》有关规定实施6年多的司法实践经验并借鉴他人立法经验的基础上作出的修改[②]。有观点指出，以获得执行依据为参与分配制度中的债权人要件是多数国家或地区立法所采用的主流做法，也是一种趋势，其中，日本和我国台湾地区经过了删除不具备执行依据的债务人参与分配条款的历史，可以比较清楚地得出两地的立法意见。[③] 韩国也经历了对参加分配的债权人的范围进行限制的两次立法调整，从1960年规定没有执行正本的一般债权人都可以参加执行分配程序，到1990年规定为持有执行正本的人和享有实体法上优先受偿权的人等[④]。可见，《执行规定》的上述修改更有利于参与分配制度的实施，体现出执行工作的效率原则，能够使债权人的经济权益尽早得以实现。本书赞同

① 夏蔚：《参与分配若干问题研究》，载《政法学刊》2001年第3期。

② 夏积龙：《试论民事执行参与分配制度》，载《综合来源》2004年第8期。

③ 刘宝玉：《参与分配制度研究》，载江必新、贺荣主编：《强制执行法的起草与论证（三）》，中国法制出版社2014年版，第415页。

④ ［韩］姜大成：《韩国民事执行法》，朴宗根译，法律出版社2010年版，第214–215页。

限制未起诉的债权人申请参与分配，法理上有两个方面的考量：

一方面，基于参与分配制度的功能定位。强制执行程序本身就是专门为满足有执行依据的债权人而设，不是像破产程序那样为所有债权人而设。在破产程序下，无论债权是否已到清偿期，无论债权人是否已经取得执行依据，均作为破产债权参加破产清偿。在执行程序中，只有有执行依据的债权人才能申请执行，在执行程序中受到债权的清偿。没有执行依据的债权人，其申请对债务人强制执行的条件还不具备，不应当有权直接参与到执行程序中来，受到与其他执行债权人一样的待遇①。在我国当前采用一般破产主义的背景下，只允许已取得执行依据的债权人申请参与分配，似有不能保护所有债权合法权益之嫌。但在我国现行法律体系框架下，对于申请参与分配的债权范围，无论作何种规定都难免有其弊端②。正如博登海默所言，“法律是一个带有许多大厅、房间凹角拐角的大厦，在同一时间想用一盏探照灯照亮每一间房间、凹角和拐角是极为困难的”。参与制度在现行破产制度暂时照射不到的地方，起到了积极的补充作用。③ 但是，参与分配制度并不能像破产制度那样可以实现全部债权人的公平受偿，只是在一定程度上弥补破产制度适用主体有限性，因此，也不能期望通过放宽参与分配的债权人主体资格来行使破产制度的功能。毕竟，强制执行中的参与分配制度，其立法初衷并不是要实现所有债权人的公平受偿，而只是力所能及地解决参与分配之适格债权人就执行标的物所得价金的有限公平有序受偿问题④。将参与分配限于已取得执行依据的债权，恰恰体现了参与分配与破产清偿在制度功能上的区别。此外，如果对无

---

① 黄金龙：《关于人民法院执行工作若干问题的规定（试行）实用解析》，中国法制出版社 2000 年版，第 287 页。

② 丁亮华：《参与分配：解析与检讨》，载《法学家》2015 年第 5 期。

③ 沈志先主编：《强制执行》，法律出版社 2012 年版，第 254 页。

④ 刘宝玉：《参与分配制度研究》，载江必新、贺荣主编：《强制执行法的起草与论证（三）》，中国法制出版社 2014 年版，第 382-383 页。

执行依据的债权参与分配不加以禁止，极易出现被执行人与他人串通伪造假债权申请参与分配，从而损害真正债权人利益的情况[①]。

另一方面，基于参与分配制度的价值追求。执行相对于审判来说，更需注重的是效率，如果允许已起诉未取得执行依据的债权人申请参与分配，势必会导致分配程序的拖延，会不断有债权人起诉加入参与分配，使分配程序更加复杂，久拖不决。未取得执行依据的债权的真实性尚未经审判程序确认，若径直申请参与分配，将导致执行法官承担审理职能，有违审执分离的规定。[②] 执行实践中，为了避免以执代审的情况发生，往往等待裁判生效后再开始制定分配表。只要被执行人的财产没有被分配，任何一个债权人都还可以通过起诉来申请参与分配，而执行中的分配就必须推迟，直到这一债权人与被执行人之间的案件审结、该债权人的债权是否得到支持得以确定后，才能将被执行人的财产进行分配，这往往会经历一段较长的时间。如果在这一债权人与被执行人之间的案件即将审结前，又有其他的债权人对该被执行人再提起诉讼，势必又要延期。如果是多次发生这种情形，参与分配的债权额、债权人数、分配比例都必须等所有的案件审结后才能确定，这有违执行效率原则。实务中，有的法院基于信访维稳或者其他方面的考量，并没有严格按照《执行规定》第 90 条的规定将已起诉但未取得执行依据的债权人排除在参与分配程序之外，导致执行无限期拖延，效率十分低下，有些执行案件三年至五年都没有完成分配，大都是这种情况。

（3）债权到期未取得执行依据的债权。也有观点不赞同对有权申请参与分配的债权人作限制规定，认为当债务人的财产资不抵债时，全体债权人都有就债务人的财产获得公平清偿的权利，而不论债权人是否已取得执行依据或者已经起诉。如果不允许未取得执

---

① 丁亮华：《参与分配：解析与检讨》，载《法学家》2015 年第 5 期。

② 陈志鑫：《民事执行参与分配中申请条件的制度缺陷与规则优化》，载《上海政法管理干部学院学报》2015 年第 6 期。

行依据或未起诉的债权人参与分配，那么，一是违反了公平原则，二是可能损害这些债权人的合法债权，有悖于我国参与分配制度的宗旨和目的。本书认为，债权已经到期但未起诉的债权人，不应纳入参与分配申请人的范畴。除前述第二项中的反对理由外，还因为从程序角度而言，不能保证这些尚未起诉的债权人一定会起诉，如果债权人一直不起诉，其永远不会获得执行依据，而执行机构也不能在执行过程中对债权人和债务人之间的实体问题作出认定。而且，债权到期但未起诉的债权人应承担自己怠慢主张债权的风险。

（4）有优先权、担保物权的债权人。对人民法院查封、扣押或者冻结的财产享有优先权、担保物权的债权人，《执行规定》第93条采用的是“可以申请参加参与分配程序”的表述，因为当时理论上一般认为，申请参与分配的应当是不具有优先受偿权的普通债权人，有优先受偿权的债权人参加到执行程序主张权利，不能称为“参与分配”。对此，相反观点则认为，应将《执行规定》第93条中的“有优先权、担保物权的债权人”解释为参与分配当事人。有文章提出，其他债权人申请参加已进行的执行程序，并主张从执行所得中获得清偿，即取得类似当事人的地位，并享有程序上的权利；即使债权人之间不实行平等分配，只要参与到这个程序中来，均属参与分配①。

在比较法上，各国立法均允许优先权人申请参与分配，赋予其当事人资格。我国台湾地区“强制执行法”甚至对设定在拍卖标的物上的优先权参与分配采用强制主义，即要求执行法院必须将已知的优先权人依职权列入分配程序。优先受偿权资格或者是来源于查封前的担保物权，或者是基于法律的特殊规定，应予以优先保护。就查封前设定抵押权的债权人而言，对于抵押权的强制执行程序，要求其必须提前行使抵押权，这本身就不利于抵押权人②，如

① 丁亮华：《参与分配：解析与检讨》，载《法学家》2015年第5期。

② 杨与龄编：《强制执行法论》，中国政法大学出版社2002年版，第22-24页。

果再要求其事先必须取得执行依据，显然与抵押权制度的目的相冲突。但是，由于享有优先权、担保物权的债权，未经过生效法律文书的确认，在参与分配程序中，如果其他债权人对于债权的真伪、数额等提出异议的，应保障其获得救济的权利。正是基于上述考量，2008 年最高人民法院出台的民事诉讼法执行程序部分的司法解释，建立了案款分配异议和案款分配异议之诉的制度。如果将优先债权人排除在参与分配主体之外，其他债权人或债务人可以对优先债权提出分配方案异议，以及在异议遭到反对时以优先债权人为被告提出异议之诉。基于上述理由，采纳了上述观点。《民诉法解释》第 508 条第 2 款规定，“有优先权、担保物权的债权人，可以直接申请参与分配”，意味着上述权利人申请参与分配程序，不以取得执行依据为限。

综上所述，有权申请参与分配的债权人包括：已取得金钱债权执行依据的其他债权人，对人民法院查封、扣押或者冻结的财产享有优先权、担保物权的债权人。

2. 申请参与分配的债权人对执行标的物有优先权

最高人民法院《执行规定》第 93 条、《民诉法解释》第 508 条第 2 款规定：“对人民法院查封、扣押、冻结的财产有优先权、担保物权的债权人，可以直接申请参与分配，主张优先受偿权。”这类担保物权或者法定优先权的债权人，由于其权利已经登记产生公示公信效力或者为法律所明确规定，真实无疑，即便未取得执行依据，也可作为例外允许其直接申请参与分配。

这里的优先权，除依据物权法设定的抵押权等约定优先权外，还包括法定优先权。主要情形有：

我国《海商法》第 21 条、第 22 条和第 25 条规定，向船舶所有人、承租人、营运人请求船员劳动报酬、保险等费用，船舶营运中的人员伤亡赔偿，港口规费，海难救助费用等的权利人，对产生该请求权的船舶具有优先受偿的权利。该权利称为“船舶优先权”，具有优先于对船舶的留置权和抵押权的受偿权。

我国《合同法》第 286 条规定："发包人未按照约定支付价款的，承包人可以催告发包人在合理期限内支付价款。发包人逾期不支付的，除按照建设工程的性质不宜折价、拍卖的以外，承包人可以与发包人协议将该工程折价，也可以申请人民法院将该工程依法拍卖。建设工程的价款就该工程折价或者拍卖的价款优先受偿。"

根据我国《民办教育促进法》第 59 条的规定，被执行人为民办学校的，其财产优先清偿应退受教育者学费、杂费和其他费用。

被执行人欠缴职工基本医疗保险费、失业保险费、基本养老保险费，以及债权中有职工工资债权（包括劳动报酬、经济补偿、赔偿金、职工基本医疗保险费、失业保险费、基本养老保险费等）的，应当享有优先受偿的权利。

3. 刑事上的罚金和行政上的罚款能否申请参与分配

对此，理论界有两种意见：其一，认为可以申请参与分配。因为国家权利也应当予以保护，违法犯罪应予惩罚，不能让违法犯罪分子在经济上占便宜。其二，认为不能申请参与分配。因为：（1）这两种金钱不是民法上的债权，参与分配没有法律依据；（2）罚金、罚款不能与民事债权等同而言，违法犯罪分子因违法犯罪所应受到的惩罚，不能影响债权人的利益；（3）在被执行财产不足以同时支付时，罚金、罚款也参与分配，表明国家与公民、法人争财产，这样做不妥，国家应当将利益让与公民、法人。①

从法律上看，我国法律对这一问题并没有作出明确的规定。但相关的规定还是有的。如我国《刑法》第 36 条规定："由于犯罪行为而使被害人遭受经济损失的，对犯罪分子除依法给予刑事处罚外，并应根据情况判处赔偿经济损失。承担民事赔偿责任的犯罪分子，同时被判处罚金，其财产不足以全部支付的，或者被判处没收财产的，应当先承担对被害人的民事赔偿责任。"我国《公司法》第 214 条规定："公司违反本法规定，应当承担民事赔偿责任和缴

① 金永熙：《法院执行实务新论》，人民法院出版社 2000 年版，第 180 页。

纳罚款、罚金的，其财产不足以支付时，先承担民事赔偿责任。”我国《证券法》第232条规定：“违反本法规定，应当承担民事赔偿责任和缴纳罚款、罚金，其财产不足以同时支付时，先承担民事赔偿责任。”我国《个人独资企业法》第43条规定：“投资人违反本法规定，应当承担民事赔偿责任和缴纳罚款、罚金，其财产不足以支付的，或者被判处没收财产的，应当先承担民事赔偿责任。”以上规定明确了一个原则，即在责任人的财产无法同时满足民事赔偿和刑事罚金或行政罚款时，民事赔偿优先受偿的原则。尽管从严格意义上说，优先受偿的仅限于民事赔偿债权，不包括其他民事债权，但是，民事债权优先应当是大势所趋。有一种观点认为，刑事上的罚金或行政上的罚款在强制执行程序中，应当参与分配，但是，应当将民事赔偿债权作为第一顺序优先受偿，而刑事上的罚金或行政上的罚款作为第二顺序受偿。[①] 从参与分配作为解决执行竞合现象的一项制度的功能定位来看，这种观点有一定的道理，但与优先权人相反，其处于滞后清偿的地位。

### 三、须数个金钱债权指向同一债务人的财产

数个金钱债权执行根据或者优先权共同指向同一债务人的财产，是产生执行竞合的前提。在这里，也有几个问题需要进一步澄清：

#### （一）债务人可以是公民、其他组织，也可以是法人

在我国现有的参与分配制度中，无论是《执行规定》还是《民诉法解释》，都立足于弥补有限破产主义立法缺陷的定位，将参与分配制度的适用对象限定为不能适用破产清算程序的“公民、其他组织”。

在对参与分配制度重新定位的情况下，由于参与分配程序的开始并不以“不能清偿所有债权”为前提条件，所以，已经开始的

① 金永熙：《法院执行实务新论》，人民法院出版社2000年版，第180页。

执行程序中的被执行人（债务人），既可以是公民、其他组织，也可以是法人；既可以是商主体，也可以是一般民事主体。

（二）参与分配须针对已经开始强制执行的被执行人的财产

参与分配，顾名思义，是针对已经开始的强制执行程序中被采取强制执行措施的被执行人的财产的变价所进行的为分配。如果被执行人尚有其他财产，但未在已开始的执行程序中被采取强制执行措施，不得申请参与分配，但是可以申请强制执行。如果对其申请参与分配，执行法官可探求申请人的本意，对其进行释明，坚持申请参与分配的，裁定驳回。在多个金钱债权人同时或先后针对被执行人的同一财产申请强制执行的场合，执行法院应合并执行程序，同时适用参与分配的规定（参见我国台湾地区“强制执行法”第33条）。

从我国现行法律规定看，只有在被执行人的全部财产或者主要财产已经被其他法院先行查封、扣押或冻结，已无其他财产可供执行，或者其他财产不足清偿全部债务时，其他债权人才能申请参与分配。如果被执行人的财产足以清偿全部债务，那么其他债权人可以通过向人民法院申请执行而不是申请参与分配的方式满足其要求。因此，只有当债务人的财产不足清偿全部债务时，为公平地保护各债权人的债权，才有实行参与分配的必要。但是，要求“全部或主要财产被一个法院因执行确定金钱给付的生效法律文书而查封、扣押或冻结”并且“无其他财产可供执行或其他财产不足清偿全部债务”，在实践操作中往往成为推脱借口。

适用参与分配程序分配被执行人财产，或者说参与分配程序的启动，《民诉法解释》载明的条件是“被执行人的财产不能清偿所有债权”。《民诉法解释》第509条规定债权人在申请书中“应写明参与分配和被执行人不能清偿所有债权的事实、理由”。“不能清偿所有债权”这一要件如何认定，是争议比较大的问题。对此，有两种不同的标准。

一是客观标准。客观标准强调现实客观地摸底被执行人财产的全部状况，以认定其全部财产不足以清偿全部债务。从客观标准出发，欲申请参与分配的债权人很难证明被执行人的财产不能清偿所有债权，这是因为这时的被执行人往往拥有较多债权人，作为债务人的被执行人不说，其单个债权人很难查清被执行人所负债务的总额以及其中已存在执行依据的债务总额。特别是当前我国还存在个人守法意识不强和商业信用水平不高的问题，相关的财产公示制度也尚未完全建立，被执行人还有可能转移、隐匿财产，就连法院也难以真正了解和确定被执行人的财产状况，如果用客观的标准来要求，债权人很难证明被执行人不能清偿所有债权。实务中的困境还在于，这个标准由谁来举证？他债权人为了能够参与分配肯定试图证明除了已经查控的财产，被执行人已经无其他可供执行的财产了。而申请人为了可以全额受偿，采取措施的法院为了能够执结现案，肯定希望证明债务人还有其他财产。那么，到底是由他债权人证明债务人已经没有其他财产可供执行，还是由申请人证明债务人还有可供执行的财产呢？而且，即使由法院查明财产，对债务人财产的查明采用客观标准也不切合实际。实践中，财产的查控实际上是法院执行工作中最主要的部分。被执行人的财产是指其所有财产抑或被执行法院所控制的财产。执行法院在对财产查控时，只是针对手中案子的标的额进行，没有必要去弄清被执行人财产的整体状况。况且，对于自然人来讲，其不像法人和其他组织有法律规定的完备的财务登记制度，也不像美国等一些国家以及我国香港地区有较完备的个人财产申报制度和信用体系，公众认知甚至一些负责财产登记的部门认为个人财产状况是个人隐私应予以保护，所以即使是法院也很难在短时间内获悉债务人财产的全部状况，更不论实践中还有债务人恶意规避财产的行为。因此，查明债务人的全部财产，无论是对债权人还是执行法院而言，都是很难做到的。如果强调现实客观地摸底被执行人财产的全部状况，实际上反而使得启动参与分配程序的法定标准显得模糊和不确定，既不符合实际，也不符合情理。再者，“不足清偿”的判断涉及财产的价值如何量化。

在财产尚未作出处置前，被执行人的财产仅具有一般意义上的市场价值或理论上的评估价值，判定标准的模糊性，导致是否适用参与分配程序成为法官自由材料的范畴。综上所述，如果采用客观标准，会导致参与分配程序根本无法启动。如采用客观标准判断被执行人的财产不足清偿所有债权，是摆在欲申请参与分配的债权人面前难以解决的问题。

二是主观标准。主观标准不要求申请参与分配的债权人证明被执行人不能清偿所有债务，只要证明被执行人不能清偿其自身债务即可。具体而言，他债权人只需证明自己的债权无法通过对债务人其他财产的执行得到全额清偿，接受申请的法院所查控的财产是被执行人“全部”或“主要”财产，就可以向法院申请就该项财产参与分配。采用主观标准来衡量被执行人是否不能清偿所有债务，即使这种认识是错误的，被执行人有能力履行全部债务，但适用参与分配程序对被执行人进行执行，既不损害被执行人的利益，也不会损害其他债权人的合法利益①。而且，要对“财产”和“债务”进行量化比较，不是在申请参与分配之初即能够确定的。债务量一般好确定，“全部债务”应指申请参与分配并符合参与分配条件和程序的债权之和（包括迟延履行利息和迟延履行金），而非被执行人实际所负的全部债务。“全部财产”应指法院已控制的被执行人可供执行财产的总和，而非被执行人实际拥有的全部财产，如前文所述，“被执行人实际拥有的全部财产”是一个难以查明亦难以达成一致意见的问题，若拘泥于此参与分配制度可能永远都无法启动。执行程序中，一方面要求债务人依法向法院申报财产，辅以债权人向法院提供被执行人财产线索；另一方面法院主动采取法律要求的财产调查手段，如果两方面均没有发现新的财产，那么就在法律上认定，已查明的财产是被执行人的全部或主要财产，除此之外无其他财产可供执行。综上可见，采用主观标准较之采用客观标准

① 夏积龙：《试论民事执行参与分配制度》，载《综合来源》2004年第8期。

更有利于案件的执行。

与之相关的问题是，如果执行法院只对债务人的部分财产进行了查封，但是该债务人的剩余财产却不足以清偿其他法院受理的另一个执行案件时，能否启动对此案件的参与分配。例如，A 案件在甲法院诉讼阶段对被执行人部分财产进行了保全，在乙法院的 B 案件随后进入执行程序作了轮候查封。但是 A 案件仅查封了债务人 3/5 的财产，而 B 案件的标的额占债务人 4/5 的财产。这种情况下，B 案件的债权人可否向甲法院申请参与分配呢？又如，两个法院一个查封了房子，一个查封了车子，两方都不是针对被执行人的全部财产的查封，但是还是出现“债务大于财产”的情况时，能否启动参与分配程序？如果申请参与分配的法院尚有未处置的财产，能否申请参与分配？按照现有法律，仅规定其他符合条件的债权人可向首先查封被执行人全部或主要财产的法院申请执行，而就其他执行法院查控的不足以满足全部债权的其他财产如何处理未做规定。我国《民事诉讼法》第 242 条中规定，人民法院查询、扣押、冻结、划拨、变价的财产不得超出被执行人应当履行义务的范围。不允许超标的额查封使执行法院只对债务人的部分财产进行了查封，其他法院查封剩余财产的情况必然经常发生。对这个问题，实务中有不同做法，北京市人民法院的做法是，如果该债权的执行法院已执行到部分财产，且财产已处置完毕的，可以向主持分配的法院申请参与分配，且已执行到位的财产必须一起被分配；如果该债权的执行法院已执行到部分财产，但该财产尚未处置的，不得申请参与分配。实务中也有这样的做法，将所有参与分配的债权人在其他执行法院申请执行过程中查控的财产全部纳入分配范围，与参与分配主持法院最先查控的主体财产一并构成分配基数，按标准在全体债权人间进行分配。理由是，既然是在各债权人间的公平分配，就应该将查控的所有被执行人财产一并交由参与分配主持法院统一分配，以免造成其他债权人在参与分配结束后还可在原执行法院继续受偿的不公平结果。我们认为，如果申请参与分配人在其他执行法院执行过程中发现的其他财产不合并分配，该参与分配人在此处分配完毕后，还能在原执行法院继续执行其他财产而受偿，构成对主持参与分配法院的案件当事人的不公平。因此，有必要设置部分查控下的合并处理制度，即主持参与分配的法院进行分配的财产不限于其首先查封、扣押、冻结的主要财产，还应包括其他执行法院查控的其他财产。如果其他执行法院查控的财产已处置的，可以交由分配法院统一分配，款项已经发还的，由分配法院根据原执行到位的金额统一不同债权人的发还比例。如果其他执行法院对财产尚未处置的，可以将财产移交分配法院。

# 第六章　我国执行参与分配的程序完善

立足于执行参与分配与破产程序功能两分的基本立场，将参与分配的功能定位为解决金钱债权的执行竞合问题，便利多数债权人利用同一执行程序获得受偿，提高执行程序的效率，并节约执行成本。基于这种功能定位，参与分配的本质是参与执行，以被执行人已被控制的财产而受偿为目的，不以其全部财产而受清偿为目的。为此，需要从"债权人申请程序""财产分配程序"和"执行与破产的程序衔接"三个方面对参与分配的程序进行优化设计。

## 第一节　债权人申请程序

### 一、主持参与分配的法院

债权人申请参与分配，首先面临的是向哪个法院提出申请的问题，特别是在不同债权人针对同一债务人可能向多个法院申请执行之际，如何确定参与分配的管辖法院。此即"主持参与分配的法院"确定问题，也是参与分配程序首先要解决的问题。

#### （一）我国司法实践中的问题

在最高人民法院1992年《民诉意见》和2015年《民诉法解释》中，未对"主持参与分配的法院"如何确定作出明确规定。1998年《执行规定》第91条确定了"首封法院"主持参与分配的原则：在终局执行和保全执行竞合时，由在先采取保全措施的法院主持进行。[①] 这一规定，一方面默认了多家法院分别执行的可能性，另一方面又试图从中选择一家作为参与分配的主持法院。但由于规定过于笼统，对司法实践的指导意义不强，实施效果也欠佳。

实践中经常出现这样的现象：多个债权人针对同一债务人同时或先后向不同的法院申请强制执行，形成了多个执行法院对同一被执行人的“多对一”局面。根据《执行规定》第 91 条，此时应由“首先采取查封、扣押或冻结的法院主持进行”，如果“该法院所采取的执行措施为执行财产保全措施，具体分配应当在该院案件审理终结后进行”。这在实践中遭遇了以下困境：（1）先行向法院申请强制执行的债权人未必能及时得到清偿，因为可能其他债权人已经向其他法院申请了财产保全措施，只有等该院案件审理终结后才能强制执行，执行效率无法保障。（2）为了解决前一问题，有些省市建立了各执行法院“协商”或上级法院“协调”的变通机制，允许由“非首封法院”主持参与分配；[②] 但在缺乏全国统一规定的情况下，跨省的协商或协调仍然会遭遇困难。（3）由于允许多个强制执行程序平行启动，在被执行人的财产由异地法院强制执行的情况下，由于信息渠道不畅，其他债权人难以及时发现已经开始的执行程序，因而无从参与分配，影响了参与分配程序的利用。（4）即便其他债权人“偶然”发现了已开始的执行程序，但在执行法院“动手快”的情况下，等其向执行法院提交参与分配申请时，可能财产已经变价并向申请执行人清偿完毕，这等于“架空”了《执行规定》第 91 条。（5）就我国执行实务看，往往出现多个执行法

① 《执行规定》第 91 条规定：“对参与被执行人财产的具体分配，应当由首先查封、扣押或冻结的法院主持进行。首先查封、扣押、冻结的法院所采取的执行措施如系为执行财产保全裁定，具体分配应当在该院案件审理终结后进行。”

② 2013 年 8 月《北京市高、中级法院执行局（庭）长座谈会（第五次会议）纪要——关于案款分配及参与分配若干问题的意见》第 11 条规定：“对被执行人财产的处置和具体分配，按照《执行规定》第 91 条的规定，原则上由首先查封、扣押或冻结的法院主持进行。本市法院之间亦可协商由非首封的法院主持进行；协商不成的，可报请高级法院予以协调。”

院针对同一被执行人的不同财产采取执行措施并获得变价价款，相互发送公函要求参与对方的执行变价价款，收到公函的法院不予理睬，[①] 直接对本院执行程序中的申请执行人进行清偿。

前述问题的出现是由多种复杂原因造成的，解决的思路也应该有所不同：

问题（1），是由《执行规定》第 91 条的规定直接造成的。解决该问题的关键是：是否有必要将“首封法院”限定为“首封终局执行法院”，以便及时地对被执行的财产进行变价清偿？

问题（2），是由我国执行立法不完善和《执行规定》第 91 条的规定综合造成的。解决问题的关键是：是否应当将主持参与分配的法院限定为“首封法院”？如果允许变通，需要通过完善执行立法或者最高人民法院的司法解释从全国层面予以解决。

问题（3）和（4），是由我国司法解释允许针对债务人同时或先后启动多个执行程序造成的。解决问题的关键是：是否应当建立合并执行的程序机制？

问题（5），与我国参与分配制度既有的功能定位有关。现有的参与分配制度承担了部分破产制度的功能，必然导致被执行人“不能清偿所有债权”之际，多个执行法院针对被执行人的不同财产采取强制措施并相互参与分配的问题。如果对参与分配的功能定位进行调整，将其理解为“数个债权针对被执行人的特定财产发生执行竞合时，如何进行财产分配”的一项执行制度，即以“特定财产执行分配指向”取代“全部财产清算指向”，则实践中的该问题即不复存在，但同时却会产生一个新问题，即对被执行人的特定财产是否准许“重复扣押”？

综上可见，主持参与分配的法院的确定，并非通过一个法条的简单确定就能解决，而是一个系统问题，需放在参与分配制度总体

① 张永泉：《民事执行程序中“参与分配”的理论与制度构建》，载《苏州大学学报（法学版）》2017 年第 4 期。

功能调适和相关程序机制系统完善的视野中来看待。为此，需要对域外参与分配的相关制度经验进行体系性的考察和借鉴。

（二）域外相关制度的经验借鉴

在不同的国家和地区，对“主持参与分配的法院”的确定并没有统一的做法，而是在一系列复杂因素的综合考量中加以确定的，具体涉及已开始的执行程序是终局执行还是保全执行，执行程序中允许重复扣押还是不允许重复扣押，执行标的物是动产还是不动产，执行程序采取合并执行还是分别执行等因素。

在德国，通过“扣押质权”制度贯彻优先清偿主义，通过“重复扣押”制度解决其他债权人的参与执行问题，并由特定的执行员或执行法院统一主持分配。① 具体操作流程是：（1）再次扣押及变卖，原则上由首次扣押的执行员实施。在其他债权人再次申请扣押时，接受申请的执行员应该将扣押实施权交由第一次扣押的执行员，但执行法院依（债权人或债务人的）申请命令将扣押权移交给其他执行员的除外，扣押后的拍卖应为全体债权人的利益实施（第827条）。同一债权人再次申请扣押时，只需由同一执行员在扣押记录中补记即可；如果第一次扣押是由其他执行员实施的，则应将扣押记录的善本送达给他备案（第826条）。（2）主持参与分配的法院或执行员，原则上集中确定。具体分三种情况：一是针对同一债权的多次扣押，第三债务人有权（如经再次扣押人的要求，则为有义务）将送达给他的再次扣押的裁定交付给最先送达给他的初级法院，由其将债务额统一提存（第853条）；二是针对动产的多次扣押，债务人同样应将再次扣押的裁定交付予最先送达给他裁定的执行员，从而向其交付动产（第854条）；三是针对不动产的多次扣押，债务人应将送达给他的裁定交付予不动产所在地

① 《德国民事诉讼法》第804条创设了“扣押质权”制度，扣押在先所生的质权优先于扣押在后所生的质权而受偿。对于被执行人的动产、不动产和被执行人的到期债权，允许其他债权人再次申请扣押（第853条至第855条），也允许同一债权人基于不同的执行依据而再次申请扣押（第826条）。

的初级法院所选任的保管人，从而向其交付不动产（第 855 条）。(3）变卖后提存的金额足以清偿全部债权的，分别偿付各债权；不足清偿的，由管辖法院（依第 827 条、第 853 条、第 854 条确定）催告有关债权人申报债权额，并编制分配计划书。

在日本，参与分配贯彻平等清偿主义，凡在规定的期限提出参与分配申请、扣押申请、假扣押申请的债权人，均可参与金钱债权执行中财产的分配。[①] 对于后申请者，以与前一执行程序合并执行为原则。但在动产和不动产的重复扣押方面，日本立法采取区别对待的态度。(1）对于动产，执行官不得重复扣押。对于受扣押的债务人，在其财产被扣押的场所又有动产执行申请时，如还有未扣押的其他动产，执行官可以实施扣押；如没有可扣押的其他动产，执行官应进行释明，并将针对该动产的前后两个执行案件合并执行(这里的扣押，包括终局执行的扣押和保全执行的假扣押)，自合并时起，后一案件的扣押或假扣押申请视为提出了参与分配申请，如果前一执行程序终止，前案中的扣押自动视为后案中扣押（第 125 条)。(2）对于不动产，允许重复扣押。在已经开始的执行程序中，当法院作出的强制拍卖的开始决定送达债务人时，即产生扣押的效力。此后，对该不动产再有强制拍卖申请时，执行法院应再次作出强制拍卖的开始决定，但不得另为独立的拍卖变价，而是视为对前一拍卖的参与分配申请；当前一个强制拍卖程序终止时，执行法院应依后一个强制拍卖的开始决定继续进行（第 46 条、第 47 条）。[②]

在我国台湾地区，为了解决多个债权人分别启动强制执行程序造成多个执行法院的问题，采取了一概禁止重复扣押、一律实行合

---

① 《日本民事执行法》第 87 条（不动产执行)、第 140 条（动产执行)、第 154 条、第 165 条（到期债权和其他财产权的执行)。

② 对此，有学者做了如下描述，“查封后有申请强制执行同一财产者，仍须再为查封，但不为变价程序。于先申请查封至债权人撤回或停止执行或执行被撤销时，后查封之债权人得继续执行”。张登科：《强制执行法》，三民书局 2012 年版，第 508 页。

并执行的立法政策，立法技术颇为简单明了。我国台湾地区学者认为，"在不采优先清偿主义的国家，先申请查封之债权人，对已查封之财产，既无优先受偿权，自无再查封之必要，有再声请强制执行者，应合并其执行程序"。[①] 我国台湾地区"强制执行法"第33条规定："对于已开始实施强制执行之债务人财产，他债权人再声请强制执行者，已实施执行行为之效力，于为声请时及于该他债权人，应合并其执行程序，并以前二条之规定办理。"

在瑞士的资产扣押式债务执行程序中，通过"参加扣押"机制，既贯彻了团体优先主义，又实现了执行程序合并的效果。《瑞士联邦债务执行与破产法》第89条、第95条规定，债务人按资产扣押式执行程序执行的，执行事务局得在收到继续执行申请后立即实施资产扣押或者通过待扣押资产所在地的执行事务局实施扣押执行。扣押首先针对动产（包括债权和限制性可扣押的资产），主要是因为这些财物易于变现；动产不足以清偿时，才能扣押不动产。第110条规定了"参加扣押"制度，即在扣押实施后30天内提出执行申请的其他债权人，得参加扣押，并组成优先受偿债权人组；30天期满后才提出执行申请的，以同样方式组成特别扣押的额外债权人组；已扣押的财产可再次扣押，但前提是其变价收益不得分配给前次扣押的债权人。

（三）主持参与分配法院的设定

我国参与分配制度改革过程中，应当以参与分配制度功能重置为基本背景，从以下两个方面来设定主持参与分配的法院，以期解决实践中出现的问题。

1. 以金钱债权终局执行中首先采取执行措施的法院，为主持参与分配的法院

在多个债权人申请对同一债务人的财产申请强制执行时，首先采取强制执行措施的既有可能是保全执行，也有可能是终局执行。

---

① 杨与龄：《强制执行法论》，三民书局2007年版，第25页。

《执行规定》第91条不区分“首封法院”是保全执行还是终局执行，不够合理。因为，如果首封法院是保全执行的法院，由于保全执行不能直接进入变价程序，执行法院不得不等到终局执行依据产生后才能进入变价程序。如此一来，其他已经取得终局执行依据的债权人必须经过一段相当漫长的等待期才能进入财产分配程序，势必造成案件的久拖不决，影响执行效率，与参与分配制度的功能定位和价值目标也相悖。而如果由终局执行的法院充当主持参与分配的法院，则前述问题都将迎刃而解。

在本书第四章中，曾提出债权人以金钱债权的终局执行为依据，已经开始一个强制执行程序是适用参与分配制度的前提条件之一。所以，我们认为，应当以金钱债权终局执行中首先采取查封、扣押、冻结等执行措施的法院，作为主持参与分配的法院。

2. 确立“合并执行”原则，巩固终局执行首封法院的主持参与分配地位

我国《执行规定》第91条在实施过程中遭遇多个难题的主要原因，在于我国允许数个债权人分别启动强制执行程序。这进而造成了一系列的问题，如债权人因信息不对称无从参与已开始的执行程序，部分执行法院以“先下手为强”的思维迅速变价并对申请执行人清偿，多个执行法院在参与分配过程中协商、协调机制不畅等，与“利用同一执行程序便利、高效地解决多个债权的受偿问题”的参与分配制度功能定位也相悖。为此，我们建议，确立合并执行原则，从而巩固金钱债权终局执行的首封法院作为主持参与分配法院的地位。

通常，债权人申请执行都是个别执行，但在金钱债权执行竞合的情况下宜合并执行。所谓合并执行，又称强制执行程序的合并，是指“对于已经开始实施强制执行之债务人财产，他债权人再声请强制执行者，应合并其执行程序而言”。[①] 关于合并执行，广义

① 杨与龄：《强制执行法论》，三民书局2007年版，第299页。

上认为是执行竞合的情形之一，但我国学者大多从狭义上理解执行竞合，而将合并执行与执行竞合相并列。[①] 但需要说明的是，合并执行与我国学者所谓的“并案执行”有一定的区别。并案执行，是指数个相互独立的对同一被执行人的案件合并为一个案件执行。[②] 区别在于，合并执行是“财产指向型”的，必须是其他债权人对同一债务人已被采取查封、扣押、冻结等强制执行措施的财产，于申请强制执行而言，与尽可能便利地利用同一执行程序解决多数债权人债权受偿的参与分配新的功能定位相契合；而并案执行是“债务人指向型”的，仅要求债务人（被执行人）同一，并不明确要求财产同一，其范围较为宽泛，与我国当前承担了破产清算功能的参与分配制度具有一定的契合度。

前文的比较法考察显示，合并执行在立法上有多种实现方法，殊途而同归：在实行优先清偿主义的德国，是通过允许对债务人的财产重复扣押来实现的，其实现机制较为复杂；在实行平等清偿主义的我国台湾地区，是通过一个合并执行条款来实现的，不允许重复扣押；在同样实行平等清偿主义的日本，对动产不允许重复扣押、对不动产允许重复扣押，具体通过将对动产的强制执行申请和对不动产的重复扣押申请拟制为参与分配申请来实现的；在实行团体优先主义的瑞士，是通过申请“参加扣押”机制来实现的。其间的差异，主要是因各国法律文化传统、民法理论和执行制度的发展史等因素造成的。

---

① 广义上的执行竞合，指多个债权人基于不同的执行依据，在同一时期对同一债务人申请强制执行，是否执行同一或者特定财产在所不问（参见杨与龄：《强制执行法论》，三民书局2007年版，第306页；谭秋桂：《民事执行原理研究》，中国法制出版社2001年版，第325页）。狭义上的执行竞合，是指多个申请执行人在同一时期以不同的执行依据，请求法院执行同一被执行人的同一特定财产，并导致不同执行依据的执行相互排斥（参见王娣：《强制执行竞合研究》，中国人民公安大学出版社2009年版，第18-20页；董少谋：《民事强制执行法论纲——理论与制度的深层次分析》，厦门大学出版社2009年版，第187页）。

② 孙加瑞：《中国强制执行法概论》，中国民主法制出版社1999年版，第387页。

通过合并执行制度，在多个债权人需要申请执行之际，只能向金钱债权终局执行的首封法院申请执行；在多个债权人已经向不同的法院申请执行，并针对已被查封的财产打算再次查封时，由金钱债权终局执行的首封法院合并执行程序，其他执行法院应当将执行案件裁定移送。如此一来，能够巩固金钱债权终局执行的首封法院作为主持参与分配法院的地位，避免不同执行法院分别执行同一债务人的不同财产过程中引起交叉参与分配的问题。

## 二、申请参与分配的起止时间

参与分配制度适用的时间节点有两个：一是准许债权人申请参与分配的起始时间；另一个是申请参与分配的截止时间。未按时申请参与分配，将产生一定的法律效果。

### （一）申请参与分配的起始时间

最高人民法院《民诉意见》规定，“执行程序开始后”方能申请参与分配。《执行规定》第 90 条将参与分配起始时间由“执行程序开始后”改为“人民法院对被执行人的全部或主要财产采取保全措施后”。根据 2014 年 7 月最高人民法院《关于执行程序中多个债权人参与分配问题的若干规定（征求意见稿）》第 1 条规定可推知，参与分配的起始时间为“人民法院对被执行人的财产采取查封措施后”。最高人民法院《强制执行法草案（第六稿）》第 203 条亦将参与分配的起始时间界定为被执行人的财产因金钱请求权被查封、扣押或者冻结后。但 2015 年《民诉法解释》第 509 条第 2 款重新将参与分配的起始时间界定为“执行程序开始后”。前述规定不断变化，但最新的司法解释又回归到 1992 年《民诉意见》的表述了。

准许申请人申请参与分配的起始时间到底如何设定？在其他国家和地区的法律上，通常设定在已开始的执行程序中，具体来说通常是对被执行人的财产开始采取强制执行措施之后。如《意大利民事诉讼法》规定，强制征收以查封开始（第 491 条）；应当将查封情况通知对被查封物享有已在公共登记簿上注册的先取特权的债权人，为此目的，提出查封申请的债权人负责在查封后5日内向上述债权人发送通知书，在缺乏送达回证的情况下，法院不得对变卖申请或者财产分配作出决定（第498条）；除前条情形外，其他债权人也可以参与执行（第499条）；前述参与行为，使得债权人获得参加对已获取的钱款进行分配的权利（第500条）。在我国台湾地区，虽然有学者笼统地称“须于强制执行程序开始后”申请参与分配，但在参与分配的适用条件中，又要求参与分配须对于已开始强制之财产为之，“对于同一债务人尚未开始实施强制执行之财产，虽得声请强制执行，但不得声明参与分配”。①

我们认为，准许申请人申请参与分配的起始时间，应从参与分配的目的来考量。参与分配不应当是抽象和模糊的，如果前一执行程序开始后，尚未针对被执行人的特定财产采取强制执行措施，这时是不存在参与分配某项财产的价值问题的，更像是执行程序的合并。如果是参与分配，应当针对已经被控制的被执行人的特定财产。所以，准许申请人申请参与分配的起始时间设定在已开始的执行程序中，开始对被执行人的财产采取强制执行措施之后，更符合执行操作实际。

### （二）申请参与分配的截止时间

#### 1. 我国的规定和司法实践

关于申请参与分配的截止时间，我国司法解释中前后有多种表述。1992年最高人民法院《民诉意见》规定为“被执行人财产被清偿前”；1998年《执行规定》第7条规定为“被执行人的财产被执行完毕前”，即执行标的物需要变价处分的，以拍卖、变卖或者以物抵债裁定作出之日为截止时间；2015年《民诉法解释》第509条第2款规定为“被执行人的财产执行终结前”。

如何理解前述规定中的“被执行人的财产被清偿”和“被执

---

① 杨与龄：《强制执行法论》，三民书局2007年版，第290页。

行人的财产被执行完毕”？是以拍卖之日为准？还是以分配方案确定之日为准？抑或以执行款支付完毕为准？对这一问题存在不同的看法。有人认为，财产被清偿即财产所有权之转移，应以交付时间为准。[①] 有人主张，对“被执行人的财产被清偿”和“被执行人的财产被执行完毕”的时间，应当理解为被执行人财产被拍卖或变卖终结前（即各个标的物拍定或卖定之时），不经过拍卖或变卖的，为当次分配表做成前，而不宜理解为将执行所得金额交付债权人的时间，否则他债权人就可以在分配表做成后申请参与分配，这样就需要再采取强制执行措施和不断修改分配表，使强制执行程序难以顺利完结，不利于保护当事人的合法权益。[②]

在我国司法实践中，就申请参与分配的截止时间，各地法院做法不一。例如，重庆市高级人民法院区分三种情况：被执行人财产为货币资产的，以该款项支付给申请执行人的前一日为截止日；被执行人财产为动产的，以该动产交付的前一日为截止日；被执行人财产为不动产的，以过户裁定依法送达相关权属登记机关的前一日为截止日。东莞市中级法院则认为，应当以拍卖确权裁定生效之时为参与分配的截止时间。深圳市高级人民法院则普遍以执行款划付之日为申请参与分配的截止时间。北京市高级人民法院则认为，若执行标的物为货币类财产，以案款到达主持分配法院的账户之日作为申请参与分配的截止日；若执行标的物为非货币类财产，需对该财产予以拍卖、变卖或以其他方式变价的，以拍卖、变卖裁定送达买受人之日或以物抵债裁定送达申请执行人之日作为申请参与分配的截止日。同一案件中，法院执行多项财产的，各项财产分别确定申请参与分配的截止日；同一项财产（指同一项执行措施控制的财产）为可分的多个财产的，以被处置的最后一个财产确定申请

---

① 戴建志主编：《法院执行运作实务》，法律出版社 1999 年版，第 85 页。

② 孙加瑞：《中国强制执行制度概论》，中国民主法制出版社 1999 年版，第 367 页。

参与分配的截止日。[1] 另外，同一法院在不同时期对这一问题亦有不同的看法，如广东省高级人民法院在 2013 年至 2015 年分别以制作分配方案之日、款项尚未支付之日（无论是否制作分配方案）、裁定确认拍卖成交之日作为参与分配的截止时间。[2] 由此可见，司法实践中对参与分配截止时间的适用较为混乱（参照表 6.1、表 6.2）。

**表 6.1　部分法院关于参与分配申请截止时间的规定**

| 法院名称 | 文件名称 | 参与分配申请截止时间 |
| --- | --- | --- |
| 最高人民法院 | 1998 年《关于人民法院执行工作若干问题的规定（试行）》第 90 条 | 执行程序开始后，在被执行人的财产被执行完毕前 |
| 最高人民法院 | 2015 年《关于适用〈中华人民共和国民事诉讼法〉的解释》第 508 条、第 509 条 | 执行程序开始后，被执行人的财产执行终结前提出 |

① 参见 2013 年《北京市高、中级法院执行局（庭）长座谈会（第五次会议）纪要——关于案款分配及参与分配若干问题的意见》第 10 条。

② 曹兴权、尚彦卿：《民事执行中参与分配程序的适用条件》，载《政法论丛》2017 年第 5 期。

续表

| 法院名称 | 文件名称 | 参与分配申请截止时间 |
| --- | --- | --- |
| 北京市高级人民法院 | 2013 年《北京市高、中级法院执行局（庭）长座谈会（第五次会议）纪要——关于案款分配及参与分配若干问题的意见》第 10 条 | 若执行标的物为货币类财产，以案款到达主持分配法院的账户之日作为申请参与分配的截止日；若执行标的物为非货币类财产，需对该财产予以拍卖、变卖或以其他方式变价的，以拍卖、变卖裁定送达买受人之日或以物抵债裁定送达申请执行人之日作为申请参与分配的截止日<br>同一案件中，法院执行多项财产的，各项财产分别确定申请参与分配的截止日；同一项财产（指同一项执行措施控制的财产）为可分的多个财产的，以被处置的最后一个财产确定申请参与分配的截止日 |
| 江苏省高级人民法院 | 2013 年《关于执行疑难若干问题的解答》第 12 条 | “在被执行人的财产被执行完毕前”。可以分三种情况进行具体界定：<br>（一）拍卖、变卖被执行人财产的，时点为拍卖、变卖成交之日的前一日，不因以后因买受人不缴价款而再拍卖或变卖而变动<br>（二）依法交债权人以物抵债的，时点为送达债权人以物抵债裁定之日的前一日<br>（三）上述两种处置方式以外的被执行财产，时点为当次分配表已送达任一债权人之日的前一日，不因以后因债权人提出异议而重作分配表而变动<br>在上述时点以后提出参与分配申请的债权人，只能参与分配剩余财产 |

续表

| 法院名称 | 文件名称 | 参与分配申请截止时间 |
|---|---|---|
| 重庆市高级人民法院 | 2016年《关于执行工作适用法律若干问题的解答（一）》第5条 | 《最高人民法院关于适用〈中华人民共和国民事诉讼法〉的解释》规定为“被执行人的财产执行终结前提出”。对此，可以分以下三种情况进行具体界定：<br>1. 被执行人的财产为货币资产的，人民法院应当在该案款到达法院账户之日起十五日内支付给申请执行人；申请参与分配的截止时间以该案款支付给申请执行人的前一日为截止日<br>2. 被执行人的财产为动产的，人民法院应当在该动产拍卖、变卖的价款到达法院账户之日起十五日内将该动产交付权利人；以物抵债的，人民法院应当在裁定生效之日起十五日内将该动产交付权利人；申请参与分配的截止时间以该动产交付的前一日为截止日<br>3. 被执行人的财产为不动产或其他财产权益的，人民法院应当在该财产拍卖、变卖的价款到达法院账户之日起十五日内将过户裁定依法送达相关权属登记机关；以物抵债的，人民法院应当在裁定生效之日起十五日内将过户裁定依法送达相关权属登记机关；申请参与分配的截止时间以过户裁定依法送达相关权属登记机关的前一日为截止日 |

续表

| 法院名称 | 文件名称 | 参与分配申请截止时间 |
|---|---|---|
| 广东省高级人民法院 | 2016年《关于执行案件法律适用疑难问题的解答意见》 | 应严格适用《最高人民法院关于适用〈中华人民共和国民事诉讼法〉的解释》第五百零九条第二款规定，将申请参与分配截止时间限定在“被执行人的财产执行终结前”。各级法院可参考本院在（2014）粤高法执监字第131号《执行监督函》认定“在执行财产尚未实际支付给争议财产分配方案中确定的债权前，提出参与分配的申请，应当认定此时财产尚未执行完毕，其他债权人有权参与分配”。各级法院不能将“对分配方案合议之日”、“分配方案作出之日”等时间点作为申请参与分配截止日期 |
| 浙江省高级人民法院 | 2012年《关于多个债权人对同一被执行人申请执行和执行异议处理中若干疑难问题的解答》第12条 | 主持分配法院的执行程序中只有一个申请执行人的，其他债权人申请参与分配（根据《执行规定》第92条的规定，应通过其原申请执行法院向主持分配的法院转交参与分配申请书，下同）的截止日期，为执行价款支付给申请执行人的前一工作日，或者执行标的物因以物抵债而将产权转移给承受人的前一工作日<br>主持分配法院的执行程序中已有两个以上债权人参与分配的，其他债权人申请参与分配的截止日期，为执行法院将分配方案送达第一个当事人的前一工作日 |

续表

| 法院名称 | 文件名称 | 参与分配申请截止时间 |
| --- | --- | --- |
| 浙江省金华市中级人民法院 | 2010年《关于参与分配制度若干问题的规定（试行）》第9条 | 主持分配的法院发现被执行人债务较多时，为便于及时分配执行被执行人的财产，可确定一个申请参与分配的期限，该申请期限一般不少于30日，具体期限由主持分配的法院根据案件的债权债务情况视情确定。申请参与分配的期限应在主持分配法院的公告栏内及被执行人的住所地等地方公告。公告期满应及时召开参与分配听证会 |
| 福建省福州市中级人民法院 | 2017年《关于参与分配具体适用的指导意见（试行）》第4条 | 参与分配申请应当在执行程序开始之后提出，若执行标的物为货币类财产，以案款到达主持分配法院的账户之日作为申请参与分配的截止日；若执行标的物为非货币类财产，需对该财产予以拍卖、变卖或以其他方式变价的，以拍卖、变卖成交确认裁定送达买受人之日或以物抵债裁定送达申请执行人之日作为申请参与分配的截止日<br>同一案件中，法院执行多项财产的，各项财产分别确定申请参与分配的截止日；同一项财产（指同一项执行措施控制的财产）为可分的多个财产的，以被处置的最后一个财产确定申请参与分配的截止日 |

**表 6.2　部分法院关于参与分配申请截止时间的对比**

<table>
<tr><th rowspan="2">法院名称<br>年份</th><th rowspan="2">货币类</th><th colspan="4">非货币类</th></tr>
<tr><th>动产拍卖、变卖</th><th>以物抵债</th><th>不动产</th><th>其他财产权</th></tr>
<tr><td>最高人民法院 1998</td><td colspan="5">被执行人的财产被执行完毕前</td></tr>
<tr><td>最高人民法院 2015</td><td colspan="5">被执行人的财产执行终结前</td></tr>
<tr><td rowspan="2">北京市高级人民法院 2013</td><td>案款到达主持分配法院的账户之日</td><td>拍卖、变卖裁定送达买受人之日</td><td>或以物抵债裁定送达申请执行人之日</td><td colspan="2">拍卖、变卖裁定送达买受人之日</td></tr>
<tr><td colspan="5">同一案件中，法院执行多项财产的，各项财产分别确定申请参与分配的截止日；同一项执行措施控制的财产为可分的多个财产的，以被处置的最后一个财产确定申请参与分配的截止日</td></tr>
<tr><td>江苏省高级人民法院 2013</td><td>当次分配表已送达任一债权人之日的前一日</td><td>拍卖、变卖成交之日的前一日</td><td>送达债权人以物抵债裁定之日的前一日</td><td colspan="2">当次分配表已送达任一债权人之日的前一日</td></tr>
<tr><td>重庆市高级人民法院 2016</td><td>案款支付给申请执行人的前一日</td><td>动产交付的前一日</td><td colspan="3">过户裁定依法送达相关权属登记机关的前一日</td></tr>
<tr><td>广东省高级人民法院 2016</td><td colspan="5">执行财产实际支付给争议财产分配方案中确定的债权前，不能将“对分配方案合议之日”、“分配方案作出之日”等作为申请截止日期</td></tr>
<tr><td rowspan="2">浙江省高级人民法院 2012</td><td colspan="2">执行价款支付给申请执行人的前一工作日</td><td>执行标的物因以物抵债而将产权转移给承受人的前一工作日</td><td colspan="2">执行价款支付给申请执行人的前一工作日</td></tr>
<tr><td colspan="5">主持分配法院的执行程序中已有两个以上债权人参与分配的，其他债权人申请参与分配的截止日期，为执行法院将分配方案送达第一个当事人的前一工作日</td></tr>
<tr><td>浙江省金华市中级人民法院 2010</td><td colspan="5">法院可确定一个申请参与分配的期限，该申请期限一般不少于 30 日</td></tr>
<tr><td>福建省福州市中级人民法院 2017</td><td colspan="5">与北京市高级人民法院相同</td></tr>
</table>

2. 其他国家和地区的经验

从比较法来看，申请参与分配的截止时间，因执行立法采优先清偿主义、平等清偿主义和团体优先主义而有所不同。下面分述之：

首先，如果一国执行立法采取优先清偿主义，则一般不对申请参与分配的截止时间明确规定。有学者认为，在奉行优先主义的情况下，不存在参与分配制度。这是立足于我国参与分配制度发挥“弥补破产立法缺陷之功能”的语境出发的，因为在优先主义之下，不存在“债务人财产不足清偿所有债权而平等分配”的问题，所以，不存在类似于我国的参与分配制度。但是，如果从参与分配主要是解决执行竞合问题、不以“不能清偿”为先决条件的国际通行的语境下来理解，参与分配本质上是参与执行，财产分配只是附带后果，则优先主义之下也有参与分配问题。以德国为例，其是优先主义的典型代表，但德国允许其他债权人“重复查封”，这意味着既允许其他债权人“参与执行过程”，也允许其“分配剩余所得”[①]。德国法律允许重复扣押，但扣押财产很快将转入拍卖程序，由此可以推知，重复扣押应在“拍定”或“卖定”之前实施，此亦是参与执行的截止时间。[②]

其次，采取平等清偿主义的国家和地区，对参与分配的时间一般都有明确规定。例如，日本将确定分配要求的终期截止之日，作为申请参与分配的截止之日。对于不动产，《日本民事执行法》第49条规定，在强制拍卖开始决定的扣押产生效力的情况下，法院考虑制作物件明细书所需要的时间，应确定分配要求的终期，终期确定后，法院书记官应予公告，并催告债权人申报其债权。对于动

① 例如，《德国民事诉讼法》第八编“强制执行”第二章“金钱债权的强制执行”的第三节即为“分配程序”，共有11条（第872—882条）。其中，第872条规定：“在动产强制执行中，提存的金额不足以清偿有关债权人时，应进行分配。”

② 《德国民事诉讼法》第803条第2款规定：“应扣押的标的物变卖后，除偿付强制执行费用外无剩余的，不得实施扣押。”

产，第140条规定，除扣押债权外，对于卖得金在执行官接收其交付之前，扣押的现金在扣押之前，票据等支付金在接受其支付之前，其他债权人均可提出参与分配申请。又如，在我国台湾地区，学者通常认为，“参与分配，须在执行程序进行中，如执行程序业已因债权人撤回或受清偿而终结，自不得声明参与分配”。[①] 如果整个执行程序尚未终结，并有执行标的物需经拍卖或变卖程序者，则须于“拍定”或“卖定”之日一日前为之；不经拍卖或变卖程序者，则须于当次分配表作成之日一日前为之。[②] 有迹象显示，我国司法机关有部分借鉴前述立法经验的趋势，但又有所不同。最高人民法院《关于执行程序中多个债权人参与分配问题的若干规定(征求意见稿)》第5条规定：“已经开始的执行程序中，只有一个申请执行人主张权利的，其他债权人申请参与分配的截止日期，为执行款支付给申请执行人的前一日，或者抵债物产权转移给承受人的前一日。已经开始的执行程序中，已有多个债权人参与分配的，其他债权人申请参与分配的截止日期，为分配方案确定之前一日。”

不过，也有学者认为，“严格说来，日本和我国台湾地区实行的已不再是平等主义原则，而是有限优先主义原则，或者称团体优先原则”。[③] 从其相关法律规定看，这一判断是有根据的。在日本《民事执行法》上，一方面对应受分配的债权人范围（按申请截止时间确定）进行了限定（第87条，不动产分配；第140条，动产分配；第165条，债权和其他财产权的分配），并要求根据分配表向参与分配的债权人分配后有剩余的，余款交付债务人（第84

---

① 杨与龄：《强制执行法论》，三民书局2007年版，第294页。

② 我国台湾地区“强制执行法”第32条第1款规定：“他债权人参与分配者，应于标的物拍卖、变卖终结或依法交债权人承受之日一日前，其不经拍卖或变卖者，应于当次分配表作成之日一日前，以书状声明之。”

③ 谭秋桂：《民事执行原理研究》，中国法制出版社2001年版，第346页。

条，第139条）；另一方面又规定了继续分配的例外。① 因此有学者认为，“日本现行民事执行法仍采用平等主义，但由旧法之彻底平等主义改为合理之平等主义”。② 在我国台湾地区，一方面“强制执行法”第38条规定，“参与分配之债权人，除依法优先受偿外，应按其债权额数平均分配”；另一方面第32条第2款又规定，“逾前项期间声明参与分配者，仅得就前项债权人受偿余额而受清偿；如尚应就债务人其它财产执行时，其债权额与前项债权余额，除有优先权者外，应按其数额平均受偿。”对此，我国台湾地区学者有明确的阐述，如杨与龄教授认为，我国台湾地区“民事执行法”1975年修改时，鉴于法理与实际难以两全，一再斟酌，决定改采用折中主义。③

最后，在采取团体优先主义的国家，因申请参与分配的时间先后会对其受偿顺序产生影响，故一般确定两个申请截止日期。大致有如下几种做法：（1）财产被扣押后的一定期限内，最迟于扣押财产被变价前。如《瑞士联邦债务执行与破产法》规定，在扣押实施后的30天内，他债权人可以申请参加扣押，并组成优先受偿债权人组；30天期限届满后申请参加扣押的，组成额外债权人组；但扣押财产已变价的，开始分配，可推知至迟应于变价结束前提出申请（第110条、第113条、第144条）。瑞士的做法，是与其团体优先主义的清偿原则相适应的，实际上存在两个截止日期，即优先受偿债权人组的申请截止日期和额外债权人组的申请截止日期。

① 《日本民事执行法》第84条规定：“第一款在已交付价款的情况下，除下一款规定的情况外，执行法院必须按照分配表实施分配。”……“第三款在价款交付后提出本法第三十九条第一款第一项至第六项规定的文书的情况下，如仍有应受卖出价款的分配或偿还金交付的其他债权人时，执行法院必须为这些债权人实施分配。”“第四款在价款交付后提出本法第三十九条第一款第七项至第八项规定的文书的情况下，执行法院必须仍实施分配。”第142条第2款规定：“依前款规定，执行法院实施分配的程序，准用第八十四条、第八十五条和第八十八条至第九十二条的规定。”

② 张登科：《强制执行法》，三民书局2012年版，第448页。

③ 杨与龄：《强制执行法论》，三民书局2007年版，第292页。

（2）在法院为批准对扣押的财产进行变卖的第一次庭审前，至迟应在法院作出分配计划后举行的庭审前。如《意大利民事诉讼法典》规定，所有针对债务人享有债权的人，均应在法院为批准对扣押的财产进行变卖的第一次庭审前申请参与执行；在该时间之后、但在法院作出分配计划后举行的庭审前申请参加的，仅能就清偿优先权和前一组债权人的债权后的余款进行分配（第563条、第565条、第566条、第596条）。这一规定，与意大利允许未取得执行根据的普通债权人参与执行有关，也与其实行团体优先主义的清偿原则有关。（3）在财产拍卖或判定取得财产前，允许参与执行，最迟在执行终结前参与。如《秘鲁民事诉讼法》规定，受被执行的财产影响的其他债权人，在拍卖或者判定取得财产前可以参与执行；在该时间之后、执行终结前申请参与执行的，只对剩余价值享有分配的权利（第725条至第727条）。

3. 我国宜采团体优先主义，分别确定截止时间

在本书第二章和第四章第一节中，已对平等清偿主义、优先清偿主义和团体优先主义的优劣及各国的立法例进行了细致的比较分析，并提出了我国执行参与分配制度宜采“团体优先主义”的财产分配原则，同时设置协商分配优先的程序机制。考虑到“团体优先主义”是财产分配的基本原则，因此从操作机制上看，债权人申请参与分配的截止时间应当在该原则之下考虑设定。

为此，有必要对采用团体优先主义的各国经验再进行一个简要的梳理。总结来看：（1）两个债权人组的划分时间界限，在瑞士是以财产被扣押后的一定时间为标准，意大利是以为财产变价做准备的庭审开始时间为标准，而秘鲁是以变价结束或判定取得财产的时间为标准，在我国台湾地区是“拍定”或“卖定”之日一日前或者分配表作成之日一日前为标准，这实际上也是优先受偿债权人组参与执行的截止时间。（2）额外债权人组申请参与分配的最终截止时间，在瑞士是被扣押财产变价结束前，在意大利是法院作出财产分配计划后举行的庭审前，在秘鲁和我国台湾地区是执行终

结前。

表 6.3 部分国家和地区参与分配截止时间对比

| 国家或地区 | 第一债权人组申请参与分配的截止时间 | 额外债权人组申请参与分配的时间 |
|---|---|---|
| 瑞士（资产扣押式债务执行） | 扣押实施后的 30 天内 | 扣押财产变价结束前 |
| 意大利 | 在法院为批准对扣押的财产进行变卖的第一次庭审前 | 在法院作出财产分配计划后举行的庭审前 |
| 秘鲁 | 拍卖或者判定取得财产前 | 执行终结前 |
| 日本 | 对不动产，由法院确定分配要求的终期；对于动产，除扣押债权外，对于卖得金在执行官接收其交付之前，对于扣押的现金在扣押之前，对于票据等支付金在接受其支付之前 | 执行终结前 |
| 我国台湾地区 | 执行标的物需经拍卖或变卖程序者，于“拍定”或“卖定”之日一日前；不经拍卖或变卖程序者，于当次分配表作成之日一日前 | 执行终结前 |

在瑞士的资产扣押式债务执行程序中，是以其他债权人申请“参加扣押”的方式进入参与分配程序的，并以财产被第一次扣押实施后的30天为界限，将普通金钱债权人划分为优先受偿的债权人组和额外债权人组；额外债权人组的申请，至迟应于被扣押财产变价结束前提出。在意大利，其他债权人应在法院为批准对扣押的财产进行变卖的第一次庭审前申请参与执行，并组成优先受偿的债

权人组；在该时间之后、在法院作出财产分配计划后举行的庭审前提出申请的，只对剩余价值享有分配的权利。在秘鲁，对财产拍卖或判定取得财产前，允许提出参与执行申请，并组成优先受偿债权人组；在该时间之后、执行终结前申请参与执行的，只对剩余价值享有分配的权利。

我们认为，在我国参与分配制度的适用不以“不能清偿所有债权”为前提，且在确立财产分配中团体优先主义的前提下，参考有关国家和地区以及我国法院的司法实践，其他债权人申请参与分配的截止时间宜按以下方案设定：

第一，所有债权人提交参与分配申请的最终截止时间，应以最高人民法院《民诉法解释》第509条规定的“被执行人的财产被执行终结前”为准。“执行终结”之日，即主持分配的法院制定的“执行分配方案”实施完毕之日，具体的理解是：执行案款（包括货币财产、拍卖变卖财产所得的案款、被执行人的到期债权）支付相关债权人之日的前一日，动产交付之日的前一日，不动产过户裁定送达相关权属登记机关的前一日。债权人逾期提交申请的，由法院以申请不合法为由，裁定驳回申请。因为在该时间点之后，执行程序已经不可逆转地结束了，自然无“参与”的可能。

参与分配时间节点的确定必须具备两点，一是时点的明确性，二是时点的合理性。鉴于申请参与分配是针对财产进行，因此《民诉法解释》规定参与分配申请应当在被执行人的财产执行终结前提出，更具有合理性。但财产的性质及处置程序不同，必然影响参与分配时间节点的确定。因此，需要区分不同财产进行分析。

一种情形是，执行标的物为金钱的情形。《日本民事执行法》第140条规定，对于扣押的现金，限于扣押之前[①]。这意味着在扣押的同时，申请分配的终期立即届满。这一规定，意味着金钱作为

---

① 参见《日本民事执行法》，白绿铉译，载《强制执行指导与参考》（总第3辑），法律出版社2003年版，第352页。

财产一般不适用参与分配。执行标的物为金钱的，在采取冻结措施后，执行过程中较为明确的时点有三个：一是钱款成功扣划到法院账户之时，二是分配方案作成之时，三是钱款发还当事人之时。

关于时点一：从实务的角度而言，这一时点更加明确，有利于减少实务中的争议。有观点指出，若执行标的物为货币类财产，应以该财产扣划至法院账户之日作为截止日，理由在于，强制执行毕竟为个别清偿程序，被执行人货币财产一经扣划，申请执行人的债权理论上即获得实现，此时并无理由坐等其他债权人申请参与分配[①]。北京市人民法院即采用此时点作为参与分配时间节点，2013年《北京市高、中级法院执行局（庭）长座谈会（第五次会议）纪要——关于案款分配及参与分配若干问题的意见》第10条规定，“若执行标的物为货币类财产，以案款到达主持分配法院的账户之日作为申请参与分配的截止日”。案款到达执行法院账户之日，可视为被执行人已履行了义务，此时具备条件也理应予以发还。这一时点无疑最具有确定性，一般不会因为时点难以确定产生争议。但是，申请执行人只有在获悉其他法院查控了被执行人全部或主要财产后才可能申请分配，实务中，大多数法院一旦查询到货币类财产，立即采取扣划措施，后面的债权人根本来不及申请采取轮候冻结措施。在执行网络查控机制下，上述货币类财产可以查冻扣一体或者在查询到以后立即网上点击办理扣划手续。如果将时点一确定为申请参与分配的时间节点，只要扣划了就不存在参与分配的问题，似乎对参与分配申请人而言过于严苛。另外，虽然说按照案款发还的时限要求，案款一旦进入执行法院，具备发还条件，应当立即启动案款发还手续。但有的情况下，案款到达法院以后并不会马上进入案款发还程序，被执行人还可能提出执行异议或者案外人提出异议。再者，如果人民法院查封的房产转化为对应的拆迁款，房产如果是当事人的主要可供执行财产，一旦扣划拆迁款就不

① 丁亮华：《参与分配：解析与检讨》，载《法学家》2015年第5期。

允许参与分配，似乎也不符合事理。

关于时点二：从参与分配必须有一个确定并稳定的分配方案的基本要求来讲，时点二是合理的，可以避免案款在被实际发还前因有新的债权人申请参与分配而导致分配方案被不断修改、分配日期被无限拖延的问题。这种方案也为其他国家和地区采纳。我国台湾地区的“强制执行法”第32条规定：他债权人参与分配者，其（即标的物）不经拍卖或者变卖者，应于当次分配表作成之日一日前，以书状声明之①。我国实践中不太采纳这种做法，主要考虑参与分配表的制作涉及法院的内部程序，担心无法取信于当事人。仔细分析还会发现，不是每一个财产的执行都可能涉及参与分配，甚至大多数财产的执行都不涉及参与分配问题，在有其他债权人申请参与分配之前，往往只有一个债权人，此种情况下法院并不会制作分配表，不适合以“分配表作出之日”作为法律表述。

关于时点三：“钱款发还当事人之时”似乎更符合《民诉法解释》“执行终结”的本意，法院将执行金额实际交付给债权人，执行程序即告结束。如果按照这一时点，意味着哪怕是执行法院的分配方案拟好了，正在进行分配时，如果此时还有债权人申请参与分配，就必须重新制订分配方案，那么将导致分配表一遍遍地修改，参与分配程序过于拖沓，使执行程序不能顺利完成。尤其是在申请执行人众多时，“钱款发还当事人”有众多时间点。如果形成分配方案，刚开始发还一部分时，又有多个债权人分别多次参与分配，不仅导致执行法院需反复制订分配方案，而且同一批次参与分配的当事人会因为法院不能对众多参与分配人同时发还而蒙受新债权加入、受偿比例降低的损失，从而显失公平，而且也不具有可操作性。黄金龙法官在《〈关于人民法院执行若干问题的规定（试行）〉实用解析》一书中也指出上述弊端，并且提出“最好将来

① 参见杨与龄编：《强制执行法论》，中国政法大学出版社2002年版，第259页。

能规定一个提出申请的明确期限，如三个月内”①。

另一种情形是，执行标的物为非金钱的情形，即指标的物需要经过变价程序的情形。有观点指出，当执行标的物被拍卖或变卖后，也要涉及制作分配表的问题，所以不管何种情形，统一以当次分配表制作完毕之日为申请参与分配的期限比较适宜。这样既可以为多数债权人参与分配规定了一个合理的期限，也可以避免法院因参与分配而反复调整分配方案，影响债权人权利的及时实现②。但是，财产是否需要变价，是影响参与分配截止点的重要情节。为什么针对需要拍卖、变卖的财产，规定一个不同于货币类财产的期限呢？这是由上述财产的执行程序决定的。对参与分配截止点的确定，既需要考虑申请参与人能够有机会申请参与分配，又不能造成原执行程序的拖延。法院控制的非货币类财产一般不能直接用于清偿债务，需要一个财产变价的过程。拍卖、变卖财产经历的时间比较长，由此其他债权人可申请参与分配的时间也就比较长。而且，执行法院对需要拍卖、变卖的财产，必须采取查封措施，一般应当张贴公告或封条至拍卖环节，每一次拍卖都要进行公告，其他债权人即使自己不积极去查找财产，也有充足的机会发现上述财产被其他法院执行，可以及时行使权利。因此，有条件确定一个更具有确定性的时间作为申请参与分配的截止点。我国台湾地区的“强制执行法”即规定，他债权人参与分配，应于标的物拍卖、变卖终结或依法交债权人承受之日一日前申请。

关于拍卖、变卖终结如何确定，根据我国的拍卖、变卖的流程，可以有不同的时点：一是拍卖、变卖成交之日；二是买受人交纳案款之日；三是标的物所有权移转之日。本书倾向于“标的物所有权转移之时”这一时点。关于标的物所有权转移的时间，《拍

① 参见黄金龙：《〈关于人民法院执行工作若干问题的规定（试行）〉实用解析》，中国法制出版社2000年版，第287页。

② 夏蔚：《参与分配若干问题研究》，载《政法学刊》第2001年第3期。

卖规定》第29条对拍卖、以物抵债情况下物权变动的时点作出规定，即规定“自拍卖成交或者抵债裁定送达买受人或者承受人时起转移”。《民诉法解释》第493条规定，标的物所有权自拍卖成交裁定或者抵债裁定送达买受人或接受抵债物的债权人时转移，意味着承认执行程序中的拍卖或者以物抵债产生物权变动的效力。在执行过程的诸多时间点上，“标的物所有权转移之时”是最为明确的一个时间点，可以避免滋生诸多纷争。按照上述司法解释的规定，只有在法院收到拍卖成交款并裁定确认拍卖成交或以物抵债且裁定送达的情况下，才意味着真正完成了财产变价的过程，标的物的所有权发生转移。按照拍卖的工作流程，此时买受人已经交纳了价款，可以进行价款分配。而且，法院裁定送达意味着买受人取得财产所有权，基于司法拍卖的公法性质，其效力一般是确定的，否则将破坏司法拍卖结果的安定性、损害司法拍卖制度的公信力。如果按照拍卖成交的时点，可能出现买受人不交纳价款的问题。另外，在时点的合理性方面，“标的物所有权转移之时”，标的物已变价成功，生成数额确定的财产变价款，此时财产的变价款已不可能出现随市场等原因增长的可能。在财产处分之后，紧接着就需要制订财产分配方案，而分配方案的制订就要求参与分配的债权额确定不变。这样规定有利于提高执行效率，规范执行流程。在执行实践中，已有不少法院采取这一时点，如北京市高级人民法院在《北京市高、中级法院执行局（庭）长座谈会（第五次会议）纪要——关于案款分配及参与分配若干问题的意见》的会议纪要中规定，执行标的物为非货币类财产，需要对该财产予以拍卖、变卖或以其他方式变价的，应当以拍卖、变卖成交确认裁定送达买受人之日或以物抵债裁定送达承受人之日为申请参与分配的截止日①。

第二，在团体优先主义的理念之下，为了尽可能抑制平等主义

① 北京市高级人民法院执行局调研组：《关于案款分配及参与分配问题的调研报告》，载《执行工作指导》（总第52辑），人民法院出版社2015年版，第195页。

导致的执行分配程序过分拖延，提升执行分配效率，宜将申请参与分配的债权人分为前后两个债权人组。第一债权人组提出申请的截止时间，宜采取弹性确定机制，即赋予主持分配的法院一定的裁量权，由其根据个案情况确定一个申请参与分配的期限。同时对该期限的确定设置一些必要的限制：（1）至少有一个其他债权人申请参与分配时，才考虑确定一个参与分配期限的问题，如果在执行程序中没有任何一个其他债权人申请参与分配，则执行法院应遵循强制执行系个别执行的理念，无须考虑其他人的参与分配问题，也无须确定申请参与分配的期限，但存在对被控制财产享有经登记的优先受偿权的债权人时除外；（2）如果执行中涉及动产、不动产的拍卖或变卖，则法院必须在作出开始拍卖或变卖的决定后，方能着手确定申请参与分配的截止时间；（3）法院确定申请参与分配的时间时，应综合考虑拍卖、变卖等对财产进行清理以便制作财产分配方案所需要的合理的时间，但不得少于30日；（4）法院确定该申请期限后，应当发出公告，并书面通知已提出参与分配申请的债权人，对已被采取强制执行措施的财产享有抵押权、质权的优先权人、税务机关，催促其及时提出参与分配申请，并向法院申报债权的具体情况。

对第一债权人组作出前述申报期限的限制，理由主要有：

一是对平等清偿主义弊端的消解。平等清偿主义最大的问题是，如果在执行终结前允许随时申请，在执行分配方案始终难以确定，而且滋生债务人与他人伪造债权申请执行的弊端，对申请执行人和其他先期申请参与分配的债权人而言，其债权久久难以获得清偿或受损害。

二是采取由法院酌定申请期限并公告的方式，一方面能够对执行财产的顺利分配进行时间管控，催促债权人尽速申请；另一方面又能贯彻民法债权平等受偿的理念，即便不能及时申报还可以参加第二债权人组获得一定的财产分配保障。总体上看，在公平和效率上实现了兼顾。

三是除了德国和英美法系国家之外，包括瑞士、意大利、秘鲁、日本和我国台湾地区在内的越来越多的国家和地区开始采取团体优先主义。瑞士直接以扣押后30日为截止时间显得过于僵硬，正当性略有不足；日本针对不动产的由法院酌情确定“分配要求的终期”（《日本民事执行法》第49条）的做法较为弹性，较好地体现了不影响执行变价和清偿程序正常推进的目的，具有启发意义。

四是在我国司法实践中，最高人民法院规定的“被执行人的财产被执行终结前”的截止时间并没有被大多数地方法院执行。各地法院广泛采取的“拍卖变卖裁定送达之日”“拍卖成交之日”“案款到达法院账户之日”“分配方案合议确定之日”“分配表送达债权人之日”等，使得我国申请参与分配申请的截止日期已经大大提前了，这为我们提供第一债权人组申请截止时间提供了实践经验参考。但这些时间也存在一个共同的问题，即有法院埋头工作、其他债权人难以知情的弊端，不如我们提出的“法院酌定一个期限并公告”，“同时保障其他债权人就分配余额继续受偿的权利”的方案更加公正合理。

## 三、参与分配的申请与审查

### （一）参与分配申请

根据我国现有司法解释的规定，债权人参与分配采取申请制。即在债务人的全部或主要财产已被一个人民法院因执行确定金钱给付的生效法律文书而查封、扣押或冻结时，其他债权人应当向原执行法院（首封法院）提出书面申请。最高人民法院《执行规定》第92条规定：“债权人申请参与分配的，应当向其原申请执行法院提交参与分配申请书，写明参与分配的理由，并附有执行依据。该执行法院应将参与分配申请书转交给主持分配的法院，并说明执行情况。”最高人民法院《民诉法解释》第509条第1款规定：“申请参与分配，申请人应当提交申请书。申请书应当写明参与分配和被执行人不能清偿所有债权的事实、理由，并附有执行依据。”

从申请参与分配的程序看，包括以下内容：

(1) 提交书面申请。债权人申请参与分配的应当向其执行法院提交参与分配申请书，当事人没有书面申请，不能成为参与分配人，法院不能主动通知其他债权人提出申请，也不能未经申请人申请而直接确定参与分配人。

关于参与分配申请书应当载明的内容，《民诉意见》要求“申请书应写明参与分配和被执行人不能清偿所有债权的事实和理由”，而《执行规定》没有要求载明“被执行人不能清偿所有债权的事实”。《民诉法解释》则要求申请书写明参与分配和被执行人不能清偿所有债权的事实、理由。申请参与分配，其他权利人应当证明自己对义务人享有债权，并证明自己提出申请的合法性，以便于执行机构进行审查，并确定申请人的申请是否符合法律规定。参与分配申请书应当写明申请参与分配的数额、理由及法律依据。担保物权人以其债权申请参与分配的，因其性质系就标的物拍卖款主张优先受偿，担保物权人只需提出担保物权及主债权的证明，当然不必说明债务人是否无其他财产可供执行。

(2) 提出证明。关于债权人申请参与分配所需提交的法律文件，现有司法解释均要求附执行依据。对于申请参与分配的优先权债权人提出申请时需提交哪些法律文件，《执行规定》未予明确规定。这些债权大都权利义务关系明确、数额相对确定，让债权人之前已取得执行依据显然不合情理，让债权人之后再通过诉讼来取得执行依据，就增加了当事人的诉累。对于这种申请人，可以采用我国台湾地区的做法，以“其权利证明文件”作为执行依据提交，杨与龄先生指出，所谓“权利证明文件”，是指足以证明对于执行标的物有担保物权或优先受偿权及其债权金额的文件[①]。至于具体

---

① 杨与龄编：《强制执行法论》，中国政法大学出版社 2002 年版，第 280 页。

的文件，区分登记与否，一般包括权利设定的合同，有登记的如抵押权应提供他项权利证书。

我们认为，现有的规定仍过于粗疏和僵化，难以满足执行实践需要。例如，在首封法院是保全执行时，其他债权人应向哪个法院提出申请？是否允许其他债权人对被执行的财产重复查封？如果不允许，在申请执行人撤回执行或者执行程序被撤销时，如何保障其他债权人的参与分配权利？享有优先权的债权人应否依职权列入？

针对这些问题，需要采取一整套的措施来系统解决。我们主张建立“依职权列入”“直接申请”与“拟制申请”相结合的参与分配申请新机制，具体思路是：

1. 以“直接申请”为原则

在被执行人的全部或部分财产，已被一个法院因执行终局的金钱给付的生效法律文书而查封、扣押或冻结时，其他金钱债权人也欲就该财产受偿的，原则上应当向执行法院提出参与分配申请书，并提供证明其债权存在的材料。

“直接申请”的方式，主要适用于以下债权人：

(1) 对已被查封、扣押或冻结的财产，不享有优先受偿权的普通金钱债权人，发现债务人的财产被法院查封、扣押或冻结的，或者获悉执行法院的申请参与分配催告的，可以提出申请。

(2) 对已被查封、扣押或冻结的财产，享有优先受偿权的金钱债权人，发现债务人的财产被法院查封、扣押或冻结的，或者收到执行法院的参与分配公告和通知的，可以提出申请。

2. 以“职权列入”为例外

有些债权，如果不将其列入参与分配范围，会与民法理论和规定产生直接的冲突，或者债权本身就产生于执行程序之中，所以，作为例外应由主持分配的法院依职权将其列入参与分配的范围，主要适用于以下情形：

(1) 对已被查封、扣押或冻结的财产享有优先受偿权的金钱债权人，主持分配的法院在酌定申请参与分配的期限之后发出公告后，应同时对其发出通知，催促其按规定提出申请；经公告和通知后仍不提出参与分配申请的，主持分配的法院应依职权将已知悉的债权及其金额列入分配范围。

参与分配依申请而启动，那么，法院是否依职权通知和告知？这个问题也涉及分配法院的职责，实践中做法不一，存在争议。

首先，对享有优先受偿人的通知。对于优先权人，存在依职权通知的问题。执行标的物已经开始强制执行的情况往往并不被优先受偿权人所知道，因此，对于已知的优先权人，应当予以通知或者公告，使不知道的优先受偿权人有知悉并且申请参与分配并申报权利的机会。例如，我国台湾地区“强制执行法”规定，“执行法院知有前项债权人者，应通知之，知有债权人而不知其住居所，或知有前项债权而不知孰为债权人者，应以其他适当方法通知或公告之”①。实务中确实有这样的情况，如抵押权人死亡，不知道有无继承人的情况，可以请债权人的亲友转告，即为通知的适当方法。又如，将拍卖不动产的事实予以公示，也具有上述公告的意义，可以使债权人不明或者住所地不明的优先权人能够依法申请参与分配。当然，这种公告是公告送达的代替方法，可以张贴在执行标的物的所在地，不一定要采取登报的方式。对此，《强制执行法（专家意见稿）》第294条规定：“执行机构已知执行标的物存在优先权人的，不论其债权是否已届清偿期，应通知优先权人可以主张优先权；无法通知的，应发出公告。经通知或者公告仍不主张的，视为放弃优先权。优先权人不申请参与分配，其债权金额又不为执行机构所知的，该债权人对执行标的物的优先受偿权，因标的物变价或者交债权人承受而消灭”②。可见，对于已知的优先受偿权，应当依职权通知。但是，该条对优先债权人不申请参与分配规定的法

---

① 杨与龄编：《强制执行法论》，中国政法大学出版社2002年版，第281页。

② 杨荣馨主编：《〈中华人民共和国强制执行法（专家建议稿）〉立法理由、立法例参考及立法意义》，厦门大学出版社2011年版，第487页。

律后果，似乎过于严苛。经过通知或者公告，优先权人未申请参与分配或者申请不符合要求的，执行法院是否就不需要进行适当的调查？从我国执行中的职权主义特征来看，对法院已知的债权及其金额，仍有必要依职权列入分配。只有经调查无法知道优先债权及其金额的，不列入分配才能够被接受，当然，通知和公告的程序要求也需要严格执行。

其次，对其他债权人的公告。我国现有的司法解释均没有规定法院的公告义务。有观点认为，我国未来立法中应当规定法院的公告义务，主要的理由在于告知程序体现了执行程序的公开性，其目的在于告知适格的债权人参与到分配程序中来，且基于参与分配制度实质在于弥补有限破产主义的缺陷，应当让更多的其他债权人都有机会参加到参与分配程序中来。公告程序的设定最主要的目的是通过设置该程序，为申请参与分配的期间提供一个明确可操作的判断标准。① 有人主张采取公告的方式来催促债权人申报并将参与分配的截止日定为申报公告后 15 日内②。实务中，也有法院持应当主动告知特定范围内其他债权人的观点。例如，广东省高级人民法院提出主持分配法院分配前应向已知债权人发出通知并面向全社会发出公告，该公告内容包括参与分配申请截止时间以及召开听证会的时间。③ 浙江省宁海县初级人民法院以对参与分配方案进行公告的方法来督促债权人申报债权。④ 有执行机构人员认为，规定法院的公告义务，有助于法院责任的减轻，即只要法院根据法律规定履行了公告义务，未知悉公告的债权人即使未能进入参与分配程序，

① 刘宝玉：《参与分配制度研究》，载江必新、贺荣主编：《强制执行法的起草与论证（三）》，中国法制出版社 2014 年版，第 445-447 页。

② 沈志先主编：《强制执行》，法律出版社 2012 年版，第 273 页。

③ 广东省高级人民法院课题组：《参与分配制度研究》，载《执行工作指导》（总第 57 辑），人民法院出版社 2016 年版，第 161 页。

④ 金萍：《宁海法院创新执行分配方案阳光执行》，载浙江法治在线 http://www.zjfzol.com.cn/，2011 年 10 月访问。

也与法院无关。

我们认为，不应当设定执行法院的公告或主动告知义务。其一，从正当履行工作职责的角度考虑，执行法院不应作告知。执行法院在办理案件时，并不知道被执行人是否还有其他债权人，其他债权人是否要以对本院查控的财产申请参与分配。执行法院只要对财产的查封等措施依法公开即可，不应当对其他债权人进行通知或告知。其二，从执行效率的角度考虑，按照高效执行的原则，只要查到被执行人财产，执行程序从立案到执行完毕应当迅速进行。一旦设定告知义务，即应向所有债权人公告，这将对已经受理的申请的执行效率造成很大延宕。而且，法院如何判断哪些案件涉及参与分配，如果设定为义务，不履行义务则违反了法定职责，法院不可能对每一个案件在查到财产后都要等一段"公告期"，等人来"瓜分"财产；对债权人来说，参与分配程序意味着不能完全清偿的结果，不能强人所难地让其"公告"以等待第三个人来分享。其三，从保障公平的角度考虑，其他债权人并非没有途径获知被执行人的主要财产被执行。毕竟参与分配的申请方天然地具有主动性特质，其执行法院也应当依法履行相应的财产查控职责。而且，执行程序中，被执行人的财产申报制度应该在实践中得到进一步的落实，加上执行公开制度，这些程序都能够保障其他债权人知悉已开始的财产执行并申请参与分配。担心不予告知将导致部分债权人因不知悉情况而受损有失公平，出发点是好的，但其实是超职权主义的体现。其四，设定公告程序并不具有可操作性。如果设置公告程序是为申请参与分配的期间提供一个明确可操作的判断标准，那么，意味着该案件已经决定启动参与分配，只有其他债权人申请参与分配而且符合采用分配的适用条件的情况下，即已到位的财产价金不足以偿付已申请执行的债权，才有可能发布公告。在财产已经执行完毕后，通过发布公告设定一个申请参与分配的截止日，等待其他没有申请参与分配的债权人申请参与分配，这种制度设计不但对积极申请执行的债权人不利，也对积极申请参与分配的债权人不利。

(2) 债权人申请执行，应按规定预交执行费用，并最终在债务人可供执行的财产中扣除。不预交执行费的，驳回其执行申请或参与分配申请。但是，对于享有优先权的债权人，不宜驳回。为防止优先权人逃避执行费用，应由主持分配的法院依职权将该执行费用列入参与分配的范围。对此，我国台湾地区的“强制执行法”第 34 条有类似的规定，① 可资借鉴。

3. 以“拟制申请”为补充

不享有经登记的优先受偿权的金钱债权人，如果已经向其他法院申请执行的，如果发现被执行人有其他财产可供执行的，应优先对其他财产申请强制执行；如果未发现其他财产的，可以申请对该财产重复查封、扣押或冻结。执行法院重复查封、扣押、冻结后，应当通知被执行人和首封法院，其对已被控制财产的重复查封、扣押、冻结行为视为参与分配申请，即拟制申请。

之所以设定“拟制申请”方式，主要是出于以下几点考虑：

(1) 如果允许“重复查封”，其他债权人对已被控制财产的重复查封、扣押、冻结行为，可以直接视为参与分配申请，无须再提交申请书；在前一执行程序因申请执行人撤回申请或者其他原因而终止时，由于有重复的查封措施，执行或参与分配程序可以继续推进，不受前一案终止的影响。

(2) “重复查封”是一种各国普遍采取的制度，其存在的问题并非不能克服。例如，实行优先主义的德国和实行平等主义的法

① 我国台湾地区“强制执行法”第 34 条规定：“有执行名义之债权人声明参与分配时，应提出该执行名义之证明文件。”“依法对于执行标的物有担保物权或优先受偿权之债权人，不问其债权已否届清偿期，应提出其权利证明文件，声明参与分配。”“执行法院知有前项债权人者，应通知之。知有债权人而不知其住居所或知有前项债权而不知孰为债权人者，应依其它适当方法通知或公告之。经通知或公告仍不声明参与分配者，执行法院仅就已知之债权及其金额列入分配。其应征收之执行费，于执行所得金额扣缴之。”“第二项之债权人不声明参与分配，其债权金额又非执行法院所知者，该债权对于执行标的物之优先受偿权，因拍卖而消灭，其已列入分配而未受清偿部分，亦同。”

国，对动产、不动产都允许重复查封；实行平等主义（带有团体优先色彩）的日本，对不动产不允许重复查封；实行团体优先主义的瑞士，也有“参加扣押”制度。

(3) 如果不允许“重复查封”，在首封法院是保全执行的情况下，申请终局执行的法院就无法控制该财产，如果是动产和不动产也难以对该财产进行变价处理，无法及时地落实其他基于终局执行依据的债权人对该财产的强制执行和财产分配需求，造成执行效率低下。另外，虽然我国已经探索了“轮候查封”的制度设计，[①] 但轮候查封需要等到首封解除后才能真正进入强制执行阶段，仍然无法达到上述目的。与其间接借鉴其他国家“重复查封”的经验，不如直接规定“重复查封”制度。

（二）法院的审查和处理

对参与分配申请和拟制申请的审查，主要是对相关债权人的参与分配要求是否符合参与分配制度的适用条件进行审查。审查的要点是：参与分配的债权是否符合条件；参与分配的债权人是否适格；是否有合法的参与分配债权的证明材料；是否在法定期间内提

① 轮候查封，是对其他人民法院已经查封的财产，执行法院依次按时间先后在登记机关进行登记，或者在该其他人民法院进行记载，排队等候，查封依法解除后，在先的轮候查封自动转化为正式查封的制度，是在借鉴德国、日本等国关于“再查封制度”经验的基础上，经由我国司法解释的规定而设立的。2004 年最高人民法院、国土资源部、建设部《关于依法规范人民法院执行和国土资源房地产管理部门协助执行若干问题的通知》最早作出规定，其第 19 条规定，“两个以上人民法院对同一宗土地使用权、房屋进行查封的，国土资源、房地产管理部门为首先送达协助执行通知书的人民法院办理查封登记手续后，对后来办理查封登记的人民法院作轮候查封登记，并书面告知该土地使用权、房屋已被其他人民法院查封的事实及查封的有关情况。”同年最高人民法院制定的《关于人民法院民事执行中查封、扣押、冻结财产的规定》重申并拓展了轮候查封的规定，其第 28 条第 1 款、第 2 款规定，“对已被人民法院查封、扣押、冻结的财产，其他人民法院可以进行轮候查封、扣押、冻结。查封、扣押、冻结解除的，登记在先的轮候查封、扣押、冻结即自动生效。其他人民法院对已登记的财产进行轮候查封、扣押、冻结的，应当通知有关登记机关协助进行轮候登记，实施查封、扣押、冻结的人民法院应当允许其他人民法院查阅有关文书和记录。”

出申请等。

1. 参与分配申请的审查主体

关于由谁来审查参与分配申请，《执行规定》第 92 条要求债权人向其原申请执行法院提交参与分配申请书，写明参与分配的理由，并附有执行依据。该执行法院应将参与分配申请书转交给主持分配的法院，并说明情况。既然是“公对公”，那么是由原受理执行法院还是主持法院接受移交后审核并决定是否允许其参与分配？主持法院是制定参与分配表的法院，对各债权进行整体的登记和统筹，比原申请执行法院更加全面、公正，由其进行资格审查，操作上更合理。在《民诉法解释》出台后，基于当事人可以直接申请参与分配，这一点自然不存在争议。

2. 审查处理程序

对于其他债权人提出的参与分配申请，应当经过一定的审查程序，才能认定其债权是否参与分配。因此，主持分配的法院收到参与分配申请后，需要对申请进行审查。主持法院对参与分配申请的审查是形式审查还是实质审查？现有的司法解释没有作出明确规定，理论上关于法院对申请人是否适格的审查是形式审查还是实质审查，一直没有定论。有的认为应当依职权进行实质审查。有的认为仅进行形式审查即可①，实务中做法也不一致，承办法官对如何把握审查限度无所适从。实务中比较普遍的做法是，主持分配法院对于符合条件的权利人，准予其参与分配，对不符合条件和程序的债权人，往往不准予其参与分配，但是不给出任何法律手续。对这个问题，有必要结合参与分配的实施流程和救济程序进行分析，区分审查的对象和内容，明确不同的审查方式。

（1）对申请参与分配材料齐备与否进行形式审查。主持分配法院收到申请后，一方面，对参与分配申请进行接收登记。鉴于参与分配申请截止日非常重要，而且按照法律规定，应当实行到达主

① 沈志先主编：《强制执行》，法律出版社 2012 年版，第 272 页。

义确定申请的时点，执行法院派人转交或者债权人直接呈递的，应当由转交人或呈递人签字确认；以其他方式送交的，应当由主持分配的法院根据收到材料的时间，由经手人签字确认。主持分配的法院收到参与分配申请的日期以登记记载收到的日期为准。另一方面，对材料是否齐备进行审查。即审查申请是否符合形式要件，是否提交相应的证明文件。提供的材料不齐备的，通知申请参与分配的债权人补正，并告知其未在申请参与分配截止日前补正的法律后果。债权人逾期未补正的，驳回该债权人参与分配申请。杨与龄先生亦指出，“他债权人声明参与分配之提出，虽在第三十二条第一项所定期间之前，而其声明有欠缺，延至该项期限之后始补正者，仍属逾越该项所定之期限”。①

（2）对有执行依据的债权人是否符合法定的程序条件进行实质审查。一般情况下，参与分配须取得金钱债权执行依据，对于取得执行依据的债权人，至少从法律程序上而言债权是毋庸置疑的，故对债权人和债务人而言，在申请阶段一般不存在对参与分配主体资格的争议。主持分配法院只需要在核实申请参与分配的债权是否取得执行依据、债权是不是在金钱债权的基础上，对是否在法定的期限内提出申请等程序事项进行审查。按照参与分配程序设计的初衷，同时考虑参与分配对财产终结性分配的结果，实质审查有利于保障申请人和被执行人的利益。经审查如符合参与分配的条件和程序的，则准予参与分配，如不符合参与分配条件和程序的，裁定驳回申请。但是，这种实质审查只是程序审查，不同于实体审查，不是对当事人之间的实体权利义务关系的裁断。执行法院对参与分配申请进行审查，认为符合法定条件的，通知其他权利人和义务人，认为不符合法定条件的，裁定驳回。对上述裁定的异议，按照《民事诉讼法》第 225 条关于异议、复议的规定予以处理。

（3）对无执行依据的申请人是否具备参与分配主体资格的审

① 杨与龄编：《强制执行法论》，中国政法大学出版社 2002 年版，第 261 页。

查。优先受偿权人以证明存在优先权的权利凭证为根据申请参与分配，但该债权还是不确定的，执行机构无权直接确认该债权是否成立，也不能做出该债权是否应当得到分配的裁断，只有其他权利人和义务人才能阻止该申请人获得分配。但在过去实务中，执行人员习惯在制订参与分配方案的时候，依职权对各债权真实合法和分配清偿顺序作出认定。正如有观点指出，在我国，那些尚未取得执行依据的有优先权和担保物权的债权人申请参与分配，系执行法院依职权审查确认其资格，不需要征求各债权人和债务人的意见①。上述做法，意味着在制作参与分配方案中合并审查了优先债权人的资格，体现了职权主义的思路。笔者以为，对于优先权的审查确认，执行机构一般只审查是否提交了真实有效的证明，对其债权的确认与否，则应当通过程序的设计，由债权人和债务人进行确认或者排除。其程序设计，还将结合后文作进一步阐述。

3. 参与分配申请的通知

参与分配申请应通知各债权人及债务人。我国现有司法解释没有作出规定，可以参照我国台湾地区的做法，有执行依据的债权人或者对执行标的有优先受偿权的债权人申请参与分配，无须经其他债权人及债务人同意，但与他们的利益有重大影响的，应当使他们及时知道，便于其在分配表作出前即可以提起确认债权不存在之诉，或者采取其他必要的措施，以避免分配拖延。② 这种通知，是一种执行处分，没有特别的形式要求。当然，普通债权人申请参与分配，必须具备合法要件，才通知其他债权人或债务人。可见，无执行依据的他债权人申请参与分配时，因该申请影响到了其他债权人（包括申请执行人和已被准许参与分配的他债权人）及债务人的实体权利，并且该债权未经法定程序确认，因此，法院经审查认为其申请符合形式条件的，还要征求债权人及债务人的意见，告知

① 丁亮华：《参与分配：解析与检讨》，载《法学家》2015 年第 5 期。

② 杨与龄编：《强制执行法论》，中国政法大学出版社 2002 年版，第 280 页。

其在一定时间内表示是否承认其参与分配，以免损害其合法权益。各债权人、债务人在规定的时间内表示没有异议或不提出异议的，执行法院就应允许该申请人参与分配，并将其债权加入分配表。债权人及债务人在规定的时间内表示不同意申请人参与分配的，就是对申请人参与分配的异议，相关当事人可以在分配方案作成之前，提起确认债权不存在之诉或采取其他必要措施，以避免分配的拖延[①]。

从我国现有司法解释的规定看，《执行程序解释》通过设定分配阶段的参与分配方案异议（第 25 条）与参与分配方案异议之诉（第 26 条），吸收了申请阶段的参与分配异议与参与分配异议之诉，从而在制度上实现简约化处理。因此，在参与分配方案制订前，没有作相应的程序设计以告知各相关当事人并及时开展相关程序。带来的问题如前文所述，即执行中不应依职权对优先权进行确认，那么，是否执行机构仅依照优先权人的申请，即将其列入参与分配方案，在制作分配方案后，由债权人或债务人对分配方案所确定的债权是否存在、数额多少、受偿顺序等问题由当事人提出异议，且因为这种异议涉及实体争议，最终应当通过异议之诉的诉讼程序解决。结合司法解释看，《执行程序解释》第 26 条第 1 款规定，债权人或者被执行人对分配方案提出异议的，法院应当通知未提出异议的债权人或被执行人。可见，该解释还是把优先权的争议交给债权人通过异议和诉讼程序去解决。从文义理解，法院并不需要行使对异议进行审查的职权，异议一经提出，法院即应通知其他债权人或被执行人，而无论该异议是否合法，理由是否正当。这样的处理，意味着所有的争议可能在参与分配方案制订后进入诉讼，如果依照上述条文进行操作，在逻辑上可能反复出现异议之诉的情

① 张登科：《强制执行法》，三民书局 2010 年版，第 280 页。

况，在实践中无法有效推进参与分配程序①。因此，还是有必要规定，在优先权人申请参与分配后，即通知其他债权人、债务人，由他们对是否允许其参与分配及时发表意见，将争议及时导入诉讼解决。

## 第二节 财产换价与分配程序

### 一、执行标的物的换价

#### (一) 执行标的物换价的方式

在民事执行中，通过执行措施强制债务人履行给付金钱义务，或者对被执行人的动产、不动产和其他财产权进行强制换价，是实现金钱债权执行目的的基本手段。“在任何体制下，金钱债权的执行基本包括三个阶段：第一，扣押一定的财产用于清偿债务；第二，将扣押的财产变换成现金；第三，满足申请执行的债权。”②

通常情况下，对作为执行标的物的动产、不动产和其他财产权换价，主要通过拍卖、变卖的方式实现。我国1991年《民事诉讼法》第一次将拍卖和变卖并列为两种基本的变价方式，但仅有两条（即第223条、第226条），规定得较为简单。1998年最高人民法院《执行规定》正式确立了拍卖优先原则和委托拍卖制度，此后，拍卖成为我国民事执行财产换价中最为重要的方式。

所谓拍卖，是指“以公开竞价的形式，将特定物品或财产权利转让给最高应价者的买卖方式”（《拍卖法》第3条）。民事执行拍卖，则是指在执行程序中，执行法院将查封、扣押的财产以公开

① 沈德咏主编：《最高人民法院民事诉讼法司法解释理解与适用（下）》，人民法院出版社，第1349页。

② Oscar G. Chase, Helen Hershkoff, general editors, Civil Litigation in Comparative Context, Thomson/West, 2007, p.472.

竞价的形式，选择出价最高者为应买人，将执行标的物变价而取得价金的执行活动。[①] 执行中的委托拍卖，是指在民事执行程序中，由执行法院作为委托人，委托依法设立的从事拍卖活动的企业法人作为拍卖人，对执行标的物进行拍卖换价的执行活动。

2004年10月，最高人民法院制定了《关于人民法院民事执行中拍卖、变卖财产的规定》（以下简称《执行拍卖变卖规定》），确立了委托拍卖制度基本框架，但受到了一些质疑。2012年修改民事诉讼法时，确立了拍卖优先原则，对于查封、扣押的财产要求“法院应当拍卖”。[②] 有学者指出，这次民诉法修订“借鉴大陆法系国家的执行立法，废弃了备受诟病的委托拍卖原则，明确了法院自行拍卖变卖为主、委托变价为例外的准则”。[③] 也有学者认为，“最高人民法院不断推进的司法拍卖改革将法院拍卖的因素不断融入委托拍卖之身，使得委托拍卖的强制性不断增强，构建了独具中国特色的司法拍卖制度”。[④]

（二）执行标的物的拍卖原则

债权人根据生效法律文书启动执行程序，执行机关在采取查封、扣押等强制执行措施之后，可以对财产进行变价。但我国民事诉讼法仅在第247条中规定了法院应当拍卖、拍卖优先原则，对具体的操作程序尚未明确。在司法实践中，主要的依据是最高人民法院的《执行拍卖变卖规定》规定的程序。在民事执行拍卖中，广泛涉及公共利益与私人利益、债权人利益与债务人利益、债权人相

---

① 毋爱斌：《民事执行拍卖制度研究》，厦门大学出版社2014年版，第13页。

② 《民事诉讼法》第247条规定：“财产被查封、扣押后，执行员应当责令被执行人在指定期间履行法律文书确定的义务。被执行人逾期不履行的，人民法院应当拍卖被查封、扣押的财产；不适于拍卖或者当事人双方同意不进行拍卖的，人民法院可以委托有关单位变卖或者自行变卖。国家禁止自由买卖的物品，交有关单位按照国家规定的价格收购。”

③ 肖建国：《执行程序修订的价值共识与展望——兼评〈民事诉讼法修正案〉的相关条款》，载《法律科学》2012年第6期。

④ 汤维建：《论中国特色的司法拍卖制度》，载《中国审判》2012年第3期。

互之间的多方利益交错，为此，各国都设定了一些司法拍卖的基本原则，以期寻求利益的平衡。

1. 拍卖以查封标的物为限原则

在执行程序中，“债务人之财产，一经查封，债务人丧失对查封物之处分权，此项处分权归由国家取得”。① 因事关债务人利益保护，拍卖物须以执行查封的财产为限，合法的拍卖系以合法的查封为前提。为了贯彻人权保障的理念，依据执行有限原则，被执行人的特定财产不得被查封、扣押；② 如果被查封、扣押，即便进入执行拍卖程序，被执行人和利害关系人也可以提起执行异议，经审查确有理由的，法院应当中止对该查封标的物的拍卖。

2. 禁止无益拍卖原则

禁止无益拍卖原则，理论上又称剩余主义，是指执行标的物由后顺位的普通债权人或优先权人申请拍卖时，必须在标的物可能卖得价款足以支付执行费用、优先债权时才能进行司法拍卖，如经过评估无剩余可能则应停止拍卖。③ 该原则主要适用于不动产拍卖，目前是大陆法系国家和地区通行的一项原则。对于拍卖物有无剩余价值的判断，需要比较“保留价”与“强制执行费用和优先权的额度”而确定，同时需要兼顾执行申请人的意愿。我国 2004 年《执行拍卖变卖规定》第 9 条也确定了该项原则。④ 确立该原则的正当性依据：一是债权人如果不能就标的物拍卖所得价金而受偿，对其而言实属无意义的强制执行，而且增加了执行成本，浪费了司

---

① 赖来焜：《强制执行法各论》，元照出版有限公司 2007 年版，第 90 页。

② 参见最高人民法院《关于人民法院执行中查封、扣押、冻结财产的规定》第 5 条，共列举了八种情形。

③ 毋爱斌：《民事执行拍卖制度研究》，厦门大学出版社 2014 年版，第 98 页。

④ 第 9 条规定：“保留价确定后，依据本次拍卖保留价计算，拍卖所得价款在清偿优先债权和强制执行费用后无剩余可能的，应当在实施拍卖前将有关情况通知申请执行人。申请执行人于收到通知后五日内申请继续拍卖的，人民法院应当准许，但应当重新确定保留价；重新确定的保留价应当大于该优先债权及强制执行费用的总额。”“依照前款规定流拍的，拍卖费用由申请执行人负担。”

法资源；二是避免因后顺位担保物权或普通债权人的强制执行申请而损害标的物上的权利，以保障不动产上的权利与金融秩序的稳定。①

3. 禁止超额拍卖原则

禁止超额拍卖，是指拍卖于卖得价金足以清偿强制执行之债权额及债务人应负担的执行费用时，即应停止拍卖，对尚未拍卖的查封、扣押物撤销查封、扣押措施，将该物返还给债务人。禁止超额拍卖实际上是比例原则在执行程序中的具体应用，也是对作为被执行债务人的必要保护。目前，该规则是西方国家和地区司法拍卖普遍遵循的规则，但我国目前的立法和司法解释中未予明确承认。不过，在各地法院的执行拍卖实践中，已事实上成为执行工作的隐性指导规则。

（三）执行标的物上权利负担的处理原则

执行标的物上的权利负担，是指在执行法院对被执行人的财产采取查封、扣押等强制措施之前，在该财产上原已设定的担保物权、用益物权等权利。通常认为，该权利负担必须是采取强制执行措施前已存在的，而不能在采取执行措施后再设置类似的权利，因为这样有转移财产的嫌疑，所以一般禁止。②

根据民法原理，不动产所有权人在不动产上设定担保物权或者用益物权之后，还可以转让该不动产，附着其上的担保物权和用益物权不受影响。但是，在执行拍卖中，拍卖物上的权利负担是因拍卖而消除呢，还是由买受人承受呢？对此，各国的立法中存在

① 赖来焜：《强制执行法各论》，元照出版有限公司 2007 年版，第 251 页。

② 《最高人民法院关于人民法院民事执行中查封、扣押、冻结财产的规定》第 26 条规定："被执行人就已经查封、扣押、冻结的财产所作的移转、设定权利负担或者其他有碍执行的行为，不得对抗申请执行人。""第三人未经人民法院准许占有查封、扣押、冻结的财产或者实施其他有碍执行的行为的，人民法院可以依据申请执行人的申请或者依职权解除其占有或者排除其妨害。""人民法院的查封、扣押、冻结没有公示的，其效力不得对抗善意第三人。"

“涂销主义”“承受主义”和“剩余主义”三种处理方法（参见本书第二章的有关内容）。不同的立法主义，体现了对担保物权等优先权人的权利保障的力度不同。比较法的考察显示，各国目前很少单采其中某一立法主义，而往往是以剩余主义为原则，兼采承受主义或涂销主义。例如，德国法以剩余主义为原则，兼采承受主义。日本对优先权、抵押权负担，以剩余主义为原则，兼采涂销主义；对不动产，兼采涂销主义；对留置权、不动产质权，则采取承受主义。在我国台湾地区，对用益物权原则上采承受主义，对担保物权则原则上采消灭主义，兼采承受主义。①

根据我国目前的司法解释，我国对不动产的额拍卖采取的是以剩余主义为原则，但担保物权和用益物权区别对待的态度：②（1）对拍卖标的物上的担保物权及其他优先受偿权，采消灭主义，卖得价款优先支付给金钱债权人和其他法定优先权人，另有相反约定的除外。（2）对拍卖标的物上原有的租赁权和其他用益物权，于司法拍卖之际不去除其负担，采承受主义，由拍定人承受；但对于在先的担保物权或者其他优先受偿权的实现有影响的，采取涂销主义。这种以剩余主义为原则，区别情况有限制地兼采承受主义与涂销主义的做法，与大陆法系国家和地区的立法趋势是吻合的。另外，从担保物权重在担保物的交换价值，用益物权重在标的物的使用价值的视角看，这种做法较好地平衡了不同主体的利益需求，具有较大的合理性。

---

① 张登科：《强制执行法》，三民书局2010年版，第363页。

② 《执行拍卖变卖规定》第31条规定：“拍卖财产上原有的担保物权及其他优先受偿权，因拍卖而消灭，拍卖所得价款，应当优先清偿担保物权人及其他优先受偿权人的债权，但当事人另有约定的除外。拍卖财产上原有的租赁权及其他用益物权，不因拍卖而消灭，但该权利继续存在于拍卖财产上，对在先的担保物权或者其他优先受偿权的实现有影响的，人民法院应当依法将其除去后进行拍卖。”

## 二、分配表的制作、公示与实施

### （一）分配表的制作

本书主张参与分配中的财产分配方面采团体优先主义，对第一债权人组提出申请的截止时间的确定，主张赋予主持分配的法院一定的裁量权，由其根据个案情况确定一个申请参与分配的期限。该期限的确定，应考虑执行财产的变卖、拍卖等执行过程所需的合理时间，一般应与法院制作分配表的时间相衔接。在法院制作分配表之前，有两个问题需要考虑：一是分配表的制作，是否应以不能清偿所有债权为前提？二是法院制作分配表之前，是否需要举行执行听证？

1. 制作分配表，不以执行所得不能清偿参与分配的债权为前提

在有其他债权人参与分配的情况下，执行法院是否需要统一制定分配表，各个国家和地区有不同的规定。德国、日本、瑞士要求进行区分，只有执行所得不足清偿参与分配的债权时，才有必要制定财产分配表。① 我国台湾地区“强制执行法”第31条规定：“因强制执行所得之金额，如有多数债权人参与分配时，执行法院应作成分配表，并指定分配期日，于分配期日五日前以缮本交付债务人及各债权人，并置于民事执行处，任其阅览。”表面上看，似乎是不加区分。但是，我国台湾地区学者认为，多数债权人就债务人的同一财产申请执行或者参与分配，“于执行所得金额不足清偿全部

---

① 《德国民事诉讼法》第872条规定：“在动产强制执行中，提存的金额不足以清偿有关债权人时，应进行分配。”第873条至第874条规定，主持分配的法院应催告债权人，在两周内提出其债权本金、利息、费用等的计算书，两周期满后法院应制作分配计划书。《日本民事执行法》第84条第2款、第139条规定，当债权人为一人或二人以上，执行所得能够偿还全部债权人的债权和执行费用时，执行官应将偿还金交付债权人，余额交付债务人。第84条第1款、第142条规定，不足偿还全部债权人的债权和执行费用时，必须制作分配表。《瑞士联邦债务执行与破产法》第146条规定，不能清偿全部债权的，执行事务局制订债权人清偿顺序方案和分配方案。

债权时，各债权人受偿之顺位及多寡，易生争执，始需依分配程序解决。故强制执行所得金额。各债权人之全部债权均可受清偿者，虽在形式上制作分配表，亦非此之所谓‘分配’”。①

综上所述，可以得出两个结论：

其一，验证了本书第一章所提的一个观点，即参与分配制度包含两层意思：一是“参与执行”，即尽可能利用一个执行程序解决多数金钱债权的受偿问题，债权人申请参与执行并不以“不能清偿所有债权”为前提条件；二是“财产分配”，从多数国家和地区的经验来看，只有执行所得不足清偿申请参与分配的债权时才有分配的必要，参与分配制度中所谓的“优先主义”“平等主义”和“团体优先主义”才会发生作用。但我国现行制度中，将被执行人的全部财产不足清偿所有债权作为债权人申请参与执行的先决条件，是对各国通行的参与分配制度的一个误解。

其二，只有在参与执行程序中，经过执行换价程序所得的金额，不足清偿申请参与执行的债权人的所有债权时，制作分配表才有实质意义，这个分配表要贯彻财产分配的立法主义，并与执行异议和异议之诉等后续救济制度相关联。在执行所得金额能够清偿申请参与执行的债权时（在团体优先主义之下，特指第一债权人组的全部债权），虽然也可能制订分配方案，但与执行立法主义基本无涉。但是，考虑到执行程序操作的问题，在执行分配方案制作完成之前判断能否清偿各债权有一定的困难，故本书不主张以执行所得不能清偿参与分配的债权作为制作分配表的前提。

2. 制作分配表，需要提前进行执行听证

对于执行法院在制作分配表前后，是否举行执行听证以听取债权人债务人的意见，各国做法不太一样。例如，德、日等国未对执行听证作出明确要求。《德国民事诉讼法》第873条规定，管辖法院在执行所得不足清偿参与的债权时，应催告各债权人提出自己债

① 杨与龄：《强制执行法论》，三民书局2007年版，第289页。

权的计算书；在两周期限届满后，“应即制作分配计划书”。《日本民事执行法》第 49 条规定，当法院做出了强制拍卖的开始决定，并确立了“分配要求的终期”之后，书记官即公告该决定和终期，未明确要求举行执行听证。但也有一些国家和地区要求分配表制订完成之后进行执行听证。如《意大利民事诉讼法典》第 596 条规定，在拍卖、变卖的价款向法院支付之后 30 日内，法官决定制订一项分配计划，并将该计划存放于文书室供查询；与此同时，法官还应决定进行庭审以便听取债权人债务人的意见。

我们认为，执行法院在制作分配表前，宜提前举行执行听证会，听取债务人和债权人的意见，允许各债权人举证、争辩和阐明理由。理由是：

（1）使执行程序更加规范化。参与执行中的财产分配，是一个涉及当事人实体权益保障的程序，涉及优先权的认定、债权数额的确认、分配顺序的确定等复杂问题，极易滋生争议。实践中，法院在制定分配表之际，也往往通过打电话、要求补充举证等方式要求当事人澄清一些疑问，程序较为随意，效果并不理想。明确执行听证程序，能够消解程序的随意化、反复化现象。

（2）兼顾了执行效率的价值目标。提前举行执行听证，能够充分收集各债权人和债务人的意见，便于执行法院制定的分配表更加合理，避免或减少分配表的错误，预防或减少执行异议程序的启动，更加公正也更加符合执行效率的价值目标。反之，如果不提前举行执行听证，则体现了法院较强的职权主义色彩，但却容易滋生“暗箱操作”的疑虑，导致分配表的反复制作和执行异议的频繁提起。

（3）已经有了地方法院的经验基础。2010 年《浙江省金华市中级人民法院关于参与分配制度若干问题的规定（试行）》第 9 条规定：“主持分配的法院发现被执行人债务较多时，为便于及时分配执行被执行人的财产，可确定一个申请参与分配的期限，该申请期限一般不少于 30 日，具体期限由主持分配的法院根据案件的债权债务情况视情确定。……公告期满应及时召开参与分配听证会。”第 10 条规定：“申请参与分配的债权人对自己是否有权参与分配，应进行举证。其他债权人对该债权人参与分配的资格提出异议的，应由其提供反证。”

分配表应当包含哪些内容？分配表是主持分配法院制作的确定各债权人就执行所得应分得具体金额的书面文件，用以载明分配的顺序及其金额。关于分配表的格式，法律没有明文规定，但其应当载明以下几个内容：①案号及案由；②债务人和参加案款分配的债权人名称及姓名等；③强制执行所得金额，即可供分配的财产数额；④预先扣除代垫诉讼费用和强制执行费用；⑤参加分配的债权总额、各申请人的债权额及债权种类；⑥各债权人分配顺位、比例及应受分配额；⑦实行分配的日期；⑧对分配表提出异议的期间；⑨分配表制作的时间；⑩执行法院名称等。载明这些内容，以充分保障债权人、债务人的知情权、异议权、监督权。

（二）分配表的送达和公示

在通过执行听证程序听取债权人债务人的意见后，由法院根据法律规定和各方意见合理地制订分配表。在分配表制作完毕之后、强制实施之前，还应当进行公布，允许各债权人和债务人查询，保障各方和利害关系人的知情权，并保障各方提起执行异议和异议之诉的救济机会（将在第七章详述）。

对分配表进行送达和公示，几乎是各国的通例。如《德国民事诉讼法》第 875 条规定，法院应指定期日，对分配计划书加以说明并进行分配；分配计划书应至迟在期日到来前三天陈列于书记科，供关系人阅览。《意大利民事诉讼法典》第 596 条规定，法官决定制订分配计划后，应将该计划存放于文书室，以便债权人和债务人查询；与此同时，法官还应决定进行庭审以便听取债权人债务人的意见。《瑞士联邦债务执行与破产法》第 147 条规定，债权顺序方案和分配方案应在执行事务局公布备查，后者通知各方当事人，向各债权人送达有关其债权的摘要。我国台湾地区“强制执行法”第31条规定，法院应在制作分配表时制订分配期日，于分配期5日以前将副本交付债权人和债务人，并置于民事执行处，任其阅览。我国《民诉法解释》第511条至第512条规定，多个债权人对执行财产申请参与分配的，执行法院应当制作财产分配方案，并送达各债权人和被执行人；各债权人和被执行人自收到通知之日起十五日内可提出反对意见。

我们认为，可以《民诉法解释》第513条规定为基础，并进行适当的完善。条文可表述为：执行法院应在制作分配表之后，应于3日内将副本送达各债权人和债务人，并置于法院民事执行部门，供债权人、债务人和利害关系人阅览。

（三）分配表的实施

为了便于分配表的及时实施，法院在向债权人、债务人送达分配表时，应指定一个财产分配的期日。如果各方未提出异议，则在分配期日直接实施分配。如果当事人提出了异议，则按照异议程序处理，对于未提出异议的部分直接实施，对提出异议的部分予以提存。

## 第三节　债权清偿的顺位

### 一、可分配财产和应受分配债权的确定

（一）可分配财产的确定

可分配财产的确定，是制作分配表的前提，也是对享有优先受偿权的债权、普通债权和公法债权按顺序受偿的前提。在分配财产确定的过程中，主要涉及以下问题：

1. 执行换价不成的处置

对动产、不动产和有价证券（票据、提单、仓单等），在法院采取了查封、扣押措施后，都面临着以拍卖、变卖的方式换价的问题，换价之后才能制作分配表。有关拍卖、变卖的程序，不属于本

书的研究重点。[①] 但是，在拍卖、变卖失败的情况下，就面临着再次拍卖、变卖或者以物抵债的问题。我国《执行拍卖变卖规定》规定，动产拍卖只能拍卖两次，如果失败，执行债权人又拒绝接受以物抵债的，法院应当解除查封、扣押措施，并将标的物退还给债务人；不动产可以拍卖三次，如果失败，执行债权人可以当次拍卖保留价作为成交价接受以物抵债。在德国，对于不动产拍卖限于两次，仍然流拍的应终止拍卖程序，可以依法申请启动强制管理程序。我们赞同这种意见，我国拍卖次数宜限制为三次，第二、三次拍卖可以在前次拍卖保留价的基础上进行一定的下浮；在第二次拍卖不成的情况下，可以进入特别拍卖或不动产管理程序，或者与债权人协商以物抵债。[②]

2. 执行费用扣除问题

执行费用，是为保障执行程序顺利进行，在对财产采取执行措施的过程中产生的必要支出，理应予以先行扣除。“盖如无此项费用之支出，强制执行即不能开始或续行也。”[③] 换言之，扣除执行费用之后的余款，才是债权人参与分配的财产价值。

关于执行费用的扣除范围，可参照《北京市高、中级法院执行局（庭）长座谈会（第五次会议）纪要——关于案款分配及参与分配若干问题的意见》第 18 条的规定，即“案款执行到位后，应当先行扣除案件受理费、申请保全费、申请执行费、评估费、鉴定费、公告费、保管费等因诉讼、仲裁或执行所支出的费用（执行依据确定由一方当事人向另一方当事人支付的除外），剩余部分用于案款分配或参与分配”。

如果扣除执行费用之后已无剩余款项，则执行中的参与分配程序将依法终结，无须继续制作分配表。

---

① 参见毋爱斌：《民事执行拍卖制度研究》，厦门大学出版社 2014 年版，这是我国第一本关于民事执行拍卖的专著。

② 毋爱斌：《民事执行拍卖制度研究》，厦门大学出版社 2014 年版，第 117 页。

③ 陈荣宗：《强制执行法》，三民书局 2000 年版，第 291 页。

（二）应受分配债权的范围

参与分配程序中，主持参与分配的法院首先通过拍卖、变卖等法定程序将执行标的物变价为金钱，之后根据确定的可受分配债权的范围，制作参与分配表。因此，制作参与分配表，必须确定可受分配债权的范围并核算其数额。可以通过分配受到清偿的债权，包括申请执行的债权和被准许参与分配的债权。确定可受分配债权的范围，涉及参与分配各债权人参与分配债权范围及数额的确定，包括优先权、优先受偿范围及数额的确定。实务中，债权范围的确定主要存在以下难点：一是未到期的优先受偿债权如何核算优先受偿债权数额。二是普通债权核算其受偿数额时，其核算的债权基数是什么，是以执行依据确定的债权本金数额为基数，还是本金加利息，是否可以包括债权迟延履行期间的利息。

1. 未到期的优先受偿债权如何核算优先受偿债权数额

担保物权的债权人依法享有优先受偿权，这个没有争议，但是享受优先的权利范围指的是什么，尤其对尚未到期的优先受偿债权是以其债权数额、起诉时点还是申请参与分配时点为标准，核算优先受偿债权数额？这个问题在实务中争议特别大。实务中，有的执行法官为了使自己执行的债权获得更多的清偿，只对抵押登记载明的本金给予优先受偿，而优先受偿权人要求按照合同载明的优先受偿范围享受优先受偿权。也有的优先受偿权人不配合执行，认为不能因执行终止其合同的履行。其中涉及两个问题，一是债权未到期的问题如何解决。最高人民法院起草的《民事强制执行法（第四稿）》与中国政法大学杨荣馨教授主持制定的《强制执行法专家建议稿》合并后形成了《民事强制执行法草案第五稿》，其中第333条规定："参与分配的债权人，除依法享有优先受偿权外，按债权比例平均受偿。依法享有优先受偿权的债权人优先于普通债权人受偿；同时存在数个优先受偿权的，按照有关法律的规定确定其分配顺序。未到期的优先受偿权，按到期的优先受偿权予以分配。”[①] 之后，最高人民法院起草的建议稿第六稿中第 209 条规定：“有优先权人、担保物权人参与分配的，其债权依照法律规定优先于普通债权受偿。数个优先权、担保物权同时存在的，按照有关法律的规定确定其受偿顺序。担保的债权未届清偿期的，在分配时应当预留其相应的份额。”[②] 最高人民法院〔2013〕执他字第 26 号函，在答复山东高院请示时明确指出，如果其他债权人、被执行人，对于抵押权及其担保债权的范围存在异议，可以根据《执行程序解释》第 25 条、第 26 条的规定，通过分配方案异议、分配方案异议之诉程序予以救济。从上述规定看，对优先受偿权的态度还是有变化，预留份额是否意味着按照优先权人的申报进行预留，如果不按到期优先权对待，履行中的数额并不确定，对于预留金额产生的争议怎么办？如果只是预留，将争议导入异议或诉讼程序似乎并没有必要，但是，如果预留得少了将损害优先权人的利益，如果按照优先权人的申报预留，或者优先权人利益最大化得到保护，或者引起第二轮的分配。结合产生参与分配的前提看，笔者赞同将未到期的优先权按到期优先权对待，有利于在分配时确定其数额，在对范围和数额有异议时及时导入参与分配异议之诉，有利于平衡各债权人的实体利益和程序利益。

2. 关于利息和违约金的受偿问题

在确定参与分配债权的范围时，有观点主张，普通债权的基数应以执行依据所确定的债权数额为基数，判决后，参与分配表确定前所产生的利息等并不一定都是被执行人的过错所致，特别是在对被执行标的物封死后，债务人无法利用执行标的物，若仍计算债务利息、迟延履行的罚息，对债务人不公平，对各类债权均不计算迟

① 江必新、贺荣主编：《强制执行法的起草与论证（三）》，中国法制出版社 2014 年版，第 565 页。

② 江必新、贺荣主编：《强制执行法的起草与论证（三）》，中国法制出版社 2014 年版，第 615 页。

延利息、罚息等，对各债权人而言也是相对公平的①。这一说法有一定的道理，但是，基于现在的执行依据一般判决债务人给付利息、罚息等违约金到实际给付之日为止，在执行阶段只能按照执行依据执行，不能对执行依据进行调整。因此，在执行阶段讨论债权的利息及违约金应计算至何时，需要讨论在涉及参与分配的情形下，哪个时点可视为实际给付的时点。对此，也有不同的看法：一种意见认为，计算至制作分配表之日止为宜，因为此时可供分配的财产和受偿的债权额均应确定；另一种意见认为，计算至分配日止为宜，因为只有将卖得价金分配给债权人，并经受领后才产生清偿的效力，此前债权关系还没有消灭，利息自然应由被执行人负担；还有一种意见认为，被执行人将现金交付执行法院或者在拍定后由拍定人将价金全部交付执行法院时，即产生清偿的效力，其债权的利息和违约金只能计算到这个时间。这三种说法，各有理由，计算至分配日止，是从受清偿人的角度看，这个时点才获得清偿，但在制定参与分配表时，执行法院并不能预先知道具体的分配日期，即使可以指定分配日期，但至分配日期也还有变数，因此，并不具有可操作性。第二种意见，制订分配方案之日的时间似乎具有确定性，但是，开始制订分配方案到分配方案确定，其中有一个时长，最终以法院内部的审批为准，而且在制定之初，对审批确定日期也并不预知。第三种意见将被执行人向法院交付现款或拍定人交付价金的日期作为清偿日，更能减轻被执行人的负担，从这个角度考虑似乎更为妥当，款项到账，法院对可清偿债权的财产得以确定，此时也应明确债权的范围，以制订参与分配表。结合工作流程看，不论是否涉及参与分配，在案款到账后，法院即应及时启动案款发还工作，但是还有具体的工作需要完成。一是计算各债权数额，在判决主文只明确计算标准未明确具体数额的情况下，对于比较复杂的

---

① 刘宝玉：《参与分配制度研究》，载江必新、贺荣主编：《强制执行法的起草与论证（三）》，中国法制出版社2014年版，第434页。

债权，法院一般指示债权人计算，交债务人核实。法院还要告知计算的终点，即确定案款到账日。二是法院内部办理发还手续，上述流程时间是债权人请求公力救济应当忍受的时间。如果法院不在规定的时间内发还，债权人可以督促或者寻求救济。这样的时点规定，计算利息、违约金的截止点在制作参与分配表前，即使此后有债权人申请参与分配，前面已经确定的债权也不会再发生变动，时点之间不存在冲突，与工作流程也相适应。

3. 关于迟延履行利息的受偿问题

从性质上讲，迟延履行利息是被执行人没有按照生效法律文书指定的期限履行义务，应当支付给债权人一定数额的惩罚性赔偿金，其惩罚性适用于债权人与被执行人之间。在参与分配程序中，各债权人都因被执行人迟延履行义务而遭受损失，在主张迟延履行利息的权利方面处于平等地位，若将迟延履行利息与其主债权置于同一受偿顺位，实质是将迟延履行利息的惩罚性适用于债权人之间，对受偿顺位在后的债权人有失公平。如果被执行的财产足以清偿全部债务，则各债权人在案款分配程序中受偿的债权数额中，应包括迟延履行利息。如果被执行的财产不足清偿全部债务，则各债权人在参与分配程序中受偿的债权数额中不包括迟延履行利息；执行依据确定的债权清偿完毕后，案款有剩余的，各债权的迟延履行利息按比例受偿。

## 二、关于优先权的制度架构分析

债权的平等性，是债权的基本法律特征之一。但随着物权等法律制度的发展成熟，债权平等的例外逐渐出现和扩张，享有优先受偿权的债权越来越被广泛地认可。近现代法上的优先权是指特定的债权人依据法律的规定而享有的就债务人的总财产或特定财产优先于其他债权人而受清偿的权利[①]。优先权种类、优先权之间以及与其他权利的冲突与协调等，关系到某些特殊债权是否能够得到保护或者在何种程度与方式上得到保护。

（一）优先权制度的价值功能分析

优先权设立的价值功能，主要包括以下方面的考量：一是保障人权、保护特殊债权人及债务人利益。从浅层次的目的看，优先权制度是维护特殊债权人的利益；而从深层次的目的看，则是谋求特定产业的成长，或特定领域的交易安全。二是维护实质公平，保护经济弱者利益。优先权旨在破除债权平等原则，赋予特殊债权人以优先于其他债权人受清偿的权利。例如，随着市场经济的发展，在工资法、劳工法或劳动法中赋予劳动者工资请求权具有法定优先权来保护工人利益的做法，在当今世界已非常普遍……[②]三是维护国家公共利益及社会共同利益。如中央及地方政府的税收优先权，财产保存费用优先权，其他为部分或全体债权人利益而对债务人的财产实行清算、扣押、诉讼、分配而支出之共益费用等。例如，财产保存费用涉及债权人的共同利益，其他支出之必要的共益费用是全体债权人债权实现之前提，这些利益的实现应当赋予优先权以保障。四是维护经济秩序和实现社会某种观念。有基于质权观念而产生的优先权，如旅馆经营者对于旅客存放的物品的优先权、承运人对所运货物的优先权等，以及基于“共有”观念或财产增值关系产生的优先权，如因对动产的加工而产生的优先权，对不动产的施工、修缮及改造而产生的对于该不动产的优先权等。社会市场交易中如果这些债权得不到清偿，必将降低社会信用度，扰乱社会经济秩序。对其赋予优先权制度加以特殊保护，将有利于保障交易安全，维护经济的正常健康运行，并对社会观念的实现有着积极

① 王利明：《中国民法典草案建议稿及说明》，中国法制出版社2004年版，第152页。

② 梁慧星：《民商法论丛（第3卷）》，法律出版社1995年版，第46页。

意义。

（二）优先权的立法及对参与分配程序的影响

我国尚无统一的优先权制度，应以何种模式构建优先权制度体系成为学者们争论的一大问题。

世界各国在以法定手段破除债权平等原则的问题上，因对待物权特定原则的态度不同，形成了两种截然不同的立法例，即法国法的一元模式和德国法的二元模式，一元模式即法国法系的优先权制度，二元模式即德国法系的法定担保物权加优先破产债权制度。具体来讲，于法国法而言，不遵循物权特定原则加上不区分债权与物权，使得法国法不受上述原则和划分的羁绊，可以创造出一种能够容纳债的一般担保和债的特殊担保的“统一的法定担保制度”，在这种“统一的法定担保制度”下，所有特殊债权的优先受偿问题都得到了解决：与特定财产有牵连的特殊债权，可以该特定财产为担保财产而具有特殊优先权，从而优先受偿；与特定财产无牵连的特殊债权，也得以债务人的全部财产为担保财产而具有一般优先权，从而优先受偿。于德国法而言，优先权制度中的特殊优先权的功能由物权法上的法定担保物权承担，优先权制度中的一般优先权的功能则由破产法上的优先破产债权来履行。两种立法例所体现的法律思想虽不尽相同，但在制度功能上却无丝毫差异[①]。此外，还有一些国家如英美等国在《民事诉讼法》等程序法中从债权清偿顺序的角度来规定优先权的内容。

关于优先权，我国目前没有作出统一的规定，各种优先权及其顺位分散规定在各部单行法中。在实体法方面，我国1986年制定了为当时经济发展所急需的《民法通则》，第89条第4款规定了留置权。1993年《海商法》规定船舶优先权，1995年《民用航空法》规定民用航空器优先权，1995年《担保法》规定担保物权，

① 孙新强：《我国法律移植中的败笔——优先权》，载《中国法学》2011年第1期。

1999年《合同法》规定建设工程价款优先权。有学者分析指出，我国的法定担保制度可以对应法国法上的特殊优先权制度，具体而言，我国法律规定的留置权可以对应法国法的动产优先权，我国法律规定的优先权则可以对应法国法上的不动产优先权，它们在权利的性质、设定方式和制度功能等方面并无实质性差异。我国的法定担保制度与法国法上的优先权制度之间最大的差异在于，后者涵盖债的一般担保，即一般优先权。[①] 在程序法方面，我国1986年制定了《企业破产法（试行）》，该法第34条、第37条规定破产费用、职工工资和劳动保险费用、税款等债权优先于破产债权在破产财产中受偿。此后出台的破产法也延续了上述规定。从比较法的角度可以发现，我国以法定手段破除债权平等原则的现行立法体例可以归入二元模式。参与分配程序承担着弥补有限破产主义的功能，在公民或其他组织资不抵债时，通过执行程序来为各债权人提供一条公平受偿的途径，也属于以法定手段确立破产债权平等原则的制度设计，也需要在优先权及其顺位方面进行制度安排并作出规定。

（三）优先权的种类

优先权分为一般优先权、动产优先权及不动产优先权，后两种优先权被人们归纳为特殊优先权。特殊优先权指在债务人的特定财产上设定的优先权，旨在解决与特定财产有牵连的特殊债权的优先受偿问题，以保护正常的商事交易，实现交易公平。一般优先权则指在债务人的所有财产上设定的优先权，其制度设计意在解决那些与特定财产无牵连的特殊债权的优先受偿问题。

以法国和日本为代表的继受优先权比较多的国家的立法例，认为优先权是一项独立的民事权利，在民法典中设专章规定。例如，《法国民法典》以专章对优先权作了统一规定，规定了动产、不动

---

① 孙新强：《我国法律移植中的败笔——优先权》，载《中国法学》2011年第1期。

产一般优先权和动产、不动产特别优先权。[①] 有学者在比较借鉴《日本民法典》和《法国民法典》对优先权的顺位进行设计时，也对优先权的种类作出了梳理。可以在债务人的总财产上设立的一般优先权包括为全体债权人利益而对债务人的财产实行保存、清偿、分配、诉讼等而发生的费用优先权，最近一年内的劳工工资、劳动报酬及劳动保险费用优先权，税收优先权，债务人及其家属丧葬费和补偿金、伤亡职工或其他工人的医疗费优先权，债务人及其家属的生活费用和医疗费用优先权；特别动产优先权主要包括：不动产租赁优先权，动产保存优先权，动产买卖优先权，种子、肥料、农药供应人优先权；特别不动产优先权主要包括：不动产保存优先权，建筑工程承包人优先权，不动产买卖优先权，不动产资金贷与人优先权[②]。

如前文所述，参与分配程序也属于以法定手段破产债权平等原则的制度设计，也需要在优先权及其顺位方面进行制度安排并作出规定。特别优先权往往在各单行法中有专门规定，一般优先权的设立，则是参与分配制度中需要重点研究的问题。

### 三、我国民法优先债权的受偿及其顺序

近代西方各国，在突破传统的债权平等原则的路径方面，形成了两种立法模式：一元模式，以法国法和日本法为代表，以法定担保为抓手；二元模式，以德国法和英美法为代表，以法定担保加破产法规定为手段。[③] 随着我国《担保法》《合同法》《物权法》以及《侵权责任法》等基本法律以及《海商法》《民用航空器法》

---

① 参见《法国民事执行程序法》，罗结珍译，中国法制出版社2005年版，第158-168页。

② 刘道云：《优先权制度在我国构建的争论与设想》，载《行政与法》2011年第8期。

③ 孙新强：《破除债权平等原则的两种立法例之辨析——兼论优先权的性质》，载《现代法学》2009年第11期。

等民事特别法的颁布施行，我国担保体系逐渐完善。2006 年《企业破产法》颁布施行，第 113 条明确了职工工资、医疗、伤残补助、抚恤费用、社会保险以及税收等债权的优先受偿效力。可见，在突破债权平等原则的立法模式上，我国沿袭德国法的二元模式。但是，我国对民事优先权的立法存在着认识不足、项目不全、体系松散、操作性差的缺陷，[①] 至今仍在民法学界存在诸多争议。

根据我国法律规定，享有优先受偿权的债权主要有《物权法》规定的“担保物权”，和其他有关法律中规定的“法定优先权”。法定优先权在不同的语境下有多样称谓，如有的称其为“先取特权”(法国、日本)，有的称其为“法定质权”(德国)，有的称其为“法定担保物权”。其设立的社会基础，或是保障人权、维护社会弱势群体利益的要求，或是公共利益和国家利益的要求，或是特定产业政策的要求等，具有较强的公益性，是一项极具社会使命任务和人道主义精神的法律制度。[②]

具体来说，我国法律主要确认了以下类型的优先受偿的债权：

(1) 民办学校受教育者学杂费优先权。我国《民办教育促进法》第 59 条规定，对民办学校的财产按照下列顺序清偿：应退受教育者学费、杂费和其他费用；应发教职工的工资及应缴纳的社会保险费用；偿还其他债务。据此，民办学校受教育者学杂费，享有较劳动债权更优先的受偿权。[③]

---

① 陈琳同、陈志兴：《论我国民事优先权的立法原则与体系构想》，载《广西政法管理学院学报》2007 年第 4 期。

② 蒋人文：《论优先权》，载《广西师范大学学报（哲学社会科学版）》1996 年第 2 期。

③ 对此债权的优先性有不同的理解。《北京市高、中级法院执行局（庭）长座谈会（第五次会议）纪要——关于案款分配及参与分配若干问题的意见》第 6 条规定：“根据《中华人民共和国民办教育促进法》第五十九条的规定，被执行人为民办学校的，其财产优先清偿应退受教育者学费、杂费和其他费用，并扣除本纪要第 18 条所列费用后，剩余款项用于案款分配。”从该规定的意图来看，是将其排除在执行分配的财产范围之外的，而不是作为一种优先债权来对待。

（2）劳动债权优先权。我国《破产法》第113条规定，破产财产在扣除破产费用和共益债务后，按下列顺序清偿：一是破产人所欠职工的工资和医疗、伤残补助、抚恤费用，应当划入职工个人账户的基本养老保险、基本医疗保险费用，以及法律、行政法规规定应当支付给职工的补偿金；二是破产人欠缴的除前项规定以外的社会保险费用和破产人所欠税款；三是普通破产债权。将劳动债权仅排在执行费用之后，是因为“工资是劳力的对价，是劳工生存之依赖，不具有优先于抵押权的效力，实不足保护劳动者生存之基本权益”，[①] 这也是各国的通行做法。

（3）船员的船舶优先权。我国《海商法》第22条规定，船上在编的工作人员基于其给付劳动行为所产生的工资、劳动报酬、遣返费用、社会保险等债权，享有船舶优先权。

（4）民用航空器优先权。我国《民用航空法》第19条规定，下列各项债权具有民用航空器优先权：援救该民用航空器的报酬；保管维护该民用航空器的必需费用；前款规定的各项债权，后发生的先受偿。

（5）税收优先权。我国《税收征收管理法》第45条规定，除法律另有规定，税收优先于无担保债权。纳税人欠缴的税款发生在纳税人以其财产设定抵押、质押或者纳税人的财产被留置之前的，税收应当优先于抵押权、质押权、留置权执行。之所以设立税收优先权，系基于保护国家利益与公共利益，较之私人债权和私人优先债权有更优先的效力。

（6）土地出让金优先权。根据我国《担保法》第56条规定，抵押权人依法处置划拨取得的国有土地使用权以实现其抵押权时，抵押权人仅就处置所得扣除应缴土地出让金部分享有优先受偿的权利。换言之，土地使用权出让金优先于抵押权人的优先受偿权。

---

① 王泽鉴：《矿工工资优先受偿权》，载《民法学说与判例研究》（第1册），中国政法大学出版社2005年版，第472页。

（7）建设工程承包人的优先权。我国《合同法》第268条规定，发包人不按约定向承包人支付工程费用的，承包人可以与发包人就工程折价达成协议，或申请法院将工程依法拍卖，并就处置工程所得的价款而优先接受清偿。关于其性质，有学者认为其本质上是一种法定抵押权，也有人认为其属于不动产留置。①

（8）担保物权。根据《物权法》的规定，担保物权主要有抵押权、质权、留置权三种类型。《物权法》对于其优先受偿效力和优先受偿的范围有明确的规定。② 其中，抵押权、质权属于约定担保物权，留置权属于法定担保物权。在相互之间的优先顺序上，我国采取留置权优先于抵押权、质权，抵押权优先于质权，登记在先的抵押权优先于登记在后的抵押权。③

（9）商品房消费者的优先权。《最高人民法院关于建设工程价款优先受偿权问题的批复》第2条规定，消费者已履行全部或大部分买卖合同义务后，承包人基于该商品房工程所享有的工程价款优先受偿权不得优于买受人而优先受偿。

---

① 梁慧星：《合同法第二百八十六条的权利性质与适用》，《民商法论丛（总第19卷）》，中国法制出版社2001年版，第377页；江平：《中华人民共和国合同法精解》，中国政法大学出版社1999年版，第223页。

② 第170条规定："担保物权人在债务人不履行到期债务或者发生当事人约定的实现担保物权的情形，依法享有就担保财产优先受偿的权利，但法律另有规定的除外。"第173条规定："担保物权的担保范围包括主债权及其利息、违约金、损害赔偿金、保管担保财产和实现担保物权的费用。当事人另有约定的，按照约定。"

③ 《物权法》第239条规定："同一动产上已设立抵押权或者质权，该动产又被留置的，留置权人优先受偿。"最高人民法院《关于适用〈中华人民共和国担保法〉若干问题的解释》第79条第1款规定："同一财产法定登记的抵押权与质权并存时，抵押权人优先于质权人受偿。"《物权法》第199条规定："同一财产向两个以上债权人抵押的，拍卖、变卖抵押财产所得的价款依照下列规定清偿：（一）抵押权已登记的，按照登记的先后顺序清偿；顺序相同的，按照债权比例清偿；（二）抵押权已登记的先于未登记的受偿；（三）抵押权未登记的，按照债权比例清偿。"

## 四、民事、行政、刑事责任的清偿顺位问题

同一被执行人既有民事债权执行案件，又有行政罚款、司法罚款或者罚金刑、没收财产刑执行案件，如何确定清偿顺序？

关于民事债权和财产刑的清偿顺序，我国《刑法》第36条规定了民事赔偿责任优先规则，即“承担民事赔偿责任的犯罪分子，同时被判处罚金，其财产不足以全部支付的，或者被判处没收财产的，应先承担对被害人的民事赔偿责任”。该法第60条规定，“没收财产以前犯罪分子所负的正当债务，需要以没收的财产偿还的，经债权人请求，应当偿还”，该条确立了债权对没收财产刑执行的优先规则。延续上述规定精神，2012年最高人民法院《关于适用〈中华人民共和国刑事诉讼法〉的解释》第441条规定，“被判处财产刑，同时又承担附带民事赔偿责任的被执行人，应当先履行民事赔偿责任。判处财产刑之前被执行人所负正当债务，需要以被执行的财产偿还的，经债权人请求，应当偿还”。《最高人民法院关于刑事裁判涉财产部分执行问题的若干规定》第13条规定，被执行人在执行中同时承担刑事责任、民事责任，其财产不足以支付的，按照下列顺序执行，（一）人身损害赔偿中的医疗费用；（二）退赔被害人的损失；（三）其他民事债务；（四）罚金；（五）没收财产。债权人对执行标的依法享有优先受偿权，其主张优先受偿的，人民法院应当在前款第（一）项规定的医疗费用受偿后予以支持。关于民事债权和行政罚款的清偿顺序，2013年《中华人民共和国公司法》第214条规定，“公司违反本法规定，应当承担民事赔偿责任和缴纳罚款、罚金的，其财产不足以支付时，先承担民事赔偿责任”。《证券法》《食品安全法》也均对民事赔偿责任优先规则作出有关规定。2009年制定的《侵权责任法》第4条第2款确立了侵权责任优先规则，即“因同一行为应当承担侵权责任和行政责任、刑事责任，侵权人的财产不足以支付的，先承担侵权责任”。可见，在民事、行政、刑事等责任同时存在的情况下，责任人的财产

不足以同时偿付民事赔偿责任，行政罚款、罚金或者没收财产情形时，执行阶段要优先满足民事责任的清偿，上述规则在参与分配程序中，更有适用的必要。

本书赞同上述制度安排，民事债权应优先受偿，这符合“国不与民争利”的立法精神。对这个问题，《强制执行法草案（第五稿）》第 344 条规定：“……对债务人执行民事债权的同时，又执行行政罚款、司法罚款、刑事罚金、没收财产的，民事债权应当优先受偿。”《强制执行法草案（第六稿）》第 217 条中也作了相同规定。执行参与分配中，对上述条文精神的把握，需要注意两点：

一是人身侵权债权中的医疗费用享有优先权。《最高人民法院关于刑事裁判涉财产部分执行问题的若干规定》第 13 条规定了人身损害赔偿中医疗费用的优先受偿权。在各种债权的冲突中，人身侵权债权尤其是其中的医疗费用，具有优先受偿的合理性：首先，人身侵权债权在主体、客体、产生原因等方面均具有不同于一般债权的特殊性，这些特殊性决定了人身侵权债权必须区别于普通债权得到保障。对人身权的保障是个体得以存在并享有其他权利的前提和基础，其他权利与生存权利产生冲突时应该让位；人身侵权之债不同于合意之债，不能通过合意的方式来控制风险，当损害产生时也往往难以承担。其次，赋予人身侵权之债中医疗费用优先权符合优先权制度的价值目标。对医疗费用给予特殊保护，在一定程度上保障了人的基本生存权益，通过设定此类债权的优先权虽然打破了一种平等，但其是为实现一种更高层次上的公平和正义，从而维护社会的安定和秩序[①]。赋予人身侵权之债中医疗费用优先权是综合权衡平等、公平、信用、效益等多种价值的结果，最终要实现的是实质正义和社会秩序。最后，人身侵权之债尤其是医疗费用的优先保护具有现实性。现代社会发生侵害人身权的概率很高，从现实来

---

① 卢春荣：《人身侵权之债债权人在破产清偿中的优先权分析》，载《行政与法》2012 年第 2 期。

看，被侵权的个体通过保险、救助等途径还是比较少的，只有对人身损害造成的医疗费用优先清偿，才能有效地保护被侵权人的利益乃至生命健康和安危。上述司法解释在制度安排上，明确了人身损害赔偿中医疗费用在清偿中的最先位次，优先于其他对执行标的物有优先受偿权的债权。在自然人为被执行人的情况下适用参与分配制度，更有必要确定上述债权的优先权，故本书将人身损害中的医疗费用扩展为人身损害赔偿金，排在公益费用后优先于其他债权受偿。

二是退赔被害人损失优先于其他民事债权。值得注意的是，上述执行顺位的安排，仅在被执行的财产是被执行人合法财产的情况下成立。退赔被害人损失是在追缴不到位的情况下，作出的刑事判决，只能执行被执行人的合法财产。判决刑事退赔的，权利人的权利与刑事附带民事赔偿请求权类似，优先于其他民事债权，也是基于上述债权产生的原因和债权的特殊性，优先受偿的制度设计，有利于尽量恢复和补救被刑事犯罪行为所破坏的社会关系和社会秩序。《强制执行法草案（第五稿）》第345条规定，“查封的财产被认定为赃款、赃物，或者部分属于赃款、赃物的，应当依刑事诉讼程序优先追缴。债务人从赃款、赃物占有人处善意有偿取得的款、物，不得依前款规定追缴，但受害人可依普通金钱债权请求参与分配。”上述条款明确了赃款、赃物的优先追缴，但关于受害人的参与分配仍有值得商榷之处。因为刑事裁判判决追缴的被执行人，不是善意取得并获得财产权利的债务人，对于债务人善意取得的财产，似乎只有债务人的权利人可以申请参与分配，受害人是被执行人即赃款、赃物占有人的债权人，并不是债务人的债权人，应不存在参与分配的问题。

## 五、关于后续财产的清偿问题

上述优先债权，优先于普通金钱债权而受偿；但各种优先债权相互之间的优先顺序，应参照有关法律的具体规定办理。除此之外，还有以下几个问题值得注意：

第一，优先性的消除。至少有三个原因可能会导致前述优先权的消除：一是优先债权人明示放弃优先受偿的权利；二是经执行法院公告和通知，未提出参与分配申请，并且为执行法院在制作分配表时所不知者；三是列入分配表但针对未获完全清偿的部分。对此，我国《破产法》第110条和我国台湾地区“强制执行法”第34条第4项的规定可以提供经验参考。①

第二，普通债权的清偿。上述优先债权清偿完毕后，如果有剩余，则剩余份额应当用于清偿普通债权，并按照债权数额按比例平均分配。

第三，第二债权人组的清偿。在团体优先主义之下，前述清偿适用于第一债权人组的清偿；在仍然有剩余的情况下，启动第二债权人组的债权清偿程序。在仍然有剩余的情况下，法院应将剩余财产交付执行债务人。

在前述财产分配程序中，如果出现财产不足清偿的情况，则本次执行程序终结。除非按法律规定转入破产清算程序之外，债务人对剩余财产仍负继续清除的义务。

## 第四节　执行与破产程序的衔接

### 一、商主体与商人破产主义

#### （一）商主体

在民商分立的语境下，民商事主体分为一般民事主体与商主体

① 《企业破产法》第110条规定：“享有本法第一百零九条规定权利的债权人行使优先受偿权利未能完全受偿的，其未受偿的债权作为普通债权；放弃优先受偿权利的，其债权作为普通债权。”台湾地区“强制执行法”第34条第4项规定：“第二项之债权人不声明参与分配，其债权金额又非执行法院所知者，该债权对于执行标的物之优先受偿权，因拍卖而消灭，其已列入分配而未受清偿部分，亦同。”

两种类型。商主体，又称为“商人”，是指依据商事法的有关规定，参加商事活动，享有商事权利并承担相应义务的自然人和法人组织。作为商人，其具有商法上的资格或能力，能够以自己的名义从事营业性商行为，并能独立享受商法上的权利和承担商法上的义务。

关于商人，各国法律中有一些界定。1807 年的《法国商法典》是世界上第一部商法典，该法典第 1 条明确规定：商人者，以商行为为业者。1900 年的《德国新商法典》第 1 条第 1 款规定：“本法典意义上的商人是指从事商事经营的人。”《日本商法典》第 4 条规定：“本法所谓商人是指用自己的名义，以从事商行为为职业的人。”《美国统一商法典》对商主体没有严格限定，范围很广，其第 2—104 条规定：“商人是指从事某类货物交易业务或因职业关系以其他方式表现其对交易所涉及的货物或做法具有专门知识或技能的人。也指雇用因职业关系表明其具有此种专门知识或技能的代理人、经纪人或其他中介人的人。”

上述界定标准中，以日本商法典为代表的折中主义原则将概括主义与限制列举主义有机结合，对商主体概念的界定较为合理，为世界上多数国家采用。按照现代各国商法的一般理解，构成商主体的实质性标准在于商人必须从事营利性的商行为。也就是说，作为商人必须具备四个构成条件：（1）商主体所从事的必须是商行为，并且这种商行为应当具有特定性；（2）商主体必须自己就是其所从事的商行为的主体，是具体商事营业活动的主人，是商行为权利义务的实际承受者；（3）商主体须持续地从事同一性质的营利性行为，偶然从事某项营利活动的个人或组织通常不属于商人；（4）商主体须以特定的营利性活动为其职业或经常性营业，从事非营业性营利活动者按照不少国家的法律规定也不属于商人之列。

目前，我国实行民商合一，没有成文的商法典，有关商主体的范围较为模糊。结合《民法总则》和有关法律规定，通常认为商主体包括以下类型：

1. 商事企业

我国的企业可以分为“法人”和“非法人组织”两大类；按成立目的，又可进一步划分为“营利法人”和“营利非法人组织”两种基本类型。

我国《民法总则》对法人实行营利法人、非营利法人和特别法人三分法。所谓营利法人，是指以取得利润并分配给股东等出资人为目的成立的法人，为营利法人。营利法人包括有限责任公司、股份有限公司和其他企业法人等（《民法总则》第76条）。所谓非营利法人，是指法人为公益目的或者其他非营利目的成立，不向出资人、设立人或者会员分配所取得利润的法人。非营利法人包括事业单位、社会团体、基金会、社会服务机构等（《民法总则》第87条）。所谓特别法人，是指机关法人、农村集体经济组织法人、城镇农村的合作经济组织法人、基层群众性自治组织法人（《民法总则》第96条）。其中，营利法人属于典型的商主体，而非营利法人、特别法人属于一般民事主体。

我国《民法总则》专门规定了“非法人组织”，是指不具有法人资格，但是能够依法以自己的名义从事民事活动的组织。非法人组织包括个人独资企业、合伙企业、不具有法人资格的专业服务机构等（《民法总则》第102条）。非法人组织的财产不足以清偿债务的，其出资人或者设立人承担无限责任。法律另有规定的，依照其规定（《民法总则》第104条）。按成立目的，非法人组织也可分为营利非法人组织和非营利非法人组织，营利非法人组织属于商主体，而非营利非法人组织属于一般民事主体。

2. 商事个体经营者

商事个体经营者，也称商自然人，是指自然人从事商业经营者，也属于商主体的范畴。根据《民法总则》的规定，商事个体经营者主要包括两类：

个体工商户。我国《民法总则》第54条规定：“自然人从事工商业经营，经依法登记，为个体工商户。个体工商户可以起字号。”个体工商户的债务，个人经营的，以个人财产承担；家庭经营的，以家庭财产承担；无法区分的，以家庭财产承担。

农村承包经营户。我国《民法总则》第55条规定：“农村集体经济组织的成员，依法取得农村土地承包经营权，从事家庭承包经营的，为农村承包经营户。”农村承包经营户的债务，以从事农村土地承包经营的农户财产承担；事实上由农户部分成员经营的，以该部分成员的财产承担。

（二）商人破产主义

通常认为，一般破产主义与商人破产主义之差别关键在于自然人破产的范围，即是否允许非商人的自然人适用破产程序。关于我国破产法的进一步修改，有相当一部分学者持“一般破产主义”的态度。我们在比较讨论各国破产立法模式、各个模式的差异的基础上得到的破产法发展的基本趋势，并不能构成某个国度必然选择一般破产主义的当然理由。在我国，想一步到位地制定一部完善的一般自然人破产法是不现实的，是与事物的发展规律、认识规律相矛盾的。采取实事求是的态度，对确实可能破产的商自然人制定破产法才是正确的选择。[①]“在中国现阶段的实际情况下，还不宜采用一般破产主义的立法模式，而应当采用商人破产主义的立法模式，这不是逆世界潮流而动，而是根据中国现实国情决定的。”[②]

一般破产主义或许是一种长远的理想目标，但就我国经济社会发展的现阶段而言，还是宜采取商人破产主义。做出这种判断的理由主要是：第一，破产法的基本功能之一，就是商业经营失败的市场退出功能，这显然是对从事市场经营的商主体而言的，发挥的是市场经济条件下的制度调节功能而非对一般民事主体的调节功能；第二，我国的法律应当与政治社会生态相符，现阶段对广大的工

① 刘清生：《商自然人破产立法初论》，载《西南民族学院学报》2002年第9期。

② 崔闽：《个人破产制度在中国的引进及对中国信用制度的冲击》，载《鲁行经院学报》2003年第5期。

人、农民、学生等一般主体实行破产在政治理念上存在障碍，在一般民众的接受观念上存在障碍；第三，事物的发展有其规律，破产立法不可能一蹴而就，我国破产法的发展从原来仅适用于国有企业到适用于全部企业法人再到适度扩张到所有商主体，符合我国市场经济不断发展的规律；第四，虽然西方国家实行一般破产主义已成主流趋势，但并不能证成我国当前实行一般破产主义也具有合理性、可行性，这不是逆世界潮流而动，而是基于国情的审慎考虑。我国现阶段的国情是：市场经济并不完善，尽管经过三十多年的改革发展已取得了巨大的成就，但目前还处在市场经济的初级阶段；现实生活中，由于我国有量入为出、生活节俭的传统，普通自然人发生债务危机的现象并不具有普遍性；我国十三亿人口中大部分是农民，在广大的农村，社会活动商品化的程度还很低，除少数农民从事商事活动外，大部分还是处于自给自足的状态，并没真正进入市场；在市场经济体系尚不完备，尤其是普通商自然人并不熟悉市场经济规则的情况下，如果一步到位地允许普通商自然人破产，必然将对社会的稳定带来极大的冲击。①

正是出于前述多种因素的考量，我国 2004 年修订《企业破产法》的过程中，一度采取了“商人破产主义”。我国《破产法》最初的草案第 3 条规定：“本法适用于下列民事主体：（1）企业法人；（2）合伙企业及其合伙人；（3）个人独资企业及其出资人；（4）其他依法设立的营利性组织和从事工商经营活动的自然人；企业法人已解散但未清算或者未清算完毕的，在本法规定的程序范围内视为存续。《中华人民共和国公司法》生效前设立的国有企业实施破产的特殊事宜，授权国务院另行规定。”可见，最初的草案采用了典型的商人破产主义模式。在全国人大对“草案”的第二审中，取消了关于非法人企业出资人、从事工商活动的其他自然人

---

① 参见徐忠方：《我国商自然人法律制度的构建》，兰州大学 2011 年硕士学位论文，第 22-23 页。

的破产资格，只是在附则存在着“制定有关商自然人破产的专门规定”的表述。很明显，第二审采用的是一种限制的商人破产主义立法模式。只不过，到了2007年颁行的《企业破产法》中，基本又回到了企业法人破产的状态。只不过，对其他非法人型企业和社会组织的破产与新破产法衔接问题做了一些规定。如《企业破产法》第135条规定：“其他法律规定企业法人以外的组织的清算，属于破产清算的，参照适用本法规定的程序。”根据新修订的《合伙企业法》第92条规定，自然人、法人和其他组织在中国境内设立的普通合伙企业和有限合伙企业的破产具有了参照适用新破产法的能力。

综上所述，基于我国的法律传统和现实情况，我国破产法律制度的完善应体现出现实性和过渡性的特征，在现阶段宜采取商人破产主义，将破产法的适用范围仅限于我国境内所有的营利商事企业和商事个体经营者。

## 二、执行参与分配与破产程序的衔接

在商人破产主义之下，当民事执行中遭遇被执行人的财产不足清偿全部债权人的债权的情况下，面临着后续法律制度的衔接问题。具体来说，对于商主体，面临着与破产程序的衔接问题；对于非商人的其他民事主体，面临着后续责任承担的问题。

### （一）商主体的执行参与分配与破产程序的衔接

如果被执行人是营利法人、非法人组织和商事个体经营者，当执行参与分配中遭遇被执行人的财产不能清偿所有债权人的债权问题时，会面临着如何启动破产程序的问题。对此，应从两个层面来看待：

#### 1. 执行参与分配制度的功能定位

前文已述及，执行参与分配本质上是一种“参与执行”制度，即允许多数金钱债权人利用同一执行程序尽可能地完成其债权清偿，清偿过程中为了兼顾民法上的债权平等与程序法上的执行效率，宜采取“团体优先清偿主义”。所以，执行参与分配程序中，其他金钱债权人申请参与分配并不以被执行人不能清偿所有债权为前提，而是呈现一种对所有债权人开放的状态。

2. 商主体的破产程序的启动

为了解决实践中申请执行债权人和债务人均不愿启动破产程序的问题，在重置了参与分配的适用条件和取消了《执行规定》第96条之后，问题其实已经解决了一半；剩下的一半，就是“执转破”程序机制的具体设计问题。具体的思路，可以多措并举：

第一，修改公司法等相关企业法，明确规定商主体的董事、经理人等在企业经营遭遇严重危机，不能清偿全部债权时，负有及时申请破产的义务，否则承担过错的连带赔偿责任，这是一种间接强制方式。

第二，修改《企业破产法》第7条至第9条的规定，改“申请主义”为“折中主义”，即以债权人、债务人申请破产为原则，以法院执行中职权移送和宣告破产为例外的机制，将执行中债务人申报的财产和法院查封的财产是否能够清偿全部申请人执行人的债权作为判断标准。

第三，作为补充机制，为了防止其他未申请执行的债权人债权受损，即便执行中债务人申报的财产和法院查封的财产能够清偿已申请执行的债权，但处于临界状态时，法院应当发出公告，催促其他债权人在一定期限内参与执行或申请债务人破产。

（二）其他民事主体的执行参与分配与破产程序的衔接

如果被执行人是非商人，如非营利的法人、非法人组织和自然人，当执行参与分配中遭遇被执行人的财产不能清偿所有债权人的债权问题时，会面临着后续如何继续承担责任的问题。

1. 非营利法人

非营利法人与营利法人一样，都是具有民事权利能力和民事行为能力，依法独立享有民事权利和承担民事义务的组织。《民法总则》第60条规定：“法人以其全部财产独立承担民事责任。”第70

条规定，在法人需要解散等终止的情形下，除合并或者分立的情形外，清算义务人应当及时组成清算组进行清算。第 71 条规定，法人的清算程序和清算组职权，依照有关法律的规定；没有规定的，参照适用公司法的有关规定。第 72 条规定，清算结束并完成法人注销登记时，法人终止；依法不需要办理法人登记的，清算结束时，法人终止。

综上可见，非营利法人清算结束，依法终止法人的人格，债权人未得到清偿的债权部分，不再清偿。

2. 特别法人

根据《民法总则》第 96 条规定，机关法人、农村集体经济组织法人、城镇农村的合作经济组织法人、基层群众性自治组织法人，为特别法人。

对于机关法人，有独立经费的机关和承担行政职能的法定机构从成立之日起，可以从事为履行职能所需要的民事活动；机关法人被撤销的，法人终止，其民事权利和义务由继任的机关法人享有和承担；没有继任的机关法人的，由作出撤销决定的机关法人享有和承担。

对于农村集体经济组织法人、城镇农村的合作经济组织法人，法律未对其责任承担问题作出具体规定。考虑到农村集体经济组织法人、城镇农村的合作经济组织法人具有从事经济活动的性质，可以考虑将其列为商主体的范畴，其清算程序和责任承担，可以参照破产清算程序处理。

对于基层群众性自治组织法人，我国法律已经有了一些规定。如根据《村民委员会组织法》的规定，村民委员会办理本村的公共事务和公益事业，调解民间纠纷，协助维护社会治安，向人民政府反映村民的意见、要求和提出建议（第 2 条）；支持和组织村民依法发展各种形式的合作经济和其他经济，承担本村生产的服务和协调工作，促进农村生产建设和经济发展（第 8 条）。可见，其既有公共事务和公益事业管理职能，也有一定的经济组织功能。对于经费来源，该法第 37 条规定："人民政府对村民委员会协助政府开展工作应当提供必要的条件；人民政府有关部门委托村民委员会开展工作需要经费的，由委托部门承担。""村民委员会办理本村公益事业所需的经费，由村民会议通过筹资筹劳解决；经费确有困难的，由地方人民政府给予适当支持。"但是，考虑到村民委员会的设立、撤销、范围调整，由乡、民族乡、镇的人民政府提出，经村民会议讨论同意，报县级人民政府批准（第 3 条），不宜将其列入商主体破产程序的范围。对于执行中出现不能清偿所有债权的情况下，应由地方人民政府和基层群众组织想办法筹措，具体还有待法律予以明确。

3. 非营利的非法人组织

根据《民法总则》的规定，非法人组织是不具有法人资格，但是能够依法以自己的名义从事民事活动的组织。非法人组织包括个人独资企业、合伙企业、不具有法人资格的专业服务机构等。非法人组织的财产不足以清偿债务的，其出资人或者设立人承担无限责任。法律另有规定的，依照其规定。

营利性的非法人组织，属于商主体，在商人破产主义之下，在执行程序中在符合条件时转入破产程序。非营利性的非法人组织，不属于商主体，非法人组织解散的，应当依法进行清算；在执行程序中出现不能清偿所有债权的情形时，仍然适用《民诉法解释》第 510 条的规定精神，即"清偿后的剩余债务，被执行人应当继续清偿"。

4. 非商人的自然人

自然人从事商业经营的，依法登记为个体工商户或成为农村承包经营户，在商人破产主义之下，在执行程序中符合条件时转入破产程序。非商人的自然人，在执行程序中出现不能清偿所有债权的情形时，仍然适用《民诉法解释》第 510 条的规定精神，即"清偿后的剩余债务，被执行人应当继续清偿"。

# 第七章 执行参与分配的救济机制

我国民事诉讼立法并未对参与分配制度作出规定，相关司法解释虽然对参与分配作了规定，但对参与分配的救济机制的规定却过于粗疏。在厘定执行救济与参与分配的救济机制的关系基础上，应当从“分配方案异议”和“分配方案异议之诉”等方面完善我国民事执行参与分配的救济机制。

## 第一节 我国参与分配救济机制存在的问题

### 一、执行救济与参与分配的救济

#### （一）执行救济

一般认为，救济机制的设置是程序正义的基本体现。法谚曰：没有救济，就没有权利。“人类的权利自始就是与救济相联系的，当人类脱离了盲动或依附而获得了一定的权利时，也必有与之相适应的救济手段相随。”[①] 执行救济，是指为使执行当事人或利害关系人的合法权利免受违法或不当执行行为的侵害，在法律上设置的救济方法和救济程序。

关于执行救济的体系，学术界存在不尽一致的理解：

第一种观点，立足于我国现行法，认为我国已经基本具备程序性执行救济与实体性执行救济相结合的执行救济体系。如张卫平教

---

① 程燎原、王人博：《赢得神圣——权利及其救济通论》，山东人民出版社 1998 年版，第 368 页。

授认为，我国民事执行救济主要包括三种：执行异议、执行异议之诉和执行回转。其中执行异议可以分为三类：第一类是当事人、利害关系人对违法执行行为的异议；第二类是案外人对执行标的向法院提出的异议；第三类是关于分配方案的异议。执行异议之诉又包括三种：案外人异议之诉、申请人标的物许可执行之诉、分配方案异议之诉。[①] 有的学者持类似观点，但将执行回转排除在外。[②]

第二种观点，立足于大陆法系的典型立法进行解读，将执行救济分为一般救济和特殊救济，一般救济又分为程序上的救济和实体上的救济两类。我国台湾地区学者杨与龄教授认为，民事执行救济分为一般救济方法和特殊救济方法，一般救济方法又可分为程序上救济方法和实体上救济方法。程序上救济方法指当事人或利害关系人对于违背执行程序上规定之执行行为之救济方法，包括声请、声明异议和抗告。实体上救济方法，系指债务人或第三人基于实体上之法律关系，请求排除不当之强制执行之方法，包括债务人异议之诉和案外人异议之诉。特殊救济方法系对于特殊执行程序所设特别救济方法，如分配表异议。[③] 陈计男、陈荣宗、李浩、翁晓斌等持类似观点。[④]

第三种观点，从广义、狭义两个角度理解执行救济机制。如马登科教授认为，狭义上的执行救济包括执行债权人执行异议、执行债务人执行异议和案外人执行异议等程序上的执行救济，以及债务人异议之诉和案外人异议之诉的实体性执行救济；广义上的执行救济，还包括债权人许可执行之诉。[⑤] 陈娴灵认为，债权人异议之

① 张卫平：《民事诉讼法》，法律出版社 2009 年版，第 447-452 页。

② 江伟、博郁林：《民事诉讼法学》，北京大学出版社 2012 年版，第 422 页；谭秋桂：《民事执行法学》，北京大学出版社 2010 年版，第 263 页。

③ 杨与龄编：《强制执行法论》，中国政法大学出版社 2002 年版，第 169-170 页。

④ 李浩：《强制执行法》（修订版），厦门大学出版社 2005 年版，第 352 页；翁晓斌：《民事执行救济制度》，浙江大学出版社 2005 年版，第 24 页。

⑤ 马登科：《初创与完善——对民事许可执行之诉的解读》，载《中南民族大学学报（人文社会科学版）》2009 年第 5 期。

诉、债务人异议之诉和第三人异议之诉构成一个完整的民事执行异议之诉体系。①

（二）参与分配的救济

参与分配的救济，在概念关系上当然也属于执行救济的范畴。但是为了便于研究的深入，可以将参与分配的救济进一步细分为两类：

一类是狭义的参与分配的救济，是指债权人、债务人或者案外人对法院编制的财产分配方案不服，或者对法院编制财产分配方案的方法或程序不服，进而向执行法院提出异议或提起诉讼的救济机制。

另一类是广义的，除了包含狭义的参与分配救济之外，还包括在参与分配程序中因执行法院的违法或不当执行行为引起的各种救济机制。例如，由于法院对于债权人的参与分配申请不予理会或者不予准许，或者受理法院违反了"对参与被执行人财产的具体分配，应当由首先查封、扣押或冻结的法院主持进行"的规定，或者执行法院在参与分配程序中存在其他违法行为，债权人、被执行人依据《民事诉讼法》第225条而提出"执行行为违法的异议"。本书将要重点探讨的是狭义上的参与分配救济机制的完善问题。

## 二、我国关于参与分配救济机制的缺陷

在我国司法解释中，对民事执行参与分配的适用条件、管辖法院、财产清偿顺序等问题作了粗略的规定，其中对参与分配的救济机制作出的规定更少。

2008年最高人民法院发布了《执行程序解释》，首次对参与分配的救济程序作出了规定。《执行程序解释》设置了依次递进的两种救济程序：一是分配方案的异议程序。《执行程序解释》第25

① 陈娴灵：《我国民事执行异议之诉研究》，湖北人民出版社2009年版，第30-31页。

条规定："多个债权人对同一被执行人申请执行或者对执行财产申请参与分配的，执行法院应当制作财产分配方案，并送达各债权人和被执行人。债权人或者被执行人对分配方案有异议的，应当自收到分配方案之日起十五日内向执行法院提出书面异议。"二是分配方案的异议之诉。《执行程序解释》第26条规定："债权人或者被执行人对分配方案提出书面异议的，执行法院应当通知未提出异议的债权人或被执行人。""未提出异议的债权人、被执行人收到通知之日起十五日内未提出反对意见的，执行法院依异议人的意见对分配方案审查修正后进行分配；提出反对意见的，应当通知异议人。异议人可以自收到通知之日起十五日内，以提出反对意见的债权人、被执行人为被告，向执行法院提起诉讼；异议人逾期未提起诉讼的，执行法院依原分配方案进行分配。""诉讼期间进行分配的，执行法院应当将与争议债权数额相应的款项予以提存。"

在全国人大2012年修订《民事诉讼法》时，最终未有所作为，丧失了一次完善参与分配救济机制的绝佳机会。2015年最高法院《民诉法解释》第511条、第512条原文引入了《执行程序解释》的两个条文，未再有新的变化。我们认为，现有的规定存在重大缺陷，主要表现在以下几方面：

第一，关于债权人参与分配异议的类型和程序设计，存在一定的问题。例如，是否有必要区分"程序异议"和"实体异议"？两者有何区别，又是如何衔接的？

第二，关于未参加分配程序的债权人和案外人的权利救济问题，尚存在法律上的漏洞。换言之，未能进入参与分配程序的债权人和案外人的权利如果受损，应当通过什么样的救济程序来获得保障呢？需要进一步明确。

## 第二节　分配方案异议

最高人民法院《民诉法解释》第512条规定，多个债权人对同一被执行人申请执行或者对执行财产申请参与分配的，执行法院应当制作财产分配方案，并送达各债权人和被执行人；债权人或者被执行人对分配方案有异议的，应当自收到分配方案之日起十五日内向执行法院提出书面异议。我们认为，一方面这一规定需要正确理解，另一方面其仍存在着一些缺陷。

## 一、异议的主体：包括债权人和被执行人

关于债权人提出异议，没有太多的问题。在一个债权人向法院申请强制执行之后，如果有其他金钱债权人申请参与分配，实际上就产生了债权人之间的利害冲突。因为参与分配贯彻的是各债权人平等受偿原则，在执行程序中每多一个债权人或者多一项债权申请，其他债权人分得的财产就会少一份。鉴于法院制作的“财产分配方案”直接涉及各债权人分配份额的多寡，故应准许各债权人（包括申请执行人和参与分配申请人）对分配方案的合理性提出异议。

但是，被执行人（债务人）和案外人是否有权对分配方案提出异议呢？

我国台湾地区旧的“强制执行法”第39条原本不允许债务人针对财产分配方案提出异议，债务人只能依据第12条提出“执行行为违法的异议”。但实践表明，对于财产分配方案而言，债务人同样具有直接的利害关系，因为参与分配结束之后被执行人仍然负有继续清偿之义务；如果允许“没有执行根据的债权人”参与分配了财产，显然会加重其债务清偿负担。所以，台湾1995年10月修订“强制执行法”时，明确规定“债权人、债务人对分配表均有异议权，且不以金额之计算或分配之秩序为限”。[①] 我国《民诉法解释》第512条允许被执行人提出异议，也是借鉴了这一经验。

---

① 刘清景：《强制执行法实务概览》，学知出版事业股份有限公司1999年版，第3页。

案外人是否有权对参与分配方案提出异议呢？比如，法院在制作分配方案时，错误地把案外人的财产当作本案被执行人的财产编入了分配方案，案外人是否有权提出异议呢？我们认为，这种情况下案外人的实体权利受到了影响，当然有权提出异议。但是，案外利害关系人不能依据《执行程序解释》第 25 条提出“分配方案异议”，而应当依据《民事诉讼法》第 227 条提出“案外人异议”。这两种异议制度各自侧重解决的问题并不相同，因此应当有所分工，不应混为一谈。

## 二、异议的理由：应当区分程序理由和实体理由

最高人民法院的司法解释虽然承认“债权人和被执行人”享有异议权，但是并没有明确异议的理由。从司法实践来看，对以下两种情形的执行救济途径应当有所区别对待。

一类是程序违法，对应的异议可称之为程序异议。所谓程序违法，就是法院编制的分配方案中所确认的债权金额和分配顺序并无不当，但分配方案在制作方法或者程序方面存在瑕疵。例如，根据《执行规定》第 91 条的规定，“对参与被执行人财产的具体分配，应当由首先查封、扣押或冻结的法院主持进行”。在个案中，如果制作分配方案的法院不是“首先查封、扣押或冻结的法院”（可以理解为其不享有管辖权），应当允许债权人或者被执行人对此提出异议。再如，制作分配方案的法院，实施了侵吞、挪用或者损坏被执行人财产的行为等，应当允许债权人或者被执行人提出异议。我们认为，前述情形纯粹属于执行程序违法，不宜依照《执行程序解释》第 25 条的规定提出“分配方案异议”。正确的做法是，债权人或者被执行人应当依据《民事诉讼法》第 225 条的规定提出异议。《民事诉讼法》第 225 条规定：“当事人、利害关系人认为执行行为违反法律规定的，可以向负责执行的人民法院提出书面异议。当事人、利害关系人提出书面异议的，人民法院应当自收到书面异议之日起十五日内审查，理由成立的，裁定撤销或者改正；理

由不成立的，裁定驳回。当事人、利害关系人对裁定不服的，可以自裁定送达之日起十日内向上一级人民法院申请复议。”

另一类是实体违法，对应的异议可称之为实体异议。所谓实体违法，是指法院编制的分配方案中所确认的债权金额和分配顺序违反了法律规定。例如，债权人的债权应列入而被遗漏，或者不应列入而错误列入；或者债权人的债权数额存在误算、漏载，导致最终的分配方案出现偏差；或者部分债权人应当获得分配的金额存在误算、漏载等。前述情况，属于分配方案确认的债权金额有错误。有时，法院在编制财产分配方案时未严格遵照法律规定的债权清偿顺序，也会导致出现错误。如《执行规定》第93条规定：“对人民法院查封、扣押或冻结的财产有优先权、担保物权的债权人，可以申请参加参与分配程序，主张优先受偿权。”如果法院编制的财产分配方案违背了前述规定，就会导致分配方案的违法。不管是前述哪一种情形，客观上都会产生一种结果，即在实体上会直接影响债权人和被执行人的利益，所以，应当允许债权人或被执行人依照《执行程序解释》第25条的规定提出“分配方案异议”——这实际上是一种实体权利的救济途径。

## 三、异议的形式：应当符合司法解释的要求

根据最高人民法院《执行程序解释》第25条的规定，债权人或者被执行人提出“分配方案异议”，不仅主体上和理由上应当适当，而且必须遵守下列程序要求：

一是异议的时间，债权人或者被执行人对分配方案有异议的，应当自收到分配方案之日起十五日内向执行法院提出异议。逾期不提出异议的，有可能产生失权的法律效果。

二是异议的形式，应当采取书面异议的形式，并且载明异议的理由。之所以要求书面形式，表示异议人异议行为的慎重。之所以要求载明理由，是因为如果不载明理由，其他债权人或者被执行人就无从了解其异议是否正当，也就无从作出同意变更或者反对变更

分配方案的态度；执行法院也无从认定其异议是否正当，无法作出相应的判断。所以，实践中如果存在口头异议或者未载明理由的情形，执行法院应当行使阐明权要求补正，异议人拒不补正的视为放弃了异议。

三是管辖法院，债权人或者被执行人只能向执行法院（即制作财产分配方案的法院）提出异议。如果债权人或者被执行人不向制作财产分配方案的法院提出异议，就不能产生阻止参与分配方案实施的法律效力。

## 四、法院对于分配异议的审查处理

根据最高人民法院《执行程序解释》第25条、第26条的规定，执行法院对分配异议的审查处理问题规定得相对模糊。我们认为，在司法实践中应当对以下两种情形区别对待：

一是关于异议的主体和异议的形式，执行法院应当享有审查权和处置权。亦即，如果异议的主体不属于债权人或债务人，或者异议时间逾期，或者异议未采用书面形式，执行法院应当责令限期补正；不能补正者，裁定驳回异议。异议人不服的，应当允许其援用《民事诉讼法》第225条的规定，即可以自裁定送达之日起十日内向上一级人民法院申请复议。对于这一点，我国立法和司法解释均未作出明确规定，今后司法实践中可以考虑试点。

二是关于异议的理由是否成立，执行法院是否享有审查权和处置权，理论上存有争议。第一种观点认为，对于分配方案的异议，常为多数债权人之间的争执，在性质上属于实体权利义务关系争议，执行法院不享有审查权和处置权。第二种观点认为，执行法院如果认为异议无正当理由的（如债权人主张分配方案所载的债权金额短少，经查并无错误，而是债权人按照黑市利率计算所致），可以直接以裁定驳回异议，无须征询其他债权人的意见。第三种观点认为，执行法院认为异议无理由时，应当征询其他债权人的意见，如果其他债权人全体到场一致同意更正分配方案，法院可以直接按众人意见更正而无须调查干涉。①

就后者而言，我们认为，执行法院对于分配方案异议应当享有程序上和形式上的审查权。执行法院认为异议显然无理由时，为提高执行效率价值的考量，有权直接裁定驳回异议；其他情形下，则应遵从处分原则交由其他债权人或债务人对分配异议进行表态，不得强行干预。换言之，应以前述第二种观点为原则，第三种观点为补充。但是，我国司法解释似乎采纳的是第一种观点。最高人民法院《执行程序解释》第 26 条第 1 款规定："债权人或者被执行人对分配方案提出书面异议的，执行法院应当通知未提出异议的债权人或被执行人。""未提出异议的债权人、被执行人收到通知之日起十五日内未提出反对意见的，执行法院依异议人的意见对分配方案审查修正后进行分配；提出反对意见的，应当通知异议人。异议人可以自收到通知之日起十五日内，以提出反对意见的债权人、被执行人为被告，向执行法院提起诉讼；异议人逾期未提起诉讼的，执行法院依原分配方案进行分配……"这种做法虽然极大地尊重了当事人的处分权，但对于重视效率价值的执行程序而言是否合适，值得商榷。

## 五、有异议事由而未依法提出异议者，可能产生失权的效果

对于执行法院编制的"财产分配方案"，如果债权人或者被执行人有合法的异议事由，但其未依法提出异议或者提出异议之后又撤回异议的，会产生法院根据"财产分配方案"进行分配的直接效果。但是在法院按照"财产分配方案"分配完毕之后，债权人或者被执行人是否还能依据民法上"不当得利"的规定主张法院的分配不合法，进而请求受分配之人返还分配所得之财产呢？

对此，大陆法系的民事执行理论上存在三种观点：第一种观点

① 杨与龄：《强制执行法论》，三民书局 2007 年版，第 337-338 页。

认为，债权人或者被执行人未依法提出异议的行为，不能视为对受分配者取得实体法上权利的默认，也不能视为其放弃了返还财产的请求权。因此，这些债权人或者被执行人仍然享有依“不当得利”而请求受分配之人返还财产的请求权。第二种观点认为，债权人或者被执行人未依法提出异议的，即视为处分了相应的实体权利，不得再以不当得利为由请求返还财产。第三种观点认为，应当区分债权人是优先债权人还是普通债权人而有所不同。如果是优先债权人，即使未能依法提出分配方案的异议，他仍然有权依民法“不当得利”而请求返回财产；但如果是普通债权的申请人，其权利状况应当根据财产分配方案来具体确定，未依法提出异议者在财产分配完毕后即不得再请求返还财产。[①] 目前，我国台湾地区的法律上虽未明确规定，但司法实务中普遍采用第一种观点。

我们认为，前述观点都是值得商榷的。债权人或者被执行人有异议事由而未依法提出异议的，不绝对会产生失权的效果。较为合理的做法应当是，依“债权人或被执行人是否有主观上的故意或重大过失”为标准而作区别对待。如果债权人或被执行人明知有异议事由而故意不提出，或者对其未提出异议存在重大过失的，应当视为债权人或被执行人处分了自己的实体权利，不宜允许其启动新的救济程序，否则会产生执行的反复和效率的低下。但是，如果未能提出异议的债权人或被执行人不存在故意或重大过失，则不宜按失权处理。例如，被执行人与某个债权人恶意串通、导致该债权人获得了执行依据并参与了分配，这种情况本身是严重侵害其他债权人权益的行为，当然应当允许权利人依“不当得利”为由提出新的诉讼，请求受分配之人返还财产。

---

① 杨与龄：《强制执行法论》，三民书局2007年版，第338-339页。

# 第三节　分配方案异议之诉

## 一、"分配方案异议之诉"的由来

分配方案异议之诉，属于执行救济机制的组成部分。目前，这一机制在我国司法解释中确立不久，尚属新鲜事物，理论界和实务界的研究还相对匮乏。概言之，在多个债权人对同一被执行人申请执行或者参与分配的案件中，执行法院制作了分配方案后，债权人或者被执行人可以对分配方案提出书面异议（程序上）；如果未提出异议的债权人、被执行人对异议人的意见提出反对意见，则表明双方对实体权利义务关系存有争议，异议人有权以提出反对意见的债权人、被执行人为被告，而向执行法院提出异议之诉，此即"分配方案异议之诉"。

大陆法系国家和地区的立法，对分配方案异议之诉普遍作了明确规定。如《德国民事诉讼法》第876条规定：对分配计划书如有异议，有利害关系的各债权人应即说明之；如果异议没有遭到反对，执行法官应当修改分配计划书。第878条、第879条规定：如果异议遭到反对，声明异议的债权人应在一个月内，以有关债权人为被告向执行法院提起诉讼。《日本民事执行法》第89条、第90条规定："债权人和债务人对记载于分配表中的各债权人的债权或分配数额不服，在分配日期内，可以提起异议申诉；对提起分配异议之请求的债权人以及不持有执行能力的债务名义正本的债权人，提起分配异议之请求的债务人，必须提起分配异议的诉讼。"我国台湾地区"强制执行法"第41条也规定："异议未终结者，为异议之债权人或债务人，得向执行法院对反对陈述之债权人或债务人提起分配表异议之诉。"应该说，前述规定构成了我国最高人民法院《执行程序解释》第26条出台的重要参照。

## 二、“分配方案异议之诉”的性质

关于“分配方案异议之诉”的性质，存在四种有代表性的学说：(1)“形成之诉说”。该说认为，原告的诉求是法院编制的分配方案所载的原告、被告的分配金额与实体法规定不符，原告的诉讼目的是请求法院变更分配方案，从而形成于己有利之新分配方案。所以，应属形成之诉。该说是大陆法系德国和我国台湾地区的通说。(2)“确认之诉说”。该说认为，原告的诉讼请求实际上是要求法院确定其异议是否正当，即其所主张的分配额或分配顺序是否正当。原告的诉讼目的是要求法院确认分配方案的内容有误，从而有利于执行法院按照新的标准作出新的财产分配方案，故为确认之诉。日本学者兼之一和我国台湾地区学者陈荣宗持这种观点。(3)“命令之诉说”。该说认为，分配方案异议之诉虽然具有形成之诉的外部特征，但实际上法院作出的原告胜诉的判决内容却是命令执行机构更正分配方案的内容，故为命令之诉说。日本学者竹下守夫持这种观点。(4)“救济之诉说”。该说认为，分配方案异议之诉既有确认之诉的特征，即请求法院确认原告的债权主张和法院制作的分配方案存在不当；又具有形成之诉的特征，即在确认原分配方案不当的基础上，进一步谋求对分配方案进行内容上的变更。单纯说属于哪一种性质都不妥，因其与上诉、再审程序一样主要发挥救济功能，故应将其归为特殊的救济诉讼的范畴。日本学者三月章、石川明持这种观点。①

我们认为，“救济之诉说”更加妥当。确认之诉，仅能达到确认原分配方案之错误，而不能达到通过诉讼同时形成新的分配方案的目的，显然具有局限性；形成之诉，前提是存在一个合法有效的法律关系而谋求变更形成新的关系，分配方案异议之诉显然不以变动先前合法的实体关系为前提；命令之诉，将判决内容设置为直接

---

① 杨与龄：《强制执行法论》，三民书局2007年版，第340-341页。

命令执行机构变更分配方案，有将执行法院作为被告之嫌。实际上，“分配方案异议之诉”是原告以实体法上的债权债务关系为基础，以请求法院变更分配方案，并阻止原分配方案的执行效力为直接目的，以救济自身实体权益为最终目的。由是观之，其确实具有与上诉、再审相似之处，理解为救济之诉较妥。也许有人认为，这种新奇的理解与传统的诉的理论不符，但我们认为，理论是为解决问题而生，故合理地解决问题较之配合理论更为重要，为合理地解决问题可以修改理论甚至创造新理论。综上所述，“救济之诉说”可以成立，而且更加妥当。

## 三、“分配方案异议之诉”的起诉条件

1. 起诉的前提条件

债权人或被执行人提起诉讼，必须以基于分配方案产生了实体权利义务的争议为前提。换言之，执行法院制作的财产分配方案，送达各债权人和被执行人，部分人对分配方案有异议、其他人对该异议不表示反对的，执行法院应径行依据异议修改分配方案，异议程序终结，不得提起异议之诉；部分人对分配方案有异议、其他人对该异议的一部分表示反对的，无争议部分直接按原分配方案执行，该部分的异议程序终结，但是双方有争议的部分，可以进入异议之诉程序。

2. 诉讼的主体条件

提出异议的债权人或被执行人应当作为原告，并以反对者为被告提起诉讼。需进一步澄清的问题有三：(1) 分配方案异议之诉，主要目的是救济参与分配的债权人的权利。但如果异议债权人已经以同一事由先行提起其他诉讼者，不得再重复提出分配方案异议之诉。比如，优先权人以已经侵犯执行标的物为由，对普通债权人提起了诉讼的；或者债权人已经对债务人恶意处分财产的行为提起了撤销之诉的。(2)“案外人”对分配方案有异议，认为侵犯了其合法权益的，不得提起分配方案异议之诉，而应当按照新《民事诉

讼法》第227条之规定提出“第三人异议之诉”。(3)“被执行人”(即债务人)对分配方案有异议的，仅能以“债务人异议之诉”的事由为限，提起分配方案异议之诉。不过，我国目前的民事诉讼法尚未明确规定“债务人异议之诉”，我们认为可将起诉事由限制为“作为执行根据的生效法律文书确定债权已经消灭或者受妨碍”。①

3. 诉讼请求和事实理由

提出分配方案异议之诉，原则上应当向法院递交书面起诉状。关于原告的诉讼请求，不能仅仅写明确认原分配方案不合法，也不能仅仅要求变更原分配方案的内容。我们认为，与分配方案异议之诉属于“特殊的救济之诉”的观点相适应，诉讼请求应当包含两个方面：其一，请求法院确认争议的债权数额、财产数额和分配比例，确认的依据主要是作为执行根据的生效法律文书和被执行人财产的实际状况；其二，请求法院按照其主张的方案，判令变更执行法官先前编制的财产分配方案。

4. 管辖法院合法

《执行程序解释》第26条已经明确的一点是，执行法院属于财产分配方案异议之诉的管辖法院。但是，《执行程序解释》没有明确的是，到底是执行法院的哪个机构来具体处理该争议？一直以来，由于审执关系复杂而微妙，理论界与实务界争论颇多，有的支持审执分离，有的崇尚审执结合。异议之诉受理部门的不明确，可能使各级法院、各地法院出现受理部门不同、处理程序不同的情形，造成适用法律的混乱。我们倾向于认为，程序异议的处理，宜由执行机构自行处理；但实体权利义务的争议，宜由审判机构(即审判庭)审理。

5. 起诉时间合法

① 王娣：《我国民事诉讼法应确立“债务人异议之诉”》，载《政法论坛》2012年第1期。

《执行程序解释》第26条规定，异议人可以自收到通知之日起十五日内，以提出反对意见的债权人、被执行人为被告，向执行法院提起诉讼；异议人逾期未提起诉讼的，执行法院依原分配方案进行分配。这里的十五日，应视为起诉时间，而不是民法上所谓的诉讼时效。逾期不起诉，丧失的是起诉权，而不是胜诉权。

## 四、“分配方案异议之诉”的法律效果

对于“分配方案异议之诉”，诉讼提起之后会产生什么样的法律效力呢？在民事执行参与分配程序中，法院制订财产分配方案也是一种执行行为，一般方案制订后立即产生强制执行的效力。但是，如果债权人或者被执行人向人民法院提起“分配方案异议之诉”，在法院依法受理该诉之际，会产生阻断原分配方案强制执行的效力。亦即，执行法院不得再继续依原财产分配方案进行分配，对于分配方案中无争议的部分可以先行分配；对于有争议的部分，按《执行程序解释》第26条规定，应当将与争议债权数额相应的款项予以提存。

对于“分配方案异议之诉”，法院判决之后会产生什么影响呢？如果经审理最终判决原告败诉的，则争议部分的财产应当按照原分配方案进行分配。如果判决原告全部或部分胜诉的，则执行法院应当根据判决内容更正原来的“执行分配方案”，根据新的分配方案进行财产分配。但是，对于那些既未以原告名义起诉，也未被作为被告的债权人或被执行人，其分配金额和分配顺序纵使受到影响，也不得再提起异议和诉讼，而只能按照原分配方案进行分配。

# 附录 1 《民事执行参与分配的若干规定（专家建议稿）》

为了解决民事执行程序中多个债权人针对同一被执行人的财产参与分配问题，公平保护债权人、债务人和其他利害关系人的合法权益，贯彻民法债权平等理念，并提高执行程序的利用效率，根据《中华人民共和国民事诉讼法》等有关法律的规定，结合我国民事执行工作实际，制定本规定。

**第一条（参与分配的定义）**

在人民法院依据一个金钱债权执行依据开始的执行程序中，被执行人的其他金钱债权人有权申请参与执行，并就被执行人已被查封、扣押、冻结的财产主张受偿。

其他非金钱债权人就被执行人被查封、扣押、冻结的财产主张权利的，依照有关规定办理。

**第二条（主持分配的执行法院）**

对被执行人的财产的参与分配，由依据金钱债权执行依据首先采取查封、扣押、冻结措施的法院主持进行。

对于已经开始实施查封、扣押、冻结措施的债务人的财产，其他债权人再向人民法院申请强制执行的，应当合并执行程序。

在先查封、扣押、冻结为诉讼保全，且相关案件尚未审结的，在先保全查封、扣押、冻结的法院应当将查封、扣押、冻结的财产交由主持分配的法院处理。

**第三条（申请参与分配的债权人资格）**

其他金钱债权人申请参与分配须取得执行依据，但已经在先保全财产且已经提起诉讼或者申请仲裁的债权人除外。

对人民法院已查封、扣押、冻结的财产享有优先权、担保物权的债权人，可以直接申请参与分配，主张优先受偿权。

**第四条（参与分配的申请）**

其他债权人申请参与分配的，应当向主持分配的法院提出参与分配申请书，并提供相应的权利证明文件。已经起诉且进行财产保全，但尚未取得执行依据的债权人，还应当提供其诉讼已经受理及在先保全财产的证明。

同一被执行人的其他金钱债权人向主持分配的法院申请强制执行的，视为申请参与分配；向其他法院申请强制执行，其他法院对该财产采取查封、扣押、冻结措施的，视为申请参与分配。

**第五条（申请参与分配的截止日期）**

其他债权人申请参与分配，应当在主持分配的法院对被执行人的执行程序终结前提出。逾期提出的，裁定驳回申请。

执行程序终结之日，是指执行案款支付相关债权人之日的前一日，或者动产交付之日的前一日，或者不动产过户裁定送达相关权属登记机关的前一日。

**第六条（团体优先主义）**

在至少有一个其他债权人申请参与分配后，主持分配的法院应根据个案情况，确定其他债权人申请参与分配的期限。如果执行中涉及动产、不动产和其他财产权的拍卖或变卖，则主持分配的法院必须在作出开始拍卖或变卖的决定后，才能确定申请参与分配的期限。

法院确定的申请参与分配的期限，应综合考虑拍卖、变卖等对财产进行清理以便制作财产分配方案所需要的合理的时间，但不得少于30日。

法院确定该申请期限后，应当发出公告，同时书面通知已知的对执行财产享有担保物权和其他优先权的债权人，催促其及时提出参与分配申请，并提供相应的权利证明文件。

逾期提出财产分配申请的，仅得就在该期限内提出申请的债权人分配后的剩余财产主张受偿；但对于已知的对执行财产享有担保物权和其他优先权的债权人，主持参与分配的法院应当依职权将其列入债权人名单。

**第七条（被执行人财产的追加查封和移交分配）**

主持参与分配的法院在执行过程中，发现被执行人有其他可供执行的财产，可以在所有参与分配的债权数额范围内，依申请追加查封、扣押、冻结。

其他执行法院已经查封、扣押、冻结的被执行人财产，在案件的申请执行人已经向主持分配的法院申请参与分配后，应当移交给主持分配的法院进行统一分配。

**第八条（被执行财产的换价）**

被执行人的财产被查封、扣押后，执行员应当责令其在指定期间内履行法律文书确定的义务。被执行人逾期不履行的，人民法院应当拍卖被查封、扣押的财产。拍卖时，应当以被查封、扣押的财产为限。

拍卖财产上原有的担保物权及其他优先受偿权，因拍卖而消灭，拍卖所得价款，应当优先清偿担保物权人及其他优先受偿权人的债权，但当事人另有约定的除外。拍卖财产上原有的租赁权及其他用益物权，不因拍卖而消灭，对在先的担保物权或者其他优先受偿权的实现有影响的，应当依法将其除去后进行拍卖。

对被查封、扣押的财产进行拍卖前，应当通过专业人员确定拍卖保留价。拍卖所得价款在清偿优先债权和强制执行费用后无剩余可能的，应当终止拍卖程序，并将有关情况通知申请执行人和参与执行人。对于该项财产，经债权人、被执行人协商一致，可以在分配程序由法院裁定认可以物抵债。

不适于拍卖或者当事人双方同意不进行拍卖的，人民法院可以委托有关单位变卖或者自行变卖。国家禁止自由买卖的物品，交由有关单位按照国家规定的价格收购。

**第九条（分配财产的确定）**

案款执行到位后，应当先行扣除案件受理费、申请保全费、申请执行费、评估费、鉴定费、公告费、保管费等因诉讼、仲裁或执行所支出的费用；不足清偿的，优先清偿财产保全的费用，剩余部分用于债权人分配。

如果扣除前项执行费用之后已无剩余款项，则执行参与分配程序终结。

**第十条（分配财产的顺序）**

执行所得价款在扣除执行费用后，余额用于清偿债权人的债权，清偿按照下列各款规定的顺序进行。

有担保物权人和其他优先权人参与分配的，其债权优先于普通债权受偿。数个担保物权和其他优先权同时存在的，按照有关法律的规定确定其受偿顺序。具有优先权的债权包括但不限于以下情形：

（一）民办学校受教育者学杂费，依照《中华人民共和国民办教育促进法》第59条及相关规定处理。

（二）劳动债权，参照《中华人民共和国企业破产法》第113条及相关规定处理。

（三）船员基于其给付劳动行为所产生的工资、劳动报酬、遣返费用、社会保险等债权，依照《中华人民共和国海商法》第22条及有关规定处理。

（四）援救、保管维护民用航空器的报酬和费用，依照《中华人民共和国民用航空法》第19条及有关规定处理。

（五）被执行人欠缴的税款，依照《中华人民共和国税收征管法》第45条及有关规定处理。

（六）土地出让金，依照《中华人民共和国担保法》第56条及有关规定处理。

（七）建设工程承包费，依照《中华人民共和国合同法》第268条及有关规定处理。

（八）抵押权、质权、留置权等担保物权，依照《物权法》第199、239条及有关规定处理。

（九）商品房消费者的优先权，参照《最高人民法院关于建设工程价款优先受偿权问题的批复》第2条的规定处理。

在优先权人受偿后，执行所得案款有剩余的，在主持分配的法院确定的申请参与分配的期限到来前提出申请的普通金钱债权人，按债权额比例平等分配。

在前述分配之后仍有剩余的，在确定的申请参与分配的期限截止后、执行程序终结前继续提出参与分配申请的债权人，按照前述规定继续分配。

在前述分配之后仍有剩余的，主持分配的法院应将剩余财产交付执行债务人。

**第十一条（分配财产的提存）**

在制作财产分配表时，受被执行财产担保保障的债权未届清偿期的，在分配时应当优先预留其相应的份额。

在先进行财产保全的债权人，已经提起诉讼或者申请仲裁但尚未取得执行依据的，应当以其诉讼请求的债权额为限参与分配。法院在制作分配表时，应当将该债权人所主张的债权应受分配的数额予以提存，待该债权确定后再交付给该债权人。

前款债权人在执行分配终结后经生效法律文书确定其败诉，而其他参与分配债权人未受足额清偿的，所提存的款项应当追加分配给其他参与分配债权人；其他参与分配债权人已受足额清偿的，所提存的款项或者余额部分应当分配给申请参与分配的截止日期之后提出参与分配申请的债权人；对剩余款项无债权人主张权利的，应当将该款返还被执行人。

**第十二条（分配方案的制作）**

执行标的物变价后，主持分配的法院应当制作书面分配方案。但是，债权人之间自行达成分配协议的，应当按照该协议方案进行分配。

为了制作分配方案，主持分配的人民法院应提前举行执行听证会，听取债务人和债权人的意见，允许各债权人举证、争辩和阐明理由。

主持分配的人民法院在制作分配方案之后，应于3日内将副本送达各债权人和债务人，并置于法院民事执行部门，供债权人、债务人和利害关系人阅览。

**第十三条（分配方案的内容）**

分配方案应当记载下列事项：

（一）当事人姓名或者名称、地址；

（二）可供分配款项总额；

（三）债权总额、各债权人的债权额及各债权的性质、参与分配的依据；

（四）分配顺序及各债权受分配的比例和数额；

（五）分配方案制作过程及实施分配的日期；

执行员应当在分配方案上签字。

**第十四条（分配方案的异议）**

债权人或者被执行人对分配方案有异议的，应当在收到分配方案后、分配实施之日前向执行法院提出书面异议。

异议的理由包括：

（一）债权人的债权应列入而未列入，或者不应列入而错误列入；

（二）分配方案涉及的无执行依据的债权是否存在及其数额误算；

（三）分配方案涉及的担保物权或者其他优先权是否成立及有效；

（四）分配方案中的财产分配顺序是否合法；

（五）其他影响债权人或债务人利益的情形。

逾期未提出异议的，视为认可分配方案，法院应于分配实施日直接实施分配。

对于执行分配方案部分提出异议的，主持分配的法院对没有异议的部分可在分配日直接实施分配。

**第十五条（分配方案的审查与更正）**

主持分配的法院收到书面异议后，认为异议显然无理由的，应当裁定驳回异议。

在前款规定的情形以外，法院应当通知未提出异议的债权人、被执行人到场举行执行听证，其收到通知后无正当理由拒绝参与听证，或者在听证过程中未提出反对意见的，执行法院依异议人的意见对分配方案进行修正后即实施分配。

**第十六条（分配方案异议之诉）**

债权人或债务人提出的异议被法院裁定驳回后，或者在其他债权人或债务人提出反对意见后，应当在15日，以提出反对意见的债权人、被执行人为被告，向执行法院提起诉讼。

异议人逾期未提起诉讼的，执行法院按照原分配方案进行分配。

异议人提出分配方案异议之诉的，执行法院对于有争议的部分，应当将与争议债权数额相应的款项予以提存，待异议之诉案件审结后再行分配。

**第十七条（剩余价款及未受偿证明）**

本次分配终结后，参与分配的债权人的债权未获得足额清偿的，主持分配的法院和其他执行法院应当就未获清偿的部分，向债权人发放债权未受清偿的证明。

分配终结后发现被执行人有其他财产可供执行的，债权人可持债权未受清偿证明再次申请参与分配。

**第十八条（商人破产主义）**

被执行人是营利性的法人、非法人组织、从事商业经营的自然人，在执行参与分配程序中发现不能清偿全部债权人的债权时，可以向有管辖权的法院申请破产。

参与分配的债权人和其他债权人，发现前款被执行人不能清偿全部债权人的债权的，可以向有管辖权的法院申请宣告破产。

执行法院在分配财产的过程中，发现前款被执行人已被查封、扣押、冻结的财产的价值，不能清偿已申请参与分配的债权总额或者处于临界状态的，应当在发出公告，催促其他债权人在一定期限内参与执行或申请债务人破产。

**第十九条（施行）**

本规定自×年×月×日起施行。以前的司法解释规定与本规定有抵触的，以本规定为准。

# 附录 2　我国部分法院关于参与分配的规范性文件

1.《北京市高、中级法院执行局（庭）长座谈会（第五次会议）纪要——关于案款分配及参与分配若干问题的意见》

为进一步解决案款分配及参与分配中的疑难问题，统一司法尺度，规范办理程序，切实维护当事人的合法权益，市高、中级法院执行局（庭）长座谈会于 2013 年 8 月 15 日至 16 日召开了第五次会议。与会同志通过认真讨论，就案款分配及参与分配的若干问题取得了基本共识。现纪要如下：

一、案款分配、参与分配程序的适用范围

1. 本纪要中的案款分配，是指根据《最高人民法院关于人民法院执行工作若干问题的规定（试行）》（以下简称《执行规定》）第 88 条的规定分配案款。

本纪要中的参与分配，是指根据《执行规定》第 90 条至第 95 条的规定分配案款。

2. 多份生效法律文书确定金钱给付内容的多个债权人分别对同一被执行人申请执行，被执行人的财产足以清偿全部债务的，按照《执行规定》第 88 条第一款、第二款的规定进行案款分配；被执行人的财产不足清偿全部债务的，区分以下情形分别予以处理：

（1）被执行人为自然人或其他组织（指非法人组织），按照《执行规定》第 90 条至第 95 条的规定进行参与分配，法律、司法解释另有规定的除外。

（2）被执行人为企业法人，且符合《执行规定》第 96 条规定条件的，参照《执行规定》第 90 条至第 95 条的规定处理；不符合《执行规定》第 96 条规定条件的，依照《执行规定》第 89 条的规定告知当事人依法申请被执行人破产，告知情况记入笔录。当事人申请被执行人破产并被法院受理的，相关执行案件中止执行，被执行人被法院裁定宣告破产的，相关执行案件终结执行；当事人不申请被执行人破产或其破产申请未被法院受理的，按照《执行规定》第 88 条第一款、第二款的规定进行案款分配。

《执行规定》第 96 条中的“歇业”是指，根据《中华人民共和国企业法人登记管理条例》第二十二条的规定，企业法人领取营业执照后，满六个月尚未开展经营活动或者停止经营活动满一年。企业法人被吊销营业执照满一年且未注销的，视为该条规定中的“歇业”；企业法人被吊销营业执照未满一年，或经登记机关许可暂停营业而处于停止经营状态的，不视为该条规定中的“歇业”。当事人主张企业法人歇业的，由其提供相应证据予以证明。

被执行的企业法人被撤销、注销或歇业，其主管部门、清算组织或其他负有清算责任的主体向登记主管机关或其他有权机关出具了债权债务清理、清算完结的证明或负责清理、清算债权债务的文件的，不适用《执行规定》第 96 条的规定。其主管部门、清算组织或其他负有清算责任的主体出具不实的债权债务清理、清算完结证明办理法人注销登记的，可告知债权人依法另行起诉追究相关责任主体的民事责任；其主管部门、清算组织或其他负有清算责任的主体承诺未了结的债权债务由其负责而未实际履行该承诺的，可告知债权人依照《中华人民共和国民事诉讼法》第二百三十二条的规定申请追加其为被执行人。

（3）被执行人为机关法人、事业单位法人、社会团体法人等其他法人的，按照《执行规定》第 88 条第一款、第二款的规定进行案款分配。

3. 一份生效法律文书确定金钱给付内容的多个债权人对同一被执行人申请执行，执行的财产不足清偿全部债务，该生效法律文书已确定各债权的受偿顺位或者其中有法律规定的可优先受偿的债权的，按照该生效法律文书确定的顺位和相关法律的规定分配案款；该生效法律文书未确定各债权的受偿顺位且无法律规定的可优先受偿的债权的，根据《执行规定》第88条第三款的规定，各债权按比例受偿。

二、案款分配程序的具体适用

4. 多份生效法律文书确定金钱给付内容的多个债权人分别对同一被执行人申请执行，各债权人对执行标的物均无担保物权和法律规定的其他优先受偿权（即各债权均为普通债权）的，根据《执行规定》第88条第一款的规定，按照执行法院对执行标的物采取控制性措施（如查封、扣押、冻结等）的先后顺序受偿。

5. 多份生效法律文书确定金钱给付内容的多个债权人分别对同一被执行人申请执行，其中有债权人对执行标的物享有担保物权或法律规定的其他优先受偿权的，对执行标的物或其变价款，根据《执行规定》第88条第二款的规定，按照以下规则确定各债权的受偿顺位：

（1）对执行标的物享有担保物权的债权优先于普通债权受偿。执行标的物上存在多个担保物权的，按照有关担保物权的法律、司法解释的规定确定其债权的受偿顺位。

（2）执行标的物为建筑物的，建设工程价款中享有优先权的部分优先于基于担保物权的债权受偿。执行标的物为房屋的，对该房屋的变价款，消费者（指符合《中华人民共和国消费者权益保护法》中消费者条件的买受人）为购买该房屋（特指用于生活消费的住房）所支付的款项优先于建设工程价款受偿。

（3）多个债权中有职工工资债权（包括劳动报酬、经济补偿、赔偿金、职工基本医疗保险费、失业保险费、基本养老保险费等）的，对案款分配时本地区上一年度职工平均工资（上一年度职工平均工资未公布的，按照上上年度职工平均工资）范围内的工资部分，比照建设工程价款优先权的顺位受偿，剩余工资部分作为普通债权受偿。被执行人欠缴职工基本医疗保险费、失业保险费、基本养老保险费，该职工尚未取得执行依据的，在分配案款时可为其预留相应数额的款项。

（4）执行标的物为船舶或民用航空器的，按照《中华人民共和国海商法》、《中华人民共和国民用航空法》等法律及相关司法解释的规定，确定船舶优先权、民用航空器优先权的债权与其他债权之间的受偿顺位。

（5）本款前几项中优先于普通债权的债权受偿完毕后，案款有剩余的，各普通债权按照执行法院对执行标的物采取控制性措施的先后顺序受偿。

6. 根据《中华人民共和国民办教育促进法》第五十九条的规定，被执行人为民办学校的，其财产优先清偿应退受教育者学费、杂费和其他费用，并扣除本纪要第 18 条所列费用后，剩余款项用于案款分配。

三、参与分配程序的具体适用

（一）适用参与分配程序的条件

7. 同时符合以下三个条件的，按照《执行规定》第 90 条至第 95 条的规定进行参与分配程序：

（1）被执行人为自然人（包括外国人和无国籍人）或其他组织（指非法人组织）。

（2）被执行人的全部财产或主要财产已被一个法院查封、扣押或冻结。

（3）被执行人无其他财产可供执行或其他财产不足清偿全部债务。

《执行规定》第 90 条中，“全部财产”是指主持分配的法院控制了被执行人的全部财产，被执行人无其他可供执行财产；“全部债务”是指申请参与分配并符合参与分配条件和程序的债权之和（包括迟延履行利息和迟延履行金）。

（二）申请参与分配的债权人主体资格

8. 按照《执行规定》第90条的规定，有权申请参与分配的主体为已经取得执行依据的债权人。

（三）申请参与分配的截止日

9. 申请参与分配的截止日是指主持分配的法院收到申请参与分配的债权人的执行法院转交参与分配申请书的最后日期。

10. 按照《执行规定》第90条的规定，若执行标的物为货币类财产，以案款到达主持分配法院的账户之日作为申请参与分配的截止日；若执行标的物为非货币类财产，需对该财产予以拍卖、变卖或以其他方式变价的，以拍卖、变卖裁定送达买受人之日或以物抵债裁定送达申请执行人之日作为申请参与分配的截止日。

前款中的以物抵债裁定应当载明执行标的物折抵的价款数额，但不应载明折抵的债权数额，待分配方案确定后再作出认定。

同一案件中，法院执行多项财产的，各项财产分别确定申请参与分配的截止日；同一项财产（指同一项执行措施控制的财产）为可分的多个财产的，以被处置的最后一个财产确定申请参与分配的截止日。

（四）主持参与分配的法院

11. 对被执行人财产的处置和具体分配，按照《执行规定》第91条的规定，原则上由首先查封、扣押或冻结的法院主持进行。本市法院之间亦可协商由非首封的法院主持进行；协商不成的，可报请高级法院予以协调。

（五）申请参与分配的程序

12. 按照《执行规定》第92条的规定，债权人申请参与分配的，应当向其执行法院提交参与分配申请书，并附执行依据。该执行法院向主持分配的法院转交参与分配申请时，应当提供以下材料：

（1）申请参与分配的债权人提交的参与分配申请书及所附执行依据。参与分配申请书应当写明申请参与分配的理由及法律依据。

(2) 该执行法院出具的执行情况说明。执行情况说明的内容应当包括：执行案号，当事人基本情况，应执行标的额，已执行标的额，未受偿标的额，对被执行人财产的调查情况，以及已控制但未处置完毕的被执行人财产及其价值等。

对该执行法院转交的参与分配申请及上述材料，主持分配的法院应当予以登记。该执行法院派人直接转交的，应当由转交人签字确认；以其他方式转交的，应当由主持分配的法院 2 人或 2 人以上签字确认。主持分配的法院收到参与分配申请的日期以登记的日期为准。该执行法院提供的材料不齐备的，通知其限期补正，并将该情况告知申请参与分配的债权人。该执行法院在指定期限内补正材料的，以主持分配的法院第一次收到其转交的参与分配申请的日期作为申请参与分配的日期；逾期未补正的，再次通知其补正，并告知其未在申请参与分配截止日前补正的，不准予该债权人参与分配，并将该情况通知申请参与分配的债权人。

(六) 参与分配申请的审查程序

13. 主持分配的法院对上条所列材料进行审查，对不符合参与分配条件和程序的债权人，不准予其参与分配。对符合参与分配条件和程序的债权人，若截至申请参与分配的截止日可分配的财产足以清偿全部债务的，适用案款分配程序的相关规定办理；若截至申请参与分配的截止日可分配的财产不足清偿全部债务的，视情况分别作出以下处理：

(1) 被执行人的全部财产被主持分配的法院控制的，申请参与分配并符合参与分配条件和程序的债权按照本纪要第 15 条、第 16 条的规定受偿。

(2) 被执行人的主要财产被主持分配的法院控制，申请参与分配并符合参与分配条件和程序的债权人的执行法院未控制被执行人的其他可供执行财产的，其债权按照本纪要第 15 条、第 16 条的规定受偿；其执行法院控制了被执行人的其他可供执行财产但截至申请参与分配的截止日尚未完成处置的，不准予其在本案中参与分配，但被控制的财产经完成法定的拍卖、变卖程序后仍无法变现的除外。

（七）申请参加参与分配程序的条件及相关程序

14. 按照《执行规定》第93条的规定，对法院查封、扣押或冻结的财产享有担保物权和法律规定的其他优先受偿权的债权人，可以申请参加参与分配程序，主张优先受偿权。该债权人未取得执行依据，主持参与分配的法院告知其依照相关法律规定取得执行依据，但在分配案款时为其预留相应款项。对被欠缴基本医疗保险费、失业保险费、基本养老保险费的职工，劳动行政主管部门作出要求被执行人补缴上述保险费的文书的，在分配案款时也应为其预留相应款项。

（八）参与分配程序中的债权受偿顺位

15. 按照《执行规定》第94条的规定，享有担保物权和法律规定的其他优先受偿权的债权，其受偿顺位按照本纪要第5条第（1）、（2）、（3）、（4）项的相关规定办理。享有担保物权和法律规定的其他优先受偿权的债权受偿完毕后，案款有剩余的，各普通债权按比例受偿。

参与分配程序中，若执行标的物为诉讼前、诉讼中、仲裁前或仲裁中依债权人申请所保全的财产，在清偿对该标的物享有担保物权和法律规定的其他优先受偿权的债权后，对该债权人因申请财产保全所支出的成本及其损失，视具体情况优先予以适当补偿，但补偿额度不得超过其未受偿债权金额的20%；其剩余债权作为普通债权受偿。

16. 被执行人为民办学校的，各债权人的债权受偿顺位按照本纪要第6条的规定办理。

（九）参与分配后的继续执行

17. 按照《执行规定》第95条的规定，被执行人的财产被分配给各债权人后，被执行人对其剩余债务应当继续清偿。债权人发现被执行人有其他财产的，人民法院可以根据债权人的申请继续依法执行。

四、其他问题

（一）案款分配及参与分配中应先行扣除的款项

18. 案款执行到位后，应当先行扣除案件受理费、申请保全费、申请执行费、评估费、鉴定费、公告费、保管费等因诉讼、仲裁或执行所支出的费用（执行依据确定由一方当事人向另一方当事人支付的除外），剩余部分用于案款分配或参与分配。

19. 根据《中华人民共和国担保法》第五十六条的规定，执行标的物为划拨的国有土地使用权的，对该土地使用权的变价款，在依法缴纳相当于应缴纳的土地使用权出让金的款额，并扣除本纪要第 18 条所列费用后，剩余款项用于案款分配或参与分配。

（二）民事债权与行政罚款、司法罚款、刑事罚金、没收财产的受偿顺位

20. 同一被执行人既有民事债权执行案件，又有行政罚款、司法罚款或者刑事罚金、没收财产执行案件的，民事债权优先受偿。刑事退赔案件中权利人的权利视为普通民事债权，可申请参加案款分配或参与分配程序。

（三）迟延履行利息或迟延履行金的受偿

21. 被执行人财产足以清偿全部债务的，各债权人在案款分配程序中受偿的债权数额中包括迟延履行利息或迟延履行金；被执行人财产不足清偿全部债务的，各债权人在案款分配或参与分配程序中受偿的债权数额中不包括迟延履行利息或迟延履行金，执行依据确定的债权清偿完毕后，案款有剩余的，各债权的迟延履行利息或迟延履行金按比例受偿。

（四）替代履行费用的受偿

22. 因被执行人拒不履行生效法律文书中指定的行为，执行法院委托有关单位或他人替代履行的，因替代履行发生的费用可申请参加案款分配或参与分配程序。

（五）被执行人增资前、后发生债权的受偿顺位

23. 被执行人的开办单位因增加注册资金不实被追加为被执行人的，对执行到位的注册资金，优先清偿发生在增加注册资金之后的债权，案款有剩余的，用于清偿发生在增加注册资金之前的债权。发生在增加注册资金前、后的债权，是指同一位阶的债权。

（六）分配方案的制作、审批及内容

24. 案款分配或参与分配程序中，主持分配的法院应当经合议庭合议后制作书面的财产分配方案，并逐级报本院执行局局长或主管院长审批。分配方案应当载明可供分配的款项总额、待分配的债权总额、各债权人的基本情况及其债权的性质和数额、分配顺位、各债权的受偿比例及数额、分配的法律依据、提出异议的权利等内容。

（七）案款分配或参与分配中异议的处理

25. 案款分配或参与分配程序中，债权人或者被执行人提出的以下异议，适用《最高人民法院关于适用〈中华人民共和国民事诉讼法〉执行程序若干问题的解释》第二十五条、第二十六条的规定进行处理：

（1）执行依据确定的债权是否已经履行或部分履行及履行的数额，以及该债权是否已经超过申请执行时效；

（2）执行依据确定的建设工程价款是否享有优先受偿权及优先受偿的款项范围；

（3）担保物权人以及其他有权请求实现担保物权的人申请执行法院作出的拍卖、变卖担保财产的裁定，该裁定未明确债权数额，当事人对分配方案中确定的债权数额提出异议的；

（4）其他应当通过参与分配异议及参与分配异议之诉处理的情形。

参与分配异议及参与分配异议之诉的审查和审理期间，主持分配的法院对争议债权的相应款项可依法予以提存。

26. 债权人、被执行人对主持分配的法院在案款分配或参与分

配程序中的以下执行行为提出的异议，适用《中华人民共和国民事诉讼法》第二百二十五条的规定进行处理：

（1）是否适用案款分配程序或参与分配程序的决定；

（2）申请参与分配的债权人是否适合的认定；

（3）债权人申请参与分配是否逾期的认定；

（4）分配方案的送达；

（5）其他应当通过执行行为异议处理的情形。

债权人、被执行人对分配方案中分配顺位及分配数额的确定提出异议的，由执行实施机构进行初步审查。经审查，因法院工作失误或计算错误导致分配顺位及分配数额确定错误的，由执行实施机构依法予以纠正；认为分配顺位及分配数额的确定不存在错误的，适用《最高人民法院关于适用〈中华人民共和国民事诉讼法〉执行程序若干问题的解释》第二十五条、第二十六条的规定进行处理。

五、本纪要的适用

27. 案款分配或参与分配程序中，法院可依各方债权人达成的合意制作分配方案并进行分配；达不成合意的，适用本纪要的相关规定。

2.《广东高院关于执行案件法律适用疑难问题的解答意见》（2016 年 3 月 3 日公布）

广东高院执行局对 12 个执行案件法律适用疑难问题提出统一解答意见，并于 2016 年 3 月 3 日公布，供全省法院在办理有关执行案件中参考。

问题一、执行异议审查期间请求暂缓处分，是否应当提供等额财产担保？

处理意见：执行法院可以结合案件有关情形，酌情判定被执行人、利害关系人提供的担保是否足以赔偿因暂停执行处分措施而可能发生的损失，并非要求担保人必须提供与执行标的额相等数额的担保。

主要理由：最高人民法院《关于适用〈中华人民共和国民事诉讼法〉执行程序若干问题的解释》第十条第二款规定：“被执行人、利害关系人提供充分、有效的担保请求停止相应处分措施的，人民法院可以准许；申请执行人提供充分、有效的担保请求继续执行的，应当继续执行。”按照此规定，执行异议审查期间请求暂缓处分而提供担保的主要目的是为暂停执行处分措施而产生的损失提供担保。执行法院审查适用法律时应区别于《关于适用〈中华人民共和国民事诉讼法〉的解释》第一百五十二条关于申请诉前保全和诉讼保全措施提供担保的规定。

问题二、首封法院与优先受偿权执行法院处分查封财产存在争议，如何处理？

处理意见：据我们了解，最高法院对这个问题在制定相关的司法解释，省法院也正在做相关问题的解答，基本的思路确定了，即首封法院对查封财产行使处分权是有条件和要求的，在特定情形下要限制首封法院的处分权。各中院、基层法院有此类争议的，可及时启动执行协调程序，尽快消除障碍，推进案件执行，按以下原则协调解决：第一、原则上由首封法院对该财产进行处分，首封法院应及时依法处置查封财产。第二、首封法院尚未进入执行程序，或首封法院案件依法暂缓执行或进入执行程序之日起二个月内没有启动处置程序的，应由优先受偿权执行法院处分查封财产，财产处分后各法院依法推进个案后续执行工作。第三、经相关法院协商可依法委托一家法院统一执行。首封法院和优先受偿权法院按照以上原则对处分查封财产争议进行协调，不能达成一致意见的应逐级报请共同的上级法院协调处理。上级法院应当及时作出明确解决问题的协调意见。

主要理由：在确定查封财产的处分法院时主要考虑：一是方便执行原则，依据《最高人民法院关于人民法院执行工作若干问题的规定（试行）》第九十一条关于“对参与被执行人财产的具体分配，应当由首先查封、扣押或冻结的法院主持进行”的规定，原则上由首封法院处置查封财产并主持财产的具体分配。二是执行效率原则，如果首封不是执行程序中的查封而是保全查封，一般应当由最先进入执行程序的法院进行处置，避免执行拖延。三是禁止无益拍卖原则，避免首封法院处置查封财产并清偿优先受偿权和执行费用后无剩余财产可供分配的可能。四是公平保护原则，尽快处置查封财产，避免优先受偿债权的迟延履行利息增加而损害其他债权人和被执行人的合法权益。此外，江苏高院、上海高院、山东高院也对此问题作出了解答意见，各法院在执行实务中可资借鉴。

问题三、对于“夫妻共同债务”、“出资人未依法出资”、“股权转让”、“对一人公司股东的追加”四种情形申请追加或变更被执行人的程序救济，如何处理?

处理意见：以上四种情形中，申请执行人在执行程序中申请追加或变更被申请人为执行案件的被执行人的，执行法院应当按照执行异议案件予以立案审查，当事人不服执行异议裁定的，参照民事诉讼法第二百二十七条规定办理。

主要理由：最高人民法院《关于执行案件立案、结案若干问题的意见》第九条第（四）项、第十条第（二）项规定，申请执行人申请追加、变更被执行人的，应当按照执行异议案件予以立案，如对执行异议裁定不服，该四类情形不得向上一级人民法院申请复议。经省法院审委会研究，多数意见认为：民事诉讼法第二百二十七条规定的执行异议之诉的实质是能否排除执行之诉，而上述四类情形也是对被追加主体的财产能否排除执行作出审查判断；因此针对上述四类情形作出的执行异议裁定，可参照民事诉讼法第二百二十七条规定进行救济，即如果执行异议裁定驳回异议申请的，申请执行人可提起许可执行之诉，如果执行异议裁定追加或变更被执行人的，被裁定追加或变更的案外人可提起案外人异议之诉。此意见正在请示最高人民法院，目前湖北高院已出台相应规定，与省法院意见一致。

问题四、执行过程中，案外人主张对执行标的享有优先受偿权，是适用案外人异议程序予以审查？还是属于对执行标的主张参与分配？

处理意见：案外人主张对执行标的享有优先受偿权，属于对执行标的主张参与分配，执行法院不能适用案外人异议程序审查，应告知案外人可以向执行法院申请参与分配。

主要理由：《最高人民法院关于适用〈中华人民共和国民事诉讼法〉的解释》第五百零八条规定："被执行人为公民或者其他组织，在执行程序开始后，被执行人的其他已经取得执行依据的债权人发现被执行人的财产不能清偿所有债权的，可以向人民法院申请参与分配。对人民法院查封、扣押、冻结的财产有优先权、担保物权的债权人，可以直接申请参与分配，主张优先受偿权。"按照此规定，案外人主张对执行标的享有优先受偿权，应告知可申请参与分配，不能适用案外人异议程序进行审查处理。

问题五、如何认定"申请参与分配截止时间"？

处理意见：应严格适用《最高人民法院关于适用〈中华人民共和国民事诉讼法〉的解释》第五百零九条第二款规定，将申请参与分配截止时间限定在"被执行人的财产执行终结前"。各级法院可参考本院在（2014）粤高法执监字第131号《执行监督函》认定"在执行财产尚未实际支付给争议财产分配方案中确定的债权前，提出参与分配的申请，应当认定此时财产尚未执行完毕，其他债权人有权参与分配"。各级法院不能将"对分配方案合议之日"、"分配方案作出之日"等时间点作为申请参与分配截止日期。

主要理由：《最高人民法院关于人民法院执行工作若干问题的规定（试行）》第90条规定参与分配的截止时间为"被执行的财产被执行完毕前"，《最高人民法院关于适用〈中华人民共和国民事诉讼法〉的解释》第五百零九条规定参与分配的截止时间为"被执行人的财产执行终结前"，在执行实务中如何理解和明确参与分配的截止时间点存在较大争议。建议各级法院参考（2014）粤高法执监字第131号《执行监督函》确定的原则执行。

问题六、关于继续履行合同类生效判决的执行，当执行内容无法明确时，是否应当终结执行？

处理意见：如果执行依据不符合明确性要求的，在立案审查阶段即应裁定不予受理；对于已经立案执行的案件，可通过召集双方当事人协商等方式确定执行内容，如果确实无法执行的，可裁定终结执行程序。

主要理由：《最高人民法院关于适用〈中华人民共和国民事诉讼法〉的解释》第四百六十三条规定："当事人申请人民法院执行的生效法律文书应当具备下列条件：（一）权利义务主体明确；（二）给付内容明确。法律文书确定继续履行合同的，应当明确继续履行的具体内容。"《最高人民法院关于人民法院执行工作若干问题的规定（试行）》第18条也规定申请执行的法律文书需有给付内容，且执行标的和被执行人明确。根据上述法律规定，启动执行程序必须符合法定条件。如果执行依据不明确，应不予受理；已经立案执行的，允许当事人协商一致的情况下确定执行内容，如果仍无法执行的，可裁定终结执行程序。

问题七、非金融企业转让涉诉金融债权，债权受让人能否作为适格申请执行人？

处理意见：根据《最高人民法院关于人民法院执行工作若干问题的规定（试行）》第18条、第20条的规定，权利承受人有权以自己的名义申请执行。依法从金融资产管理公司受让债权的受让人将债权再行转让给其他普通受让人的，如果是在执行程序开始之前已经转让债权的，权利受让人可以直接申请执行，执行法院直接发出执行通知；如果是在执行过程中转让债权的，执行法院可以依据上述规定，依债权转让协议以及受让人或者转让人的申请，裁定变更申请执行主体。

主要理由：《最高人民法院关于判决确定的金融不良债权多次转让人民法院能否裁定变更申请执行主体请示的答复》（〔2009〕执他字第1号）明确：《最高人民法院关于人民法院执行工作若干

问题的规定（试行）》第18条可以作为变更申请执行主体的法律依据，债权受让人可以视为该条规定中的权利承受人。

问题八、土地使用权和房屋所有权分属于不同权利主体如何处置？相关产权证件不完善的房产能否强制执行？未经报建的建筑能否进行拍卖？

处理意见：针对土地使用权和房屋所有权分属于不同权利主体情形，我国法律规定“房地一体”原则，房和地必须一并处分。因此，土地使用权和房屋所有权应一并拍卖，可分别评估土地使用权和房屋所有权的价值，确定总体价格及两者的价格比，对属于案外人的财产，将拍卖成交款按比例返还。法院处置后，两项权利最终归属同一主体。针对产权证件不完善的房产，如不具备初始登记条件，原则上进行“现状处置”，即处置前披露房产产权证件不完善的现状，买受人或承受人按照房产的权利现状取得房屋，后续的产权登记事项由买受人或承受人自行负责；如具备初始登记条件的，执行法院处置后可以依法向房屋登记机构发出《协助执行通知书》；暂时不具备初始登记条件的，执行法院处置后可以向房屋登记机构发出《协助执行通知书》，并载明待房屋买受人或承受人完善相关手续具备初始登记条件后，由房屋登记机构按照《协助执行通知书》予以登记。针对未经报建的建筑能否拍卖的问题，执行法院应将建筑物情况函告建设行政主管部门，如行政主管部门确认属违章建筑责令拆除或作没收处理的，该建筑物不得作为执行标的；如行政机关对建筑行为作出行政处罚决定并责令补办手续，而被执行人又不配合的，法院可商请申请执行人或拍卖人先行垫付补办手续费用，再进行拍卖。

主要理由：“房地一体”原则体现在我国《中华人民共和国城市房地产管理法》、《中华人民共和国城镇国有土地使用权出让和转让暂行条例》、《中华人民共和国物权法》、《中华人民共和国担保法》等多部法律法规中，明确要求土地使用权和房屋所有权必须一并处分。最高人民法院《关于转发住房和城乡建设部〈关于无证房产依据协助执行文书办理产权登记有关问题的函〉的通知》明确产权证件不完善的房产区分上述三种情形进行处理。

问题九、在执行担保和对第三人到期债权的执行中，是否应追加担保人和第三人为被执行人？

处理意见：对于第三人提供保证或是财产作为担保的，被执行人逾期仍不履行，人民法院有权执行被执行人的担保财产或者担保人的财产；执行法院应先作出裁定追加第三人为被执行人，但在裁定中应当明确“应执行的是作为担保物的财产或者被执行人应当承担义务部分的财产”。对于到期债权的执行，第三人在履行通知指定的期限内没有提出异议而又不履行的，执行法院有权裁定对其强制执行；执行法院也应先作出裁定追加第三人为被执行人，但在裁定中应当明确“应以执行标的额为限”。

主要理由：《最高人民法院关于适用〈中华人民共和国民事诉讼法〉的解释》第四百七十一条规定：“被执行人在人民法院决定暂缓执行的期限届满后仍不履行义务的，人民法院可以直接执行担保财产，或者裁定执行担保人的财产，但执行担保人的财产以担保人应当履行义务部分的财产为限。”《最高人民法院关于人民法院执行工作若干问题的规定（试行）》第 65 条规定：“第三人在履行通知指定的期限内没有提出异议，而又不履行的，执行法院有权裁定对其强制执行。此裁定同时送达第三人和被执行人。”将执行担保和到期债权中的第三人追加为被执行人，一是执行程序上需要确认第三人是被执行人；二是有利于第三人适用执行救济的有关规定维护自己的合法权益；三是在执行信息化条件下以被执行人身份推送第三人信息，有利于对第三人实施列入失信被执行人名单、限制高消费等强制执行措施。

问题十、被执行人的死亡赔偿金能否执行？

处理意见：被执行人的死亡赔偿金作为赔偿义务人对被执行人近亲属的物质性补偿，不属于被执行人的遗产，不能用来偿还被执行人生前所欠债务。

主要理由：《中华人民共和国继承法》第三条规定，遗产是公民死亡时遗留的、可以依法转移给他人的个人合法财产。从死亡赔偿金的性质来看，死亡赔偿金是受害人死亡后赔偿义务人支付给受害人近亲属的财产损失，在受害人死亡前并不存在而是在死亡后才产生，不属于受害人死亡时遗留的个人合法财产。因此，被执行人死亡赔偿金不属于被执行人的遗产，不能被强制执行。

问题十一、被执行人的人身保险产品具有现金价值，法院能否强制执行？

处理意见：首先，虽然人身保险产品的现金价值是被执行人的，但关系人的生命价值，如果被执行人同意退保，法院可以执行保单的现金价值，如果不同意退保，法院不能强制被执行人退保。其次，如果人身保险有指定受益人且受益人不是被执行人，依据《保险法》第四十二条的规定，保险金不作为被执行人的财产，人民法院不能执行。再次，如果人身保险没有指定受益人或者指定的受益人为被执行人，发生保险事故后理赔的保险金可以认定为被执行人的遗产，可以用来清偿债务。

主要理由：《中华人民共和国保险法》第42条规定："被保险人死亡后，有下列情形之一的，保险金作为被保险人的遗产，由保险人依照〈中华人民共和国继承法〉的规定履行给付保险金的义务："（一）没有指定受益人，或者受益人指定不明无法确定的。"《最高人民法院关于保险金能否作为被保险人遗产的批复》认为："根据我国保险法规有关条文规定的精神，人身保险金能否列入被保险人的遗产，取决于被保险人是否指定了受益人。指定了受益人的，被保险人死亡后，其人身保险金应付给受益人；未指定受益人的，被保险人死亡后，其人身保险金应作为遗产处理，可以用来清偿债务或者赔偿。"

问题十二、被执行人的房产存在共有情况，是否必须先经过诉讼明确共有份额才能执行？

处理意见：根据《最高人民法院关于人民法院民事执行中查

封、扣押、冻结财产的规定》第十四条规定，共有人协议分割共有财产并经债权人认可的，人民法院可以认定有效；共有人提起财产诉讼或者申请执行人代位提起财产诉讼的，人民法院应当准许，诉讼期间中止对该财产的执行。因此，执行法院在告知共有人有权协议分割共有财产或者提出析产诉讼后，共有人没有协议分割或者诉讼，则执行法院可以继续推进执行。

主要理由：执行实务中，共有人达成分割共有财产协议并得到债权人认可的情况少之又少，共有人极少愿意提起析产诉讼，多数申请执行人也不愿提起析产诉讼，导致大量共有财产的执行陷入停滞。因此，为提高执行效率，不应将析产诉讼作为执行共有财产的前置程序；执行法院在履行告知义务后，共有人没有协议分割或提出析产诉讼的，执行法院可以继续推进执行，依照《中华人民共和国物权法》等法律规定并结合案件具体情况对共有份额进行强制分割；共有人及利害关系人如对共有份额分割所做的认定持有异议的，可依照民事诉讼法第二百二十七条规定处理。

3.《重庆市高级人民法院关于执行工作适用法律若干问题的解答》(一)（渝高法〔2016〕63号）

为解决执行实践中遇到的疑难复杂问题，统一执行工作的司法尺度，规范执行行为，切实维护当事人、利害关系人和案外人的合法权益，依照《中华人民共和国民事诉讼法》等法律及相关司法解释规定，结合本市执行工作实际，对执行工作适用法律若干问题作如下解答：

一、实现担保物权执行案件的相关问题

(一）在实现担保物权案件执行中，人民法院对担保财产进行拍卖、变卖，其价款不足以清偿主债务的，如何处理？

人民法院对担保财产进行拍卖、变卖，将变价款按照担保债权范围支付给担保物权人即执行完毕，剩余的变价款返还担保人。支付给担保物权人的价款不足以清偿主债务的，不再执行担保物以外的财产。

（二）在实现担保物权案件执行中，主债务已经清偿的，如何处理？

担保物权人确认主债务已经清偿的，或担保人提供证据证明且经人民法院审查认定主债务已经清偿的，人民法院应停止对担保财产的执行，并以执行完毕结案。

（三）在实现担保物权案件执行中，担保物上还有不可分的附合物、混合物、加工物，或两物分开后价值减损的，如何处理？

担保物上还有不可分的附合物、混合物或加工物，或者两物分开后价值减损的，人民法院在确认担保物与附和物、混合物或加工物的相应份额，并告知相关权利人后，可将其一并拍卖、变卖，但担保物权人的优先受偿范围只及于担保物对应的份额。

（四）在实现担保物权案件执行中，案外人对执行标的提出排除执行的异议，如何处理？

案外人对执行标的提出排除执行的异议，异议理由是基于实现担保物权裁定有错误的，人民法院应向案外人释明，该异议应依照《最高人民法院关于适用〈中华人民共和国民事诉讼法〉的解释》第三百七十四条规定向作出执行依据的人民法院提出。异议审查期间，人民法院不得对执行标的进行处分。

（五）在实现担保物权案件执行中，被执行人向人民法院申请暂缓执行的，如何处理？

被执行人向人民法院申请暂缓执行的，经申请执行人同意的，人民法院可以决定暂缓执行及其期限。

（六）在实现担保物权案件执行中，人民法院如何采取执行措施？

在实现担保物权案件执行中，人民法院对被执行人原则上不采取强制申报财产、限制高消费、纳入失信被执行人名单、在征信系统记录或通过媒体公布其不履行义务信息执行措施，但被执行人有故意隐藏、转移、变卖、毁损担保财产或其他妨碍执行行为的除外。

二、执行和解相关问题

（一）当事人双方达成执行和解，人民法院依申请执行人申请裁定中止执行或终结执行的，如何适用时效？

当事人双方达成执行和解，人民法院依申请执行人申请裁定中止执行或者终结执行的，其裁定书中应当载明适用执行时效，当被执行人未按照和解协议履行的，申请执行人申请恢复执行原生效法律文书应当适用民事诉讼法第二百三十九条申请执行期间的规定。申请执行期间因达成执行和解协议而中断，其期间自和解协议约定履行期限的最后一日起重新计算。

（二）当事人双方达成执行和解，申请人既不请求中止执行又不撤回执行申请的，如何处理？

当事人双方达成执行和解，申请执行人既不请求中止执行又不撤回执行申请的，人民法院原则上不应按终结本次执行程序结案，可依职权中止执行；申请执行人同意终结本次执行程序的，可以裁定终结本次执行程序并在裁定书中载明适用执行时效；依职权中止执行，或者终结本次执行程序，申请恢复执行原生效法律文书时仍应当适用执行时效。

三、关于迟延履行利息、迟延履行金问题

（一）如何确定迟延履行期间的利息或者迟延履行金的起算日？

迟延履行期间的利息或者迟延履行金自判决、裁定和其他法律文书指定的履行期间届满之日起计算。

（二）如何确定迟延履行期间的利息或者迟延履行金截止日？

迟延履行期间的利息计算至被执行人履行完毕之日；被执行人分次履行的，相应部分的利息计算至每次履行完毕之日。被执行人履行金钱给付义务将款项支付至人民法院账户的，相应部分的利息计算至到账之日；人民法院划拨、提取被执行人的存款、收入、股息、红利等财产的，相应部分的利息计算至划拨、提取之日；人民法院对被执行人财产拍卖、变卖或者以物抵债的，计算至成交裁定或者抵债裁定生效之日；人民法院对被执行人财产通过其他方式变价的，计算至财产变价完成之日。

迟延履行金的截止日计算至判决、裁定和其他法律文书确定的非金钱给付义务履行完毕之日。

（三）被执行人迟延履行生效法律文书所确定的非金钱给付义务，迟延履行金如何确定？

被执行人迟延履行生效法律文书所确定的非金钱给付义务，申请执行人主张双倍补偿损失的，应当列明所受损失的具体数额，并提供相应证据。双方当事人对损失金额达成一致的，以该金额确定。当事人就损失金额无法达成一致的，没有给申请执行人造成损失的，以及虽有损失但难以计算的，由人民法院执行机构根据具体案件情况决定迟延履行金的金额。当事人不服的，可依照民事诉讼法第二百二十五条提出执行行为异议。

（四）当事人就损失金额无法达成一致的，没有给申请执行人造成损失的，以及虽有损失但难以计算的，迟延履行金标准如何掌握？

被执行人迟延交付动产、不动产的，迟延履行金可参照申请执行人已付款总额×中国人民银行规定的金融机构计收逾期贷款利息的标准×迟延履行期间，或者同地段同类房屋租金×迟延履行期间×2倍；

迟延办理财产权属证照转移手续的，迟延履行金可参照申请执行人已付价款总额×中国人民银行规定的金融机构计收逾期贷款利息的标准×迟延履行期间；

如果能代履行的，迟延履行金可参照代履行费用的日万分之一点七五×迟延履行期间×2倍。

四、执行到期债权与收入相关问题

（一）如何执行被执行人的收入？

被执行人未按执行通知履行法律文书确定的义务，人民法院有权扣留、提取被执行人应当履行义务部分的收入，但应当保留被执行人及其所扶养家属的生活必需费用。人民法院扣留、提取收入时，应当作出执行裁定，并发出执行通知书。

（二）如何执行被执行人对他人的到期债权？

在执行到期债权时，人民法院可以作出冻结债权的裁定，并向该他人送达限期向申请执行人履行债务的通知书，做好执行笔录，告知其相关诉讼权利和义务。该他人在履行通知指定的期限内无正当理由未提出异议，期限届满后提出异议的，人民法院不予支持；该他人在履行通知指定的期限内对到期债权部分有异议的，申请执行人请求对异议部分强制执行，人民法院不予支持；对具有强制执行力的生效法律文书确定的到期债权，该他人在履行通知指定的期限内无正当理由予以否认的，人民法院不予支持。该他人未在履行通知指定的期限内提出异议又不未向申请执行人履行义务的，人民法院可以强制执行该他人的财产。该他人在人民法院执行之后可以另行向被执行人主张权利。

该他人之外的案外人对执行到期债权标的有异议的，人民法院应当按照民事诉讼法第二百二十七条规定进行审查；利害关系人对执行到期债权的执行行为有异议的，人民法院应当按照民事诉讼法第二百二十五条规定进行审查。

五、参与分配有关问题

（一）如何启动参与分配程序？

被执行人为公民或者其他组织，在执行程序开始后，被执行人的其他已经取得执行依据的债权人发现被执行人的财产不能清偿所有债权的，可以向人民法院申请参与分配。申请参与分配应当向申请执行的人民法院提交申请书，申请书应当写明参与分配和被执行人不能清偿所有债权的事实、理由，并附相关执行依据。该法院应及时将参与分配申请书转交主持分配的人民法院，并书面说明执行情况。

（二）申请参与分配的截止时间，如何确定？

关于参与分配的截止时间，《最高人民法院关于适用〈中华人民共和国民事诉讼法〉的解释》规定为“被执行人的财产执行终结前提出”。对此，可以分以下三种情况进行具体界定：

1. 被执行人的财产为货币资产的，人民法院应当在该案款到达法院账户之日起十五日内支付给申请执行人；申请参与分配的截止时间以该案款支付给申请执行人的前一日为截止日。

2. 被执行人的财产为动产的，人民法院应当在该动产拍卖、变卖的价款到达法院账户之日起十五日内将该动产交付权利人；以物抵债的，人民法院应当在裁定生效之日起十五日内将该动产交付权利人；申请参与分配的截止时间以该动产交付的前一日为截止日；

3. 被执行人的财产为不动产或其他财产权益的，人民法院应当在该财产拍卖、变卖的价款到达法院账户之日起十五日内将过户裁定依法送达相关权属登记机关；以物抵债的，人民法院应当在裁定生效之日起十五日内将过户裁定依法送达相关权属登记机关；申请参与分配的截止时间以过户裁定依法送达相关权属登记机关的前一日为截止日。

（三）在未取得执行依据前，对人民法院查封、扣押、冻结的财产有优先权、担保物权的债权人申请参与分配的，如何处理？

在未取得执行依据前，对人民法院查封、扣押、冻结的财产有优先权、担保物权的债权人申请参与分配的，人民法院应予受理。对该优先权、担保物权的真伪及范围，由主持分配法院的执行机构形式审查认定。担保物权人、优先权人对该认定结果有异议的，应另行起诉。

在参与分配程序中，其他债权人、被执行人对优先权、担保物权的范围、受偿顺序提出异议的，可以通过分配方案异议、分配方案异议之诉予以救济。

（四）待分配财产有优先权、担保物权债权的，如何处理？

待分配财产有优先权、担保物权债权的，人民法院应将该债权直接列入财产分配方案；在参与分配程序中，该债权人未申请参与分配的，人民法院应当依据财产分配方案提存与优先权、担保物权的债权数额相应的价款并继续分配。其他债权人、被执行人对优先权、担保物权的范围、受偿顺序提出异议的，可以通过分配方案异议、分配方案异议之诉予以救济。

（五）已经起诉或申请仲裁但尚未取得执行依据的普通债权人申请参与分配，如何处理？

已经起诉或申请仲裁但尚未取得执行依据的普通债权人申请参与分配的，人民法院不予准许。

但有以下情形之一的，主持分配的法院应当按照相关债权人诉讼或申请仲裁请求给付的债权数额确定其分得的款项予以提存，待该债权人取得执行依据后支付：

1. 在先查封为财产保全，所涉案件尚未审结，经协调由进入执行程序的人民法院处置财产并主持分配，在先查封的债权人要求参与分配的；

2. 被执行人的职工主张支付被拖欠的工资和医疗、伤残补助、抚恤费用，应当划入职工个人账户的基本养老保险、基本医疗保险费用，以及法律、行政法规规定应当支付给职工的补偿金的；

3. 不能实现将严重影响受害人生活的人身损害赔偿纠纷案件赔偿金。

（六）主持参与分配的人民法院受理了涉及同一被执行人的多个案件的，如何处理？

在符合参与分配情形时，主持参与分配的法院应直接将其受理的涉及同一被执行人的所有案件纳入参与分配方案，并将相关情况告知相应的债权人。

（七）参与分配程序中，普通债权的受偿比例，如何确定？

参与分配程序中，执行所得价款扣除执行费用，并清偿应当优先受偿的债权后，普通债权原则上按照其占全部申请参与分配债权数额的比例受偿。

但有以下情形之一的普通债权，人民法院应根据案件具体情况，在保证参与分配债权都有受偿的前提下，可适当予以多分，多分部分的金额不得超过待分配财产的20%且不高于该债权总额，未受偿部分的债权按普通债权比例受偿。

1. 依债权人提供的财产线索，首先申请查封、扣押、冻结并有效采取措施的债权，但人民法院依职权查封的除外；

2. 依债权人申请采取追加被执行人、行使撤销权、悬赏执行、司法审计等行为而发现被执行人财产的债权。

六、被执行人为企业法人的债权受偿问题

（一）申请追加被执行人、行使撤销权、悬赏执行、司法审计等而发现被执行人财产的普通债权，如何受偿？

申请追加被执行人、行使撤销权、悬赏执行、司法审计等而发现被执行人财产的行为视为在先采取执行措施，该普通债权对发现的财产参照普通债权按财产保全和执行中查封、扣押、冻结财产的先后顺序清偿执行。

（二）同一人民法院受理了涉及同一被执行人的多个案件的，其普通债权的受偿顺序如何清偿？

人民法院依职权采取查封、扣押、冻结执行措施的法律效力及于在采取该措施前同一人民法院已立案受理的涉及同一被执行人的其他案件，即该类案件的普通债权的受偿顺序相同，但人民法院依债权人提供的财产线索采取查封、扣押、冻结执行措施的除外。

七、分配异议有关问题

（一）在分配程序中，被执行人或其他债权人提出下列情形的异议，人民法院应当依照民事诉讼法第二百二十五条规定进行审查：

1. 是否适用参与分配程序；

2. 债权人申请参与分配是否逾期；

3. 分配方案的送达是否合法；

4. 其他程序性事项。

（二）在分配程序中，被执行人或其他债权人提出下列情形的异议，人民法院应当依照民事诉讼法司法解释第五百一十一条规定进行审查：

1. 分配方案中债权的分配数额；

2. 债权人的分配顺位；

3. 纳入分配方案的债权是否已履行；

4. 其他与分配方案有关的实体事项。

八、执行财产处置权问题

首先采取财产保全和执行中查封、扣押或者冻结措施的人民法院（以下简称首封法院）与对查封、扣押或者冻结财产享有优先受偿权的执行法院（以下简称优先权执行法院）就执行处置权问题产生争议的，以及首封法院与轮候查封法院就执行处置权问题产生争议的，如何处理？

执行财产由首先采取查封、扣押或冻结措施的法院处置，但在首封法院的案件尚未进入执行程序、或者在执行案件立案之日起两个月内无正当理由未启动评估、拍卖（变卖）等财产处置程序，优先权执行法院、轮候查封法院请求处置查封财产的，应与首封法院先行协商解决，协商不成的，报请共同的上级法院协调处理。

九、司法拍卖相关问题

（一）附着于土地使用权、建筑物及构筑物等不动产上的动产，可否与不动产一起进行第三次拍卖？

动产和不动产不能分割处置或者分割处置会降低价值的，可以整体进行第三次拍卖；第三次拍卖时，动产以第二次拍卖的保留价为拍卖保留价。

（二）暂缓、中止司法拍卖的情形消除后，如何恢复司法拍卖？

市高法院批复同意暂缓司法拍卖的，应当明确暂缓司法拍卖的期限。暂缓期限过后，司法拍卖程序自动恢复，执行法院应当根据案件的具体情况恢复司法拍卖或开展其他执行工作。市高法院批复同意中止司法拍卖的，中止司法拍卖的事由消除后，执行法院应当及时恢复司法拍卖。

恢复司法拍卖的情况应当及时报告市高法院执行局。

4. 江苏省高级人民法院关于执行疑难若干问题的解答（执行局2013年）

为解决执行工作中常见的若干疑难问题，统一法律适用，根据《中华人民共和国民事诉讼法》（以下简称民诉法）和相关司法解释的规定及精神，结合全省法院执行工作实际情况，制定本解答。

1. 对执行行为的异议和对执行标的的异议区别以及利害关系人和案外人的区别

答：对执行行为的异议，提起主体有当事人和利害关系人。对执行标的的异议，提起主体是案外人。债务人对执行标的主张抵销、清偿，无权依据民诉法第二百二十七条提出执行异议，而只能适用民诉法第二百二十五条作为执行异议来处理。利害关系人和案外人都是争议法律关系之外的第三人。

利害关系人指认为执行行为侵害其法律上权益的第三人，一般与当事人有一定的关联性，其范围包括当事人的债权人、债务人、合伙人、抵押权人、质权人、留置权人、承租人（租赁权形成于查封之后）、优先权人、近亲属、被抚（扶）养人以及法院的协助执行人等。例如法院扣留或提取被执行人的工资收入，未保留依靠其生活的被抚养人必需的生活费用，被抚养人可以作为利害关系人提出执行异议。

案外人指对执行标的主张所有权或者有其他足以阻止执行标的转让、交付的实体权利的第三人，其范围包括执行标的的所有权人、共有权人、用益物权人、部分担保物权人、承租人（租赁权形成于查封之前）、无过错的买受人、特定债权人以及隐名股东、信托财产的委托人、破产管理人、遗嘱执行人等。例如第三人依据《最高人民法院关于人民法院民事执行中查封、扣押、冻结财产的规定》第十七条提出执行异议，此时第三人属于案外人，应当适用民诉法第二百二十七条。

2. 执行行为异议和执行标的异议竞合，如何适用法律？

答：异议人形式上认为执行行为违法，但依据的理由是对执行标的主张实体权利的，仍然适用民诉法第二百二十七条。异议人既对执行行为提出异议，又对执行标的提出实体异议，如果两种异议是可分的，分别适用民诉法第二百二十五条和第二百二十七条；如果两种异议是不可分的，即发生所谓异议竞合问题，则适用民诉法第二百二十七条。

3. 案外人异议裁决和异议之诉是什么关系？

答：依据民诉法第二百二十七条，案外人对执行标的提出书面异议的，法院经审查作出裁定后，案外人或者当事人对裁定不服且执行标的与原判决、裁定无关的，可以提起异议之诉。异议之诉是案外人或者当事人对执行异议裁决不服之后的救济途径。依照现行法律规定，异议之诉分为案外人异议之诉和申请执行人异议之诉。

案外人异议之诉，是指案外人就执行标的主张足以排除强制执行的权利，请求法院停止执行该标的的诉讼，即停止执行之诉。申请执行人异议之诉，是指申请执行人对法院依案外人异议作出的对执行标的中止执行裁定不服，请求许可执行该标的的诉讼，即许可执行之诉。因此，异议之诉的诉讼请求是特定的，只有案外人的停止执行请求和申请执行人的许可执行请求两种。例如，对法院查封的房产，法院驳回案外人的执行异议后，案外人诉请停止执行；或者法院支持案外人的执行异议后，申请执行人诉请许可执行。

案外人异议是异议之诉的前置程序，异议之诉只审查当事人、案外人之间的争议，不审查案外人异议裁决。

案外人异议裁决作出后，案外人在法定时间内没有提起异议之诉，执行标的被强制执行后，案外人可以在其权利受到实际侵害之后，向被执行人提起不当得利之诉或者侵权之诉。

4. 确权之诉和案外人异议的关系

答：依据《关于执行权合理配置和科学运行的若干意见》第二十六条的规定，对执行法院已经采取执行措施的财产，案外人不能另行通过确权之诉解决，只能先提出案外人异议，不服案外人异议裁决后再向执行法院提起异议之诉。确权之诉不能代替异议之诉。案外人在异议之诉中可以同时提起确权之诉，与异议之诉合并审理。执行法院采取执行措施前，债务人与案外人对该财产另案进行确权之诉的，如债权人没有参加诉讼，且债权人提供了案外人与债务人恶意串通进行虚假诉讼规避执行的初步证据的，在对财产保全之后，该确权诉讼应当中止审理，案外人应当依据民诉法第 227 条提出异议，已中止的确权之诉可以并入案外人异议之诉处理。

对执行法院已经采取执行措施的财产，参照《关于执行权合理配置和科学运行的若干意见》第 26 条的规定，案外人也不能通过仲裁确权来对抗执行，案外人只能依据民诉法第 227 条规定的案外人异议和案外人异议之诉进行抗辩。

5. 申请执行人申请追加被执行人的配偶为被执行人，什么情形下执行机构应当审查？

答：执行依据中对债务性质已明确认定为个人债务的，不应在执行过程中追加被执行人的配偶（以下均包括原配偶）为被执行人。执行依据中没有对债务性质作出明确认定、申请执行人曾经在诉讼过程中撤回对配偶方的起诉、调解书虽列明配偶为当事人，但是未要求其承担实体责任的，执行过程中，申请执行人申请追加被执行人配偶为被执行人的，执行实施机构均应当予以审查，并作出是否追加的裁定。

6. 在执行过程中如何认定夫妻共同债务从而裁定追加配偶为被执行人？

答：执行依据载明的债务人为夫妻中的一方，对于在夫妻关系存续期间形成的债务，除非符合法律规定的个人债务的条件，一般推定为夫妻共同债务，被追加人主张不是夫妻共同债务的，由其负担举证责任。有证据证明被执行人因赌博、吸毒、犯罪等不法行为所负债务，应当认定为个人债务。与家庭生活有关的担保之债、侵权之债等应当认定为夫妻共同债务。与家庭生活无关的担保之债、侵权之债等一般不应认定为夫妻共同债务。

被追加为被执行人的配偶认为债务不属于夫妻共同债务而提出执行异议的，应按照民诉法第二百二十七条进行审查，最终通过异议之诉解决债务性质问题。

7. 是否必须先追加配偶为被执行人，然后才能采取执行措施?

答：原则上应先追加被执行人的配偶（或原配偶）为被执行人，再执行其名下的财产。但紧急情况下，为了防止其转移财产，可以在追加的同时采取控制性执行措施。

8. 除《中华人民共和国公司法》及其解释的相关规定之外，哪些情况下也可以追加股东为被执行人?

答：股东增资不实，不论公司债务发生在不实增资之前或之后，都可以追加增资不实的股东为被执行人，在增资不实的范围内承担补充责任。

发起人出资不实，可以追加其他发起人为被执行人，与该发起人一起在出资不实的范围内向公司债权人承担连带赔偿责任。其他股东出资不实，可以追加发起人为被执行人，与出资不实的股东向公司债权人承担连带赔偿责任。

股东认缴出资的期限未到，可以先采取保全措施，待认缴期限届满后再采取执行措施。

股东被追加为被执行人后，股东的股东仍然有出资不实或者抽逃出资的事实的，一般不再连续追加股东。

追加股东为被执行人的裁定在异议或复议期内虽然不发生立即强制执行的效力，但对被追加股东具有限定其偿还债务对象的效力，该裁定被撤销或执行完毕之前，被追加股东对该裁定以外的其他债权人以同样理由承担责任不影响追加裁定效力，也不能对抗本案执行。

被执行人进入破产程序后，对被追加为被执行人的股东的执行应当中止。

9. 当事人对审计、评估、鉴定报告提出异议，如何确定审查范围并作出处理结果？

答：当事人对审计、评估、鉴定报告提出异议，要求重新审计、评估、鉴定的，法院主要审查审计、评估、鉴定的程序是否合法，审计、评估、鉴定机构（以下统称专业机构）及出具报告的审计师、评估师、鉴定人员是否具有法定资质、评估结果是否公正等。

经审查，当事人异议不成立的，裁定驳回其异议。异议成立的，裁定异议成立，同时根据原审计、评估、鉴定报告的具体情况，责令专业机构限期补正审计、评估、鉴定报告或者直接裁定原审计、评估、鉴定报告无效。专业机构拒绝补正或当事人、利害关系人对补正结果仍有异议，经审查认为其异议确有理由的，裁定原审计、评估、鉴定报告无效。原审计、评估、鉴定报告经裁定无效的，由司法辅助部门委托其他专业机构重新审计、评估、鉴定。对于审计、评估、鉴定报告被裁定无效的专业机构及相关人员，如确属恶意串通、弄虚作假，审计、评估、鉴定结果明显失实等情形的，人民法院将不再委托其从事委托审计、评估、鉴定工作。同时，执行部门应责令相关专业机构退回审计、评估、鉴定费用，拒不退还的，强制执行。

10. 什么情况下可以认定司法拍卖无效？

答：司法委托拍卖非经法定程序，非属严重瑕疵，不宜认定拍卖无效。

拍卖无效主要有以下情形：

（一）执行依据自始不存在或者尚未发生效力。

（二）买受人不具有法律规定的竞买资格。

（三）拍卖前未发布拍卖公告。

（四）拍卖物以低于保留价的价格拍定。

（五）竞买人之间、拍卖人与竞买人之间恶意串通。

（六）拍卖人或者被执行人故意隐瞒拍卖物的重大瑕疵，从而严重影响拍卖结果的公正性。

（七）其他严重违反拍卖法律规定的情形。

11. 以评估报告超期为由提出拍卖无效的，如何认定？

答：采取法院委托拍卖的方式，评估报告超期的时间节点是法院作出委托拍卖行为的时间；采取法院自行拍卖的方式，评估报告超期的时间节点是发布拍卖公告的时间。只要执行法院作出委托拍卖行为时或者发布拍卖公告时评估报告没有超期，如果每次拍卖都在法定的间隔60日内进行，那么该评估报告可以从第一次拍卖一直使用到第二次拍卖、第三次拍卖以及重新拍卖。如果拍卖间隔时间过长，拍卖标的物市场价格变动较大，应当重新评估。

评估报告超期情况下的拍卖一般无效，但是为维持法律关系的稳定，如果属于以下两种情况之一，虽然评估报告超期，不应一律认定拍卖无效：

（一）当事人及利害关系人在拍卖之前合意以超期的评估报告作为拍卖依据的，应当认定拍卖有效。

（二）当事人及利害关系人在拍卖之前虽没有合意以超期的评估报告作为拍卖依据，但是公开拍卖程序规范且拍卖价超过评估价，法院另行指定评估机构按原评估时的市场行情对执行标的再行评估一次，如重新评估的价格未超过原拍卖价，也可以认定拍卖有效；如超过原拍卖价过大，则拍卖无效。

12. 如何确定参与分配的时点？

答：关于参与分配的时点，《最高人民法院关于人民法院执行工作若干问题的规定（试行）》规定为“在被执行人的财产被执行完毕前”。可以分三种情况进行具体界定：

（一）拍卖、变卖被执行人财产的，时点为拍卖、变卖成交之日的前一日，不因以后因买受人不缴价款而再拍卖或变卖而变动。

（二）依法交债权人以物抵债的，时点为送达债权人以物抵债裁定之日的前一日。

（三）上述两种处置方式以外的被执行财产，时点为当次分配表已送达任一债权人之日的前一日，不因以后因债权人提出异议而重作分配表而变动。

在上述时点以后提出参与分配申请的债权人，只能参与分配剩余财产。

13. 在执行被执行人名下财产的过程中，承租人提出执行异议，应如何处理？

答：就租赁权而言，只有执行措施可能或者已经妨害租赁权行使的时候，承租人才可以提起执行异议；如果执行行为不妨害承租人占有、使用租赁物，承租人不应提起执行异议，已经提起执行异议的，应当予以驳回。

承租人在执行法院采取执行措施（包括诉讼保全措施）之后取得租赁权的，承租人的租赁权不能对抗申请执行人的债权，其提出的异议按照民诉法第二百二十五条处理。承租人在执行法院采取执行措施（包括诉讼保全措施）之前取得租赁权的，承租人依据其租赁权提出执行异议，按照民诉法第二百二十七条处理。

14. 抵押合同约定担保范围包括本金、利息、实现债权的费用等，但抵押权登记簿上或者他项权证上记载的主债权仅为本金部分，其他相关债权人认为抵押权人仅能就本金部分优先受偿，从而提出执行异议，应当如何处理？

答：抵押合同与抵押权登记簿、他项权证上记载的抵押权的担保范围应当一致。如果出现不一致，鉴于权证登记的公示效力，应以登记的内容确定具体数额。

15. 对担保人存入银行保证金账户的保证金，一旦执行法院采取执行措施后，银行往往以其对该保证金享有优先受偿权为由提出执行异议，应当如何处理？

答：银行在经营贷款或承兑汇票等业务过程中，往往要求担保人（主要是融资性担保公司）提供一定比例的保证金存入债权银行作为履约担保，在保证金合同担保的银行贷款到期后，如借款人未足额偿还借款本息，银行有权直接从保证金账户扣除相应保证金偿还借款。该保证金的性质可以认定为金钱质押，法律依据是《最高人民法院关于适用〈中华人民共和国担保法〉若干问题的解释》第八十五条："债务人或者第三人将其金钱以特户、封金、保证金等形式特定化后，移交债权人占有作为债权的担保，债务人不履行债务时，债权人可以以该金钱优先受偿。"

对银行提出的执行异议，重在审查该保证金是否"特定化"，即是否担保特定债权且银行可以优先受偿。在银行经营业务中，保证金和担保债权可能并未一一对应，保证金的额度还会发生增减变化。在这种情况下，应当结合担保人与银行之间的约定以及贷出和偿还等贷款情况，对保证金账户中的资金性质进行区分后认定。

16. 如何有效执行第三人到期债权以及未到期债权？

答：在执行中，对被执行人在第三人处的到期债权，应当向第三人送达履行到期债务通知书，并做好执行笔录，告知相关后果。第三人在履行通知指定的期间内没有提出异议，后来又反悔，提出异议的，不予支持。债务人对第三人享有的到期债权，法院在诉讼阶段已采取保全措施，要求第三人不得对本案债务人清偿且交待了异议权，第三人当时对其到期债务没有异议，但在执行程序中又提出异议的，不予支持，且在执行阶段无需再次向其送达履行到期债务通知书，仅送达协助执行通知书即可。如果在诉讼阶段未交待异议权，应当允许第三人在执行阶段提出异议。

第三人未在法定时间内提出执行异议，事后主张行使对被执行人到期债权的抵销权的，不能对抗执行案件债权人，第三人不按照履行到期债务的通知履行义务的，执行法院可以直接执行第三人的财产。第三人在法院执行之后可以另行向被执行人主张权利。

关于被执行人对第三人的未到期债权，执行法院应当向第三人送达执行裁定和协助执行通知书，进行冻结或查封，待债权到期后参照到期债权予以执行。此时第三人的地位是协助执行义务人，第三人提出的执行异议，如果针对的是查封、冻结、扣押、提取等执行措施，依照民诉法第二百二十五条处理。

执行法院对到期债权或未到期债权采取强制执行措施，不应当超出履行到期债务通知或者查封（冻结）未到期债权裁定确定的第三人债权价值。例如被执行人在第三人处有未到期债权 150 万元，甲法院冻结其中的 100 万元，乙法院随后冻结其中的 50 万元，甲法院不能在扣划的时候超出 100 万元的范围。

17. 对无证房产如何执行？

答：被执行人对无证房产虽不享有所有权，但是在执行过程中可通过执行措施限制其占有、使用、收益和处分，从而敦促其履行法定义务。根据案件具体情况，可采取以下几种执行措施：

（一）执行无证房产产生的收益。

（二）进行实地查封。

（三）对于行政机关虽认定为违章建筑，但限期改正后能够转为合法建筑的，可以等该建筑合法化后再行拍卖。

（四）转让无证房产的使用权。

执行过程中既不要代替行政机关认定违章建筑，也不宜作出权属认定，可以称被执行的违章建筑为“无证房产”。

18. 首查封法院怠于处置查封财产的，如何处理？

答：首查封法院在执行查封（诉讼中的查封自执行立案之日起转化为执行查封）生效之日起 1 个月内（对于不能长期保存的物品在合理时间内）无正当理由未启动评估、拍卖（变卖）等财产处置程序的，可以认定为怠于处置查封财产。

轮候查封法院与怠于处置查封财产的首查封（以下均包括扣押）法院就处置查封财产问题应先协商处理，协商不成的，应层报共同上级法院，按照下列情况处理：

（一）首查封法院执行的债权是普通债权，仅有一个轮候查封法院执行的债权享有抵押权等优先受偿权，首查封法院怠于处置查封财产的，由执行优先受偿债权的轮候查封法院处置查封财产。

（二）首查封法院执行的债权是普通债权，有多个轮候查封法院执行的债权享有抵押权等优先受偿权，首查封法院怠于处置查封财产的，一般由在先的执行优先受偿债权的轮候查封法院处置查封财产；特殊情况下经共同上级法院批准（为方便处置查封财产或为保障查封财产拍卖价值的最大化），也可以由在后的执行优先受偿债权的轮候查封法院处置查封财产。

（三）所有债权都不享有抵押权等优先受偿权，首查封法院怠于处置查封财产的（包括权利人故意不申请执行等情形），由顺序在先的轮候查封法院负责处置查封财产，在先的轮候查封法院不愿意处置的，由在后的轮候查封法院处置。

财产处置法院处置查封财产所得款项（拍卖变卖款或以物抵债后的分配款），应当按照法律规定予以分配。在被执行人的财产不足清偿时，区别被执行人有无法人资格。对于有法人资格的被执行人，同一顺位的金钱债权按照法院采取执行措施的先后顺序受偿，作为例外，在企业法人未经清理或清算即撤销、注销或歇业的，按各债权额的比例进行分配；对不具有法人资格的被执行人，如公民和其他组织，则不区分采取执行措施的先后，同一顺位的金钱债权一律按照各债权额的比例进行分配。

财产处置法院裁定将查封财产拍卖（变卖）给买受人或以物抵债给债权人后，首查封法院及其他查封自动生效的轮候查封法院立即对查封财产予以解封。首查封法院及其他查封自动生效的轮候查封法院不按照以上规定配合轮候查封法院处置查封财产的，应由共同的上级法院协调处理，并追究首查封法院及相关责任人的责任。

5. 江苏省高院《关于抵押债权优先受偿范围的补充解答》（2015年11月24日）

省法院执行局2013年制定的《关于执行疑难若干问题解答》第14条规定：抵押合同约定担保范围包括本金、利息、实现债权的费用等，但抵押权登记簿上或者他项权证上记载的主债权仅为本金部分，其他相关债权人认为抵押权人仅能就本金部分优先受偿，从而提出执行异议，应当如何处理？抵押合同与抵押权登记簿、他项权证上记载的抵押权的担保范围应当一致。如果出现不一致，鉴于权证登记的公示效力，应以登记的内容确定具体数额。

执行实务中在适用该条规定时出现了以下问题：

一是审判庭作出的关于抵押债权受偿范围的判决、裁定并没有完全依照省院民二庭关于抵押债权优先受偿范围以抵押登记簿上或者他项权证上记载的债权数额为准的规定来裁判，有的判决确定的抵押债权优先范围包括本金、利息、违约金、实现抵押权费用，而执行法院仍然按照本金部分执行，抵押债权人尤其是金融机构提出异议；

二是抵押债权人与债务人诉讼中的调解约定抵押债权优先受偿的范围包括本金、利息、违约金、实现抵押权费用，与该条规定发生冲突；

三是抵押债权人直接申请参与分配，如何确定抵押债权人优先受偿的范围，是按照抵押权登记簿上或者他项权证上记载的主债权数额还是抵押合同约定的优先受偿范围来执行，执行实务中存在争议；

四是外省法院与我们协调案件时提出不同意见，如浙江高院出台的意见明确抵押债权优先受偿范围包括本金、利息、违约金、实现抵押权费用。

执行法院的执行依据是生效判决书、调解书、裁定书等，抵押债权人优先受偿的范围应当严格按照生效的判决、调解书、裁定书确定的优先受偿范围来执行，无需审查抵押债权人在他项权证上或登记簿上记载的优先受偿债权数额。

抵押债权人直接向法院申请执行或参与分配的，其优先受偿的债权数额如何确定，倾向于有抵押登记的以抵押登记确定的范围为准，没有抵押登记的以抵押合同约定的范围为准。

6. 浙江省高级人民法院印发《关于多个债权人对同一被执行人申请执行和执行异议处理中若干疑难问题的解答》(浙高法执(2012)5号)

多个债权人对同一被执行人申请执行时，应采用什么样的处理原则；适用平等分配原则时，哪些债权人有资格申请参与分配；被执行人多项财产被不同法院查封时如何实行分配；申请参与分配的截止日期如何确定，分配中对优先权如何保护，优先受偿权受制于财产处置权时如何解决？等等问题，我省各地法院和执行人员理解不一，做法各异。关于执行行为异议和执行标的异议的处理，由于法律和司法解释中缺乏具体的程序规定，执行审查机构和执行法官在一些问题的处理上无所适从。为正确处理这两类问题，省高院执行局经深入调研，广泛听取意见，依照《中华人民共和国民事诉讼法》、最高人民法院《关于适用〈中华人民共和国民事诉讼法〉若干问题的意见》、《关于人民法院执行工作若干问题的规定（试行）》、《关于适用〈中华人民共和国民事诉讼法〉执行程序若干问题的解释》等法律、司法解释的规定，就其中的23个突出问题作出解答，供办案时参考。

一、关于多个债权人对同一被执行人申请执行中的问题

(一）两个以上普通债权人分别对同一被执行人申请执行，哪些情况下按照各债权比例受偿?

答：具有以下情形之一的，按照各债权比例受偿：

1. 被执行人为公民或其他组织，其可供执行的财产不足清偿全部债务；

2. 被执行人为企业法人，未经清理或清算而撤销、注销或歇业，其可供执行的财产不足清偿全部债务；

3. 系同一份生效法律文书确定的债权，且被执行人可供执行的财产不足清偿全部债务。

(二）不同生效法律文书确定金钱给付内容的两个以上普通债权人分别对同一被执行人申请执行，哪些情况下适用最高人民法院

《关于人民法院执行工作若干问题的规定（试行）》（以下简称《执行规定》）第88条第1款的规定，按照执行法院采取执行措施的先后顺序受偿？

答：具有以下情形之一的，适用《执行规定》第88条第1款的规定，按照执行法院采取执行措施的先后顺序受偿：

1. 被执行人为公民或其他组织，其可供执行的财产足以清偿全部债务；

2. 被执行人为企业法人，其可供执行的财产足以清偿全部债务，或者虽不足清偿全部债务，但尚在经营。

（三）问题（一）第2种情形中的“歇业”应如何掌握？

答：“歇业”是指企业法人终止经营的状态，企业法人歇业，依法应当向工商部门办理注销登记。根据《中华人民共和国企业法人登记管理条例》第二十二条的规定，企业法人领取营业执照后，满六个月尚未开展经营活动或者停止经营活动满一年的，视同歇业。

企业法人因资金链断裂、负责人逃匿或主要财产被执行处置等原因而停止经营的，可按歇业处理。

（四）被执行人为公民、其他组织或者未经清理或清算而撤销、注销、歇业的企业法人，其多项财产分别被不同法院查封，部分法院查封的财产足以清偿其执行中的债务，但被执行人可供执行的全部财产相加不足清偿已为生效法律文书所确定的债务，此种情况下是各自执行还是适用参与分配？

答：被执行人的多项财产分别被不同法院查封，部分法院查封的财产虽足以清偿其执行的债务，但被执行人的资产负债表，或者审计报告、资产评估报告等显示其可供执行的全部财产不足以清偿已为生效法律文书所确定的全部债务，此种情况仍属于《执行规定》第90条和第96条规定的“财产不足以清偿全部债务”，应适用参与分配。

（五）被执行人的多项财产分别被不同法院查封、符合参与分配条件的，如何实行分配？

答：各查封法院对适用参与分配意见一致的，由每项财产的在先查封法院对各自查封的财产进行分配。

各查封法院对适用参与分配不能形成一致意见，或者涉及的法院较多的，可由各查封法院的共同上级法院通过提级执行或指定执行将所有案件管辖权集中至一家法院，由该法院处置财产并主持分配。或者由共同的上级法院作出决定，确定其中一家法院对被执行人所有可供执行的财产统一处置，统一分配。

（六）已经起诉或申请仲裁但尚未取得执行依据的普通债权人申请参与分配，如何处理？

答：根据最高人民法院《关于适用〈中华人民共和国民事诉讼法〉若干问题的意见》第297条，已经取得执行依据或者已经起诉的债权人都可以申请参与分配。但《执行规定》第90条规定，已经取得执行依据的债权人才有资格申请参与分配。根据“后法优于前法”的原则，已经起诉或申请仲裁但尚未取得执行依据的债权人申请参与分配的，法院一般不予准许。

但有以下情形之一的，主持分配的法院应当按照相关债权人诉讼或申请仲裁请求给付的债权数额确定其可分得的款项予以留存，待该债权人取得执行依据后支付：

1. 在先查封为财产保全，所涉案件尚未审结，经协调由首先进入终局执行的法院处置财产并主持分配，在先查封的申请人要求参与分配的；

2. 被执行人的职工主张支付被拖欠的工资和医疗、伤残补助、抚恤费用，应当划入职工个人账户的基本养老保险、基本医疗保险费用，以及法律、行政法规规定应当支付给职工的补偿金的；

3. 人身损害赔偿纠纷案件的受害人向被执行人主张赔偿金，不能实现将严重影响受害人生活的。

（七）尚未取得执行依据的优先权人申请参加参与分配程序，主张优先受偿权的，如何处理？

答：对执行标的物享有优先权的债权人，即使未取得执行依据，其申请参加参与分配程序，主张优先受偿的，应予允许。

对该优先权存在与否及其数额，由主持分配法院的执行机构审查认定。对于符合形式要件的优先权，原则上可予认定。

（八）问题（七）中的优先权包括哪些？

答：根据现行法律和司法解释的规定，包括：

1.《中华人民共和国物权法》、《中华人民共和国担保法》、《中华人民共和国民法通则》规定的“担保物权”；

2.《中华人民共和国海商法》第二十一条和第二十二条规定的“船舶优先权”；

3.《中华人民共和国民用航空法》第十八条和第十九条规定的“民用航空器优先权”；

4.《中华人民共和国合同法》第二百八十六条规定的“建设工程价款优先受偿权”；

5.《中华人民共和国担保法》第五十六条规定的“土地使用权出让金优先权”；

6.《中华人民共和国税收征收管理法》第四十五条规定的“税收优先权”；

7.《中华人民共和国民办教育促进法》第五十九条规定的“应退受教育者学杂费用优先权”；

8. 最高人民法院《关于建设工程价款优先受偿权问题的批复》第二条规定的“已交付全部或大部分款项的商品房买受人（消费者）优先权”；

9. 最高人民法院《关于人民法院民事执行中查封、扣押、冻结财产的规定》第十八条、第十九条规定的“基于保留所有权或未转移登记而产生的剩余价款优先受偿权”。

（九）尚未取得执行依据的优先权人申请参加参与分配程序，主张优先受偿权，而被执行人或其他债权人对优先权存在与否及其数额提出异议，如何处理？

答：可依照最高人民法院《关于适用〈中华人民共和国民事诉讼法〉执行程序若干问题的解释》(以下简称《民诉法执行程序解释》) 第二十六条的规定，按分配方案异议处理。

(十) 债权人申请对保证人的财产参与分配的，应不应当准许？

答：要区分是一般保证的保证人还是连带责任保证的保证人。如债权人申请对一般保证的保证人的财产参与分配的，必须提供主债务人已无财产可供执行的证据，否则不允许其参与分配。如债权人申请对连带责任保证的保证人的财产参与分配的，应当允许。

(十一) 债权人在主债务人尚有财产可供执行的情况下，先申请对连带责任保证的保证人的财产参与分配，使得该保证人为主债务人的案件的申请执行人受偿比例降低，如何解决这一问题？

答：该保证人为主债务人的案件的执行法院可在保证人向主债务人行使追偿权后，对追偿所得予以执行，并在未足额受偿的债权人中再次分配。

如果该保证人怠于行使追偿权，上述法院可按执行已决到期债权的方法（第三人无权对履行到期债务的通知提出异议）在保证人可追偿的数额范围内对其为之担保的主债务人予以执行，执行所得在未足额受偿的债权人中再次分配。

(十二) 申请参与分配的截止日期如何确定？

答：主持分配法院的执行程序中只有一个申请执行人的，其他债权人申请参与分配（根据《执行规定》第92条的规定，应通过其原申请执行法院向主持分配的法院转交参与分配申请书，下同）的截止日期，为执行价款支付给申请执行人的前一工作日，或者执行标的物因以物抵债而将产权转移给承受人的前一工作日。

主持分配法院的执行程序中已有两个以上债权人参与分配的，其他债权人申请参与分配的截止日期，为执行法院将分配方案送达第一个当事人的前一工作日。

(十三)《浙江省高级人民法院关于在立案和审判中兼顾案件

执行问题座谈会纪要》(浙高法〔2009〕116号)第三条第(四)项规定首先申请财产保全并成功保全债务人财产的债权人在参与该财产变价所得价款的分配时,可适当多分,但最高不得超过20%(即1∶1.2的系数)。具体如何确定分配比例?

答:举例说明如下:

甲、乙、丙均申请执行丁,申请执行标的额分别为200万元、300万元和100万元,符合参与分配条件。在诉讼中,甲首先申请财产保全并成功保全丁的全部财产,后拍卖得款300万元。主持分配的法院决定给甲多分20%(即增加0.2的系数)。分配时,先计算出乙、丙的受偿比例(以A指代),确定系数1,再乘以(1+20%)得出甲的受偿比例。乙、丙受偿比例的计算方法为:甲债权200万元×A×(1+20%)+(乙债权300万元+丙债权100万元)×A=可分配金额300万元,由此计算出A=46.875%。则甲的受偿比例为46.875%×1.2=56.25%。

需要注意的是,当首先申请财产保全并成功保全债务人财产的债权人的申请执行标的额远大于可分配金额,或者其他债权人的受偿比例已经较高(达到83.34%以上)时,奖励的系数应视情降低,以免出现首先申请财产保全并成功保全债务人财产的债权人分走全部款项或超额受偿的情况。

(十四)被执行人已设定抵押的财产被执行普通债权的法院在先查封,如抵押财产的价值低于或相当于抵押债权额的,应由哪个法院处置?

答:此种情况下,在先查封法院应将抵押财产的处分权移交给执行抵押债权的法院。在先查封法院不同意移交的,执行抵押债权的法院可以报请其与在先查封法院的共同上级法院协调处理。

(十五)被执行人已设定抵押的财产被执行普通债权的法院在先查封,该财产的价值高于抵押债权额,但执行普通债权的法院怠于处分,或者其当事人以执行和解等为由要求暂不处分财产,执行抵押债权的法院应如何处理?

答：执行抵押债权的法院可以报请其与在先查封法院的共同上级法院协调处理，要求移转抵押财产处置权。

（十六）在先查封为财产保全，但案件尚未审结，或虽已审结但债权人怠于申请执行，而其他涉及同一被执行人的案件亟待执行，应如何处理？

答：首先进入终局执行的法院可以报请其与在先查封法院的共同上级法院，决定由首先进入终局执行的法院处置财产并主持分配。

对于财产保全申请人诉讼中的债权，分配法院应当按照其诉讼请求数额计算出可分得的款项予以留存，视诉讼结果作出相应的处理。

（十七）债权人申请参与分配，但分配法院认为其不具备参与分配条件而未将其列入分配方案，该债权人提出异议的，怎么处理？

答：对该债权人的异议，可依照《中华人民共和国民事诉讼法》（以下简称《民诉法》）第二百零二条的规定，作为执行行为异议处理。

如该债权人的异议或复议申请得到支持，主持分配的法院将其列入分配方案后，其他债权人就该债权人的分配资格问题又提出异议的，不予受理。

二、关于审查处理执行行为异议和执行标的异议中的问题

（十八）执行行为异议和执行标的异议竞合时，怎么处理？

答：案外人提出的异议既指向执行行为，又对执行标的主张所有权等实体权利，或者其异议针对执行行为，但异议依据的基础权利为所有权或者其他实体权利，并主张该实体权利具有阻止执行效力的，按照《中华人民共和国民事诉讼法》（以下简称《民诉法》）第二百零四条的规定进行审查。

（十九）财产刑和行政非诉案件执行中，案外人参照《民诉法》第二百零四条行使救济，其对执行标的提出的异议被驳回后，

因难以解决列被告的问题而无法提起诉讼，此时应如何保护其获得救济的权利？

答：为了不使这两类执行案件的案外人与民事执行案件案外人获得救济的权利相差太大，可允许前者参照《民诉法》第二百零二条向上一级人民法院申请复议。

（二十）审查执行行为异议和执行标的异议作出的裁定中，需不需要交代申请复议权或诉权？

答：审查这两类异议作出的裁定中，应当分别交代申请复议权或诉讼权利。

（二十一）审查执行行为异议和执行标的异议作出的裁定中，需不需要表述“本裁定送达即发生法律效力”？

答：在审查执行行为异议作出的裁定中，不需要表述“本裁定送达即发生法律效力”，直接交代申请复议权即可。在审查执行标的异议作出的裁定中，应在交代诉讼权利后表述“本裁定送达即发生法律效力”。

（二十二）当事人、利害关系人援引《民诉法》第二百零二条提出异议，但执行法院审查后发现其提出的异议并不属于该条规定的执行行为异议，应如何处理？

答：对异议是否成立仍需审查并作出裁定，但裁定中不能告知申请复议权，而应表述“本裁定送达即发生法律效力”。

（二十三）当事人、利害关系人援引《民诉法》第二百零二条提出异议，执行法院作为执行行为异议审查并作出了裁定，裁定中还告知了申请复议权。上一级人民法院受理复议申请后，经审查发现当事人、利害关系人提出的异议并不属于《民诉法》第二百零二条规定的执行行为异议，应如何处理？

答：复议法院经审查发现存在上述情形的，可直接裁定驳回复议申请，无需对复议理由是否成立进行审查。

7.《浙江省金华市中级人民法院关于参与分配制度若干问题的规定（试行）》

第一条　为规范全市两级法院执行案件参与分配工作的操作，平等保护债权人的合法权利，确保公平、公正地执行，依据《中华人民共和国民事诉讼法》最高人民法院《关于适用〈中华人民共和国民事诉讼法〉若干问题的意见》和最高人民法院《关于人民法院执行工作若干问题的规定（试行）》（以下简称：《执行规定》）等有关规定，特制定本规定。

第二条　执行中的参与分配，是指在民事强制执行程序中，被执行人为公民或其他组织，其全部或主要财产已被一个法院因执行确定金钱给付的生效法律文书而查封、扣押或冻结，无其他财产可供执行或其他财产不足清偿全部债务，在被执行人的财产被执行完毕前，对该被执行人已经取得的金钱债权执行依据的其他债权人通过申请加入先开始的执行程序，首先查封、扣押或冻结的法院将执行所得对各债权人公平清偿的一种执行制度。

第三条　参与分配的适用条件

（一）被执行人的主体必须是公民或其他组织。企业法人一般不能成为参与分配中被执行人的主体，只有在企业法人未经清理或清算而被撤销、注销或歇业，其财产不足清偿全部债务时，才可参照适用参与分配的规定。

（二）在被执行人的财产被执行完毕前，对被执行人已经取得执行依据的债权人才能申请参与分配。没有《执行规定》第 2 条规定的执行依据或在被保全的财产已被执行完毕后才取得的执行依据的债权人，无权参与分配。

享有优先受偿权（担保物权、法定优先权）的债权人，可直接申请参加财产分配程序。

（三）被执行人的全部财产或主要财产已被主持参与分配的法院因执行确定金钱给付的生效法律文书而保全，且无其他财产或其他财产不足清偿其他债权人全部债务的。

被执行人的财产是否“不足清偿全部债务”，应以申请参与分配人提出申请时主观标准作为依据，法院只需审查申请参与分配人提供的被执行人不能清偿其债务的表面证据及理由。但债务人尚在正常生产经营或有相反证据证明债务人有足够的财产清偿其债务的除外。

(四) 一般须有债权人提出参与分配的书面申请。

债权人没有提交参与分配的书面申请的，除法定优先权或担保物权外，主持参与分配的法院对其债权可不予考虑。但在同一法院对同一被执行人已有多个案件申请执行的，且被执行人财产明显不足清偿其债务的，法院应当对被执行人可供分配执行的财产在各债权人间按参与分配的原则进行分配，以公平保护各债权人的债权。

(五) 先采取执行措施控制主要财产的法院为主持参与分配的管辖法院。

第四条　《执行规定》第94条规定了参与分配的原则和具体方法，即对被执行人的财产享有优先权和担保物权的债权人依法优先受偿，其余债权依其债权额占总额的比例受偿。有多个担保物权的按担保物权的成立先后顺序清偿。执行财产不足清偿全部债务的，各债权人对执行标的物均无优先权和担保物权的，按照债权比例受偿。

为鼓励债权人积极查找被执行人的财产线索，对查找提供被执行人主要财产线索的债权人和已对被执行人的主要财产进行了财产保全的债权人，在分配财产时可适当增加分配比例。

优先受偿权的一般顺序为：留置权优于抵押权，法定优先权优于留置权、抵押权。

参照《中华人民共和国企业破产法（试行）》第三十七条的规定，为维护社会稳定，对企业职工（包括民工）的劳动工资应当考虑优先受偿。

第五条　对企业法人未经清理或清算而被撤销、注销或歇业，其全部财产不足清偿全部债务时，执行法院可告知被执行人及债权人对该企业申请破产，无人申请破产的才可参照适用参与分配的规定，对其财产按参与分配程序执行。

第六条　债权人申请参与分配的，应当向其原申请执行的法院提交参与分配申请书，写明参与分配和被执行人不能清偿其所欠债务的事实和理由，并附执行依据。

第七条　原执行法院在收到债权人参与分配申请书后，应在五天内将参与分配申请书和执行依据等材料转交给主持分配的法院。并说明执行情况。

原执行法院如发现被执行人尚有其他财产未被采取强制措施的，应及时采取执行措施，并将有关情况通知主持分配的法院。

第八条　没有执行依据，但对被执行财产享有法定优先权或担保物权的债权人，可以申请参与分配，主张优先受偿权。

主持分配的法院对其提供的法定优先权或担保物权的依据除作形式审查外，还应对其法定优先权、担保物权依据的真实性进行实质审查。

如法定优先权、担保物权已经由生效法律文书所确定的，则无须审查。对于未经诉讼或仲裁程序确定，如申请参与分配的各当事人对其法定优先权或担保物权均无异议的，主持分配的法院经形式审查后认为可以确认的，可以在参与分配中让其享有优先受偿权。如其他债权人对优先受偿权提出异议的，或经主持分配法院形式审查后认为该优先受偿权有瑕疵的，应告知债权人另行提起民事诉讼以确定其民事权利。但应当保留其优先受偿的份额，其他部分可先进行分配。

第九条　主持分配的法院发现被执行人债务较多时，为便于及时分配执行被执行人的财产，可确定一个申请参与分配的期限，该申请期限一般不少于 30 日，具体期限由主持分配的法院根据案件的债权债务情况视情确定。申请参与分配的期限应在主持分配法院的公告栏内及被执行人的住所地等地方公告，必要时可在《金华日报》等报刊上公告和在全市两级法院的执行局间进行通报。公告期满应及时召开参与分配听证会。

第十条　申请参与分配的债权人对自己是否有权参与分配，应进行举证。其他债权人对该债权人参与分配的资格提出异议的，应由其提供反证。

第十一条　在二个或二个以上法院对同一被执行人的财产采取财产保全措施，或一家法院对同一被执行人多次采取财产保全措施时，对后一种情况，其他债权人要求参与分配可直接向执行法院提交申请。对前一种情况，相关法院间应进行协商，协商达成一致后，向中院报请将多件执行案件交叉到其中一家法院执行，并由该执行法院主持参与分配，中院在收到报请报告后10日内，作出是否同意交叉执行的裁定。

第十二条　如相关法院间相互协商不成，应各自将执行情况报送中院执行局协调。如协调不能达成统一意见，由中院执行局按最高院和省高院执行统管规定，将相关的执行案件交叉到其中一家法院一并执行。中院执行局将以查封被执行人的主要财产或采取财产保全措施在先的法院确定为主持分配法院。

第十三条　如中院与基层法院均对同一被执行人的财产进行了查封，且被执行人的财产不足清偿其所有债务的，同时又有其他债权人申请参与分配时，中院可对基层法院要求参与分配的案件提级执行或将自己执行的案件指令给基层法院执行，以便一并处理被执行人的财产，让要求参与分配的所有债权人公平参与分配被执行人的财产。

第十四条　主持参与分配的法院对参与分配申请是否符合形式要件及实质要件进行审查，只要申请人的申请符合法定形式要件，属于金钱债权的执行，并在法律规定的时间内提出申请的，有执行依据的，应准许其参与分配；若参与分配的申请不符合形式要求的，应当督促其限期补正，逾期不补正的，用通知方式驳回其参与分配的申请；经审查不符合参与分配条件的，应用通知方式驳回其参与分配的申请。

如果执行法院是为了执行被保全财产物权交付的生效法律文书而进行的保全，或者该法院所保全的并非被执行人的主要财产，或者被执行人其他财产足以清偿其他债权人债务，应驳回参与分配申请。

债权人申请参与分配后，是否准许其参与分配，主持分配的法院应在十日内以通知方式通知申请人。

第十五条　申请参与分配的债权人对通知驳回其参与分配不服的，可以提出异议，由裁决组对其异议进行审查并作出裁定。申请参与分配的债权人对异议裁定不服的，可以向上一级人民法院申请复议。异议裁定的尾部应写明可申请复议的权利及期限。

第十六条　对被执行人所有的财产进行变现后，先扣除被执行人应承担的执行费及相关费用外，剩余的为可参与分配的财产。

第十七条　主持分配法院已召开了参与分配听证会，并作出参与分配方案的，可视为此次参与分配的财产已执行完毕。此后其他债权人再申请参与分配的可不予受理。但涉及企业雇员、民工劳动工资的应作特别处理，只要其在财产分配完毕前提出均应适用第四条第三款的规定。

第十八条　主持分配的法院对要求参与分配的债权人应召开听证会，一般应召开一次听证会，必要时可召开二次或二次以上听证会。

在举行听证会期间，着重应确定参与分配原则、优先受偿的顺序、参与分配的债权总额等。向各参与分配的债权人通报被执行人可供参与分配的财产总额、到期债权总额、各债权人的债权总额（包括本金、利息、违约金、诉讼费等）、一般债权与优先债权情况等事实。

如参与分配的案件不多，标的不大，可简化参与分配的听证程序。一般在召开第一次听证会时确定分配方案，分配方案应包括下述内容：分配方案的由来，参与分配的执行依据情况，分配方案的理由，应说明的问题（如有无优先权、有无担保物权、有无租赁情况、被执行人财产的变现情况以及对上述法律事实的分析与认定等)，分配清偿比例，具体分配情况及分配清单等。

如参与分配的各债权人对分配方案均无异议的，经执行组讨论（合议）后，确定各参与分配债权人受偿的财产份额，报局长审批后发放执行款。

第十九条　如参与分配案件较多，债权形式种类较多，可举行二次或二次以上听证会。但一般在召开第一次听证会后，承办人员应在十日内制作执行款分配方案，并由执行组三名执行员进行讨论(合议)。

召开第二次听证会时，主要是把拟好的分配方案通报给参与分配的债权人，完善分配方案，确定分配财产的数额、时间等。

将经过修改完善的分配方案印发给各参与分配的债权人，债权人如对分配方案有异议，应及时提出，财产分配后提出异议的不予受理。

8.《福州市中级人民法院关于参与分配具体适用的指导意见（试行）》

福州市中级人民法院审判委员会（2017）第29次会议通过

一、制定背景

当前，全市两级法院参与分配的案件大量存在，最高院对参与分配的具体程序并无明确的意见，而相关规定较为笼统，不便操作，致使当事人针对参与分配问题提起的异议和信访增多。为规范参与分配程序，统一参与分配的标准，福州中院根据有关法律和司法解释规定，结合福州法院执行工作实际，制定了《关于参与分配具体适用的指导意见（试行）》。

二、内容介绍

该指导意见共十六条，对参与分配的形式、期间，分配的条件、原则，主持分配法院的确定，分配方案的制作、分配方案的异议等问题进行了较为全面的规定，特别对实务中争议较大的两个问题进行了规定：

（一）申请参与分配的期间节点。根据民事诉讼法解释第五百零九条第二款规定：参与分配申请应当在执行程序开始后，被执行人的财产执行终结前提出。该规定实操性较弱，且不利于保障当事人合法权益，提高执行效率，故在本指导意见中将该规定予以明晰，以被处置标的物所有权发生转移的节点作为参与分配截止日，具体规定见第四条；

（二）对在先采取诉讼保全及积极提供财产线索债权人的鼓励和照顾原则。为保护在先采取诉讼保全及积极提供财产线索债权人的权益，提高债权人配合法院执行工作的积极性，主动查找财产，在本指导意见中明确了对此两类债权人的分配倾斜，即在参与分配中对相关执行财产可以提高执行款分配比例，比例幅度为15%到20%，具体规定见第九条、第十条。

三、意见细则

第一条

被执行人为公民或者其他组织，在执行程序开始后，被执行人的其他已经取得执行依据的债权人发现被执行人的财产不能清偿所有债权的，可以向人民法院申请参与分配。

对人民法院查封、扣押、冻结的财产有优先权、担保物权的债权人，可以直接申请参与分配，主张优先受偿权，但超过担保物权时效的债权人除外。

第二条

申请参与分配，申请人应当提交申请书。申请书应当载明参与分配和被执行人不能清偿所有债权的事实、理由，并附有执行依据。

已申请执行的债权人申请参与分配的，应当向执行法院提交参与分配申请书，由执行法院将参与分配申请书转交给主持分配的法院，并说明执行情况。

执行情况内容应当包括：执行案号，当事人基本情况，应执行标的额，已执行标的额，未受偿标的额，对被执行人财产的调查情况，以及已控制但未处置完毕的被执行人财产及其价值等。

参与分配申请及上述材料，由参与分配法院向主持分配法院直接送达，主持分配法院应当确定专人统一签收。

第三条

未取得执行依据的优先权人、担保物权人直接向执行法院申请参与分配的，应提交参与分配申请书，除写明被执行人未清偿所有债权的事实、理由外，还应当写明优先受偿的金额、事实和理由，并提交相关的权利证明文件。

第四条

参与分配申请应当在执行程序开始之后提出，若执行标的物为货币类财产，以案款到达主持分配法院的账户之日作为申请参与分配的截止日；若执行标的物为非货币类财产，需对该财产予以拍卖、变卖或以其他方式变价的，以拍卖、变卖成交确认裁定送达买受人之日或以物抵债裁定送达申请执行人之日作为申请参与分配的截止日。

前款中的以物抵债裁定应当载明执行标的物折抵的价款数额，但不应载明折抵的债权数额，待分配方案确定后再作出认定。

同一案件中，法院执行多项财产的，各项财产分别确定申请参与分配的截止日；同一项财产（指同一项执行措施控制的财产）为可分的多个财产的，以被处置的最后一个财产确定申请参与分配的截止日。

第五条

对参与被执行人财产的具体分配，原则上由首先查封、扣押或冻结的法院主持进行，法律、司法解释另有规定的除外。

被执行人的多项财产分别被不同法院查封，符合参与分配条件的，由各项财产的在先查封法院分别进行分配。

相关执行法院协商一致并经申请执行人同意，也可以将各自查封的财产交其中一家法院进行处置或分配。中院也可以通过提级执行或指定执行将所有案件管辖权集中至一家法院，由该法院处置财产并主持分配。或者由中院作出决定，确定其中一家法院对被执行人所有可供执行的财产或者价款统一处置，统一分配。

第六条

主持分配的法院对提交参与分配申请的材料进行审查，对不符合参与分配条件和程序的债权人，不准予其参与分配，并应书面告知该债权人。对符合参与分配条件的债权人，但材料不齐备的，通知其在参与分配截止日前补正，并告知其逾期未补正的，将不得参与分配。债权人不服上述执行行为的，可依照民事诉讼法第 225 条规定，向主持分配法院提出书面异议。

第七条

参与分配执行中，执行所得价款扣除执行费用，并清偿应当优先受偿的债权后，对于普通债权，原则上按照其占全部申请参与分配债权数额的比例受偿。

执行费用一般指因强制执行而支出的费用及其他为债权人共同利益而支出的费用，如保全费用、评估费用、拍卖费用、执行费用等。

同一被执行人既有民事债权执行案件，又有行政罚款、司法罚款或者刑事罚金、没收财产执行案件的，民事债权优先受偿。刑事退赔案件中权利人的权利视为普通民事债权，但处置的标的物被依法认定为赃款赃物的除外。

第八条

已经起诉且在先保全但尚未取得执行依据的债权人，应当以其诉讼保全的债权额为限参与分配。执行法院在分配时，应当将该债权人所主张的债权应受偿分配的数额予以提存，待该债权确定后再交付给该债权人。前款债权人在分配终结后经生效法律文书确定其败诉，而其他参与分配债权人未受足额清偿的，所提存的款项应当追加分配给其他参与分配债权人。其他参与分配债权人已受足额清偿的，所提存的款项或者余额部分应当分配给申请参与分配的截止日期之后提出参与分配申请的债权人。对剩余款项无债权人主张权利的，应当将该款返还被执行人。

担保的债权未届清偿期的，在分配时应当优先预留其相应的份额。

对被欠缴基本医疗保险费、失业保险费、基本养老保险费的职工，劳动行政主管部门作出要求被执行人补缴上述保险费的文书的，在分配时应为其预留相应款项。

第九条

被执行人的财产无法清偿所有债务时，对首先采取财产诉讼保全措施的债权人，可以适当提高执行款分配比例。其债权额高于保全财产价额的，则在其债权额的范围内，提高比例幅度为保全财产价额的15%到20%；其债权额低于保全财产价额的，则在保全财产范围内，提高比例幅度为其债权额的15%到20%。

第十条

在执行过程中，对确实因其查到法院未能依职权查明的财产线索而实施查封，并积极预交测绘、评估费用的债权人，可以适当照顾，提高执行款分配比例。其债权额高于控制财产价额的，则在其债权额的范围内，提高比例幅度为控制财产价额的15%到20%；其债权额低于控制财产价额的，则在控制财产范围内，提高比例幅度为其债权额的15%到20%。

第十一条

多个债权人对执行财产申请参与分配的，执行法院应当制作财产分配方案，并送达各债权人和被执行人。执行法院在制作分配方案时，可以先由所有的债权人和债务人进行协商，意见一致的，按照一致意见制作分配方案；意见不一致的，由执行法院依职权按照清偿顺序制作分配方案。分配方案一般应当记载下列事项：

（一）当事人姓名或者名称、地址；

（二）可供分配款项总额；

（三）债权总额、各债权人的债权额及各债权的性质、参与分配的依据；

（四）分配顺序及各债权受偿分配的比例和数额；

（五）分配方案制作及实施分配的日期；

（六）不服分配方案的救济途径。

第十二条

债权人或者被执行人对分配方案有异议的，应当自收到分配方案之日起十五日内向执行法院提出书面异议。

债权人或者被执行人对分配方案提出书面异议的，执行法院应当通知未提出异议的债权人、被执行人。

未提出异议的债权人、被执行人自收到通知之日起十五日内未提出反对意见的，执行法院依异议人的意见对分配方案审查修正后进行分配；提出反对意见的，应当通知异议人。异议人可以自收到通知之日起十五日内，以提出反对意见的债权人、被执行人为被告，向执行法院提起诉讼；异议人逾期未提起诉讼的，执行法院按照原分配方案进行分配。

诉讼期间进行分配的，执行法院应当提存与争议债权数额相应的款项。

第十三条

清偿后的剩余债务，被执行人应当继续清偿。债权人发现被执行人有其他财产的，可以随时请求人民法院执行。

第十四条

伪造债权申请参与分配，或者恶意提出参与分配异议，阻碍执行的，按照民事诉讼法第 112 条的规定予以处罚。

第十五条

本指导意见由福州市中级人民法院审判委员会负责解释。

第十六条

本指导意见自印发之日起施行。